Der Mann mit dem Hut
Geschichten meines Lebens

Zum Gedenken an meine Eltern,
meine Lehrmeister und
alle Ermordeten meiner Familie

Widerspenstig und heiter – Zu Joel Bergers Erinnerungen

György Dalos

Was ist die größere Leistung – ein Leben oder der Rückblick auf das Leben? Bei der Person Joel Berger können wir beides kaum voneinander trennen. Jemand, der mit Kinderaugen die Schrecknisse des schicksalsschweren Jahres 1944 erblickte, jemand, der die düsteren Anfänge der kommunistischen Diktatur als Jugendlicher am eigenen Leib spürte, jemand, der nach der ungarischen Katastrophe von 1956 die Gefängniszelle kennenlernte, wäre schon allein für die Kraft zu beneiden, mit der er all diese Schläge der Weltgeschichte ertrug. Noch faszinierender erscheint aber die Entschlossenheit, das Erlebte nicht dem Vergessen preiszugeben, sondern mit allen tragischen Verwicklungen für uns Revue passieren zu lassen.

Jeder ungarisch-jüdische Lebenslauf ist Teil der kollektiven Biographie des ungarischen Judentums, eines Gemeinwesens, das zu seligen Friedenszeiten etwa 900 000 Menschen zählte. In einer liberalen Gesellschaft aufzugehen – das war der Wunsch von vielen ungarischen Juden am sonnigen Anfang des 20. Jahrhunderts. Die tolerante Atmosphäre der späten Doppelmonarchie schien diesem Ziel zu entsprechen. Das bürgerliche Gleichheitsprinzip machte es möglich, dass die traditionell ausgegrenzte Minderheit in jedem Bereich des öffentlichen Lebens ihre Fähigkeiten entfalten konnte. Die ungarischen Juden stellten damals konfessionell eine der größten europäischen Gemeinden, die weltweit als »Werkstätte der Gelehrsamkeit« galt. Ähnlich wie ihre christlichen Mitbürger schaute man zuversichtlich in die Zukunft, und die Koexistenz von Juden und Nichtjuden wurde von keinen nennenswerten Kräften in Frage gestellt.

Die Erschütterungen und katastrophalen Folgen des Ersten Weltkrieges zerstören diese heile Welt und setzten aggressive Energien und menschenverachtende Ideologien frei. In dem nunmehr unabhängig gewordenen Königreich Ungarn, das aber zwei Drittel seines Vorkriegsterritoriums verloren hatte, herrschte ein offiziell verkündeter Antisemitismus, ein Geist der Diskriminierung, der immer stärker und brutaler das jüdische Leben im Lande verdrängte. Die Judengesetze der späten dreißiger und frühen vierziger Jahre haben dieser Politik den juristischen Rahmen geliefert. Juden waren aus ihren traditionellen Tätigkeitsfeldern – Wirtschaft, Jura, Medizin, Presse, Theater – verbannt. Dies war allerdings nur die Vorstufe zur Hölle. Nach der Besetzung Ungarns durch die Wehrmacht im März 1944 mündete der Rassenhass, der von breiten Bevölkerungsschichten getragen wurde, in den ungarischen Holocaust mit 600 000 Opfern.

Der traurige Rest des Judentums – laut der Volkszählung 1946 waren es noch 200 000 Menschen – reagierte auf das Geschehene unterschiedlich: Teile der Überlebenden optierten für die Auswanderung nach Palästina/Israel, andere, besonders aus der jüngeren Generation, suchten »nach alledem, was geschah« ihre Rettung in der kommunistischen Idee. Wieder andere blieben im Lande ohne Illusionen und versuchten unter den Bedingungen eines äußerst intoleranten Systems ihre Identität zu bewahren. Diese vor allem konfessionell orientierten Juden wurden seitens der Obrigkeit immer wieder unter Druck gesetzt, so zum Beispiel während des Nahostkrieges 1967, als die Parteiführung die Israelitische Gemeinde zur Verurteilung des Staates Israels aufgefordert hatte. Viele führende Funktionäre gingen diesem Ansinnen bereitwillig nach, aber es gab auch Selbstbewusste, welche nicht bereit waren, sich an dem amtlich verordneten »Antizionismus« zu beteiligen. Unter diesen wenigen befand sich der damals dreißigjährige Rabbiner Joel Berger. Offensichtlich war er sich darüber im Klaren, dass ihm in der Ungarischen Volksrepublik mit dieser Widerspenstigkeit keine beruflichen Chancen bleiben und so entschied er sich für die Emigration in die Bundesrepublik – ein Verlust für Ungarn, aber sicher ein großer Gewinn für die deutsch-jüdische Gemeinschaft.

Das ist in groben Zügen die Leistung des Lebens, die sich dem Leser im Fortgang der Geschichte erschließt. Die andere Leistung besteht in Joel Bergers Art, das Erlebte literarisch wiederzugeben, und zwar in der lockeren, humorvollen, anekdotischen Erzähltradition seines Geburtslandes. Und da der Stil, wie Stendhal sagte, selbst der Mensch ist, können wir in dieser leichten, genussvollen Erinnerungsprosa die besondere menschliche Eigenschaft des Autors erkennen – nämlich seine selbst dem jüdischen Schicksal trotzende, souveräne Heiterkeit.

Inhalt

Kinderglück und Kriegsbeginn

Ich will zuerst von meiner Mutter und von der Geschichte ihrer Familie erzählen. Die Eltern meiner Mutter sind Ende der Zwanzigerjahre aus dem Nordosten Ungarns nach Budapest gezogen. Mein Großvater war Metzgermeister, und meine Großmutter eine ausgezeichnete Hausfrau, gewissenhaft, tüchtig und opferte sich für die Familie auf. Sie hatten vier Kinder, zwei Jungen und zwei Mädchen. Meine Mutter war die Zweitälteste. Ich habe meine Großmutter nie kennengelernt, denn sie starb noch vor meiner Geburt an einem Geburtstag meiner Mutter. Es war ein Vorweihnachtstag, die Mutter war früh aufgestanden, um für die geliebte Tochter eine Torte zu backen und ein Festmahl vorzubereiten. Dabei erlitt sie einen Herzinfarkt. Meine Mutter konnte nie wieder fröhlich ihren Geburtstag feiern. Zu traurig war die Erinnerung. Zur Schwester meiner Mutter, zu meiner Tante Blanka, hatte ich bis zu ihrem Tod eine innige Beziehung.

Der jüngere Bruder meiner Mutter hat mich als Kind sehr beeindruckt, denn er hatte einen außergewöhnlich durchtrainierten, athletischen Körper. Er hat systematisch Sport getrieben, geboxt und auch Ringkämpfe bestritten, was nicht immer das Wohlwollen der Familie fand.

Seine Verlobung mit einer Arzttochter in Kaposvár war ein großes Ereignis in meinem Kinderleben. Es muss Ende 1941 gewesen sein, und ich durfte mit meiner Mutter zu dieser Feier fahren. Zum ersten Mal habe ich gesehen, dass jemand ein eigenes Haus bewohnt, ein Haus mit Garten, und nicht wie wir eine Stadtwohnung. Im Garten lag Schnee, und ich konnte dort mit der jüngeren Schwester der Braut spielen und toben. Die Familie lebte ausgesprochen großbürgerlich, das hat mich enorm beeindruckt. Dr. Porász war eine bekannte Persönlichkeit in der Stadt, und seine Tochter, die Braut, sehr schön und ein verwöhntes junges Mädchen.

Der ganzen Familie ist ein tragisches Schicksal zuteil geworden. Das junge Paar hat 1942 geheiratet, aber schon Anfang 1943 wurde mein Onkel zum Zwangsarbeitsdienst abgeholt, mitten in den Russland-Feldzug hinein. Die junge Frau war im vierten Monat schwanger und hat allein in ihrer schönen Budapester Wohnung sehr unter der Trennung von ihrem Mann gelitten. Sie kam deshalb häufig zu uns zu Besuch und fuhr auch, so oft sie konnte, nach Hause zu den Eltern.

Im Jahre 1944, es muss kurz nach dem 19. März, dem Einmarsch der deutschen Truppen, gewesen sein, war sie ihrer Eltern wegen sehr in Sorge. Meine Mutter selig hatte sie überredet: »Bleib hier bei uns, fahr nicht nach Kaposvár, hier bist du in Sicherheit, wir wissen nicht was passiert, aber Budapest wird nicht bombardiert.« Warum meine Mutter so sicher war, dass die Stadt geschont wird – ich weiß es nicht. Zwar richteten ab Juni auch in Budapest Luftangriffe größere Schäden an, aber in den Wohngebieten hielten sie sich in Grenzen. Eines Tages war meine Mutter in der Stadt unterwegs. Sie wollte wieder einmal nachforschen, in welchem Arbeitsdienstlager sich mein Vater befindet, ob und wie man zu ihm Kontakt aufnehmen könnte, und welche Rettungschancen es gab. In ihrer Abwesenheit besuchte uns ein Mann aus Kaposvár, der meine Tante aufforderte, sofort ihre Sachen zu packen: »Frau Hedi, kommen Sie mit nach Hause. Budapest wird bombardiert. Sie sind hier in Gefahr, kommen Sie mit.« Ich habe versucht sie aufzuhalten und angefleht: »Aber Hedi, Mutter meint, du sollst dableiben, bitte, warte auf sie.« Aber Hedi sagte: »Grüß deine Mutter, grüß sie schön und wenn ihr was vom Miklos hört, richtet ihm aus, dass ich zu meinen Eltern gefahren bin. Unsere Wohnungsschlüssel lasse ich hier.« Sie ist weggefahren. Diese Heimreise hat sich als tragisch und fatal erwiesen. Die junge Frau kam gerade noch ›rechtzeitig‹ in Kaposvár an, um zusammen mit den Eltern den Deportationszug besteigen zu können. Niemand von ihnen ist zurückgekommen. Alle sind in Auschwitz geblieben. Wenigstens Hedi und ihr Kind hätten wir vielleicht mit uns retten können.

Der andere Bruder meiner Mutter, Ludwig, ungarisch Lajos, wohnte mit seiner Frau in Csepel, einem Industrievorort von Budapest und betrieb dort ein kleines Geschäft. Er war ein sehr gutmütiger und gutherziger Mensch mit einem Hang zur Komik und Karikatur. Die Erinnerung an ihn erschüttert mich bis heute. 150 000 arbeitsfähige jüdische Männer waren ab 1940 in den Zwangsarbeitsdienst der ungarischen Honvéd-Armee gepresst worden. Mein Onkel musste im Frühherbst 1944 einrücken. Doch eines Tages stand er bei uns vor der Türe und bat bleiben zu dürfen. Ich weiß nicht, ob er eine Genehmigung für seinen Ausgang hatte oder einfach abgehauen war, jedenfalls gerieten meine Mutter und Tante Blanka, die bei uns wohnte, der fehlenden Bestätigung über seine Entlassung wegen in Panik. Sie hatten schreckliche Angst, dass ihn jemand erkennen und als Fahnenflüchtigen anzeigen könnte. Er würde erschossen werden, und alle Bewohner des Hauses gerieten in Lebensgefahr. Sie haben hin und her überlegt, wie und wo sie ihn bei den ständigen Razzien der Pfeilkreuzler verstecken könnten. Letztendlich haben sie ihn dann doch weggeschickt. Wir haben nie wieder etwas von ihm gehört. Er war wie vom Erdboden verschwunden. Es war schrecklich, und meine Mutter hat sich bis an ihr Lebensende gequält, weil sie den Bruder quasi in den Tod gehen ließ.

Die Familie meiner Mutter wohnte im 8. Bezirk von Budapest. Er bestand aus um die Jahrhundertwende rasch aufgebaute Mietskasernen mit diesen Rundum-Korridoren und Innenhöfen. In manchen Bezirken Wiens kann man diese Art Wohnhäuser heute noch sehen. In diesem Stadtteil ist meine Mutter aufgewachsen, und zu Beginn ihrer Ehe haben auch meine Eltern noch dort gewohnt.

Meine Mutter war sehr fleißig, und was sie in die Hand nahm, gelang ihr. Sie besuchte eine Handelsschule und arbeitete danach bei mehreren Firmen. In der Zeit des Aufschwungs nach dem Ersten

Weltkrieg waren gute Bürokräfte gesucht. Ende der Zwanzigerjahre wurde sie in der Budapester Niederlassung von Mercedes-Benz als Büroleiterin des deutschen Direktors angestellt. Und obwohl meine Mutter erst in höherem Alter Autofahren gelernt hat, so hatte sie doch immer etwas für schicke Autos übrig. Ihr größter Wunsch bei ihrer Hochzeit 1927 in der orthodoxen Synagoge in der Kazinczygasse war, dass alle Gäste mit dem Automobil kommen, und die Automobile vor der Synagoge parken sollten. Sie ging auch sofort nach meiner Geburt wieder zur Arbeit. Mich hat man zum Stillen zu ihr ins Büro gebracht, und ich habe also sozusagen Benzin mit der Muttermilch eingesogen. Als Frau mit diesem beruflichen Ehrgeiz war sie in ihren Kreisen damals eine absolute Ausnahmeerscheinung.

Mein Vater hat ursprünglich ebenfalls als Angestellter gearbeitet, aber bereits Anfang der Dreißigerjahre machte er sich selbständig. In der Stadtmitte, in absoluter City-Toplage, eröffnete er einen Salon für Damenhutzubehör. Die großen Hutgeschäfte haben bei ihm ihre Materialien eingekauft, die er aus Italien bezog. Ich kannte schon als Kind den Unterschied zwischen den Hutstumpen aus edlem Hasenhaar und denen aus gewöhnlichem Filz. Budapest galt damals nicht nur als ›Paris des Ostens‹, sondern war eine der modeverrücktesten Städte Europas. Unser Geschäft ging gut, weil die Damenwelt Anfang der Dreißigerjahre zu jeder Gelegenheit Hüte trug. Trotzdem hat meine Mutter ihre Stellung nicht aufgegeben. Im Geschäft meines Vaters mitzuarbeiten, wäre ihr nie in den Sinn gekommen, »beim Daimler« dagegen, das war etwas völlig anderes. »Stuttgart-Untertürkheim« gehört zu den ersten deutschen Worten, die ich lernte. Meine Mutter war immer ganz aufgeregt, wenn das ›Fräulein vom Amt‹ ein Auslandsgespräch ankündigte und meldete: »Stuttgart-Untertürkheim am Apparat.« Da mussten wir alle den Mund halten. Untertürkheim hat häufig bei uns zuhause angerufen. Ich weiß nicht warum, der Chef war wohl nicht erreichbar.

Der Direktor der Budapester Mercedes-Niederlassung, er hieß Karl Gugger und stammte aus Mannheim, bewohnte mit seiner

Familie eine sehr schöne Dienstvilla auf dem Rosenhügel. Meine Eltern waren dort öfters zu Festlichkeiten eingeladen. Frau Gugger war schon Anfang der Dreißigerjahre eine große Verehrerin von Adolf Hitler. Ihr Mann hat darüber nur geschmunzelt und dieses Engagement nicht ernst genommen. Meine Mutter trug in der Firma sehr viel Verantwortung, denn es war üblich, dass ein deutscher Direktor in der Ostprovinz vorwiegend repräsentierte. Wenn es sich nicht vermeiden ließ, zeigte er sich im Büro. Das Management für den Vertrieb aber hatte er meiner Mutter und einigen anderen Mitarbeitern überlassen. Auch die Reparaturwerkstatt wurde von meiner Mutter beaufsichtigt.

Wie sehr Karl Gugger seine Mitarbeiter schätzte, lässt sich an seinem Verhalten nach 1935 ablesen – für mich auch ein interessanter Beleg für die Möglichkeiten des Einzelnen unter der NS-Herrschaft. Die Nürnberger Rassengesetze verboten den deutschen Firmen auch im Ausland, Juden als Angestellte zu beschäftigen, aber Karl Gugger hat sich mit einer Handbewegung darüber hinweggesetzt, obwohl Mercedes ein ›Nationalsozialistischer Musterbetrieb‹ war. Das betraf nicht nur meine Mutter. Es gab eine Reihe jüdischer Angestellter bei Daimler in Budapest. Bis zum Kriegsausbruch ging das gut. Dann, im Herbst 1938, hat Karl Gugger die Angestellten zusammengerufen: »Leute, ich kann euch nicht länger decken, ich habe einen Rüffel aus Stuttgart bekommen. Ich muss euch entlassen, aber wir werden versuchen, diese Zeit zu überstehen. Es kann nicht lange dauern mit dem Führer, es kann nicht lange dauern mit dem Krieg.«

Woher die Leute die optimistische Einstellung nahmen, weiß ich nicht, aber es war eine weitverbreitete Meinung. Gugger hat eine Weile versucht, die Weiterbeschäftigung seiner Leute zu kaschieren. Sie haben illegal gearbeitet, und er hat ihnen unter der Hand Gehalt weitergezahlt. Als am Ende auch dies nicht mehr möglich war, haben sie eine sehr schöne Abfindung bekommen, die ihnen das Überleben sicherte. Nach dem Krieg haben meine Eltern vergeblich versucht, Karl Gugger ausfindig zu machen. Nicht einmal der Daimlerchef Hanns Martin Schleyer konnte ihnen weiterhelfen, als sie dann in Deutschland lebten. Die Familie ist offensichtlich bei der Bombardierung Mannheims umgekommen. Die Firma Daimler war dann, als meine Mutter ihre Rentenansprüche eingereicht hat, erst einmal sehr kulant. Trotzdem mussten wir später prozessieren. Daimler wollte ihre Rentenansprüche für die Jahre 1939 bis 1945 nicht anerkennen, weil sie aus der Firma entlassen worden war. Aber das ist eine andere, spätere Geschichte.

Die Wohnung unserer Familie im 8. Bezirk schien meiner Mutter angesichts ihrer beruflichen Stellung nicht mehr angemessen, und so zogen wir um in Richtung Neu-Leopoldstadt, wo die bessergestellten jüdischen Bürger lebten. Zuerst wohnten wir am Rande des Viertels in einem schönen Neubau, der heute noch steht, dann zogen wir weiter zum St. Stephans-Park, in eine bevorzugte Wohnlage am Donauufer gegenüber der Margareteninsel und der Budaer Berge.

1938, nach dem Anschluss Österreichs, flüchteten zahlreiche Juden und Jüdinnen aus dem Großdeutschen Reich. Viele junge Mädchen versuchten, bei jüdischen Familien in Budapest oder in Prag unterzukommen, in denen man ja vorwiegend deutsch sprach. Auch wir hatten eine der jungen Frauen aufgenommen. Somit hatte ich ein Kindermädchen, das sich von morgens bis abends nur mit mir beschäftigte. Solange ich noch nicht zur Schule ging, sind wir bei schönem Wetter oft zur Margareteninsel spaziert, wo andere Kinder spielten und von anderen Kindermädchen beaufsichtigt wurden, die allesamt auch nur deutsch gesprochen haben. Das Ungarische habe ich in meiner Kindheit kaum benutzt. Auch meine Eltern sprachen deutsch miteinander. Anfangs nur dann, wenn sie nicht wollten, dass ich verstehe, worüber sie sich unterhielten. Aber irgendwann haben sie bemerkt, wie geläufig mir die Sprache war, und sie sind dabei geblieben. So ist Deutsch die Sprache meiner Kindheit.

Als meine Mutter schon nicht mehr bei Mercedes arbeiten durfte, sind die jungen Frauen weiter bei uns geblieben. Aber auch noch viele andere Flüchtlinge haben bei uns Unterkunft gefunden. Zwischen 1939 und 1940 suchten etwa 70 000 Juden aus Polen in Ungarn Schutz vor der Verfolgung und Vernichtung. Durch vielerlei Verbindungen gab es auch bei uns ein ständiges Kommen und Gehen. Meine Mutter hat immer schrecklich gezittert, aber mein Vater hat durchgesetzt, dass wir immer neue Flüchtlinge bei uns aufgenommen haben. Nach ein, zwei Tagen wurden die Menschen dann weitergeleitet. Erstaunlich, wie gut das damals organisiert war. Die Verfolgten haben schnell den Weg nach Serbien, Jugoslawien, Rumänien oder nach Südungarn gesucht, um von dort aus in andere Länder zu fliehen. Allesamt sprachen sie deutsch oder jiddisch, was für mich sehr ähnlich klang. Diese Einquartierung war für mich als Kind eine spannende Abwechslung. Dass wir mit dem Vater so oft zum Bahnhof gingen und plötzlich so viele ›Verwandte‹ hatten, fand ich aufregend.

Als der Krieg ausbrach, war ich zwei Jahre alt. Von meinem Vater weiß ich, dass wir damals gerade Urlaub in Siófok am Plattensee machten. Für Ungarn hatte sich durch den Kriegsausbruch erst einmal wenig verändert. Das Land war neutral – noch neutral. Bilder von zwei politischen Ereignissen haben sich mir allerdings deutlich eingeprägt: Im April 1941 nahm sich Ministerpräsident Graf Teleki das Leben. Ich war ganz erschüttert. Ein Ministerpräsident, was ist das? Und alle sind so aufgeregt, dass er sich in den Kopf geschossen hat! Was ich als kleiner Knirps nicht wusste: Pál Teleki hatte Selbstmord begangen, weil er den Angriff auf Jugoslawien und den Kriegseintritt Ungarns nicht verhindern konnte. Er selbst hatte noch einen Freundschaftsvertrag mit dem Nachbarland abgeschlossen und gab sich die moralische Schuld an dem Verrat an Jugoslawien.

Ein Jahr später, da gingen wir am Donauufer spazieren, und an allen Häusern hingen lange schwarze Fahnen. Es wirkte gespenstisch und bedrohlich, wie sie im Wind herumgewirbelt wurden. Dies hat mich sehr erschreckt. Die Fahnen waren aufgezogen, weil der Sohn des Reichsverwesers Horthy an der russischen Front mit seinem Flugzeug abgestürzt war. Heute wissen wir, dass das Unglück Sabotage war, dass die Deutschen die Maschine manipuliert hatten, um Horthy politisch gefügig zu machen. Dies waren Dinge, bei denen ich auch als Kind gespürt habe, dass etwas Schreckliches im Gange ist.

Nicht vergessen werde ich in diesem Zusammenhang auch die Plakate, mit denen die Bevölkerung auf den Krieg eingestimmt werden sollte. Was die Plakatkunst betrifft, war Ungarn immer sehr ›up to date‹. Die Plakate der Räterepublik von 1919 beispielsweise sind bis heute nicht nur als kulturhistorische Werke interessant, sondern sie verdienen auch wegen ihrer graphisch-künstlerischen Qualität Beachtung. Auch das Symbol der ungarischen Sozialdemokraten, eine muskulöse männliche Figur, die einen riesigen Hammer hebt, finde ich bis heute eindrucksvoll. Überall angeheftet war seit Kriegsbeginn das Plakat von der ›bolschewistischen Gefahr‹: Ein böse dreinblickender bärenhafter Sowjetrusse, auf dem Kopf den spitzen Hut der Sowjetarmee mit dem großen roten Stern, greift über die Karpaten, die natürliche Grenze des tausendjährigen Ungarn, nach dem grünen, anständigen, unschuldigen Land der Magyaren. Der Text darunter: »Nehmt euch in Acht vor der Muska.« »Muska«, damit waren die Russen bzw. die Sowjets gemeint. Später, ab 1944, wurde auf den Plakaten »bolschewistisch« auch mit »jüdisch« gleichgesetzt. Neben dem roten Stern war dann der sechszackige Davidstern abgebildet.

Eine andere frühe Erinnerung verbindet sich mit meinem sechsten Geburtstag im September 1943. Es war ein trauriges Fest. Es gab zwar ein ›Kinderjour‹, also eine Einladung für meine Freunde, aber mein Vater war kurz vor meinem Geburtstag abgeholt und zur Zwangsarbeit an die russische Grenze transportiert worden. Nachrichten von ihm bekamen wir kaum. Materiell ging es uns damals nicht schlecht, obwohl unsere Firma ›arisiert‹ worden war: Ab 1942 musste mein Vater sein Geschäft zusammen mit einem nichtjüdischen ›Partner‹ führen, aber der Mann hat sich uns gegenüber immer anständig benommen und fungierte im Grunde lange Zeit nur als Strohmann. Er hätte, nachdem mein Vater abgeholt worden war, meiner Mutter einfach erklären können: »Liebe Frau, das Geschäft geht nicht, was wollen Sie; ich kann Ihnen nichts bezahlen.« Aber nein, dieser Mann, er hieß Rittmeister Barnabas Török, war in jeder Hinsicht ein Gentleman. Meine Mutter nahm mich immer mit, wenn wir unsere ›Apanage‹ bei ihm abholen konnten. Dank dieses Einkommens haben wir ganz gut gelebt und konnten unsere Wohnung in der Stadtmitte behalten. Auch all die Dinge, die ihm meine Eltern zur Aufbewahrung anvertraut hatten, haben wir nach dem Krieg wieder zurückbekommen.

Es muss 1948/49 gewesen sein, nach der kommunistischen Machtergreifung, da suchte uns eines Abends Barnabas Török auf und sagte zu meinem Vater: »Eugen, ich glaube für euch und für uns ist hier nichts mehr zu suchen, lass uns abhauen.« »Bist du wahnsinnig? Jetzt?« »Also, wir hauen morgen früh ab, ich habe jemanden, der uns sicher über die Grenze führen kann.« Meine Eltern haben abgelehnt. Das war die falsche Entscheidung, wie sich bald gezeigt hat.

In meiner Erinnerung gehört Barnabas Török zu den wenigen anständigen Ungarn. Es war ein großer Vertrauensbeweis, dass er vor der Abreise zu uns sagte: »Kommt mit, ich arrangiere alles.« Aber auch er konnte darauf bauen, dass ihn mein Vater nie bei der Polizei anschwärzen würde, was fünf Jahre Gefängnis oder mehr bedeutet hätte. Wir haben leider nie wieder etwas von ihm gehört. Ist er nach Deutschland gegangen, nach Amerika? Ich weiß es nicht. Es gibt so viele Leute die ich wiedersehen möchte. Einige habe ich zufällig gefunden, aber Rittmeister Török nicht und auch die Guggers nicht.

Im März 1944 wurde Ungarn von den Deutschen besetzt, und die Maßnahmen gegen die jüdische Bevölkerung weiter verschärft.

Mit dem 5. April wurden die Juden verpflichtet, den gelben Stern zu tragen, sie durften keine Telefone, Autos und Radios mehr besitzen. Besonders Mutige hatten sich Detektoren gebastelt, die man rasch auseinandernehmen konnte. Wir hatten das Glück, dass manche unserer nichtjüdischen Nachbarn ihre Radioapparate so laut einstellten, dass wir vom Balkon aus ganz gut mithören konnten. Es muss auch Ende März, Anfang April gewesen sein, als es bei uns klingelte und der Hausmeister mit zwei deutschen Offizieren vor der Türe stand: »Die Herren Offiziere wünschen, Ihre Wohnung anzuschauen.« Meine Mutter hat sich vorgestellt, und die Offiziere waren sehr beeindruckt, als sie ihnen sagte: »Ich war leitende Angestellte bei Daimler-Benz.« Sie haben sich alle Zimmer angesehen, die Wohnung als schön befunden und meiner Mutter empfohlen: »Sie müssen hier noch Parkett legen lassen.« Dann haben sie salutiert und sich höflich verabschiedet. Sie suchten Quartiere für die deutsche Besatzung, aber Gott sei Dank war unsere Wohnung für ihre Zwecke nicht geeignet, da alle Zimmer ineinander übergingen. Sie haben letztendlich eine andere Wohnung im Haus requiriert.

In der Zeit der Deportation meines Vaters hat es sich deutlich gezeigt, welch starke Frau meine Mutter war. Sie hat das Haus immer wieder ohne gelben Stern verlassen und alles Erdenkliche versucht, meinen Vater ausfindig zu machen und heimzuholen. Als im April/Mai 1944 das Stichwort »Schutzpass« in Umlauf kam, hat sie ihre ganze Energie dafür aufgewendet, solche Pässe für uns zu besorgen. Diese Dokumente stellten die Inhaber unter den Schutz eines anderen neutralen Staates und identifizierten sie als Staatsbürger, die auf ihre Repatriierung warten. Die Schutzpässe wurden in der Regel von den ungarischen und deutschen Behörden anerkannt. Vor allem dann, wenn mit Bestechungsgeldern nachgeholfen wurde.

Es gab in Budapest unterschiedliche Meinungen über Wert und die Hierarchie dieser Papiere. Einige schworen auf die Pässe aus El Salvador, andere auf die des Vatikan, der Schweiz oder

Schwedens. Wie wir heute wissen, konnte der schwedische Diplomat Raoul Wallenberg mit diesen Dokumenten mehr als 100 000 ungarische Juden vor dem sicheren Tod retten. Schweden war ein neutrales Land, und deshalb bemühte sich meine Mutter ebenfalls um schwedische Pässe für uns. Natürlich gab es auch in diesem Fall Leute, die aus der Not anderer ein Geschäft gemacht haben. Der Mann, der uns die Schutzpapiere besorgen wollte, brachte spanische Schutzpässe mit statt schwedische. Meine Mutter war tief enttäuscht und nannte den Mann einen Betrüger, weil sie ihm so viel Geld gegeben hatte. Er aber sagte: »Gnädige Frau, Sie werden sehen, Sie haben kein schlechtes Geschäft gemacht. Das ist das Sicherste, was es derzeit gibt. Hier haben Sie ein Dokument, das wie ein richtiger Reisepass aussieht.« Meine Mutter konnte damals nicht wissen, dass diese Schutzbriefe, die der italienische Kaufmann Giorgio Perlasca unter dem Deckmantel einer gefälschten diplomatischen Identität im Namen Spaniens ausstellte, in der Tat bei den ungarischen Behörden besonderen Eindruck machten. Nachdem sich der spanische Botschafter in die Schweiz abgesetzt hatte, ernannte sich Perlasca zu dessen Stellvertreter und sorgte dafür, dass die Spanische Botschaft als Zufluchtsort für die Juden erhalten blieb. »Was habe ich schon Großartiges getan? Vor allem habe ich den Leuten eine Menge Lügengeschichten erzählt.« So sprach Perlasca über seine mutigen Taten, die lange im Verborgenen blieben. Auch ich habe noch bis vor zwei Jahrzehnten geglaubt, dass die Ausgabe der Schutzdokumente von General Franco ausging, der bei den Alliierten für die Nachkriegszeit vorsorgen wollte. Perlascas Rettungsaktion war ein Abenteuer. Aber je gewagter ein Abenteuer in so schrecklichen Zeiten ist, desto eher kann es zum Erfolg führen. Israel hat den mutigen und bescheidenen Mann mit der höchsten Würde ausgezeichnet, die das Land vergibt, und ehrte ihn als »Gerechten unter den Völkern«.

In diesem Sommer, die russische Front war immer näher gekommen, bekamen wir eine Nachricht, dass Zwangsarbeiter von der russischen Grenze zurückgebracht worden seien und auf dem Josefstädter Güterbahnhof einwaggoniert stünden. Es sei unklar, was mit ihnen geschehen sollte. Von einem Polizisten erfuhren wir, dass auch mein Vater in einem dieser Waggons festgehalten würde. Meine Mutter ging, und dies ist eine der tragischen Geschichten, mit diesem Polizisten zum Bahnhof, und hat den spanischen Pass für meinen Vater vorgezeigt. Die Wachmannschaft hat daraufhin zu ihm gesagt: »Bitte sehr, Herr Berger, Sie können mit dem Polizisten gehen, Ihr Pass ist in Ordnung.« Daraufhin antwortete mein strenggläubiger Vater: »Jetzt, am Freitagnachmittag um vier Uhr, kann ich nicht nach Hause fahren. Die Straßenbahnfahrt dauert mindestens anderthalb Stunden; aber in einer Stunde beginnt der Schabbat, dann darf ich nur noch zu Fuß gehen. Jetzt nicht, der Herr soll morgen am Abend wiederkommen.« Der Polizist hat dies versprochen, er hat auch seinen Obolus dafür bekommen und ist am Samstagabend nochmals zum Josefstädter Bahnhof gefahren. Die Botschaft allerdings, die er bei seiner Rückkehr mitbrachte, war furchtbar: »Die Rampen sind leer. Der Transport ist weitergefahren. Niemand weiß wohin.« Meine Mutter war total verzweifelt. Sie ahnte freilich nicht das Schrecklichste. Sie ahnte nicht, dass dieser Zug auf dem Weg nach Bergen-Belsen war. Ein gutes Jahr später läutete es an unserer Wohnungstür. Ich öffnete und sah einen abgerissenen, halbverhungerten, mir fremden Mann. Es war mein Vater.

Der kleine Junge und der Holocaust

In der Regel stammt vieles von dem, was wir von unserer Kindheit wissen, aus Erzählungen innerhalb der Familie und erst allmählich immer mehr aus wirklich eigener Erinnerung. Bei mir gibt es eine scharfe Zäsur: den 15. Oktober 1944. An diesem Tag scheiterte der dilettantisch vorbereitete Versuch Horthys, das Bündnis mit Deutschland zu beenden. Er wurde dazu gezwungen, eine deutschfreundliche Marionettenregierung einzusetzen. Die Horden der faschistischen Pfeilkreuzler hatten von diesem Tag an freie Bahn. Von diesem Tag an war auch dem Sechsjährigen voll bewusst, dass es in jedem Augenblick um das eigene Leben gehen konnte. Angst beherrschte unseren Alltag und auch der Junge hatte ständig zu spähen, ob ein Auto vorfuhr oder ein Trupp Uniformierter anrückte, und zu horchen, ob Schüsse nahe kommen oder Marschtritte zu hören sind. Das oberste Überlebensprinzip war, sich den marodierenden Pfeilkreuzler-Banden unsichtbar zu machen. Aus dem Fenster schauen war uns Kindern von den Erwachsenen verboten, denn wir sollten nicht Zeugen werden, wie Juden direkt unter unseren Fenstern in die Donau geschossen wurden. Wir wären wohl auch wahnsinnig geworden, wenn wir damals die Details gesehen hätten. Drei aneinander Gefesselte mussten sich am Ufer aufstellen, der Mittlere wurde erschossen und alle drei stürzten in die Donau. Helfern Wallenbergs gelang es, einige wenige zu retten, indem sie flussabwärts in die eiskalte Donau sprangen und die Überlebenden herauszogen. Wie ist es dazu gekommen?

Antisemitismus war in Ungarn traditionell stark verbreitet. Es handelte sich im Vergleich zur Ideologie der Nationalsozialisten aber nicht um einen biologistisch-rassistisch unterlegten Begriff, sondern um den, sagen wir, traditionellen, ›normalen‹ Antisemitismus. Natürlich teilte er mit diesem die Stereotypen aus Sozialneid, Sündenbockfunktion und christlichem Antijudaismus und schloss Pogrome nicht aus. Aber er war noch nicht herrschendes Staatsprinzip, gleichwohl gab es eine zunehmend antijüdische Gesetzgebung. Schon 1920 wurde ein Numerus clausus festgelegt, wonach die Anzahl der Juden an Hochschulen nicht mehr als 5 Prozent betragen durfte. Im Jahre 1938 wurden für einzelne Berufsgruppen Quoten eingeführt, über die hinaus Juden nicht zugelassen wurden. Als Preis für die Annexion der Karpato-Ukraine wurden 1939 Juden aus dem öffentlichen Leben nahezu ganz und aus dem Wirtschaftsleben weitgehend ausgeschlossen. Aus wirtschaftlichen Gründen gab es zu allen diesen Regelungen immer wieder Ausnahmen, aber deren Definition war oft willkürlich. Häufig konnten sie durch Bestechung manipuliert werden; dadurch steigerte sich die allgemeine Rechtsunsicherheit. Zwangsläufig stieg auch die Arbeitslosigkeit und Verarmung unter den Juden. Zwei Jahre später folgten Ehegesetze, die ähnlich wie die Nürnberger Gesetze Juden rassisch definierten, und auch den außerehelichen Verkehr unter Strafe stellten. Schon kurz vor Kriegsausbruch war ein allgemeiner militärischer Arbeitsdienst für alle vom Wehrdienst Ausgeschlossenen eingeführt worden. Dieser betraf vor allem jüdische Männer, auch meinen Vater. Wir kannten seinen Aufenthaltsort nicht und wir wussten nicht, wie schlimm sein Dienst war. Hatte er körperlich anstrengende Bauarbeiten zu leisten oder war er zu Arbeiten unter katastrophalen Bedingungen in den Kupferminen von Bor in Jugoslawien eingesetzt? Die Mannschaften des Arbeitsdienstes unterstanden in Ungarn der normalen Armee, wurden miserabel verpflegt und ausgerüstet und waren der antisemitischen Willkür ihrer Vorgesetzten schutzlos ausgeliefert. Die Kommandos zum Minenräumen waren besonders gefürchtet, wurden sie doch rücksichtslos eingesetzt und kosteten deshalb vielen das Leben. Gegen Kriegsende sollten Tausende von Zwangsarbeitern den Arbeitskräftemangel in Deutschland lindern. Sie wurden in Todesmärschen in deutsche Konzentrations- und Arbeitslager getrieben.

Man muss sich bewusst machen, wie rasend schnell und in welch kurzer Zeit die Ereignisse der »Endlösung« abliefen. Einige Tage vor der Besetzung Ungarns, am 12. März 1944, begann Adolf Eichmann mit dem Aufbau des Sondereinsatzkommandos zur Vernichtung der ungarischen Juden. Bis Mitte April waren schon über 7000 Juden, Industrielle und andere Prominente, verhaftet. Im Mai begann in Nordostungarn die Deportation nach Auschwitz. Unterstützt von der großen Mehrheit der Bevölkerung führten die ungarische Gendarmerie und andere Hilfsorgane diese Transporte mit großer Brutalität nahezu reibungslos durch. Das zurückgebliebene Eigentum wurde in kürzester Zeit von der Bevölkerung geplündert oder von staatlichen Stellen ›verwertet‹. Als Reichsverweser Horthy nach Protesten der Westmächte und des Vatikan Anfang Juli weitere Deportationen untersagte, waren bereits etwa 400 000 Menschen getötet worden.

Zu dieser Zeit war aus unserer Wohnung schon eine Massenunterkunft geworden. Auf Grund der Verordnungen von April und Mai wurde die jüdische Bevölkerung von Budapest in sogenannten Judenhäusern zusammengepfercht. Auch das Haus, in dem wir wohnten, wurde mit einem gelben Stern gekennzeichnet und zum »Judenhaus« erklärt. Von heute auf morgen mussten mindestens dreißig Personen in jeder Wohnung aufgenommen werden. In unserer Zweieinhalbzimmerwohnung hauste also in jeder Ecke eine Familie, und in der Nacht lagen die Menschen auf dem Boden. Man kann sich kaum vorstellen, was dort los war, im Badezimmer, den Toiletten und überall sonst. Meine Mutter war, was unsere Wohnung und den schönen, mühsam blank gewienerten Parkettboden betraf, immer sehr penibel gewesen. Aber die fremden Leute, die bei uns eingezogen waren, haben sich nicht darum gekümmert, sondern sich sogar noch darüber lustig gemacht, dass jemand so auf seine Wohnung und die Sauberkeit achtet.

In unserem Haus, St. Stephans-Park Nr. 4, gab es vierzehn Parteien, also vierzehn Wohnungen auf sechs Etagen plus Mezzanin. In elf oder zwölf dieser Wohnungen haben ausschließlich Juden gewohnt. Die Menschen, die vor dem Krieg nebeneinander her gelebt haben – man hat gewusst, wer das ist, oder vielleicht auch noch, was er von Beruf war, vielleicht einen »Guten Tag« oder »Guten Morgen« gewünscht, aber keine sonstigen Kontakte gepflegt – diese Menschen mussten nun zusammenrücken. Als man beim ersten Luftalarm den Keller aufsuchen musste, als die Sirenen heulten und man mit den gepackten Koffern rennen musste, war man mit einem Mal Mitglied einer Schicksalsgemeinschaft geworden. Die bis dahin nichts miteinander zu tun hatten, saßen im Keller dicht gedrängt und fingen an, miteinander zu sprechen. Ich als Kind war voller Ohren, denn die Gespräche über die Zukunft waren todernst, und ein einziger Refrain begleitete sie: »Was wird mit uns geschehen?« Aber dennoch: Wenn man noch Anfang der Vierzigerjahre auf all die Schrecken in der Welt zu sprechen kam, waren alle voller Optimismus. Ich muss davon ausgehen, dass keiner etwas über das Ausmaß der Naziverbrechen wusste. Denn wer von denen, die da im Keller saßen, konnte wirklich erahnen, dass der Völkermord schon auf vollen Touren lief? Selbst wenn man schlimme Dinge über Polen gehört hat, über Österreich, über Pressburg, das ja nur 200 Kilometer entfernt war, damals waren alle einhellig der Meinung: »Das kann bei uns in Budapest nicht passieren. Das wird doch der Horthy nicht zulassen und er wird die Macht haben, das Schlimmste zu verhindern. Seine Frau ist doch jüdischer Abstammung und wir alle sind seine Freunde.« Eigentlich unverständlich. Unverständlich, weil sie diesen Miklós von Horthy und den »Weißen Terror« doch kennengelernt hatten. »Wir sind hier nicht in Polen«, sagte man, »und wenn es bedrohlich wird, dann nur für die Finnen.« »Finnen« nannte man bei uns die polnischen Juden, die Ostjuden von Ungarn aus gesehen, also die Leute mit Kaftan und ostjüdischer Tracht, weil sie bei der Frage nach ihrer Herkunft in Jiddisch antworteten: »Fin Polen«. In Budapest haben sich alle Juden als ungarische Patrioten betrachtet und vor der antisemitischen Gesinnung ihrer Nachbarn die Augen verschlossen. Diese Blindheit ist für mich aus heutiger Sicht unbegreiflich. Wenn jemand berichtet hat, was er über die Verbrechen der Nazis im englischen Rundfunk gehört hatte, dann hieß es: »Das sind nur Schreckensnachrichten, damit wollen sie uns nur einschüchtern.« Man hat den Deutschen nicht geglaubt, wenn sie über den Vormarsch bis Stalingrad gesprochen haben, aber den Rundfunkmeldungen der Alliierten hat man auch nicht so recht glauben wollen.

Natürlich gab es Flüchtlinge aus Polen, die über die Gräueltaten an den Juden Bescheid wussten, und im Frühsommer 1944 kannten auch jüdische Repräsentanten in Ungarn die sogenannten »Auschwitz-Protokolle«. Im April 1944 war nämlich den beiden slowakischen Häftlingen Rudolf Vrba und Alfréd Wetzler die Flucht aus Auschwitz-Birkenau gelungen und sie verfassten einen ausführlichen Bericht über die Vernichtung der Juden. Der Rabbiner Dr. Fabian Herskovits hatte ihn ins Ungarische übersetzt.

Schwer zu begreifen ist, dass die Leitung der jüdischen Gemeinden, die über das Morden Bescheid wissen musste, ihre Mitglieder bewusst im Unklaren gelassen und sie nicht gewarnt hat. Im Gegenteil: man hat nach dem deutschen Einmarsch sogar die Gemeinden in der Provinz damit besänftigt, dass ihnen nichts passieren kann, wenn sie sich ruhig verhielten, da sie »nur zur Arbeit« nach Deutschland fahren müssten. Sie mögen getrost nach Hause gehen, sagte man ihnen, und daran denken, dass sich das Vaterland im Krieg befinde, und sie sollten dem Vaterland gegenüber ihre Pflicht tun. Die Menschen haben die Drangsalierungen als Schicksal hingenommen und konnten sich nicht vorstellen, dass es so böse enden könnte.

Innerhalb eines einzigen Jahres wurden von 880 000 ungarischen Juden 600 000 umgebracht. Ab dem 15. Mai 1944 wurden wochenlang täglich mehr als 10 000 Menschen nach Auschwitz deportiert, wo die Mehrzahl derer, die den Transport überlebt hatten, sofort in die Gaskammern getrieben wurden. Intensität und Ausmaß des Mordes an den ungarischen Juden bilden den abschließenden ›Höhepunkt‹ in der Geschichte des Holocaust.

Ich glaube, das große Erwachen haben die meisten Menschen in den Eisenbahnwaggons erlebt, wo sie zusammengepfercht wurden wie Tiere, ohne Wasser, ohne Nahrung, nur mit einem Eimer als Latrine, 70 bis 90 Personen in einem Viehwaggon. Schon im Luftschutzkeller war es gleichgültig geworden, welcher sozialen, wirtschaftlichen, politischen oder auch religiösen Gruppe der Einzelne zuzurechnen war. Leute, die einer liberalen Gemeinde angehörten, hatten bislang mit Mitgliedern der orthodoxen Gemeinde nichts zu tun gehabt. Von der Geburt bis zum Tod waren dies für sie bisher getrennte Welten gewesen. Jetzt erlitten alle dasselbe brutale Schicksal der Deportation, der »Einwaggonierung« wie man auch in Ungarn sagte.

Die jüdischen Einwohner ganzer Städte und Regionen wurden auf einmal erfasst, von der Gendarmerie gesammelt zu den Bahnhöfen getrieben, wo die Züge zur Deportation bereitstanden. Auf dem Weg dorthin wurden die Menschen beschimpft und gequält. Nach der antijüdischen Gesetzgebung, nach der deutschen Besetzung und nach der Ghettoisierung war dieser Einstieg in die Waggons nach Auschwitz die letzte Etappe der Ausgrenzung und Entrechtung, das Ende des bürgerlichen Lebens in dem Land, das diese Menschen als Heimat und Vaterland bezeichnet haben. Deshalb ist der Begriff »Einwaggonieren« für alle deportierten Juden Ungarns zur Chiffre des Holocaust geworden.

In Israel wurde diesen Menschen später vorgeworfen, sie hätten sich wie Schlachtvieh wegtreiben lassen. »Aber«, so sagte ein ungarischer Jude, »hätte ich gewusst, was Auschwitz ist, hätte man mich mit keiner Gewalt der Welt in diese Waggons hineingebracht. Andererseits gab es keine Macht der Welt, die mich damals hätte überzeugen können, dass ein Auschwitz existiert.« Man erzählte, und das ist eine der schrecklichsten Erinnerungen, dass bei der Deportation die frommen Leute aus orthodoxen Gemeinden zu den Zügen rannten, um möglichst schnell aufzusteigen. Und Väter haben ihre Kinder angespornt: »Schnell, schnell Kinderlach, wir gehen dem Meschiach entgegen.«

Herschel Engelhardt, ein Krakauer Talmud-Gelehrter, – sein Vater war ein Gerer Chassid, der nach dem Einmarsch der Deutschen an einem Schabbat vor den Augen seiner Familie als Geisel erschossen wurde – erzählte mir, wie besonders grausam die Deutschen bei der Ghettoisierung in Krakau gewütet haben. Alle mussten sich auf den Boden werfen, alle zitterten, viele, die flüchten wollten, wurden erschossen. »Aber, ich lag auf dem Boden«, so berichtete er mir, »und neben mir lag zufällig meine Tante und sie sagte: ›Herschel, hörst du die Schritte des Messias? Wir gehen dem Messias entgegen.‹« »Messianische Zeiten«, das war kein isolierter Irrsinn Einzelner, und kein Leser wird das wohl jemals nachvollziehen können.

Ab dem Sommer 1944 durften wir bei Luftalarm den Keller nicht mehr aufsuchen, der war nun den ›arischen‹ Bewohnern und dem Hausmeister vorbehalten. Schon vorher, im Mai, war zu meinem Erstaunen der Keller getrennt worden. Es gab einen Keller ›erster Klasse‹, das war eigentlich die Waschküche, in den sich die ›Arier‹ zurückzogen, und einen größeren, allgemeinen Kellerraum, in dem die Juden zusammensaßen. Zunächst habe ich noch geglaubt, dass der ›arische‹ Keller irgendwie sicherer oder befestigter wäre, aber eigentlich lag er nur zur Haupttüre näher. Ich denke, das Anliegen der Mitbewohner war: Sie wollten sich von »denen mit dem gelben Stern« separieren. Aber da wir gewohnt waren, vorwiegend mit Juden zu verkehren, habe ich anfangs kaum bemerkt, dass uns die gleichen Hausbewohner im gleichen »Zores«, in der gleichen Not, gemieden haben.

Budapest hatte vor dem Kriege etwas mehr als 1 000 000 Einwohner und davon waren etwa 250 000 Juden. Jeder vierte Budapester war also Jude, und es war selbstverständlich, dass an hohen jüdischen Feiertagen alle Geschäfte an der Ringstraße geschlossen blieben, auch noch in der präfaschistischen Zeit. In den inneren Bezirken, also im 6. und 7. Bezirk, dort wo später das Ghetto eingerichtet wurde, haben sehr viele Juden gelebt, etwa 50 bis 60 Prozent. In der Neu-Leopoldstadt wohnten die vornehmen, reichen und gebildeten jüdischen Bürger. In manchen Industrievororten, in Neu-Pest zum Beispiel, gab es viele Juden, weil dort der jüdische Betrieb Tungsram seinen Standort hatte. Viele lebten auch in Csepel, im Süden von Budapest, wo Manfréd Weiss, ein jüdischer Großindustrieller, seine Eisenhüttenwerke besaß.

Selbstverständlich existierte auch in jedem Stadtbezirk mindestens eine jüdische Gemeinde mit einer Bezirkssynagoge: In Pest die sogenannte neologe Gemeinde. »Neolog« bedeutete nicht liberal, sondern gut konservativ. Dann gab es die Budaer Israelitische Gemeinde, die war sehr vornehm und reformnah, und eine jüdische Gemeinde in Altofen. Hier war das ursprüngliche Siedlungsgebiet der Juden in Budapest gewesen. Auch Neu-Pest, Klein-Pest und Elisabethstadt hatten eigene Gemeinden. Die Strenggläubigen trafen sich in der autonomen orthodoxen Gemeinde. Im 6. und 7. Bezirk fand sich fast in jedem Haus eine Gebetsstube oder eine Privatsynagoge. Auch die jüdischen Fuhrleute und Kutscher besaßen eine eigene Synagoge. Die jüdischen Schuhmacher hatten im Ghetto ihr Gotteshaus, die Schneider ebenfalls und viele andere Berufszweige. In den Zwanziger- und Dreißigerjahren haben die Gemeinden für die Gottesdienste an den hohen Feiertagen die größten Säle der Stadt gemietet, so auch das »Pesti Vigadó«, die Pester Redoute am Donauufer. Im größten Kulturzentrum der Hauptstadt hatten Brahms gastiert und Debussy, spielten Horowitz und Rubinstein und Ernst von Dohnányi; Bartók und Kodály betrachteten die Redoute als ihr Zuhause.

Zum Gemeindeleben gehörten natürlich auch unzählige Sozialvereine: Hilfsvereine, Schutzvereine, Unterstützungsvereine, Lehrvereine. Mein Vater war führendes Mitglied in einem jüdischen Krankenpflegeverein. Durch die Beiträge der wohlhabenden Mitglieder wurde beispielsweise Kranken jüdischen Glaubens, die in einem nichtjüdischen Krankenhaus lagen und nach koscherer Verpflegung verlangten, Unterstützung gewährt. Auch hatte dieser Verein eine eigene Synagoge und eine eigene Schule. Dort habe ich angefangen zu lernen. Diese Synagoge existiert heute noch im 6. Bezirk als streng orthodoxe Synagoge unabhängig von der Gemeinde.

In keiner Großstadt in Deutschland, nicht in Berlin, nicht in Hamburg, geschweige denn in Frankfurt, gab es ein so reiches jüdisches Leben wie damals in Budapest. Hier trafen Ost und West zusammen, und alle extremen Strömungen waren hier zuhause, die Ultraorthodoxen genauso wie die Ultraliberalen. Man war zwar Mitglied in der Gesamtgemeinde, aber meine Eltern zum Beispiel gehörten in erster Linie der autonomen orthodoxen Gemeinde an. Und wie gesagt, diese große Zahl jüdischer Gruppierungen hat wichtige Einrichtungen und Ausbildungsstätten geschaffen: Krankenhäuser, Waisenhäuser, getrennt für Mädchen und für Jungen, Elementarschulen in jedem Bezirk und ein Gymnasium, ein Rabbinerseminar – eines der besten in Europa –, ein Lehrerseminar und eine Handelshochschule, in der zum Beispiel mein Schwiegervater ausgebildet wurde.

Dieser Wohlstand und diese Spendenbereitschaft erklärten sich aus den wirtschaftlichen, sozialen und gesellschaftlichen Verhältnissen des ungarischen Judentums. In Deutschland finden wir in dieser Zeit Juden als Inhaber mittelständischer Betriebe, wir treffen sie im Handel an, bei Banken und Zeitungen, sie arbeiten als Universitätsprofessoren und Rechtsanwälte, aber sie sind, abgesehen von dem Hamburger Reeder Albert Ballin, der aus der HAPAG das größte Schifffahrtsunternehmen der Welt machte, keine Großindustriellen, zum Beispiel in der Stahlbranche. Anders in Ungarn.

Die gesamte ungarische Großindustrie war von Anfang an durch jüdische Firmen geprägt, und es gibt keinen Industriezweig, an dem Juden nicht wesentlich beteiligt gewesen wären. Die Eisenhüttenwerke von Manfréd Weiss in Süd-Budapest mit 10 000 Arbeitern waren weltweit bekannt. Auch in Miskolc gab es große Eisenhütten mit jüdischer Beteiligung. Viele Großbanken und Minen hatten jüdische Besitzer, und die ungarische Textilindustrie war zu großen Teilen in jüdischer Hand. Einer der bedeutendsten Betriebe war die Baumwollfabrik von Samuel Goldberger & Söhne. Die Familie aus Alt-Buda wurden im 19. Jahrhundert sogar in den Adelsstand erhoben. Berühmt waren auch die Elektro-Lokomotiven der Firma Ganz-Danubius. Abraham Ganz, der Gründer des Konzerns, war ein Jude.

Die alltägliche Präsenz und die Identität jüdischen Lebens waren der Stachel im ungarischen Fleisch und also die Folie, auf der die Besonderheit des Holocaust in Ungarn gesehen werden muss, und da gehe ich über Götz Alys These in seinem Buch *Das letzte Kapitel* ein Stück weit hinaus. In Deutschland wurde der Massenmord industriell-bürokratisch organisiert, und das funktionierte, weil die meisten Menschen schuldig wurden, indem sie wegsahen. Die Ungarn haben nicht weggeschaut, ein jeder hat gewusst, was passierte, und fast alle haben mit Hand angelegt. Im Oktober/November 1944 gab es keine Züge für die Deportationen mehr, aber man hat weiter gemordet. Auf Todesmärschen in Richtung Österreich wurden die Entkräfteten auf der Stelle erschossen, in Budapest hat man die Juden in die Donau geschossen. Der freche Raub und die brutalen Morde geschahen in aller Öffentlichkeit. Vergleichbares hat keiner in deutschen Städten gesehen. Diese ungeheuren Vorkommnisse waren auch nicht das Ergebnis einer aufgestauten Volkswut, die normalerweise Pogrome auslöst. Es war eher der Triumph zu spüren: Jetzt sind sie uns ausgeliefert, und es soll keiner als Zeuge überleben. Wir Ungarn machen das selbst und eigenhändig und deshalb, so glaubten sie, hat auch nach dem Krieg keiner etwas zu befürchten, denn wir haben ja eine für das ganze Volk wichtige Arbeit geleistet. Sándor Márai, der Erzähler, dessen Texte in seiner ungarischen Heimat jahrzehntelang verboten waren, schreibt, dass man in den Vierzigerjahren mit niemandem über anderes sprechen konnte als: »Wie kommt man leichter zu jüdischem Vermögen?«

Aber zurück zu meinen Kindheitserinnerungen. Was war in dieser Stadt los? Kann man sich vorstellen, dass wochenlang Tausende und Abertausende von Menschen wanderten, hin und her pendelten und Wohnung suchten? Juden mussten in einem jüdischen Haus Unterkunft finden, Nichtjuden hielten nach günstigen, möglichst vollständig eingerichteten jüdischen Wohnungen Ausschau. So gut wie nichts durfte man als Jude mitnehmen. Dreißig bis vierzig Kilo waren festgeschrieben. Wie viel kann ein Mensch schleppen? Unvorstellbar, was die Fuhrleute damals verdient haben.

Der gelbe Stern war an unserem Haus in einem riesigen Bilderrahmen angebracht, genau nach Vorschrift. Der Untergrund musste schwarz und der Stern einen Meter hoch und ebenso breit sein und am Tor deutlich sichtbar befestigt werden. Ab Mai wurden die Tore verschlossen, und man durfte das Haus nur noch zwischen vierzehn und sechzehn Uhr verlassen und nur noch bestimmte Geschäfte besuchen. Wir waren eingesperrt und hatten begriffen, dass dies der Anfang vom Ende ist. Aber dennoch kamen in unserem Haus die Leute zusammen und sie spielten Karten. Abend für Abend eine Partie nach der anderen: Rommé, Canasta, Bridge, diese Begriffe habe ich damals kennengelernt. Bis dahin war Kartenspielen bei uns verpönt gewesen.

Es ist bestürzend, wie Menschen von einem Tag auf den anderen ihren Anstand verloren haben. Leute, die ich tagtäglich gesehen habe, die ich gut kannte und begrüßte, haben mich, den kleinen Jungen mit dem gelben Stern, fotografiert, verspottet und schikaniert, denn auch ich musste den Stern aufnähen, als Sechsjähriger. Wehe, ich habe den Teil des Parks betreten, der jetzt den ›Ariern‹ vorbehalten war, da hat sofort eine ganze Horde gebrüllt: »Raus hier!« Das kann doch nicht normal sein, dachte ich, dass man sich vor Nachbarn so fürchten muss, das ist doch unser Spielplatz.

Das Kind, das als Einzelkind aufgewachsen ist, das verwöhnt und behütet war, das ein eigenes Kindermädchen hatte und dessen Launen beachtet werden mussten, wurde plötzlich von jedermann gemieden, weil es den Judenstern trug. Man kannte eine Menge Leute, man wusste, der wohnt da, der wohnt dort, so groß war unsere Umgebung nicht, aber jeder, der an einem vorbeiging, machte bösartige Bemerkungen: »Na, jetzt habt ihr, was ihr verdient, jetzt kommt die fette Suppe für euch.« Oder der Hausmeister hat uns bei Luftalarm aus der Schule gescheucht: »Geht schnell nach Hause, ihr Judenbengel, sonst schlägt eine Bombe wegen euch hier ein.« Umgekehrt mussten wir uns anhören, dass es nur den Juden zu verdanken sei, dass die Alliierten die Stadt bombardieren. Das hat die Kinderseele schrittweise zerstört, und manchmal ertappe ich mich heute noch bei Emotionen, die ich bei näherem Nachdenken furchtbar finde.

Auch viele der Juden, die in den Häusern zusammengesperrt

waren, haben allmählich genau denselben Ton, dieselben schrecklichen Umgangsformen untereinander angenommen wie ihre Unterdrücker. Wochenlang haben sich Frauen und Männer wegen nichts und wieder nichts angebrüllt und mit schrecklichen Worten um sich geworfen. Unglaubliche Szenen haben sich abgespielt, wenn in der Küche für einen Haushalt plötzlich fünfzehn, zwanzig Frauen kochen wollten. Meine Mutter und meine Tante haben versucht, mich abzuschirmen, so gut es ging. Es war ein ständiges Kommen und Gehen, denn die Leute konnten nicht dauernd in den überfüllten Räumen sitzen. Die, die oben waren, wollten die unteren besuchen, die unteren die oberen, die Kinder rundum, die durften nicht aus dem Haus, nicht einmal in den Hof, sonst hat der Hausmeister Theater gemacht.

Die ungarischen Hausmeister dieser Zeit sind ein Kapitel für sich. Während des Krieges haben sie ihre ›Glanzzeiten‹ erlebt. Plötzlich bekamen sie als »Blockwart« Macht und waren die Herrscher über das ganze Haus. Man musste sie ›schmieren‹ und bestechen was das Zeug hielt, wenn man von ihnen nicht denunziert werden wollte. Der Kommunismus hat dieses Spitzelsystem nahtlos übernommen, und nach dem Krieg sah man die bekannten Gesichter alle wieder.

Von heute aus gesehen scheint die Zeit von Juni bis Oktober 1944 relativ ruhig gewesen zu sein. Wir haben das anders erlebt. Die Nachrichten von den Ereignissen aus den ländlichen Gemeinden drangen immer mehr durch, die Deportationen gingen trotz der Anordnung Horthys in geringerem Umfang weiter. Wie sehr unsere lähmende Angst berechtigt war, ist erst lange nach dem Krieg bekannt geworden: für August war eine eintägige Großaktion geplant, in der die gesamte jüdische Bevölkerung Budapests zusammengetrieben und abtransportiert werden sollte.

Wie sehr uns schon als Kind die Begriffe »Abreisen« und »Zugtransport« beeindruckt, ja traumatisiert haben, kann ich an zwei Erlebnissen fest machen. In unserer Nachbarschaft lebte ein damals drei oder vier Jahre alter Junge, Franz, den wir Ferko nannten, zu dem ich gerne zum Spielen ging. Wir hatten kaum Spielsachen, aber genügend Phantasie. Dieser Junge kannte nur ein Spiel: die Zugreise. Er sammelte irgendwelche Gegenstände als Gepäckstücke, und alle Anwesenden waren Passagiere im Zug. Ich erinnere, dass ich zum ersten Mal das Wort »Pullman-Waggon« hörte, weil Herr Kaufmann, der in dieser Wohnung einquartiert war, in seinem Sessel sitzend behauptete, dies sei ein »Pullman-Waggon«. Nie habe ich ein Ziel der Reise erfahren. Ab und zu hielt der Zug an einer imaginären Station. Der Junge packte seine Gepäckstücke, und wir vertraten uns auf der Veranda der Wohnung die Füße, bis ein Pfiff die Weiterreise ankündigte. Das Gepäck wurde wieder eingeladen und die Reise ging weiter. Nie spielte Ferko etwas anderes. Als ob Jorge Sempruns Roman *Die große Reise* das Vorbild gewesen wäre.

Der zweite Fall betrifft mich selbst und zwar bis heute. Meine Frau und ich reisen mit einer gewissen Regelmäßigkeit. Deshalb haben wir ständig einen Koffer gepackt, der nur noch je nach Umfang und Zweck der Reise ergänzt werden muss. Meine Frau erstellt jedes Mal eine Packliste. Das Packen ist also reine Routine. Dennoch leidet sie darunter, dass ich bei der Vorbereitung hektisch werde, richtig gestresst bin und ihr mit meiner Nervosität zur Last falle. Natürlich sagt mir mein Verstand, die Angst, etwas vergessen zu haben, ist unbegründet. Notfalls kann man einen fehlenden Gegenstand nachkaufen. Dennoch kann ich mich dieser Panik nicht entziehen. Der Grund dafür liegt wohl in einem Kindheitserlebnis: Im Spätherbst 1944 mussten wir innerhalb einer halben Stunde mit dem Gepäck, das nicht mehr als zehn Kilo wiegen durfte, zum Abmarsch bereit stehen. Nur wer genug Zeit zur Vorbereitung hat, wählt unterer solchem Druck das Notwendigste und Vernünftigste aus. Innerhalb von Minuten vor diese Entscheidung gestellt, bricht Panik aus. Sollen wir Wertsachen oder Lebensmittel, Dokumente oder Wäsche, warme oder leichte Kleidung einpacken? Und auch ich als Kind wusste nicht, ob ich Bücher oder Spielsachen und welche davon ich in meinen kleinen Kinderkoffer stopfen sollte. Wahllos habe ich ihn dann gefüllt. Zum Glück kehrten wir bald zurück. Aber dieses Erlebnis ist mir als Trauma geblieben, von dem ich mich auch Jahrzehnte später kaum befreien kann.

Am 15. Oktober 1944, dem entscheidenden Tag in meiner Erinnerung, wurde ich am Vormittag aufgeschreckt. Im Radio wurde eine »Proklamation des Reichsverwesers Rittmeister Nikolaus Horthy« verlesen. Das war so ungewöhnlich, dass auch ich kleiner Junge aufmerkte. Natürlich hatten wir schon längst kein Radio mehr. Unsere nichtjüdischen Nachbarn stellten ihre Apparate so laut, dass wir mithören konnten. Ungarn werde den Krieg beenden und die Großmächte um einen Separatfrieden bitten. Große Freude. Der gelbe Stern wurde abgerissen, Umarmungen auf der Straße. Kurz: es herrschte eine euphorische Stimmung unter den Juden. Wie naiv waren wir, dass wir die Proklamation für bare Münze nahmen. Glaubten wir wirklich, die Deutschen würden das akzeptieren und gentlemanlike nach Hause gehen? Wer konnte sich aber auch vorstellen, dass das Ausscheiden von Horthy so dilettantisch, ja eigentlich gar nicht vorbereitet war. Rumänien hatte im August die Realitäten erkannt, die Kapitulation gegen Russland ausgesprochen, die Front geöffnet und seine Armee der russischen unterstellt. Die national-bürgerlichen Kriegsgegner in Ungarn wandten sich aber an die Westmächte im Glauben, Ungarn auch nach dem Kriegsende vom Bolschewismus freihalten zu können. Es gab aber keine entsprechenden Anordnungen zur Waffenruhe für die Armee, nur Kommandanten, die Nazigegner waren, stellten den Kampf an der Front ein. Die Mehrheit der Generäle war aber eher deutschfreundlich und führte mangels anderslautender Befehle den Kampf an der Seite der Deutschen fort. Die Seiten wechseln und gegen die deutschen ›Waffenbrüder‹ kämpfen, nein, so etwas tun ›ritterliche‹ Ungarn nicht.

Wie soll man sich dieses Maß an Dilettantismus erklären? War Horthy schon immer so weltfremd? Dafür spricht, dass er einmal den tschechischen Präsidenten Benesch zum Duell fordern wollte.

Oder war er senil geworden? Sicher ist, dass er mit diesem primitiven Versuch den Untergang der bürgerlichen Klasse Ungarns eingeleitet hat.

Schon zwei Stunden nach der Proklamation sicherten deutsche Panzer die Schlüsselstellungen in der Stadt. Als im Radio dann zu hören war, Generaloberst Károly Beregffy solle sich melden, ahnten einige Schlimmes, war er doch Mitglied der Pfeilkreuzler-Partei und alles andere als koscher. Am Nachmittag dann eine Proklamation von Ferenc Szálasi an die »bewaffnete Nation«. Horthy sei abgesetzt und stünde unter Hausarrest, er, Szálasi, habe eine neue Regierung gebildet, und der Kampf um die Rettung des Christentums, der Kampf des christlichen Europa gegen die bolschewistisch-jüdische Gefahr gehe weiter. Jedermann müsse weiter seine Pflicht tun, und die Juden sollten sich in Acht nehmen, denn er sei bereit, jeder Lockerung und jeder Ausschreitung mit Waffengewalt entgegenzutreten und sie zu beenden.

Ferenc Szálasi war der Chef der Pfeilkreuzler-Partei, die in den Dreißigerjahren aufgrund der wirtschaftlichen Situation einigen Zulauf gehabt hatte. Die ungarische Rechte in der Regierung von Graf Pál Teleki hatte sie an den Rand gedrängt, indem sie das antijüdische Programm selbst umgesetzt hat. Die Partei wurde verboten, Szálasi 1939 eingesperrt, schon 1940/41 aber wieder amnestiert. Im Jahre 1944 umfasste die Pfeilkreuzler-Bewegung nur ein paar tausend Mitglieder, von denen höchstens zwei als ernstzunehmende Persönlichkeiten gelten konnten. Da gab es den Rittmeister László Endre, ein bekannt aggressiver Antisemit und Handlanger Eichmanns, der schon als Regierungsdirektor im Komitat Pest Deportationen geleitet hatte, vielleicht auch noch den Journalisten Ferenc Rajniss, den man den ungarischen Goebbels nannte.

Die drei Monate vom 15. Oktober bis zum Einmarsch der russischen Armee Mitte Januar kennt man unter der Überschrift »Herrschaft der Pfeilkreuzler«. Das ist eine irreführende Bezeichnung, denn von einer nach irgendwelchen Grundsätzen ausgerichteten

Herrschaft konnte keine Rede sein. Dazu fehlten dieser Partei alle Voraussetzungen. Szálasi war von den Nationalsozialisten aus der Rumpelkammer der ungarischen Geschichte hervorgeholt und eingesetzt worden. Nennenswert qualifizierte Anhänger gab es nicht. Aber die Auflösung der alten Ordnung zeichnete sich mit der bevorstehenden militärischen Niederlage ab, und der faktisch herrschende gesetzlose Zustand entwickelte eine ungeheure Sogkraft für den Mob. Obskure Gestalten wurden nach oben gespült; so wurde ein ehemaliger Fußpfleger jetzt Stadtkommandant von Budapest. Zehntausende strömten der Partei zu, weil es dort Waffen gab und damit freien Raub und reiche Beute.

Schon am Abend des 15. Oktober zogen die ersten Gruppen durch die Straßen. Die »Árpáden-Streifen« auf der Armbinde ihrer schwarzen Uniformen, in den Nationalfarben rot und weiß gestreift, trugen in der Mitte eines weißen Ringes ein grünes Pfeilkreuz. Ähnlich wie die SA verbreiteten sie Angst und Schrecken. Sie waren bewaffnet und verübten bereits an diesem Abend erste Pogrome. In unserer Nachbarschaft räumten sie ein Haus und richteten dort einen Stützpunkt ein. Von da aus zogen sie in Gruppen los und veranstalteten spontan oder nach vorbereiteten Listen Razzien. Die mit dem gelben Stern gekennzeichneten Häuser waren ein bevorzugtes Ziel. Unter dem Vorwand, aus dem Haus sei geschossen worden, drangen sie ein. Dass Juden nach vielen Kontrollen keine Waffen mehr besaßen, und die Behauptung ein bloßer Vorwand war, das war allen Beteiligten klar. Die Bewohner mussten sich vor dem Haus aufstellen, damit die Bande das menschenleere Gebäude in aller Ruhe nach Wertsachen durchsuchen konnte. Einzelne Hausbewohner oder ganze Gruppen wurden in das Pfeilkreuzler-Quartier geschleppt. Wenn bei einem Gefangenen Vermögen vermutet wurde, so waren die Zellen im Keller das Ziel. Unter schrecklicher Folter wurden die Vermögen abgepresst, und die Opfer am Ende häufig umgebracht. Wer aus diesen Kellern zurückkam, war entsetzlich zugerichtet.

An einem Morgen wachte ich in aller Frühe auf, weil in unserer Wohnung schreckliche Aufregung herrschte. Alle Menschen waren am Packen, da sie in einer Stunde mit allem Gepäck antreten sollten. »Man bringt uns … man holt uns ab … man bringt uns!« Dieses »Abholen«, dieses »Bringen«, »wir werden abgeholt«, »weggeholt«, diese Ausdrücke verbreiteten schon Schrecken. Dann hieß es, wir werden in das zentrale Ghetto gebracht. Die ewig Optimistischen hielten das für günstig, weil die Abtrennung klare Verhältnisse schaffe. In der Tat wurden im 6. und 7. Bezirk ein Teil der Häuser mit Holzplatten abgeriegelt und so ein Ghetto eingerichtet.

Meine Mutter verhandelte mit dem Befehlshaber des Polizeibataillons: »Bitte, wir sind spanische Staatsbürger. Wir stehen unter dem Schutz der Spanischen Botschaft. Hier sind unsere Pässe.« Er befahl dann seinen Kollegen, »die Frau und das Kind« im Haus zu lassen. Wir sahen, Schlimmes ahnend, wie die anderen Leute weggebracht wurden. Sie haben uns nicht eines Blickes gewürdigt. Außer uns waren noch in zwei anderen Wohnungen je eine oder zwei Personen zurück geblieben. Ich erinnere mich noch an einen Herrn Fränkel, der an seine Wohnungstür ein Schild mit der Aufschrift »Bürger der Vereinigten Staaten von Amerika« angebracht hatte. Dazu ein entsprechendes Dokument, vor dem die Polizisten voller Andacht standen. Zwar befand sich Ungarn schon längst im Kriegszustand mit den USA, dennoch wurde dieses Dokument respektiert. Warum? Es gab bei der Handlungsweise der Häscher und Verfolger keine Logik – Gott sei Dank.

Die meisten Wohnungen standen jetzt also leer; die Häuser trugen weiter den gelben Stern, wurden aber nur noch von Leuten bewohnt, die irgendwie als Ausländer galten. Deshalb nannte man die Ansammlung dieser Häuser das »Internationale Ghetto«. Wir gingen in den leeren Wohnungen auf die Suche nach Lebensmitteln. In der Eile des Packens waren sie häufig herrenlos zurückgeblieben. Diese Rationen haben wir auf Wochen eingeteilt und von ihnen gelebt. Ich erinnere mich aber auch, dass in der jetzt herrschenden

Leere und Einsamkeit der Schrecken viel größer war als zuvor. Jeder Lärm und jeder Schuss ergab einen Widerhall. Bei Nacht war die ganze Stadt abgedunkelt. Bis in den Sommer 1944 war jeder Luftalarm ein Gräuel gewesen. Das schnelle Rennen in den Keller, die Angst vor den Bomben, den Einschlägen und Detonationen ist mir in lebhafter Erinnerung. Jetzt aber sehnten wir das Heulen der Sirenen herbei, zeugten sie doch vom bevorstehenden Ende. Vor allem aber bedeutete Bombenalarm eine Zeitlang Sicherheit vor den Pfeilkreuzlern, die sich für die Dauer des Alarms in den Kellern verkrochen.

Götz Aly nennt die Plünderungen die größte Umverteilung von Vermögen in der Geschichte Ungarns. Sie, so seine These, sei der Grund für den Holocaust in Ungarn. Das ist, wie gesagt, meines Erachtens nicht hinreichend. Aly war nicht mit diesen Leuten konfrontiert, er hat nicht in ihre Augen gesehen. Ihnen ging es um die Vermögen, ja, auch, aber mindestens ebenso um ihren Hass auf die Menschen, denen die Wertsachen gehörten. Man musste Juden nicht ermorden, um an ihr Vermögen zu kommen. Aber diese Leute mordeten, weil ihre Opfer ein Vermögen besaßen und deshalb nach ihrer Meinung den Tod verdient hatten. Man konnte endlich den Juden alles nehmen, von dem man dachte, dass es einem selbst gehören sollte. Man hatte damit eine finanzielle Existenz, ohne selbst eine aufbauen zu müssen. Bei einem deportierten Juden konnte man sich derer nicht absolut sicher sein. Bei einem erschossenen Juden schon.

Meine Tante lebte damals bei uns. Immer wusste sie von neuen Razzien und versetzte uns permanent in Angst und Schrecken. Wie wohl unser Hausmeister involviert war? Vermutlich wurde er bestochen, denn er hat uns ein paar Mal den Aufstieg zum Dachboden geöffnet. Von da aus konnte man auf das flache Dach steigen und die Gegend nach Banden absuchen. Zum Glück gab es in dieser modernen Neu-Leopoldstadt keine Feuergassen zwischen den Gebäuden, und man konnte von Haus zu Haus springen, sogar bis zur übernächsten Straße. Öfter standen Luken offen, absichtlich oder aufgebrochen. So sind wir immer wieder entkommen, wenn die Pfeilkreuzler unten in unser Haus eindrangen. Die Türen ließen wir offen stehen, denn ein Türenschlagen hätte verraten, dass da gerade Menschen fliehen. Als Teenager haben wir diese Fluchtwege nochmals erkundet, und mir kam nachträglich der kalte Schrecken. An manchen Stellen musste man enge Gassen mit einem Sprung überqueren. Wie leicht hätten wir damals abstürzen können. Mit welch todesverachtendem Mut sind wir im Dunkeln frostklamm weiter gestiegen, aus dem nächsten Haus Rufe: »Sie kommen, weg, weg!« Also weiter. Schüsse, Schreie. Und wieder bittere Kälte.

In dieser Zeit war ich auch weit und breit das einzige Kind. Meine alten Spielkameraden waren alle ›abgeholt‹ worden. Nur von ferne sah ich in anderen Wohnungen ab und zu Kinder, die sich ans Fenster getraut hatten. Aber auch wir schlossen uns ein, weil jeder Bekannte ja zum Verrat gepresst werden konnte. Damals hörte ich zum ersten Mal das ungarische Motto: »Sag niemandem nirgendwo niemals ein Wort.« Eines nachts schlug eine Granate auf der Budaer Seite unserer Wohnung ein. Wir sind natürlich furchtbar erschrocken, das Mobiliar rund um den Einschuss war Schrott, aber zum Glück war niemand verletzt. So vergingen die Tage. Vormittags suchten wir in den leeren Wohnungen Lebensmittel. Zwar war es lebensgefährlich, das Haus zu verlassen, denn man konnte unterwegs unverhofft Pfeilkreuzlern oder sonstigem Mob begegnen. Aber der Hunger war stärker als die Angst. Eines Tages haben wir ein Säckchen trockene Bohnen und ein Säckchen Linsen gefunden, nicht eingelegt, sondern trocken, irgendwo hingestellt. Davon haben wir uns lange ernährt. Meine Mutter und meine Tante waren in der Armut sehr erfinderisch und kochten die Bohnen und Linsen in den verschiedensten Formen. Worauf kochten sie? Gas gab es schon lange nicht mehr, Elektrizität nur hin und wieder. Die Zentralheizung war so gut wie ausgefallen. Der Hausmeister versuchte sie noch mit Braunkohle in Gang zu halten, und mit dieser

Braunkohle versuchten die beiden Frauen auch zu kochen. Es stank wie die Pest. Marcel Proust beschreibt sehr schön, wie ein spezifischer Geruch den ganzen Kosmos einer Heimat evozieren kann. Mir erging das auf späteren Fahrten nach Ungarn ebenso.

Anfang November standen die Russen wenige Kilometer vor Budapest, die Regierung begann zu fliehen, und trotzdem wurde noch das Ghetto eingerichtet. Es ist unfassbar. Der Terror ging bis zur letzten Minute weiter, man raubte noch schnell, was immer man rasch ergattern konnte, und bezog eine schöne leerstehende Wohnung, aus der man auch später nicht auszog, denn man war ja ein armes Opfer der Bombardements. Am 23. Dezember floh – wie wir heute wissen – auch Adolf Eichmann, und der Ring der sowjetischen Armee um Budapest war fast geschlossen. Wir hofften auf eine ruhige Weihnachtsnacht, aber die Raub- und Mordfeldzüge hörten nicht auf. Meine Mutter und meine Tante wachten abwechselnd die ganze Nacht hindurch. Ich habe in dieser Nacht tief und fest geschlafen. Kinder kennen in dieser Richtung ja kein Pardon.

Fünf Minuten Freiheit

Die Befreiung kam drei Wochen später. Am 16. Januar 1945 bin ich morgens beim Aufwachen tödlich erschrocken. Ein Soldat stand vor meinem Bett. Ich dachte, das ist das Ende. Aber meine Mutter stand neben ihm und lächelte mich an. »Das ist ein russischer Soldat«, sagte sie auf ungarisch zu mir. Darauf der Rotarmist auf Jiddisch: »Sagt keinem, dass ihr Juden seid.« Diesen Augenblick, seine Worte, den Klang seiner Stimme und seinen erhobenen Zeigefinger werde ich nie vergessen. Angst und Misstrauen waren in all den Jahren unsere ständigen Begleiter. Eine unvergessene Geschichte ist ganz typisch dafür: Es war kurz nach dem Einmarsch der deutschen Truppen, man durfte noch unbeschränkt auf die

Straße gehen, da kam mir an unserem Donauufer ein deutscher Soldat entgegen. Als er mich ansprach, habe ich einen furchtbaren Schock bekommen, denn ich trug meine grüne Jacke, auf die der gelbe Fleck aufgenäht war. »Sag' mal« – ich blieb stehen und nahm Haltung an – »weißt du, wie ich zur Margaretenbrücke komme?« »Ja, selbstverständlich.« Und ich habe ihm sofort präzise beschrieben wie er gehen muss. Sagt er: »Du bist Deutscher?« »Nein!« »Wieso sprichst du dann deutsch?« »Wir sprechen zu Hause alle deutsch.« Da hat er aus seiner Tasche eine Buttersemmel herausgezogen und sie mir gegeben. Ich habe sie genommen und mich höflich bedankt. Ich bin nach Hause gerannt, weil ich es kaum erwarten konnte, sie herzuzeigen: »Ich habe von einem deutschen Soldaten ein Butterbrötchen bekommen. Schaut mal hier, schön eingepackt.« Aber die Erwachsenen befahlen: »Schmeiß sie sofort weg, die ist bestimmt vergiftet, schmeiß sie weg.« Jeder verdächtigte jeden, und keiner traute dem anderen über den Weg. Man war immer auf das Böse vorbereitet. Und das allerschlimmste war, wie jemand später formuliert hat: »Die Befreiung dauerte nur fünf Minuten.« Nach kurzer Pause kamen nach den Faschisten die Kommunisten an die Macht, und die Tonlage blieb.

Das Vertrauen in die Menschheit konnte ich im kommunistischen Ungarn dreißig Jahre lang nicht zurückgewinnen. Es mag traurig klingen oder grotesk, erst in der Demokratie, in einem neuen Deutschland, habe ich es wiedergefunden. Ich werde immer wieder einmal gefragt, wie ich all das Leid, das dem jüdischen Volk angetan wurde, vergeben kann. Darauf habe ich nur eine, für manchen vielleicht enttäuschende Antwort: Ich besitze keine Vollmacht, irgendjemanden irgendetwas zu vergeben, was nicht mir persönlich geschah, sondern uns Juden im Allgemeinen betrifft. Ich muss mit allen Wohlmeinenden in gutem Sinne zusammenleben, alle Menschen, die mir nicht als Schuldige bekannt sind, als Unschuldige bezeichnen und bei ihnen guten Willen vermuten. Ich besitze einen tiefen Glauben an die Humanität und die Überzeugung, dass hierzulande sehr bewusst, sehr offen und sehr aufrichtig die Konfrontation mit der Nazivergangenheit gesucht wird, und die Aufarbeitung weit fortgeschritten ist, auch wenn es viele Leute als unangenehm und provozierend empfinden. Das zeichnet Deutschland aus. Sicher, es gibt viele Rückschläge, die wir beklagen müssen: antisemitische Übergriffe, politische und journalistische Fehlgriffe und vieles mehr. Aber alles in allem besteht doch der Konsens über die Werte der Menschlichkeit und der radikalen Ablehnung der Taten der Vergangenheit. In den letzten Jahren nehme ich allerdings immer wieder eine gewisse Neuinterpretation der Geschichte wahr. Das Schicksal der Deutschen rückt mehr und mehr in den Vordergrund. Selbstverständlich sind die Vertreibung und die Bombardierung der Städte mit all dem Leiden Unschuldiger ein großes Unrecht, aber wir dürfen nie vergessen, wer den Krieg angezettelt hat, und in welchem Zusammenhang dieser Teil der deutschen Geschichte steht. Es ist also nicht die Kraft der Vergebung, die mir zuteil geworden ist, sondern die Kraft der Gnade. Dass ich heute noch lebe, in Freiheit lebe, das ist für mich eine Verpflichtung, diese Gnade auch an andere Menschen guten Willens weiterzugeben.

Seit der Machtergreifung Hitlers sind achtzig Jahre vergangen, und es findet sich in dieser Welt kaum ein Land, das in derselben Zeitspanne eine solche überwältigende Entwicklung durchgemacht hat, wie Deutschland. Ich kann diese nur mit der Geschichte des jüdischen Volkes von 1943 bis heute vergleichen, vom Aufstand im Warschauer Ghetto bis zum Staat Israel mit seinen täglichen Schrecken und Gefährdungen. Beide Völker haben aus einem Tiefpunkt ihrer Geschichte die Kraft entwickelt, einen funktionierenden demokratischen Staat zu errichten, und beide können einmalige Leistungen auf dem Gebiet der Wissenschaft, der Kultur und im sozialen Miteinander vorweisen. Ich halte es für sehr charakteristisch, dass gerade diese beiden Länder diesen Weg der Demokratisierung beschritten haben. Ich weigere mich, sie Täter-

und Opfervolk zu nennen. Ich sehe die Leidenden auf der einen Seite und viele Menschen guten Willens auf der anderen.

Maßstab und Vergleich ist für mich, wie mein Geburtsland Ungarn mit der Nazivergangenheit umgeht. Leider haben die Ungarn ihre faschistische Vergangenheit weder bewältigt, noch haben sie sich damit auseinandergesetzt. Als Entschuldigung wird immer wieder angeführt, dass die Juden den Kommunismus über Ungarn gebracht haben, was objektiv nicht richtig ist. Den Kommunismus ›verdankt‹ das Land den westlichen Alliierten und den Vereinbarungen von Jalta, mit denen Osteuropa den Russen überlassen wurde.

Natürlich gab es auch im Nachkriegs-Ungarn Prozesse gegen die Faschisten. 1945 waren Volksgerichtshöfe eingerichtet worden, die Kriegsverbrecher aburteilten. Im Vergleich zu den Nürnberger Prozessen, bei denen die Alliierten alle demokratischen Spielregeln einzuhalten suchten, ging es hier etwas vehementer, impulsiver und emotionaler zu. Man kann davon ausgehen, dass die Straße dabei starken Druck gemacht hat. Die Menschen lebten in einer zerbombten, zerschossenen Stadt, in einem Land, das wirtschaftlich total am Boden lag, das ausgeplündert und ausgeraubt war. Täglich kamen Kriegsgefangene und Deportierte nach Hause, die verunsichert und gedemütigt waren. Das Gericht, das öffentlich in der Franz-Liszt-Musikakademie tagte, verurteilte vor allem die früheren führenden Regierungsmitglieder, die sich maßgeblich an der Faschisierung des Landes beteiligt und das Land an der Seite Deutschlands als letzten Vasallen in den Krieg getrieben hatten.

Miklós Horthy, »der Admiral mit dem Schimmel«, musste sich vor keinem Gericht verantworten. Im Oktober 1944 war er in deutsche Schutzhaft genommen worden, nachdem er versucht hatte, mit Stalin einen Sonderfrieden abzuschließen. Im Frühjahr 1945 war er auf Druck der Amerikaner aus der Haft entlassen worden. Er ging zuerst in die Schweiz ins Exil und dann nach Portugal. Dort führte er mit seiner Familie bis zu seinem Tod im Jahr 1957 ein bequemes Leben. Ein »Horthy Hilfskomitee« sorgte für seinen

Unterhalt. »Ich war mein Leben lang Antisemit und verkehrte nicht mit Juden«, schrieb er in seiner Autobiographie. Trotzdem kamen die großzügigsten Spenden aus zwei jüdischen Emigrantenfamilien. Sie hielten ihm zugute, dass 1944 für kurze Zeit die Deportation der ungarischen Juden gestoppt wurde.

Richtig ist allerdings, dass nach 1945 viele Juden der ersten Garde der Kommunistischen Partei angehörten, weil es nur wenige als Antifaschisten ausgewiesene Persönlichkeiten gab, die diese Rolle hätten übernehmen können. Wie skrupellos manche von ihnen handeln würden, hat damals niemand geahnt. Mein Vater fühlte sich nach seiner Rückkehr aus dem KZ Bergen-Belsen zu dieser Gruppe kommunistischer Juden hingezogen, da sie ja auch einen radikalen Wandel in Ungarn versprachen. Nie wieder sollten extreme Rechte ans Ruder kommen, nie wieder sollten Juden verfolgt werden. So hat er 1945/46 bei der Kommunistischen Partei als »Aktivist« mitgewirkt. Er war damals zwar wieder selbständiger Kaufmann und ein Bürgerlicher, trotzdem hat die Partei seine Mitarbeit, seine Ideen und seine Kraft zu schätzen gewusst. Ein Jahr später freilich hat er sich schon wieder tief enttäuscht von der Partei distanziert.

1947 nämlich fand eine entscheidende Wahl statt, an der auch etliche kleinere Parteien teilnahmen. Jede dieser Parteien konnte zur Kontrolle Vertreter in die einzelnen Wahlbezirke entsenden. Aber die kleineren Parteien hatten dafür viel zu wenig Leute, und so konnte die Kommunistische Partei sie kapern. Das Argument der Linken war: Wichtig ist, dass wir die Rechten kontrollieren. »Gebt uns deshalb euren Platz, wir schicken einen zuverlässigen Mann hin, der wird sich neutral verhalten.« Dass dies ein schmutziger Trick war, haben die ahnungslosen Mitglieder der anderen Parteien erst gemerkt, als es zu spät war. Auch mein Vater hat in einem Wahlbezirk die Wahlaufsicht für eine linksbürgerliche Partei übenommen und mir später erzählt, wie er ganz offen zur Wahlfälschung aufgefordert wurde: »Genosse Berger«, sagte man ihm, »Sie haben einen wichtigen Parteiauftrag. Wir müssen bei dieser Wahl mit allen

Mitteln verhindern, dass die rechtsbürgerliche Koalition mit der Partei der Kleinlandwirte hier die Wahl gewinnt. Sie müssen sich für unsere Partei einsetzen.« »Was kann ich machen, Genosse?«, fragte er. Da wurde ihm ein Packen ausgefüllter, fertig kuvertierter Wahlzettel übergeben, die sollte er in die Urnen schmuggeln. »Wie soll das gehen?« »Ganz einfach, wenn Sie die Urne auf den Tisch legen und ausschütten, da werden einige Briefe auf den Boden fallen und dann mischen Sie unsere Zettel bei.« Man kann sich ausrechnen, wie viele zusätzliche Stimmen für die Kommunisten so in den Wahlurnen landeten. Dazu kam noch der Betrug mit den sogenannten »blauen Zetteln« oder blauen Briefen: Wer aus einem triftigen Grund seine Stimme nicht in seinem eigenen Wahlbezirk abgeben konnte, erhielt eine Bescheinigung, die ihm erlaubte, in einem fremden Wahlbezirk abzustimmen. Natürlich musste man versichern, die Stimme nur hier abzugeben. Trotzdem waren unzählige kommunistische Parteiaktivisten mit solchen blauen Briefen unterwegs und haben nicht selten Hunderte von Stimmen abgegeben. In der Tat errang die Kommunistische Partei so endgültig die relative Mehrheit der Stimmen.

Der ganze Schwindel war zwar nach der Wahl bekannt geworden, aber wer wagte es, angesichts der sowjetischen Armee daraus irgendeinen Wirbel zu machen. Politiker bürgerlicher Parteien, die es versucht haben, verschwanden nicht selten von einem Tag auf den anderen spurlos. Hier begann die ÁVH, die ungarische Stasi, ihr Werk. Jahrelang residierte sie unter derselben Adresse wie zuvor die Geheimpolizei der Pfeilkreuzler. Die Faschisten hatten hier ihre Folterkammern eingerichtet, die Kommunisten haben die Strukturen übernommen, das Haus weiter ausgebaut und die Nachbarhäuser dazu requiriert. Die ungarische Bevölkerung hat es lange Zeit kaum realisiert, dass sie schon wieder bespitzelt und terrorisiert werden sollte, und es ist mir unverständlich, wie die Menschen, die doch ein demokratisches Ungarn aufbauen wollten, das neue Unrecht einfach hingenommen haben. Nach 1956 wurden alle

Spuren der Grausamkeiten in dem Gebäude an der Andrássy út verwischt. Heute birgt das Haus im Neorenaissancestil ein Museum und eine Gedenkstätte für die Opfer beider Diktaturen.

Meine Tante Blanka

Über Tante Blanka, die Schwester meiner Mutter, kann ich unmöglich objektiv berichten, denn sie war so herrlich subjektiv, so ungemein disparat in ihren Worten und Handlungen und dabei doch immer total von sich überzeugt. Sie hat mich abgöttisch geliebt, und bei ihr habe ich Realitäten des Lebens kennengelernt, die in meinem Elternhaus ausgespart blieben.

Tante Blanka war die Erstgeborene; meine Mutter war die jüngere Schwester und den beiden Mädchen folgten noch zwei Brüder. Sie hatte gleich nach der Schule als 18- oder 19-Jährige geheiratet, und es waren ihr rasch zwei Ehemänner gestorben. Als sie 1944 zu uns kam – sie wurde aus ihrer Wohnung in einem ›arischen Haus‹ vertrieben – war sie in dritter Ehe mit Emmerich Pollak verheiratet. Der wurde immer wieder zum Arbeitsdienst abgeholt, hatte aber das Glück, er war wohl zu alt, zwischen den Internierungen immer wieder freigelassen und nicht abtransportiert zu werden. Von manchen Mitbewohnern in unserem ›Sternen-Haus‹ war Tante Blanka gefürchtet, weil sie mit größter Selbstsicherheit und ihrem unvergleichlichen Mundwerk andere herumkommandiert und eingeschüchtert hat. Sie hatte immer feste Redewendungen parat. Besonders erfolgreich war: »Schämen Sie sich! Sie wollen eine Frau mit ihrem kleinen Kind, deren Mann, Gott weiß wo, leidet, hier ausnützen!« Nach dem Krieg konnte sie wieder in ihre alte Wohnung zurückkehren, und da diese im Gegensatz zu unserer heizbar war, wurde ich tagelang zu ihr ausquartiert. Ihren Mitbewohnern, die so taten, als sei in den vergangenen Jahren Juden nichts besonderes geschehen, hat sie bei jeder Gelegenheit, ob sie es hören wollten oder nicht, unter die Nase gerieben, wie wir gelitten und was wir mitgemacht hatten. Beispielsweise forderte sie mich auf, vom Ghetto zu erzählen. »Aber leg noch eine Schippe drauf, es schadet nichts.« Einschüchternd wirkte auf andere auch ihre Begabung zu lavieren und zu organisieren. Das Leben hatte sie so erzogen. Ein russischer Soldat hatte beim Plündern ein halbes Schwein ergattert und uns Kindern ein großes Stück davon geschenkt. Ich trug den Schinken zu Tante Blanka und sagte ahnungslos zu ihr: »Was machen wir damit? Wir essen doch keinen Schinken.« Da brachte mir Tante Blanka das kleine Einmaleins des Tauschhandels bei. Sie war eine Überlebenskünstlerin, ohne die vielleicht auch wir nicht durchgekommen wären.

Zwei Erfahrungen prägten Tante Blankas Leben. Die eine stammte aus der Politik, die andere hing mit dem Beruf ihres dritten Mannes zusammen. Um Tante Blanka zu verstehen, muss man die Hintergründe kennen. Nachdem die Räterepublik 1919 niedergeschlagen worden war, etablierte sich unter der Herrschaft des Konteradmiral Horthy ein präfaschistisches Terrorregime. Der »Weiße Terror« wurde im Laufe der Zwanzigerjahre unter Ministerpräsident Graf Bethlen etwas abgemildert, weil anders Kredite vom Völkerbund nicht zu erhalten waren. Aber noch Anfang der Dreißigerjahre wurden Arbeiterdemonstrationen blutig niedergeschlagen. In dieser Zeit war es vor allem unter Juden chic, mit den linkssozialistischen und kommunistischen Bewegungen zu kokettieren. Kinder und Nachfahren von namhaften jüdischen Familien, junge Intellektuelle, aber auch Angehörige von Kleinbürger- und Arbeiterfamilien haben aus Protest ihrer Elterngeneration gegenüber oder aus Protest gegen das Horthy-Regime mit diesen Bewegungen sympathisiert und sich zum Teil in kleinen illegalen Zellen organisiert. Ähnlich wie bei Sympathisanten der RAF war man in diesen Kreisen bereit, Unbekannten Unterschlupf zu gewähren oder ihnen sonst alle möglichen Hilfen angedeihen zu lassen. Die Kommunistische Partei hat auf diese Weise Menschen für sich eingespannt, die sich für Wahrheit und Gerechtigkeit, Redlichkeit und Ehrlichkeit und natürlich für die Arbeiterklasse und die Unterdrückten einsetzen wollten.

Meine nicht sehr gebildete Tante ist in solch eine Gruppe geraten und hat es genossen, in diesen Kreisen auch als Nichtakademikerin für voll genommen zu werden. Sie hat auf der unteren Ebene für die »Rote Hilfe« Kurierdienste und ähnliches geleistet. »Ich bin jetzt wer«, diesen kommunistischen Slogan hat sie für sich in Anspruch genommen. In unserer Familie hat man geahnt, dass sie irgendwie in dieser Richtung engagiert war, aber darüber wurde natürlich nie gesprochen, und Blanka ging ihrer geheimen Wege.

Wenn ich an ihren dritten Ehemann denke, habe ich immer den Oberkellner Mischka aus Kálmáns Operette *Die Csardasfürstin* vor Augen. Oberkellner in großen Häusern waren in der Tradition der k.u.k.-Monarchie Vertrauens- und Respektspersonen. Nach dem Geschäftsführer galten sie als die ersten Kräfte des Hauses und waren oft in ihrem Berufsstand weithin bekannt. Ein solcher Oberkellner war Onkel Emmerich.

Die große Stunde von Tante Blanka und Onkel Emmerich kam unmittelbar nach Kriegsende. Meine Tante verkündete eines Tages: »Wir haben die Gewerkschaft neu gegründet.« »Gewerkschaft?« Ich musste nachfragen, was das bedeutet, denn ich hörte diesen Begriff zum ersten Mal. »Wir haben eine Gewerkschaft für die Mitarbeiter der Gaststättenbetriebe gegründet. Ein guter Freund meines Mannes, Nichtjude und daher eher prädestiniert, ist aus der Illegalität aufgetaucht. Der ist der Präsident und Onkel Emmerich sein Generalsekretär.« Die »Partei«, damit war natürlich die KP gemeint, hätten sie auch schon organisiert, denn Partei und Gewerkschaft würden künftig Hand in Hand arbeiten. Tante Blanka war fest davon überzeugt, dass sie damit an der Seite der Mächtigen war.

Das Gewerkschaftsbüro wurde auf eine sehr eigenartige Weise und an sehr prominenter Stelle eingerichtet. In einer der vornehmsten Gegenden Budapests, an der Kreuzung Ringstraße und Tabakstraße, steht der herrliche »New-York-Palast«, ein Prachtbau mit einem riesigen Turm. Dort war eines der berühmtesten Kaffeehäuser der Stadt. Zu seinen Legenden gehört, dass der Besitzer bei der Eröffnung gesagt haben soll: »Den Schlüssel, den Sie hier sehen, bringe ich zur Donau und werfe ihn in den Fluss. Damit erkläre ich, dass dieses Kaffeehaus Tag und Nacht für unsere Gäste offen bleiben wird.« In diesem Kaffeehaus und der Gaststätte in der ersten Etage verkehrten alle namhaften Literaten Budapests. Viele schrieben und lasen auch dort, teils unten im Erdgeschoss, teils auf den Balkonen und einer Galerie, und selbstverständlich lagen Zeitungen aller möglichen Richtungen aus. In kommunistischer Zeit war sein Name natürlich verpönt und es wurde in »Café Hungaria« umbenannt. Später baute man das Gebäude zu einem Sportkaufhaus um. Heute ist wieder ein Kaffeehaus darin, und es nennt sich »New York Café«. Doch nun sitzen dort nur noch Möchtegern-Literaten und Touristen herum.

In einem Rückgebäude dieses Komplexes wurde ein Lokal eingerichtet, und am Ende des Lokals befand sich das Büro der Gewerkschaft, in dem mein Onkel thronte. Zusammen mit einer Sekretärin und einem Stab vermittelte er Arbeitsstellen für Kellner und Bedienungen im Gastgewerbe. Tante Blanka führte die Küche und die Gaststätte. Mit dem Rückenwind der Kommunistischen Partei ist Emmerich, zum Schrecken meiner Eltern, aufgetreten wie ein General. Beiden ging es plötzlich sehr gut. Ihre Jobs ergaben eine nahrhafte Symbiose. Es war die Zeit der galoppierenden Inflation, der Pengö war von Minute zu Minute weniger wert, und man bezahlte in Naturalien beziehungsweise in Kalorieneinheiten. Für eine Woche Arbeit erhielt man vielleicht ein halbes Kilo Schweineschmalz, Mehl, Fleisch oder ähnliches. Mich beeindruckte, wie viele Menschen jetzt mit dem Gaststättenbetrieb und meinem Onkel zu tun hatten. Ehemalige Besitzer von Gaststätten, deren Lokale zerstört waren, erhofften sich Hilfe zum Neubeginn, Kellner und

Oberkellner suchten nach möglichst guten Stellungen in Restaurants, vielleicht an der Börse, im Stadtpark oder in anderen besseren Gegenden. Für Onkel und Tante fielen dabei nicht nur Lebensmittel und die Einnahmen der Gaststätte ab. Sicher war auch Schwarzgeld mit im Spiel. Jedenfalls hörte ich im Zusammenhang mit den Arbeitsvermittlungen auch die Namen von Währungen wie Dollar, Franc und Schweizer Franken. In der Mitte des Lokals sah ich zum ersten Mal einen Billardtisch, um den herum sich die verschiedensten Leute austauschten. Sie suchten Begegnungen, Kapital und Ideen, erzählten sich unablässig Geschichten und schwelgten in Erinnerungen. Es waren große und kleine Leute darunter, interessante Menschen und große Schwätzer. Das ging so anderthalb bis zwei Jahre lang gut, dann kam die Order von oben: »Genossen, das geht so nicht weiter. Man kann nicht ein Büro für die Arbeitsvermittlung zusammen mit einer Gaststätte betreiben.«

Die Sache ist also aufgeflogen, das Büro wurde aufgelöst. Der Chef meines Onkels, der Präsident, wurde zum einfachen Kellner degradiert, mein Onkel war zwar weiter bei der Gewerkschaft beschäftigt, so dass meine Tante nicht mehr arbeiten musste, aber er war nicht mehr Sekretär. Inzwischen hatten Onkel und Tante ihre alte Zweizimmerwohnung im 8. Bezirk in der Nähe des Rabbinerseminars zurückbekommen, doch waren sie in diesem Haus die einzigen Juden und zogen bald im gleichen Bezirk in ein anderes Haus. Kurz darauf ist mein Onkel plötzlich verstorben.

Meine Tante musste jetzt wieder arbeiten. Mittlerweile hatte sich die kommunistische Macht etabliert, und Tante Blanka war auf der richtigen Seite. In jedem Lebenslauf hat sie groß herausgestrichen, dass sie schon in den Zwanziger- und Dreißigerjahren im Untergrund für die »Rote Hilfe«, und damit für die kommunistische Internationale und die Arbeiterbewegung gearbeitet hatte und dabei der ständigen Gefahr ausgesetzt war, von der berühmt-berüchtigten politischen Polizei unter Peter Hain geschnappt zu werden. Als linientreue Genossin erhielt sie selbstverständlich bald eine gute Stellung.

Alle privaten Betriebe waren inzwischen verstaatlicht worden, und die Mitarbeiter mussten irgendwie verköstigt werden. Für kleinere Betriebe war der Aufwand für eine eigene Kantine viel zu groß, das mussten sogar die Kommunisten einsehen, die für Rentabilität wirklich nicht viel übrig hatten. Deshalb wurden große Zentralküchen eingerichtet. Es kam, wie Gegner der Kommunisten 1945 prophezeit hatten: »In einem Jahr werdet ihr alle aus einem Napf essen.«

Auf Grund ihrer Verbindungen erhielt meine Tante eine Stelle in einer solchen Zentralküche, der »Zweiten Gemeinschaftsversorgungsunternehmung der Hauptstadt«. Ihre weitere Glanzzeit erlebte sie aber als Leiterin einer großen Werftküche. Das war die ehemalige Abraham-Ganz-Schiffswerft, die jetzt nach Gheorghe Gheorghiu-Dej, dem Generalsekretär der rumänischen KP, benannt war. Etwa 400 bis 500 Arbeiter mussten in der Kantine dieser Werft schichtweise in je knapp dreißig Minuten zum Essen durchgeschleust werden. Es gab dort eigene Kühlräume und einen ganzen Stab von qualifizierten Mitarbeitern wie Kellner, Köche, Buchhalter usw. Da konnte Tante Blanka ihre Talente voll ausleben: Requirieren, Akquirieren, Organisieren, Dirigieren und Delegieren war ihr Leben. Sie hatte so viel mit Organisieren zu tun, dass gar nicht auffiel, dass sie keine dieser Tätigkeiten selbst beherrschte. Dazu war sie eine perfekte Genossin, die alle jeweils aktuellen politischen Slogans parat hatte und aus voller Überzeugung einsetzte. Von heute aus gesehen waren das Texte fürs Kabarett: »Genossen, wir wissen alle sehr gut, dass die Imperialisten gegen uns rüsten. Jeder von uns muss an seiner Stelle seine Pflichten optimal erfüllen, damit wir unser sozialistisches Vaterland, die Partei und die Regierung schützen und stärken. Nur so verteidigen wir den Frieden.« Bei Fehlern und Pannen hat Tante Blanka immer mit solchen und ähnlichen linientreuen Sprüchen um sich geworfen, danach traute sich keiner mehr etwas zu sagen.

Als Schüler arbeitete ich einmal während der Ferien täglich von elf bis fünfzehn Uhr in dieser Kantine mit. Das war ein prägendes

Erlebnis für mich, bei dem ich zum ersten Mal die »Arbeiterklasse« in ihrem Umfeld kennenlernte. Da ich schon damals zwei linke Hände hatte, aber flink war, setzte man mich als Gehilfe der Kellner ein. Ich habe Wasser und Beilagen serviert und die Kellner zu den Wartenden dirigiert. Es gab, das kann man sich heute kaum vorstellen, natürlich keine Selbstbedienung, sondern die Arbeiter wurden wie in einer richtigen Gaststätte bedient.

An einem heißen Sommertag fiel wieder einmal der Strom und damit die Kühlanlage aus. Schon am Eingang der Küche roch ich: das Fleisch hatte einen ›Stich‹ bekommen. Der Chefkoch gab die Anweisung, es noch einmal durchzubraten. Ein Kellner kam aber kurz darauf zurück in die Küche: »Herr Chef, die Arbeiter meckern. Das Fleisch hat einen Stich.« »Wer war das? Ein dreister Typ!« Der Koch war ein typisches ungarisches Arbeiteroriginal. Er ging in den Gastraum. »Genossen, wer hat hier gesagt, dass in unserem Staat die Arbeiterklasse verdorbenes Fleisch vorgesetzt bekommt?« »Genosse Chefkoch, hier haben Sie es. Riechen Sie hier!« »Was soll ich riechen?« – Mit diesen Worten hat er das Corpus delicti selbst aufgegessen und gesagt: »Der Genosse ist von Haus aus etwas pingelig. Geben Sie ihm nochmals ein Stück Fleisch.« Er hat natürlich veranlasst, dass diesmal ein Stück vom frischen Fleisch serviert wurde. »Na, Genosse, wagen Sie Ihre Behauptung noch einmal, oder soll ich den Vorfall dem Parteisekretär melden?!« »Nein, Genosse Chefkoch, ist schon in Ordnung.« Ohne Manipulation, auch der Wahrheit, ging im Sozialismus nichts. Dieser Chefkoch und sein für das Fischlager zuständiger Mitarbeiter hatten etwas zu umfangreich in die eigene Tasche gewirtschaftet und Tante Blanka hatte das, auch ohne zu rechnen, bemerkt. Die beiden wurden entlassen. Sie hat aber wohl gespürt, dass ihre Chefposition in einem solch großen Betrieb ein Schleudersitz ist. Nahezu jeder Mitarbeiter hat irgend etwas mitgehen lassen, es war ja nur »Eigentum des Volkes«. Das ging auch fast immer gut, weil einer den anderen deckte. Der Leiter aber trug die Verantwortung. Wollte ihm jemand schaden, so musste er nur eine Kontrolle veranlassen und dem Kontrolleur einen Tipp geben. Da nützten dann politische Slogans auch nicht mehr.

Tante Blanka hat von dieser Gefährdung sicher nicht abstrakt gewusst, aber mit ihrem Mutterwitz gespürt, dass sie sich besser aus der Schusslinie zurückziehen sollte. Auch das hat sie auf eine für sie typischen Weise geschafft. Bei ihrer Konzernleitung jammerte sie: »Ihr wisst, dass ich durch meine Arbeit für die ›Rote Hilfe‹ in den Zeiten der Illegalität auch gesundheitlich sehr gelitten habe. Darauf müsst ihr Rücksicht nehmen und mir eine leichtere Stelle geben.« Aber neben dem offiziellen Dienstweg wollte Tante Blanke der Versetzung noch auf der persönlichen Ebene nachhelfen. Die Tochter der zuständigen Abteilungsleiterin einer elektronischen Firma sollte von mir – ich war damals fünfzehn Jahre alt – ›betreut‹ werden. »Geh mal hin und beschäftige dich mit der Marika, weil ihre Mutter es bewerkstelligen kann, dass ich in einen anderen Betrieb komme.« Ich musste meiner Tante sagen, dass das Mädchen leider nicht mein Fall ist, aber ich mich für sie opfern würde. Marika und ich sind ein paar Mal zusammen ausgegangen. Es war uns beiden peinlich, aber die Tante bekam ihre neue Stelle.

Danach hat Tante Blanka noch kurze Zeit zwei andere Küchen geleitet und wurde dann pensioniert. Was sie aber nicht hinderte, schwarz weiterzuarbeiten. Sie sollte verdeckt Gaststätten kontrollieren und zur Tarnung nahm sie mich oft mit. In diesen Kreisen war sie aber so bekannt, und ihr Mundwerk so typisch, dass von »verdeckt« keine Rede sein konnte. »Genossen, wie servieren Sie der arbeitenden Bevölkerung? Das ist nicht in Ordnung. Sie müssen das anständig tun. Das ist keine anständige Betriebswirtschaft bei Ihnen.« Szenen wie im *Revisor* von Gogol. Die Leute bekamen Angst, denn jeder hat geklaut und geschmiert, hat Belege gefälscht, weil niemand von seinem Gehalt allein leben konnte. Mir war das äußert peinlich und ich habe mich oft zu Tode geschämt. Die Revolution von 1956 war für Tante Blanka ein Schock, vor allem weil

Kommunisten verhaftet wurden, und es auch pogromartige Situationen mit Jagd auf Parteifunktionäre gab. Unter Kádár ist sie dann aus der Partei ausgetreten, hat noch ein viertes Mal geheiratet und zog zu ihrem neuen Mann in sein kleines Häuschen im 14. Bezirk. Dort haben wir sie häufig besucht. Auch diesen Mann hat sie überlebt und ist letztendlich allein geblieben. Wir haben dann das Land verlassen. In Dortmund hat sie uns noch einmal besucht. Das war das letzte Mal, dass ich sie gesehen habe.

Tante Blanka war eine Frau, von der ich absolut unkritisch einfach nur Liebe und Bewunderung erhalten habe. Sie war in ihrer ganzen Originalität eine Persönlichkeit, über die ich häufig weinen und häufig lachen musste. Wenn sie von etwas überzeugt war, dann war es auch so oder hatte so zu sein. Sie war ein bisschen *Tante Jolesch*, mehr als zwiespältig, sie war ›vielspältig‹. Unter Intellektuellen war sie korrekt und zurückhaltend. Im Kreis von Arbeitern ist sie aufgeblüht: »Die Arbeiterklasse liebt mich.« Darüber haben wir uns kaputt gelacht. Wir belächelten ihren Tick für das Kollektiv, aber diese Frau organisierte Lebensmittel, als es kein Essen gab, und wenn sie etwas hatte, kochte sie für alle. Ja, sie kochte immer für alle und bewirtete sie. Auch deshalb habe ich sie geliebt, meine Tante Blanka.

Herkunft: Sonstiges

Wenn ich an meine Schulzeit zurückdenke, so sind meine Gefühle und Erinnerungen nicht auf einen Nenner zu bringen. Natürlich gab es unbeschwerte Fußballspiele, Jugendstreiche und Kameradschaften, aber ich empfand mich – und war es wohl auch tatsächlich – immer mehr als Außenseiter. Es war der politische Druck, die antijüdische Stimmung, mit denen jeder von uns auf seine eigene Weise umgehen und fertig werden musste. Die Entscheidung, ob und inwieweit man auf einzelne Zumutungen der Ausgrenzung einging oder ihnen widerstand, das musste jeder schon als Jugendlicher selbst entscheiden. Dies machte uns vielfach zu Einzelgängern.

Als ich im September 1943 in die jüdische Schule in der Hollangasse eintrat, hatte ich das normale Schulalter noch nicht erreicht. Die Hollan-Schule war eine Elementarschule mit vier Klassen in den zwei unteren Etagen des Gemeindehauses in der Neu-Leopoldstadt an der Ecke Szigetgasse. Das Haus und die Einrichtung waren für die damalige Zeit modern. Bezeichnend für eine jüdische Schule, dass wir zwar einen Festsaal besaßen, aber keine Turnhalle. Der Sportunterricht fand in der nahe gelegenen privaten, jüdischen Fodor-Sportschule statt. Jüdischer Religionsunterricht war Schulfach und selbstverständlich an Schabbat unterrichtsfrei. An den selbst gestalteten Jugend-Gottesdiensten durfte ich nicht teilnehmen, weil mein Vater meinte, das sei ›nichts für uns‹. Die Hollan-Schule gehörte nämlich nicht zur Orthodoxie. Aus der Synagoge oder vom Fußballspiel im St. Stephans-Park hatte ich in allen vier Klassen Bekannte. Der Unterricht bereitete mir keine Schwierigkeiten, denn ich konnte bei der Einschulung schon perfekt lesen. Mein Vater war nämlich leidenschaftlicher Zeitungsleser und nahm mich am Sonntag häufig mit in sein Kaffeehaus. Den Himbeersaft dort mochte ich besonders gern, und die großen Buchstaben der Überschriften faszinierten mich. Bald konnte ich sie lesen und fragte meinen Vater über ihre Bedeutung Löcher in den Bauch. Und er erklärte mir alles mit Geduld und Sachverstand. Im April/Mai 1944 begann die Konzentration der jüdischen Bevölkerung in den Ghettos und den Häusern mit dem gelben Stern, und damit war natürlich auch das Ende meiner Schule gekommen. Angst und Druck bestimmten nun unser Dasein, und das tägliche Überleben wurde so schwierig, dass der Gedanke an Schulunterricht ziemlich absurd war. Wir durften ja nur für zwei Stunden am Tag das Haus verlassen und haben deshalb vom zivilen Leben, etwa vom Alltag anderer Kinder, kaum etwas mitbekommen. Dazu kam, dass die Schulferien von Juni bis September dauerten, wir also die längste Zeit ohnehin keine anderen Schüler sahen.

Bis Februar 1945 wurde in Budapest noch gekämpft. Im März hörte meine Mutter – Vater war ja noch nicht zuhause –, dass eine allgemeine Volksschule den Unterricht aufgenommen habe. Eine jüdische Schule war noch nicht in Sicht, so ließ sie mich dort in der zweiten Klasse einschreiben. Im Ghetto lebten wir zwangsweise nur unter Juden. Jetzt gehörte ich erstmals zu einer Minderheit, stand nahezu allein gegen eine Gruppe, die fast nur aus Katholiken und nur wenigen Reformierten bestand. Diese Umstellung machte mir zu schaffen. Leider erfuhren wir erst später, dass innerhalb dieser staatlichen Schule eine Klasse für die Schüler der ehemaligen jüdischen Schule eingerichtet worden war.

Zum Verständnis meiner Schulzeit in dieser ersten Zeit nach dem Krieg muss ich einiges erklären. Mit Kriegsende wurde in Ungarn von der nichtjüdischen Bevölkerung so getan, als ob nichts geschehen wäre. Die rassistischen Gesetze und Verordnungen wurden von der Regierung für ungültig erklärt und damit war die ›Angelegenheit‹ für sie erledigt. Schluss damit! Unsere Landsleute hatten uns Juden natürlich nie beschimpft, uns nie genüsslich mit dem gelben Stern fotografiert, uns nie schikaniert und in getrennte, schlechtere Luftschutzräume abgeschoben. Und, von heute aus gesehen unvorstellbar, auch viele Juden reagierten mit Verdrängung. Ein böser Traum war vorüber gegangen, und alles war darauf gerichtet, sogenannte »Normalität« herzustellen. Das lag auch im Interesse der rasch gegründeten politischen Parteien, und die veröffentlichte Meinung in Presse und Funk spiegelte dasselbe Bild wieder. »Normal« wäre allerdings gewesen, auch die gestohlenen und abgepressten Vermögenswerte wieder zurückzugeben. Aber: »Das war halt der Krieg, und die Russen haben alles mitgenommen.« Doch nicht selten sahen jüdische Menschen ihre Kleider, Anzüge oder Wohnungseinrichtungen bei ehemaligen Nachbarn, und selbstverständlich blieben Wohnungen und Häuser im Besitz der neuen Bewohner. Angestellte in privaten Firmen oder öffentlichen Betrieben kehrten in der Regel an ihre alten Arbeitsplätze zurück, aber Selbständige mussten schauen, wie sie wirtschaftlich wieder auf die Füße kamen. Kapital, Betriebseinrichtung oder Lagerbestände blieben wie selbstverständlich bei den neuen Besitzern. Also schnallte man sich einen Bauchladen um und handelte mit irgendwelchen Waren oder begann, irgendetwas zu fabrizieren. Ich erinnere mich, dass bei uns zu Hause Socken hergestellt wurden. Auch der Schwarzhandel mit Devisen war an der Tagesordnung. Manès Sperber hat in seinem autobiographischen Buch *Die Wasserträger Gottes* für diese Existenzen den schönen Begriff der »Luftmenschen« geprägt; Luftmenschen waren wir in der Tat geworden.

In dieser zweiten Klasse, in die ich eingeschult wurde und in der ich fast nur unter nichtjüdischen Kindern lebte, wurde über »diese Ereignisse« nie gesprochen. Überhaupt ist mir früh aufgefallen, dass in den sogenannten »anständigen christlichen Kreisen« die Judenverfolgung kein Thema war. Jede kleine Schikane durch einen russischen Soldaten wurde mit Selbstmitleid registriert. Dass die Sowjets keinen Unterschied machten und uns Juden ebenso rücksichtslos behandelten, wurde nicht zur Kenntnis genommen. Kein Wunder, dass manchen Juden eine gewisse, stillschweigende Genugtuung anzumerken war, dass das Unheil nun auch »die Anderen« traf. Am christlichen Religionsunterricht habe ich nicht teilgenommen. Als ich unsere Klassenlehrerin, sie war die Frau des Direktors, stattdessen nach jüdischem Unterricht fragte, sagte sie mit eindeutiger Betonung: »So etwas haben wir selbstverständlich nicht!« Schon mir Knirps war klar, dass sie am vergangenen Regime hing. Sie hat immer wieder gegen »die da« anzügliche Bemerkungen gemacht und unterließ nur deshalb offen antisemitische Äußerungen, weil sie Angst vor den Russen hatte. Solche Äußerungen gegen die »Anderen«, die »Fremden«, dieser »codierte Antisemitismus« ist eine Spezialität der Ungarn. Als Kind konnte ich damit natürlich nicht umgehen und so habe ich gezittert vor dieser Frau. Auch sonst war die Klasse ein Spiegelbild der Gesellschaft. Das Verhältnis zu den Klassenkameraden blieb zwar korrekt und fair, aber auf Distanz und ohne jede Herzlichkeit. Am Ende des zweiten Schuljahres – mein Vater war inzwischen aus dem KZ wieder zurückgekommen – habe ich leichten Herzens von dieser Gruppe Abschied genommen und kehrte in die dritte Klasse in die wiedereröffnete jüdische Schule zurück. Dort unterrichtete meine alte Lehrerin. Nun fehlte im Klassenzimmer das Wandbild des Reichsverwesers Horthy, wir mussten nicht mehr die Staatshymne singen und auch nicht mehr das ungarische Glaubensbekenntnis aufsagen: »Ich glaube an einen Gott, ich glaube an ein Vaterland und an die Auferstehung Ungarns.« In der vierten Klasse bekamen wir einen wunderbaren Lehrer, wohl einer der besten in meiner gesamten Schulzeit. Er hieß ursprünglich Andrè Fried, hatte aber seinen Namen ungarisiert in Fenyö. Seine Fächer waren Geographie, Geschichte und ungarische Literatur. Mein Interesse an Geographie und Länderkunde, Wirtschaftsgeographie und politischer Geographie verdanke ich ihm. Und wir begannen Bücher zu lesen. Jeder brachte von zu Hause einige Exemplare mit, und so besaßen wir bald eine Klassenbibliothek von mehreren hundert Bänden. Natürlich liebten wir Bücher über Indianer besonders, aber wir lernten auch die Werke klassischer ungarischer Erzähler wie Sigmund Móricz, Kálmán Mikszáth und Moritz Jókai kennen. Auch unsere Fähigkeit, genau zu fragen und Konkretes zu beschreiben, wurde auf eine sehr effektive Weise und sehr praxisorientiert gefördert. Jede Woche verfassten wir eine Reportage, und die besten wurden vorgelesen. Auf dem Lehelplatz sollten wir beispielsweise die Beschicker eines Wochenmarktes befragen: »Woher kommen die Eier, das Obst im Winter, wie wird das Gemüse gelagert?« Natürlich haben manche der Befragten sehr unwirsch geantwortet, andere jedoch haben uns sogar ihre Tricks verraten, beispielsweise wie sie den Salat frisch aussehen lassen. Das mussten wir dann möglichst knapp beschreiben. So haben wir auch

Geschäfte, Banken und Handwerker heimgesucht. In der ungarischen Literatur gibt es eine Tradition der von István Örkény eingeführten »Minutennovelle«. Ähnlich wie beim Blitzschach mussten wir in limitierter Zeit eine Geschichte erfinden. Da meine Geschichten fast immer voll von schwarzem Humor waren, trug ich bald den Spitznamen »Humorist vom bitteren Humor«.

Und noch etwas zeichnete diese jüdische Schule aus: Wenn man im Unterricht möglichst witzige Zwischenrufe machte oder eine Anekdote erzählte, so wurde das nicht wie später in der staatlichen Schule geahndet, sondern wohlwollend geduldet. Die Lehrer haben mitgelacht und sahen darin keine Unterbrechung des Unterrichts, sondern die Förderung der jugendlichen Persönlichkeit. In unserer Klasse diskutierten wir auch in der Freizeit über Politik, Literatur und Kunst. Wir Zehnjährige waren erstaunlich gut informiert. Wenn ein Name oder ein Begriff fiel, den wir nicht genau kannten, so erkundigten wir uns zu Hause oder lasen in Büchern nach. Und am nächsten Tag wusste dann die ganze Klasse genau Bescheid. Es war einfach spannend, immer Neues kennenzulernen. Die ganze Schulzeit über unterlagen wir diesem Gruppenzwang, dieser Sucht zur Bildung. Das Wort Lernklima kannten wir nicht, die Sache selbst aber lebten wir viel intensiver als heute üblich. Es ist der größte Verlust unserer modernen Gesellschaft, dass dieses Interesse, diese Neugierde oder Begierde – Neugierde hat in gewisser Weise mit Begierde zu tun – fast verloren gegangen ist. Ich verstehe nicht, dass jemand, wenn er etwas nicht weiß, nicht das Bedürfnis hat, sofort nachzuschlagen. »Mund halten und nachschlagen« – das ist heute selbst an der Universität fast aus der Mode gekommen. Woher kam diese Wissbegier? Ich kann nur vermuten, dass sie aus der Freude des Überlebens erwuchs. Da wir keine anderen Möglichkeiten, wie zum Beispiel Reisen, hatten, stürzten wir uns auf die Bildung, um aus eigener Kraft die Weite und Tiefe der Welt zu erfahren. Ähnliches habe ich erst später wieder bei Zuwanderern aus Russland erlebt.

In den Jahren meiner Schulzeit wuchs der Einfluss der Politik auf alle Lebensbereiche und speziell auf das Schul- und Erziehungswesen immer mehr, um dann im Stalinismus groteske Züge anzunehmen. Auch materielle Unterschiede machten sich schon in der jüdischen Grundschule bemerkbar. Mitschüler, die von Verwandten aus den USA Pakete erhielten, trugen andere Kleidung und besaßen die heißbegehrte harte amerikanische Schokolade Marke Hershey's. Entscheidend für den Lebensstandard der Familien war die schrittweise Enteignung der Wirtschaftsbetriebe. Sie traf dank der Salamitaktik die Einzelnen nicht gleichzeitig. Von der Verstaatlichung der Großindustrie waren zunächst nur die wenigen Fabrikbesitzer und deren frei arbeitende Vertreter und Reisende betroffen. Während Ärzte und Rechtsanwälte noch längere Zeit selbständig bleiben konnten, taten sich etwas später bei jenen Schulkameraden existentielle Probleme auf, deren Eltern Inhaber kleinerer Betriebe, von Kaufhäusern, Einzelhandels-Geschäften oder von Gaststätten waren. Gleichzeitig wurde durch die Zwangskollektivierung der Landwirtschaft eine Lebensmittelknappheit erzeugt. Die Abgaben für die freien Bauern wurden utopisch hoch veranschlagt. So blieb ihnen nur der Eintritt in die »Kolchose«, oder sie mogelten, um das Soll erfüllen zu können, und wurden kriminalisiert und enteignet. Auch andere Produkte wurden künstlich knapp gehalten, und die Schuld dafür jüdischen Spekulanten in die Schuhe geschoben. Es kam deshalb an mehreren Orten zu Pogromen, und auch diese wurden zur Stärkung der Position der Kommunisten ausgenutzt. Da angeblich die faschistischen Kräfte wieder erstarkt waren, musste, so sagte man, hart durchgegriffen werden. So konnte man die Hälfte der Politiker aus der bürgerlichen Partei der Kleinlandwirte verhaften und den letzten frei gewählten Ministerpräsidenten, Ferenc Nagy, in die Flucht treiben. Mit Unterstützung der gleichgeschalteten Medien funktionierte diese Salamitaktik perfekt. Die Eltern vieler meiner Schulkameraden waren direkt oder indirekt diesen brutalen Zwängen ausgesetzt und gaben, um die Karrieren ihrer Kinder nicht zu gefährden, den Zumutungen nach. Viele Familien verleugneten deshalb auch ihr Judentum oder drängten es in den Hintergrund. So gab es selbst in dieser Schule große Unterschiede, nicht zuletzt nach dem Maß der »Jüdischkeit«. Politisch spielte die Kommunistische Partei direkt nach dem Krieg nicht die führende Rolle und sie koalierte anfangs mit anderen Parteien. Neben den Sozialdemokraten gab es noch linksgerichtete, bürgerliche Parteien wie die des interessanten Journalisten Géza Supka. Für jüdische Kreise besonders attraktiv war die Radikale Bürgerliche Partei, die der jüdische Publizist und Romancier Béla Zsolt gegründet hatte, der als Autor des Buches *Neun Koffer* in Deutschland post mortem bekannt geworden ist. Ähnlich wie die bürgerlichen Parteien am Ende der Weimarer Republik haben die ungarischen Parteien alle geglaubt, ihren radikalen Koalitionspartner, damals die Nazis, jetzt die Kommunisten, kontrollieren zu können. Die Eltern vieler meiner Schulkameraden neigten diesen linken bürgerlichen Gruppierungen zu und beeinflussten ihre Kinder entsprechend. Es gehörten auch in der jüdischen Schule die meisten Eltern zur Gruppe der assimilierten Juden und sie sorgten dafür, dass sich ihre Kinder zumeist den Jugendverbänden einer dieser Parteien anschlossen. In der Schule warb auch eine jüdische Pfadfindergruppe um Mitglieder. Ich nahm ein paar Mal an den Treffen teil, aber es ging mir dort zu militärisch zu.

Es war im Jahr 1946, da kamen eines Tages einige junge Männer in die Schule, die sich als Zionisten bezeichneten. Sie wollten uns mit dem Gedanken eines jüdischen Staates in Palästina vertraut machen. Mir waren sie sympathisch und mein Vater fand heraus, dass diese Gruppe, die sich »Misrachi« nannte, vom Sohn eines Jugendfreundes geleitet wurde und für ihn religiös unbedenklich war. Neben mir trat nur noch ein Mitschüler dieser Gruppe bei. Die orthodoxe Synagoge war fest in der Hand einer antizionistischen Bewegung, die sich »Agudat Israel«, also »Vereinigung Blüte Israels« nannte. Die Aguda stand dem Zionismus wegen seiner grundsätzlich säkularen Haltung ablehnend gegenüber. Einer der Leiter der Aguda-Jugendgruppe, damals sehr jung, wetterte besonders heftig gegen Israel, beschimpfte Zionisten als vaterlandslose und unreligiöse Gesellen. Mit Vergnügen habe ich ihn dreißig Jahre später bei einer Rabbinerkonferenz in Jerusalem wieder getroffen, denn er war jetzt in Israel einer der Vorsitzenden der – selbstverständlich stramm zionistisch orientierten – Partei gleichen Namens.

So war ich auch in dieser ja doch jüdischen Schule immer noch vereinzelt. Die Jüdischkeit war die Trennlinie. Natürlich kannten wir Kinder uns gegenseitig, gingen zum Fußballspielen, zum Schwimmen, waren ein Rudel. Enge Freunde waren mir die Kameraden jedoch nicht. Nach 1956 sind fast alle emigriert, und da ich verhaftet war und später nicht emigrieren konnte, verloren wir uns aus den Augen. Erst in jüngster Zeit haben einige von uns via Internet wieder miteinander Kontakt. Einer der größten Hallodris, der sich immer herumgeprügelt hat, ist John Kekes, emeritierter Philosophieprofessor in New York. Zwei seiner Bücher sind in Ungarn erschienen. Ein stets solider Mitschüler war Andrew Sallai. Er durfte studieren, obwohl seine Eltern als Klassenfeinde galten, weil sein Onkel Imre Sallai von den Faschisten hingerichtet und damit zum kommunistischen Märtyrer geworden war. Sein Vater aber wurde entlassen, war krank, und die Familie wurde von der Mutter durchgebracht, die Tag und Nacht an einer Strickmaschine gearbeitet hat. Ebenso schuftete im selben Haus die Mutter von Peter Frankl, dem berühmten Pianisten. Ein Mitschüler in der ersten Klasse der jüdischen Grundschule war György Pauk. Seine Eltern waren umgebracht worden, und er wurde nach dem Krieg von seiner Großmutter und seiner Tante erzogen. Den erstklassigen Geiger traf ich noch bei Konzerten in Göteborg und Stuttgart. 1961 war er nach London gegangen und hatte dort mit dem London Symphony Orchestra unter Lorin Maazel debütiert.

Nach zwei Jahren war auch das Schicksal der jüdischen Schule besiegelt. Alle konfessionellen Schulen wurden verstaatlicht, und gleichzeitig wurde das Schulsystem umgestellt. Der Wechsel zum Gymnasium erfolgte nicht mehr nach der vierten Klasse, denn es wurde die allgemeine Volksschule eingeführt, die bis zur achten Klasse reichte. Weiter zum Abitur führten dann in vier Jahren Schulen, die man nicht mehr Gymnasium, sondern »Technikum« nannte, und die fachlich spezialisiert waren und neben der Hochschulreife auch berufliche Vorbildung vermittelten. Auf diese weiterführenden Schulen konnte man kommen, wenn, ja wenn die Voraussetzungen stimmten. Das waren nur nebenbei die schulischen Leistungen und Entwicklungsmöglichkeiten der Schüler. Die Herkunft zählte mehr. Arbeiter- und Bauernkinder mussten die Mehrzahl in den einzelnen Klassen bilden, dann erst durften Kinder aus anderen Kreisen Aufnahme finden. In unserer Gegend gab es aber nicht genügend Schüler mit den ›richtigen‹ Eltern, und so bemühte sich manche Familie, ihr gesellschaftliches Handicap auszugleichen. Der Beitritt zu kommunistischen Verbänden und die »freiwillige Arbeit für die Gesellschaft«, d.h. unbezahlte Schwerarbeit in der Freizeit, ergaben Pluspunkte. Auch wer sich in der Pionierbewegung hervortat hatte gute Chancen. Ein besonders unsympathischer, arroganter Mitschüler war ein Jude, der seinen Namen madjarisiert hatte. Er führte nur kommunistische Sprüche im Mund, die er wohl von seiner Mutter, Parteisekretärin in einem Betrieb, übernommen hatte. Alle hielten ihn für einen Maulhelden, aber – typisch – schon jetzt traute sich keiner mehr, ihm zu nahe zu treten.

Ich wurde in die Schule Franz II. Rákóczi versetzt, die den Namen des Nationalhelden trug, der zu Beginn des 18. Jahrhunderts den letzten und größten Aufstand ungarischer Adliger gegen die Habsburger angeführt hatte. In Deutschland hat man eine Heilquelle in Bad Kissingen nach ihm benannt. Die Schule lag am Rosenhügel, in einer Gegend, in der die gehobene christliche Gesellschaft des alten Ungarn wohnte, Beamte, gehobenes Bürgertum und Adel, also etwa die Welt, die Sándor Márai in seinen Romanen beschreibt. Sie war früher ein streng katholisches, von Ordensleuten geleitetes Gymnasium gewesen und hatte »Erzbischöflich-Katholisches Obergymnasium« geheißen. Jetzt schickte man bewusst donauschwäbische Kinder und uns fünf oder sechs Juden aus der Leopoldstadt, dazu noch einige Calvinisten, in diese Schule, um durch diese Mischung das einheitlich katholische Klima zu durchbrechen. Nach der Auflösung eines evangelischen Gymnasiums kam auch noch eine größere Zahl protestantischer Mitschüler zu uns. Diese verschiedenen Gruppen sollten sich gegenseitig in Schach halten. Doch die Rechnung ging nicht auf. Der Druck von außen hat uns reif und selbstbewusst gemacht, und nach einigen Monaten hielt die Klasse wie Pech und Schwefel zusammen. Jeder wusste über den anderen Bescheid, es herrschte ein kameradschaftliches Klima, und nie habe ich etwas Antijüdisches bemerkt. Untereinander konnten wir frei reden, und einen Spitzel gab es nicht. Die große Mehrheit der Klasse war vom Elternhaus her bürgerlich geprägt und in einigen Fällen wuchs das Verständnis füreinander besonders, weil eben jeder einer Minderheit angehörte. So war zum Beispiel zwei Jahre lang Bela Ghiczy mein Banknachbar, dessen Onkel Außenstaatssekretär unter Horthy gewesen war. Seine Familie aus altem ungarischen Adel musste sehr unter dieser Verbindung leiden. Ein Teil der Verwandtschaft von Bela wurde deportiert; der Rest musste sich sehr still verhalten. Für diese Menschen war es eine neue Erfahrung, dass religiös gebundene Juden genauso unter dem kommunistischen Regime litten wie sie selbst. Die Lehrer, die in der Schule die kommunistische Lehre forcierten, wurden von uns nicht ernst genommen oder gar verspottet. Von ihrer Indoktrination blieben die meisten in meiner Klasse auch deshalb unberührt, weil sie vor allem naturwissenschaftliche Interessen hatten und Ingenieure, Mathematiker oder Physiker geworden sind. Jetzt, nach vielen Jahrzehnten, treffen wir uns mindestens alle fünf Jahre für ein Wochenende im Wochenendhaus eines Kameraden, und nicht wenige reisen wie ich aus dem Ausland an. Wie wenig wir aber letztendlich doch voneinander wussten, will ich an einem Beispiel erzählen: Einer meiner Mitschüler, der zeitweise auch mein Banknachbar war, hieß Gabor Sztehlo wie sein Vater, ein evangelischer Pastor. Unsere Väter haben sich bei einem Elternabend kennen und bei einem Gespräch auch schätzen gelernt. Vor etwa zwanzig Jahren las ich in einer israelischen Zeitung, Pastor Gabor Sztehlo habe in den letzten Wochen der faschistischen Herrschaft in Budapest einige hundert jüdische Arbeitsdienstler und auch Kinder gerettet und werde dafür mit der Medaille von Yad Vashem geehrt. Mein Onkel in Israel hat herausgefunden, dass der Sohn gleichen Namens die Ehrung für seinen verstorbenen Vater entgegengenommen hat und im schweizerischen Kreuzlingen lebe. Gabi, in Kreuzlingen, nur 100 km von Stuttgart entfernt! Wir haben stundenlang miteinander telefoniert, und ich lud ihn zur Bar-Mizwa unseres Sohnes ein. Zu unserer Freude hat er seine Hemmungen, die deutsche Grenze zu überschreiten, überwunden und uns in Stuttgart besucht. Damals erzählte er, wie es seinem Vater gelang, diese Leute in seinem Missionshaus »Der gute Hirte« aufzunehmen und mit Lebensmitteln zu versorgen. Er berichtete auch, wie viele Torturen sein Vater während der kommunistischen Herrschaft erleiden musste und dass er in deren Folge an einem Herzinfarkt verstorben war. Warum hatte ich aber in meiner ganzen Schulzeit davon nichts gehört? Gabor und sein Vater wollten kein Aufhebens von der Hilfsaktion machen. Sie freuten sich aber, dass viele der Geretteten später Kontakt zu ihnen gesucht und aufrecht erhalten hatten. Bei einem unserer Klassentreffen haben die Kameraden eine kleine Feier am Grab des Pastors organisiert. Gabor lud mich eigens dazu ein, und gerne folgte ich der Bitte, dabei einige Worte zu sprechen.

Der Leiter unserer Schule, Nandor Szávay, ein älterer, weißhaariger Herr, Direktor klassischen Typs, war ein gebildeter Romanist, der sein Diplom an der Sorbonne erworben hatte. Nach dem Krieg trat er der Sozialdemokratischen Partei bei und wurde Staatssekretär. Unter den Kommunisten wurde er abserviert und sozusagen zur

Bewährung auf den Posten des Schulleiters gesetzt. Aber natürlich stand er unter strenger Beobachtung des Parteisekretärs, eines einfachen, schlichten Männchens. Vor ihm, der unser Klassenlehrer wurde, musste man sich in Acht nehmen, ebenso wie vor einigen anderen Lehrern. Aber die Kommunisten hatten nicht genügend eigene Leute und so beschäftigten sie – freilich unter genauer Aufsicht – ehemalige Lehrer weiter. Darunter waren auch einige katholische Patres, die politisch ungefährliche Fächer wie Physik und Mathematik unterrichten durften. Als Schüler wussten wir von diesen Personalien natürlich wenig, und die betroffenen Lehrer mussten auch bei allem, was sie sagten, sehr vorsichtig sein. Aber ich habe ihre Sympathie gespürt, weil sie Achtung davor hatten, dass unsere Familie ein religiös bestimmtes Leben führte. Trotzdem: auch am Schabbat musste ich in der Schule anwesend sein, aber die Patres haben nicht weitergegeben, dass ich zu Fuß gekommen war. Und sie haben bewusst übersehen, dass ich an diesem Tag der Ruhe das Schreiben nur markierte. Viele Jahre später, gegen Ende des kommunistischen Systems, traf ich unseren sozialdemokratischen Direktor im St. Lukas-Heilbad, und er erzählte mir, welche Probleme ich ihm damals bereitet hatte. Natürlich sei meine religiöse Bindung allgemein bekannt gewesen, und er hätte mein Fehlen an jüdischen Feiertagen selbstverständlich melden sollen. Meine Ausreden seien allzu durchsichtig gewesen und so sei ich durch seine Mitwirkung amtlich doch häufig krank geworden. Er sagte: »Das war mein persönlicher Widerstand gegen das Regime.«

Das klingt heute sehr idyllisch, aber so war es nicht. Oft hätte ich als Kind gerne alles kurz und klein geschlagen, so stark waren meine Aggressionen. Wir in Deutschland beklagen, dass Gewalt, Misshandlungen und Erpressungen gegenwärtig in den Schulen überhand nehmen. Das sind aber Einzelfälle. In meiner Schulzeit gab es solche Exzesse über viele Jahre. Immer musste ich mich auf Prügel einstellen, zurückprügeln oder eine List ersinnen, um der Prügelei zu entgehen. Die von den Erlebnissen der Kriegs- und Nachkriegszeit unterschiedlich traumatisierten Kinder tobten sich in Gewaltorgien aus. In der jüdischen Schule waren die Ausbrüche nicht ganz so gewalttätig wie anderswo, aber es gab sie auch. Erst später auf dem Gymnasium haben die Ausschreitungen nachgelassen. Gefördert wurde dieses Klima der Gewalt durch das absolut autoritäre Schulsystem. Zu Beginn der Stunde mussten wir stramm stehen, und der Klassensprecher machte Meldung. Und wehe, wir muckten gegen den Lehrer auf. Am besten hat dieses rigorose Schulsystem der brillante Humorist und Literat Frigyes Karinthy in seinem Buch *Bitte, Herr Professor. Satiren und Erzählungen* beschrieben. Eine meiner heutigen Schülerinnen der Abiturklasse hielt Karinthys Schilderungen für eine Satire, so unglaublich sind die wahren Verhältnisse von heute aus gesehen. Dazu kam in meiner Schulzeit der immense politische Druck. Noch war es nicht so weit, dass Mitschüler direkt zu Spitzeldiensten veranlasst wurden, aber der Zwang zur Anpassung wurde zunehmend stärker. Im Unterricht wurde täglich abgefragt, was die Parteipresse gerade zu aktuellen Fragen als die alleinige Wahrheit verkündete. Und dann standen Altersgenossen auf, deren Eltern ich noch als Pfeilkreuzler kannte, und erklärten, wie »unsere Partei, unser Staat« in der gegenwärtigen Phase des Klassenkampfes gegen Klassenfeinde vorgehen müsse.

Natürlich musste auch ich ›freiwillig‹ in den »Demokratischen Jugendbund« eintreten, der bald in »Kommunistischer Jugendbund« umbenannt wurde. Da gab es auch nachmittags Versammlungen, Besprechungen, politische Schulungen. Und dasselbe noch einmal in den Blockversammlungen des Wohngebiets. Dann wurde zum x-ten Mal durchgekaut, wie es mit dem Klassenkampf steht. »Gegen wen kämpfen wir jetzt? Gegen Mindszenty oder Rajk?« Gegen den ungarischen Primas oder den Innenminister, der von seinen Genossen hingerichtet worden ist? Das heißt gegen innerparteiliche Abweichler, gegen Kosmopoliten oder Zionisten? Das musste alles erklärt werden, und immer verkündete einer denselben

Schwachsinn: »Genossen, wir wissen gut, die Imperialisten wetzen die Messer gegen uns, aber gemeinsam werden wir stark sein.« Und wenn dann die obligatorische Beschwörung folgte »Genossen, unsere Partei unter der Führung von Mátyás Rákosi...«, dann musste der Redner fünf Minuten lang durch lautes Klatschen unterbrochen werden. Wehe dem, der nicht ganz so enthusiastisch Beifall gezollt hat. Jeder Vergleich hinkt, aber die Nazis haben nicht verlangt, dass wir, ihre Opfer, sie auch noch beklatschen. Die Kommunisten dagegen erwarteten, dass wir Rákosi und Stalin stehend feiern. Alles, was Ungarn so lebendig gemacht hat, die Lust an Witzworten und Anspielungen, ironische und selbstironische Bemerkungen, Spott und Doppelbödiges, wurde niedergebügelt. Dumpfe Parolen traten an ihre Stelle.

In der Schule war ich im Klassenbuch unter »Sonstiges« rubriziert. Das bedeutete: kein Arbeiter- und Bauernkind; kommt nicht aus einer Arzt- oder Ingenieursfamilie. Kurz gesagt: Kleinbourgeois, also unzuverlässig, potentiell Klassenfeind. Manchmal stand da auch ausdrücklich »klerikal«. Wir machten aus unserem Glauben ja auch keinen Hehl und wussten, dass der regelmäßige Synagogenbesuch und die Kerzen am Freitagabend in unserer Wohnung registriert wurden. Natürlich habe auch ich mich verbiegen und die allgemeinen Slogans über die Einstellung zum Staat von mir geben müssen. Aber meine religiöse Bindung machte von vornherein klar, dass man aus mir keinen kommunistischen Kader würde machen können, keinen Jugendfunktionär oder Parteisekretär. Vielleicht hat das auch bewirkt, dass man von mir keine Verrenkungen über das Normale hinaus verlangt hat.

Zu den kommunistischen Spielregeln gehörte die »freiwillige sozialistische Tätigkeit«, ohne die an ein Fortkommen kaum zu denken war. So wurden meine Klassenkameraden in den Sommerferien zu Einsätzen als Erntehelfer in eine Landwirtschaftliche Produktionsgenossenschaft gefahren. Einmal haben sie drei Wochen lang mitgeholfen, die Sümpfe am Neusiedler See trockenzulegen. Ich litt als Heranwachsender an Herzrhythmusstörungen und war von diesen Arbeiten befreit. Stattdessen musste ich mir politische Vorträge anhören und den Inhalt vor meiner Klasse referieren. Auch musste ich eine Zeitlang die Wandzeitung der Klasse gestalten. Solche politischen Sachen waren heikel, und bei meiner Spottlust war ich immer in Gefahr, aus der Rolle zu fallen.

Zu einem Geburtstag Stalins sollte ich während des Unterrichts eine offizielle Verlautbarung vorlesen. Der Lehrer ging derweilen zwischen den Bänken spazieren. Ich habe den Text sehr pathetisch vorgetragen und dabei – hilfesuchend? – zur Decke geblickt. Die ganze Klasse hat gelacht. Der Lehrer fragte, was ich gemacht hätte. »Nichts. Ich habe gelesen. Das ist schwer zu lesen.« Ich musste weiter vorlesen, aber meine Klassenkameraden haben die Situation verstanden und auch jetzt gelacht, als ich keine Grimassen mehr schneiden konnte. Dennoch blieb der Makel an mir hängen, beim Lobpreis Stalins ein Lachen verursacht zu haben. Kurz vor Stalins Tod konnte fast alles als politischer Widerstand gewertet werden. So wäre eine Lausbüberei fast vier unserer Klassenkameraden zum Verhängnis geworden. Die vier waren Skifahrer und wurden am Wochenende vom Bus ihres Skiclubs direkt von der Schule abgeholt. Ob ihr Skiwachs auch auf der Wandtafel funktionierte? Aber ja, und die ganze Klasse lachte sich tot, weil die Lehrerin in der folgenden Stunde kein einziges Wort auf die Tafel schreiben konnte. Aber in der fraglichen Stunde hatten wir Russischunterricht, und Sabotage dagegen war Sabotage an der großen Sowjetunion: Die »großen Lehrer des Kommunismus« würden beleidigt und damit der Sache der Volksdemokratie großer Schaden zugefügt. Natürlich war klar, dass dieser Streich nicht ohne Hilfe der Skifahrer hätte gelingen können. Ihnen war das Skifahren von nun an verboten, und unsere Klasse wurde kollektiv bestraft, weil wir den Täter nicht verraten haben. Dem wäre es sonst sehr schlecht ergangen.

Diese Identifikation des Faches Russisch mit den verhassten Besatzern führte auch bei uns dazu, dass viele diese Sprache ungern und deshalb auch nur schlecht lernten. Das kann ich von mir nicht sagen. Zur Förderung der Russisch-Kenntnisse gab es außerhalb der Schule entsprechende Zirkel. Durch meine Teilnahme verschaffte ich mir Pluspunkte bei meiner politisch-gesellschaftlichen Bewertung, ohne dass ich mich weltanschaulich verbiegen musste. Ich habe mir damals gesagt, dass ich gegen eine Sprache nicht Krieg führen könne. Und da ich die russische Sprache sehr schön, ihre Grammatik logisch und übersichtlich fand, lernte ich sie doch so, dass ich sie schriftlich heute noch einigermaßen korrekt beherrsche und mündlich gut verstehe. In den Jahren als Rabbiner in Stuttgart hat mir das die Arbeit mit den Einwanderern aus Russland sehr erleichtert. Der talmudische Satz »Was man in der Jugend gelernt hat, bleibt ewig haften.« gilt allerdings auch für meinen russischen Wortschatz. Jüdische oder biblische Texte kann ich nur schwer verstehen, das politische Vokabular dagegen ist mir immer noch vertraut. Allerdings brachte mich dieses Engagement in eine gefährliche Situation: Auch unsere Schule musste Schüler empfehlen, die für ein Studium in Moskau in Frage kamen. Zu unserem Erstaunen hat unser Klassenlehrer mich und drei weitere Schüler, darunter einen anderen Juden, vorgeschlagen. Was für ein Schlamassel! Auch meine Eltern gerieten in Panik. Natürlich wollten wir vier nicht nach Moskau, aber eine solche Auszeichnung abzulehnen war ein offener Affront gegenüber dem Staat, gegenüber dem System, gegenüber der Diktatur des Proletariats. Wer das Visier so offen trug, der war erledigt. Was tun? Wir haben einfach geschwiegen. Auf eine Nachfrage des Klassenlehrers haben alle vier ausweichende Antworten gegeben. Wir würden uns bis zum Halbjahr entscheiden. Was gibt der liebe Gott? Der Klassenlehrer wurde krank und fiel monatelang aus. Der Termin zur Erklärung nahte. Die entscheidende Frage richtete dann unser Physiklehrer an uns. Ich stand wegen meiner mangelnden Kenntnisse seines Fachs nicht in seiner Gunst, aber er war einer der alten Patres und er schätzte meine religiöse Haltung. Ich fasste meinen Mut zusammen und sagte ihm, warum ich dieses

Angebot nicht annehmen konnte. Er beruhigte mich und auch die anderen. Wie er das Problem dann gelöst hat, weiß ich nicht; Moskau aber wurde nie wieder erwähnt.

In den letzten Schuljahren ergab sich die Möglichkeit, den jüdischen Religionsunterricht in der Nähe meiner Schule zu besuchen. Aber mein Vater misstraute diesem Angebot, weil die Klasse sicher von Spitzeln durchsetzt war. Stattdessen bin ich jeden Nachmittag in die Stadtmitte gefahren und besuchte den dreistündigen Religionsunterricht, den eine orthodoxe Gemeinde eingerichtet hatte. Er bestand aus Tora, also Bibelkunde, Talmud, rabbinischen Texten und gesetzmäßigen Erläuterungen. Dies sind ja die Grundlagen jedes jüdischen Lernens.

Wenn man an die völlig überfüllten Straßenbahnen der Fünfzigerjahre denkt, so ist es mir heute ein Rätsel, wie ich während der jeweils halbstündigen Fahrt lesen oder Hausaufgaben erledigen konnte. Das musste aber sein, brauchte ich doch noch freie Zeit für den Fußball. Zum Glück hatte ich es zum Fußballspielen nicht weit. Direkt vor unserer Haustüre lag der St. Stephans- Park. Er war noch vom Krieg verwüstet und bot Platz für drei oder vier Fußballfelder, auf denen dauernd gekickt wurde. Mit dieser Leidenschaft konnten wir als Kinder und Jugendliche unseren Bewegungsdrang austoben – was bei den beschränkten Wohnverhältnissen und den rigorosen Schulordnungen nicht zu unterschätzen war. Jeder konnte hier seine Erfolgserlebnisse haben. Ein gelungener Treffer, eine Bewegung, ein Trick, der den Gegner stehen ließ, brachten Ehre und Anerkennung der Mitspieler. Franz Molnár hat dieses Gefühl in einem ganzen Kapitel seines Buches *Die Jungen von der Paulstraße* wunderbar beschrieben. Mochte man arm oder ohne rechten Beruf sein, unter Wert von unfähigen Vorgesetzten geplagt oder als Schüler schikaniert worden sein, auf dem Platz war man für ein paar Stunden frei und konnte sich als Kaiser fühlen, wenn einem nach einer gelungenen Aktion die Mannschaftskameraden zujubelten.

Wichtiger noch als Fußball wurden mir doch die Bücher. Ich hatte nicht wie viele andere das eine große Leseerlebnis, das mich für alle Zukunft geprägt hätte. Ich war ein ausgesprochener Vielleser. Während der Schulzeit mussten wir einmal ein Jahr lang ein Lesetagebuch führen und unsere Lektüre kurz charakterisieren. Mein Tagebuch ist leider verloren gegangen, aber ich erinnere mich, dass ich in diesem Jahr auf über 100 Eintragungen gekommen war. Es gab ja auch keine vernünftigen Orientierungsmöglichkeiten, etwa in den Feuilletons, die einem bei der sinnvollen Auswahl der Lektüre halfen. Ein unvollständiger Ersatz waren mündliche Empfehlungen von ›Leitwölfen‹ des Literaturbetriebs. So strömten viele Interessierte in die Vorlesungen von Georg Lukács, und als er nicht mehr an der Universität lehren durfte, dirigierte er seine Schülerschar von seiner Privatwohnung aus. Abend für Abend traf man sich am Belgrad-Kai, stieg in den fünften Stock hinauf, zu seiner Wohnung über der Donau. Die Schüler tranken die Worte ihres Meisters, lasen aus eigenen Arbeiten vor und diskutierten. Mir kam das vor wie eine säkularisierte Talmudschule.

Dieses Bedürfnis nach Orientierung beschränkte sich nicht allein auf die Literatur. Alle haben nach Kriegsende gespürt, dass die alte Welt endgültig vergangen und nicht mehr zu retten war. Es gab einen einzigen Prominenten, der sich als Leitfigur der Entwicklung mutig entgegenstemmte, als mit der kommunistische Machtergreifung klassische Werte, religiöse Werte, jüdische wie christliche, niedergewalzt wurden. Sein Schicksal hat mich beschäftigt, denn seine Opposition gegen die Verstaatlichung der Schulen und sein Eintreten für den Erhalt der konfessionellen Privatschulen kam uns natürlich entgegen. Ursprünglich war uns Juden dieser Erzbischof von Gran, Kardinal Mindszenty, wenig sympathisch. Wir hatten nicht vergessen, dass er noch unter dem Namen József Pehm, gerade Bischof von Veszprém geworden, seine Kirche mit der gelbweißen Kirchenfahne hatte beflaggen lassen, als 1944 die letzten Juden zur Deportation abgeholt wurden, und sein Bischofssitz damit ›judenfrei‹ geworden war. Ich bin mit dem Begriff »Antisemit« sehr vorsichtig. Ich denke, Mindszenty war kein Rassist, sondern im traditionell religiösen Sinn – die Juden als die ›Mörder Christi‹ – kein Freund der Juden. Aber vor allem war er nicht weitsichtig genug, um zu begreifen, dass, wenn heute Juden verfolgt werden, morgen auch Christen dasselbe Schicksal erleiden. Das hat er leider erst verstanden, als es zu spät war.

Der von ihm repräsentierten katholischen Kirche standen wir, wie gesagt, mit Skepsis gegenüber. Ihr Verhalten während des Holocaust war, man muss es so klar sagen, wenig ruhmreich. Ihr damaliger Fürstprimas, Erzbischof Justinian Seredy, hat erst sehr spät einen lauen Alibiprotest gegen die Deportationen formuliert. Es gab allerdings Bischöfe, die dagegen gepredigt haben. So der Siebenbürger Bischof Áron Márton und Bischof Vilmos Apor aus Györ. Dieser hat immer wieder Seredy zur Aktivität gedrängt und seine Umgebung angewiesen, Juden aufzunehmen und zu verstecken. Nach der Befreiung wollte er Flüchtlinge im Keller seines Palais vor russischen Eindringlingen schützen und wurde dabei von einem Soldaten erschossen. Es hat fünfzig Jahre gedauert, und eines Papstes wie Johannes Paul II. bedurft, bis die Amtskirche 1997 wenigstens Bischof Apor selig gesprochen hat.

Meine und vieler Juden uneingeschränkte Sympathie galt Kardinal Mindszenty nach seiner Verhaftung Ende 1948. Im Gefängnis wurde er für einen Schauprozess durch unmenschliche Folter so gebrochen, dass er im Gerichtssaal wie eine Marionette alle Unterstellungen bestätigte. Wie man einen Menschen dazu bringen kann, haben auch andere Schauprozesse gezeigt. Für das Opfer bleibt dann ein Rest eigener Persönlichkeit, wenn es unter der Folter noch hoffen kann, später offenbaren zu können, wie die Aussagen erpresst wurden. Das kommunistische System war deshalb so effektiv, weil die Unterdrückungsmaschinerie den Opfern nicht einmal diese Hoffnung gelassen hat. Innerhalb des Ostblocks gab es ohnehin keine Hoffnung, und auch wenn – wie im Fall Mindszenty –

der Westen den Fall zur Kenntnis nahm: Wer hat sich denn wirklich dafür interessiert? Wurde auf irgend einem Forum darüber gesprochen, hat die UNO ein Wort verloren? Nein. Dieses Weltgremium hat sich schon damals als wert- und sinnlose ›Schwatzbude‹ erwiesen, was es oft heute noch ist und vor allem auch im Jahr 1956 war. Mindszenty wurde damals befreit und hätte, als der Aufstand niedergeschlagen wurde, ins Ausland fliehen können. Er blieb aber als »lebendiger Protest« im Land und floh in die Amerikanische Botschaft. Wieder zeigte sich die Heuchelei, die moralische Verlogenheit der westlichen Demokratien. Mindszenty störte die politische und wirtschaftliche Annäherung von Ost und West. So wurde er systematisch stillgehalten, und man schnitt ihn von der Außenwelt möglichst ab. Er muss diese fünfzehn Jahre Asyl als Einzelhaft empfunden haben. Der Vatikan schloss sogar mit den Kommunisten ein Konkordat. Ausgesprochen oder nicht, Mindszentys Ausreise aus Ungarn war dafür der Preis. Paul VI. hatte ihn unter Einsatz seiner gesamten Amtsautorität aufgefordert, Ungarn zu verlassen. Als gehorsamer Sohn seiner Kirche brachte der Kardinal auch dieses Opfer, unterdrückte seine eigene Überzeugung und folgte dem dringenden Wunsch – um nicht zu sagen: dem Befehl – seines Papstes und ging nach Wien ins Exil.

Die eigene Orientierung in diesem kommunistischen System bildete sich zum einen in der Auseinandersetzung mit solchen Schauprozessen, der theoretischen Beschäftigung mit der Ideologie, ganz praktisch aber im Umgang mit den Zumutungen des täglichen Schullebens. Welche Zugeständnisse machte man dem Regime, auf welche Kompromisse ließ man sich ein, welche Zurücksetzungen und Gefahren war man bereit einzugehen? Entscheidend für das weitere Leben war gegen Ende der Schulzeit die Berufswahl – oder besser gesagt: die Frage, welche Berufsmöglichkeit man anstrebte, denn von einer freien Berufswahl konnte keine Rede sein. Die meisten meiner Klassenkameraden hatten es relativ einfach. Neigung und Begabung gingen in die naturwissenschaftliche Richtung, und als künftige Mediziner, Ingenieure, Mathematiker oder Physiker schlugen sie Laufbahnen als ideologieferne Spezialisten ein. Aber ich Bücherwurm? Journalismus war einst in Ungarn sehr angesehen gewesen. Er kam nicht wie hierzulande in erster Linie vom Tagesjournalismus, von der Recherche der Fakten, von der Politik her. Gute Journalisten waren eher Kolumnisten, Feuilletonisten und schrieben kleine und größere Essays. Zeitungen zu lesen, selbst rechtsstehende, war deshalb ein intellektuelles Vergnügen. Kein Wunder, war der Übergang vom Journalismus zur Literatur doch fließend. Autoren wie Sándor Márai, Imre Kertész, György Konrád oder Dezsö Kosztolanyi (nicht zu verwechseln mit dem Börsenguru André Kosztolanyi) waren ebenfalls brillante Journalisten. Aber auch ein so wunderbarer geistreicher Humorist wie Frigyes Karinthy, von dem leider nur wenige Werke ins Deutsche übersetzt sind, schrieb für Zeitungen. Doch als die Zeit der Berufswahl für mich heranrückte, war diese blühende Epoche vergangen. Öder Parteijournalismus beherrschte die Zeitungen, in denen niveaulos die gerade aktuelle Parteilinie abgehandelt wurde. Das kam für mich nicht in Frage, davon musste man die Finger lassen.

Auch die Beschäftigung mit Literatur war ein hartes Brot. Die Aura des Schriftstellerlebens hat viele begabte Jugendliche in diese Richtung gezogen. Aber da gab es zum Beispiel die einst gefeierte Schriftstellerin Lilli Brodi, die jetzt parteitreue Texte schreiben musste wie etwa Erläuterungen zu den »Aprilthesen« Lenins, mit denen er nach der Rückkehr aus dem Schweizer Exil sein revolutionäres Programm verkündete. Mein Vater sagte nach einem Treffen mit ihr: »Ich wusste nicht, soll ich höflich bleiben oder ihr unhöflich ins Gesicht lachen.« Lektoren in Verlagen hatten ein angenehmes Leben. Bücher waren billig und erreichten Auflagen zwischen 30 000 und 50 000. Heute gilt ein Zehntel davon als Erfolg. Aber auch dieser Beruf war nicht ungefährlich. Ein falsches Komma, ein übersehenes Wort konnte das Ende bedeuten, und man stand berufslos auf der Straße. Ich hatte also keine konkreten Berufsvorstellungen, als ein Lehrer drei von uns fragte, ob wir uns denn nicht an der juristischen Fakultät bewerben wollten. Das schien mir verlockend. Ich weiß bis heute nicht, warum er gerade uns fragte. Wir waren alle drei Kinder von ›Klassenfremden‹ aus dem Bürgertum, und zwei davon auch noch jüdisch. Vielleicht tat er es aus Ironie, vielleicht auch nur, um einen Fragebogen zu komplettieren. Alle anderen aus der Klasse hatten sich nämlich für die mathematische und naturwissenschaftliche Fakultät gemeldet und so fehlten vielleicht eben noch drei Juristen.

Das Abitur verlief ohne Probleme, nicht aber die Feier danach. Es war üblich, dass die Klasse Prüfer und Lehrer zu einem Abendessen einlud. Das fand an einem Freitagabend in einem Restaurant statt, das natürlich nicht koscher kochte. Ich wollte nicht ganz fehlen, kam deshalb erst nach dem Gottesdienst in der Synagoge dazu und nahm auch nichts vom Essen zu mir. Die Stimmung war vom Alkohol angeheizt und auch ich bin davon nicht frei geblieben, denn immer wieder wurde ich aufgefordert: »Du hast hier nichts gegessen, dann trink wenigstens einen Schnaps mit uns.« Zu vorgerückter Stunde blieben noch einige Streber mit den Lehrern sitzen, die Mehrheit, auch ich, zog den Berg hinab und feierte in einer anderen Kneipe weiter. Beim Weggehen entdeckten wir den Schlüssel zum Restaurant. Wir schlossen die Lehrergruppe aus Übermut ein und nahmen den Schlüssel mit. Das Personal, die Lehrer und die zurückgebliebenen Schüler tobten, andere Mitschüler standen noch vor dem Restaurant, konnten auch nicht helfen und lachten sich kaputt. Schließlich kam die Polizei, und da die Parteizentrale des zweiten Bezirks gleich hinter dem Restaurant lag, war der Streich sofort eine ›politische Angelegenheit‹ und ›Sabotage‹.

Das Abitur allein berechtigte aber nicht zur Immatrikulation an der Universität. Man musste noch eine schriftliche und mündliche Aufnahmeprüfung absolvieren. Das Ergebnis war natürlich manipuliert. Es lagen unsere Kaderakten aus dem Gymnasium vor, und es mussten bestimmte Quoten eingehalten werden. Mindestens

35 Prozent der Studierenden eines Jahrgangs mussten Arbeiterkinder, 20 bis 30 Prozent Bauernkinder sein. Dann kamen die Kinder von Eltern mit intellektuellen Berufen wie Ärzte und Rechtsanwälte. Nur der Rest, vielleicht 5 bis 10 Prozent durften zur sogenannten »sonstigen« Herkunft gehören. Um diese Hürde zu nehmen, musste man genial sein, einen Wettbewerb gewonnen haben oder einen anderen schlagenden Vorteil ins Feld führen können. Schon an der Art der mündlichen Prüfung wurde mir klar, dass ich keine Chance hatte. Die Absage überraschte mich also nicht, aber die Ausgrenzung beleidigte mich doch und wirkte demoralisierend. Aus Opposition bestand ich auf der Juristerei. Das nutzte aber nichts, ich wurde nicht zum Studium zugelassen, und mir blieb nichts anderes übrig als ein Handwerk zu erlernen.

Mit dem Abitur konnte man innerhalb eines Jahres einen Abschluss als Facharbeiter, Meister genannt, erreichen. Und wenn es schon so sein musste, dann wollte ich einen möglichst angesehenen ›proletarischen Nachweis‹ erwerben. Da meine Mutter in einem Nachfolgebetrieb der AEG mit der Leitung der Finanzabteilung einen angesehenen Posten hatte, erlernte ich in dieser Firma den Beruf des Feinmechanikers. Ich bin handwerklich zwar absolut ungeschickt, und es ist ein großes Wunder Gottes, dass bei meinem Bohren, Fräsen und Feilen kein Unglück geschehen ist. Meine Mutter fiel in der Firma wegen ihres Judentums natürlich auf und war deshalb allgemein bekannt. Der ›kleine Berger‹ wurde daher besonders beäugt, wegen seiner Mutter, wegen seines Judentums und – es gärte im Sommer und Frühherbst 1955 schon allenthalben – wegen seiner politischen Haltung und seinen Stellungnahmen. Es half sehr, dass mich meine Mutter vor militanten Kommunisten im Betrieb gewarnt hatte, und ich meine antikommunistischen Bemerkungen und Witze nicht in falscher Umgebung losließ. Angefangen habe ich in der Versuchsabteilung. Da arbeiteten durchweg gute Fachleute, gebildete und selbstbewusste Vertreter der Arbeiterklasse, von denen ich viel profitiert habe. Wir fertigten Kleintransformatoren und waren in der Entwicklung so weit, dass wir für diese nicht nur elektrische Schaltungen, sondern auch elektronische Steuerungen bauten. Der Leiter der Abteilung allerdings war allgemein verhasst, und mein Verhältnis zu ihm war sehr problematisch. Zwar war er Jude, aber ein mit dem ungarisierten Namen Révesz ausgestatteter linientreuer Kommunist. Ich wusste, dass er in seiner Jugend aktiver Zionist gewesen war, bei einem Fluchtversuch an der Westgrenze gefangen und erst 1953 rehabilitiert worden war. Seitdem war er linientreu. Privat und öffentlich habe ich oft mit ihm diskutiert. Einmal hat er mich ermahnt: »Sie können mit mir alles besprechen, ich höre mir alles an, auch wenn ich nicht einverstanden bin. Aber Sie können mich nicht vor meiner Belegschaft bloßstellen.« Das habe ich nicht ernst genug genommen. Ein Witz über ihn hat die ganze Truppe zum Lachen und mir die Sympathie der Abteilung gebracht. Er aber sah seine Autorität in Gefahr und beschwerte sich bei meiner Mutter. Das gab zu Hause ein Riesentheater, und sicherheitshalber wechselte ich in die normale Produktion. Dort traf ich auf alte Hasen, die das Soll weit übererfüllten und so auf Spitzenlöhne kamen. Mich als Abiturienten und Sohn meiner Mutter behandelten sie mit freundlicher Herablassung und ließen mich absichtlich meine Anfängerfehler machen. »Du musst das lernen«, war ihre ständige Rede, wenn ich zum Beispiel im Hochsommer Sandalen trug und die heißen Metallspäne auf meine Füße fielen und stechende Wunden hinterließen.

Bald durchschaute ich, wie sie zu ihren Spitzenleistungen kamen. Ihre Rohlinge waren bestens vorbereitet, und sie arbeiteten an den neuesten Maschinen. Mir als Anfänger teilte man die älteste Wanderer-Fräsmaschine zu, die wohl noch aus der ersten Zeit der AEG stammte. Ich habe aber rasch ihre Vorteile entdeckt: sie war nicht schnell, aber bullenstark und zuverlässig. Mit ihr hatte ich geringe Fehlzeiten, konnte ein ordentliches Pensum bewältigen und dadurch ganz gut verdienen. Das verschaffte mir eine gewisse Anerkennung. Wenigstens das.

Die Liebe zum runden Leder

Fußball war zu meiner Jugendzeit ein besonderes Thema und ist es auch in meinem ganzen Leben geblieben. In Budapest gab es fünf oder sechs Spitzenvereine. Bei ihren Spielen waren die Stadien immer voll bis auf den letzten Platz. Warum strömten so viele Leute in die Stadien? Ich habe erwähnt, wie wichtig für mich das Kicken vor unserer Haustüre war. Dort konnte man sich körperlich austoben, war dem Zwang und dem Kommandoton der Schule entronnen und genoss die Glücksmomente, wenn ein Trick, ein Spielzug gelungen war. Vergleichbares galt für die Besucher der Fußballstadien. Es gab ja in den Zeiten des Stalinismus kaum Ablenkung. Theater, Kino, Zeitungen: überall die gleiche linientreue Soße. In der Schule und am Arbeitsplatz musste man immer auf der Hut sein, was man zu wem sagte und wie das Gesagte einem vielleicht ausgelegt würde. Das engte uns Ungarn ganz besonders ein, denn niemand hatte im Grunde Hemmungen, jemanden anzusprechen, und je spritziger und witziger ein Dialog war, desto besser. Die Diktatur aber baute Mauern zwischen den Menschen. Auf dem Weg zum Stadion und beim Spiel ging man dagegen in der Anonymität auf, und die unzensierten Bemerkungen, Zwischenrufe, Wortspiele und Gags bestärkten einen insofern, als man sich einmal nicht als Außenseiter, sondern als Teil einer gleichgesinnten Mehrheit fühlte.

Eine Szene im Volksstadion werde ich nie vergessen: Die Masse strömte aus dem Stadion. Eine ganze Hundertschaft berittener Polizei teilte die Menge. Ein Stau vor einem Reiter. Mein Vater sagte laut zu dem Polizisten »Oh, ist das aber ein schönes Tier!« Die Leute um uns herum und der Polizist haben sofort verstanden, und der Polizist fragte drohend: »Bin ich gemeint oder das Tier?« Das hätte er nicht tun sollen, denn blitzschnell kam die Replik: »Natürlich das Pferd, das ist nämlich ein Zuchttier.« Das Publikum hat laut gelacht. Ungefährlich waren solche Bemerkungen nicht, aber das zustimmende Lachen der Umgebung hat uns aus unserer Vereinzelung gehoben und uns das Gefühl vermittelt, Verbündete gefunden zu haben.

Beim Fußball konnte man ungehemmt Emotionen ausleben. Der Schiedsrichter konnte ein »Rindvieh« genannt werden, der eine Spieler eine »Flasche« und der andere ein »Gott«, die Vereinsleitung durfte aus »Trotteln« bestehen, und der Trainer hatte »wieder einmal die falsche Taktik« gewählt. Weil man so deutlich nie über andere Themen und die Verhältnisse im Staat sprechen konnte, wurde der Fußball mit allem Drumherum in allen Einzelheiten in der überfüllten Straßenbahn diskutiert. Am kommunistischen Pressehaus in der Ringstraße fuhr die Bahn immer langsam, im Schritttempo vorbei, weil dort die Ergebnisse aller Spiele groß ausgehängt waren. Die Fachsimpelei wurde dann regelmäßig vor einer Lottobude fortgesetzt, denn dort konnte man den neuen Tabellenstand nachlesen und die Aussichten der einzelnen Mannschaften für die Zukunft verhandeln.

Mein Vater war ein Anhänger von Ferencváros Budapest und natürlich wurde auch ich ein Fan dieses Vereins. Noch bis heute habe ich die Namen aller Spieler im Kopf. Schon als Knirps mit drei oder vier Jahren begleitete ich meinen Vater auf den Platz. Zunächst hatte ich Schwierigkeiten, denn ich verband mit »Fradi«, dem Kosenamen des Klubs eine Person und verstand nicht, wie elf Fußballer ein einzelner Kerl sein können. Aber ich lernte bald dazu. Unser Verein war 1899 von Einwohnern des 9. Hauptstadt-Bezirks gegründet worden, und da dieser Bezirk nach dem Habsburger Thronfolger Franzstadt genannt wurde, nahm auch der Fußballklub diesen Namen an. Der 9. Bezirk lag damals am Stadtrand und wurde von Handwerkern, Kleingewerbetreibenden, Händlern und kleineren Kaufleuten bewohnt, die dort auch ihre Betriebe angesiedelt hatten. Die Umgangssprache – auch unter den meisten Gründern des Vereins – war vorwiegend Deutsch donauschwäbischer Färbung, und die vielen aus dem Osten zugewanderten Juden konnten sich mit ihrem Jiddisch leicht verständigen. Sie hatten sich in der Pfauengasse von dem bekannten Baumeister Leopold Baumhorn eine prächtige Synagoge für ihre neologe Gemeinde bauen lassen. Diese Synagoge wird heute als Denkmal und Museum für den Holocaust genutzt. Der Fußballverein war für diesen Randbezirk eine wichtige Identifikationsquelle in Abgrenzung zu anderen Budapester Vereinen wie den Budapester Turnclub (BTC) und später den benachbarten Magyar Testgyakorlók Köre (MTK).

Dass wir Anhänger von Ferencváros waren, scheint zunächst unverständlich, galt doch eigentlich der MTK als jüdischer Verein. In seinem Vorstand saßen viele Juden aus dem gehobenen Bürgertum, Fabrikanten und Mäzene. Alfréd Brüll, ein wohlhabender jüdischer Unternehmer, war über Jahre Präsident von MTK. Dagegen waren die Anhänger von Ferencvàros wie viele Kleinbürger und Angehörige der ungarischen Mittelschicht Antisemiten. Wüste, ätzende, judenfeindliche und rassistische Parolen und Schimpfworte wurden regelmäßig von den Rängen, aber auch auf den Tribünen gebrüllt. Spielten die Mannschaften von MTK und Frencváros gegeneinander, waren Prügeleien im Publikum an der Tagesordnung – aber eine völlig andere Welt auf dem Platz. Im blau-weißen Trikot des MTK spielte nur ein einziger Jude, und der war getauft. Mehrere Spieler dagegen gehörten zu den sogenannten »Erwachenden Ungarn«, einer später aktiv faschistischen Gruppierung. Bei Ferencváros dagegen standen immer Juden auf dem Platz. Zoltan Blum zum Beispiel gehörte zu der Mannschaft und er war ihr Trainer, als den Grün-Weißen ein in der ungarischen Fußballgeschichte einmaliger Erfolg gelang: Sie wurde ungarischer Meister, ohne auch nur einen Punktverlust in der gesamten Spielzeit! Auch Zoltan Blum hat den Holocaust nicht überlebt. Ein anderer jüdischer Spieler war Thomas Kertész, nicht verwandt mit dem gleichnamigen Nobelpreisträger, ein sehr gebildeter Mann, der später leitender Ingenieur in Debrecen wurde und leider sehr jung an Krebs gestorben ist. Er erzählte einmal im jüdischen Jugendverein, wie ihn seine Mannschaftskameraden bei antisemitischen Übergriffen verteidigt und die Angreifer niedergeschlagen haben. Noch 1943/44 war ein Spieler mit Namen Hamori oder Hoffmann Mitglied der Mannschaft, und jeder wusste, dass er Jude ist. Erst als der gleichgeschaltete faschistische Fußballverband den Verein vor die Alternative Ausschluss oder Verzicht auf Hamori stellte, gab der Verein dem Druck nach. Bei Ferencváros war allein die Spielerpersönlichkeit ausschlaggebend, mochten die Zuschauer noch so wilde antisemitische Flüche ausstoßen. In der Spielzeit 1940/41 führten drei Spieler einen Doktortitel. Trotz der antisemitischen Anhängerschaft hielten mein Vater und ich zu Ferencváros, weil unser Verein wie ein David gegen den Goliath MTK kämpfte. Schon als die Fußballer in der Regel noch reine Amateure waren, kaufte MTK mit Hilfe seiner reichen Sponsoren anderen Vereinen die besten Spieler weg. Unser Oberrabbiner war ein Anhänger von MTK. Wutentbrannt wollte er eines Tages das Stadion verlassen, als seine Mannschaft gegen unsere 0:2 im Rückstand lag. Der junge Joel Berger hat sich bei ihm nicht beliebt gemacht, als er ihm zurief: »Herr Oberrabbiner, gefällt Ihnen das Spiel nicht?«

Unter Faschismus und Kommunismus blieb unser Verein in der Position des Außenseiters und der passiven Widerständler. Andere Vereine ließen sich leichter für die jeweiligen Systeme einspannen. Das galt während des Faschismus zum Beispiel für den Verein von Klein-Pest, in dem später Puskás und Bozsik gespielt haben. Besonders willfährig war aber die Mannschaft von Csepel aus einem Südbudapester Arbeiterbezirk. Dort lagen ja auch die Industriebetriebe von Manfréd Weiss, der mit seinem Geld den Verein mit aller Gewalt in die erste Liga gehievt hatte. Politisch unterstützt wurden auch die Vereine aus den Rückkehrgebieten von 1938 und 1940. Kaschau, Großwardein und Novi Sad spielten sofort in der ersten Liga, und sie spielten gut. Großwardein wurde sogar ungarischer Meister. Im Jahr 1943 waren wir zu Besuch bei Verwandten in Großwardein und besuchten natürlich deren Heimspiel gegen Ferencváros. Sie spielten großartig und schickten unseren Verein mit 5:1 nach Hause. Sechzig Jahre später traf ich in Boston den alten

Onkel einer Freundin aus der Gegend von Kaschau. Im Gespräch erwähnte ich, dass Großwardein damals im Fußball eine Supermannschaft besessen hätte. »Ja, das stimmt«, sagte er. »Wissen Sie, wer da alles gespielt hat? Ich kann mich nur noch an zwei Namen erinnern.« »Morgen sage ich es Ihnen.« In der Tat, beim Frühstück hatte er die Aufstellung von A bis Z, vom Torwart bis zum Linksaußen, parat. Alle elf Spieler. Und es stimmte. Unglaublich und unvergesslich. Unglaublich, was für eine Faszination Fußball über alle Zeiten und Grenzen hinweg ausüben kann.

In kommunistischer Zeit war die Lieblingsmannschaft des Regimes die Mannschaft der Metallgewerkschaft. VASAS war während der Naziherrschaft unterdrückt worden, musste nach einem Nationalhelden den Namen Kinizsi annehmen und ihre Farben von rot-blau zu rot-weiß austauschen. Unter dem kommunistischen Regime wurde Ferencváros zum Klub der Lebensmittelgewerkschaft erklärt und hieß zunächst Edosz, später ebenfalls Kinizsi. Natürlich war allgemein bekannt, dass Ferencváros nicht zu den Lieblingsmannschaften des kommunistischen Regimes gehörte, und das hatte auch in der Berichterstattung Konsequenzen. Ende der Siebzigerjahre konnte ich endlich meiner Wut über die dauernde Benachteiligung der Mannschaft durch die Presse Luft machen. Ferencváros trug in Malmö ein Pokalspiel aus, und mein Vater und ich fuhren aus Düsseldorf dorthin. Auf der Tribüne war aufgefallen, dass ein Schwedisch sprechender Ungar aus Deutschland angereist war, um der ungarischen Mannschaft zuzujubeln. Das ergab einen Zeitungsartikel und als Folge eine Einladung auf ein Bier mit der Mannschaftsleitung und ihrer Begleitung. Dazu gehörte auch ein ungarischer Sportjournalist, an dessen Artikel ich mich noch gut erinnerte, es waren ja kaum mehr als zehn Jahre seit meiner Flucht vergangen. Wir seien eigens aus Düsseldorf angereist? »Alle Achtung, das nenne ich eine Leistung.« »Diese Leistung von uns hat Franzstadt verdient. Wissen Sie, in all den miesen Jahren in Ungarn war die Mannschaft von Franzstadt der einzige leuchtende Punkt in diesem Land der Erniedrigung, Demütigung und Schikane. Nur auf dem Fußballplatz waren wir freie Menschen und das vergessen wir Franzstadt nie.« »Sie übertreiben!« »Übertreiben? Eure sogenannte Volksmacht hat mich eingesperrt, nur weil ich ausreisen wollte. Und Woche für Woche habe ich Ihre fiesen, verlogenen Artikel gelesen. Sie haben Franzstadt immer heruntergemacht, benachteiligt, unsachlich und nicht wahrheitsgemäß berichtet. Wir nützen die Gelegenheit hier in einem freien Land, Ihnen das wenigstens auf diese bescheidene Weise heimzuzahlen.«

Die lautstarke Unterstützung dieses Vereins auf dem Fußballplatz war zu Zeiten der kommunistischen Herrschaft jedes Mal eine Demonstration. In der Anonymität der Menge konnte man sowohl harmlose Witze wie auch lautstarke, regimefeindliche Proteste loswerden. Einer der prominentesten Anhänger unseres Vereins war Graf Matyas von Esterházy; sein jüngerer Sohn Márton spielte auch in der ersten Mannschaft und brachte es sogar zum Nationalspieler. Wer hätte damals gedacht, dass auch Matyas Esterházy vom Geheimdienst zu Spitzeldiensten gepresst wurde und Interna unseres Vereins berichtete – nachzulesen bei seinem anderen Sohn Péter Esterházy. Sein großes Buch *Harmonia Caelestis* ist eine Hommage an seinen Vater. Doch kurz nach der Veröffentlichung wurden ihm die Dokumente bekannt, die seinen Vater als Zuträger entlarvten. In seiner *Verbesserten Ausgabe* setzt sich mit dieser tragischen Situation auseinander.

In Deutschland ist kaum bekannt, dass auch das »Wunder von Bern«, das Endspiel der Fußball-Weltmeisterschaft von 1954 zwischen Ungarn und Deutschland einen politischen Hintergrund besaß. Das fing mit der Auswahl des Trainers an. Gusztáv Sebes war kein schlechter Coach, doch einem Sepp Herberger, dem deutschen Nationaltrainer, an taktischem Geschick weit unterlegen. Als ein einst in der Illegalität tätiger Kommunist stand er aber außerhalb jeder öffentlichen Kritik. Da jedermann von der absoluten Überlegenheit der ungarischen Mannschaft völlig überzeugt war, glaubte er ohne Risiko den politisch motivierten Einflüssen nachgeben zu können. So hat er auf Károly Sándor und andere virtuose Spieler verzichtet und den Linksaußen Zoltán Czibor auf der rechten Seite eingesetzt, nur weil ihr politischer Hintergrund passte oder nicht passte. Alle Ungarn waren von der Niederlage im Endspiel völlig überrascht. Auch ich hielt den Sieg der ungarischen Mannschaft für so selbstverständlich, dass ich zur Zeit der Rundfunkübertragung zusammen mit einem Freund in das Tennisstadion ging, um das außergewöhnliche Ereignis eines Davispokal-Spiels zu erleben. Selbst die Anhänger des Tennissports – eine ganz andere gesellschaftliche Schicht als die der Fußballfans – gingen an diesem Schicksalstag völlig niedergeschlagen vom Platz. Auf dem Weg nach Hause hörte ich die Leute nur von dieser »nationalen Tragödie« reden, aber selbstverständlich, so die Meinung aller, war dieses Spiel verkauft worden – für harte Deutsche Mark versteht sich. Noch am Abend sammelten sich auf den Hauptstraßen Budapests die Fans, dann kamen Menschenmassen dazu, und der Tag endete in einer riesigen Demonstration. Bald war nicht mehr von Fußball die Rede, sondern vom wirtschaftlichen und politischen Elend, in das die kommunistische Misswirtschaft das Land getrieben hatte. Als antisowjetische Töne laut wurden, griff die Polizei ein. Dieser Abend war ein Vorbote der Revolution, die zwei Jahre später ausbrechen sollte.

Besonders angreifbar für den politischen Druck waren aber die Spieler, die man wegen kleiner Vergehen besonders wirksam erpressen konnte. Einer unserer besten Fußballer hat von einer Auslandsreise leicht zu verpackende Kunststoffmäntel mitgebracht. Die waren in Ungarn ein ›Schlager‹, und man konnte sie gut zu Geld machen. »Wir lassen dich laufen, aber du wirst für uns arbeiten.« Wenn man ihn wegen Schmuggels eingelocht hätte, wäre seine Karriere beendet gewesen. So musste er Spitzeldienste leisten, auch später, als er der gefeierte Trainer und hoch geachteter Fußballveteran war. Seit seiner Enttarnung ist er eine Unperson.

Vier Namen muss ich nennen, wenn vom ungarischen Fußball die Rede ist. Dr. Sárosí, den ich Ende der Vierzigerjahre noch gesehen habe, war ein eleganter, stets fairer Spieler mit hoher Intelligenz. Bei der Weltmeisterschaft 1938 hat er wesentlich zum Gewinn der Vize-Meisterschaft beigetragen. Im Schatten des berühmten Puskas stand Sándor Kocsis, ein papierdünner Typ mit einer brillanten Technik, der bei der Weltmeisterschaft 1954 mehr Tore geschossen hat als Deutschlands berühmter Gerd Müller. Das 3:2 verlorene Endspiel in Bern hat auch vergessen lassen, dass Ungarn zuvor die favorisierten Mannschaften von Brasilien und Uruguay durch seine Kopfbälle jeweils mit 4:2 geschlagen hatte. Florian Albert, der in unserer Mannschaft in Franzstadt spielte, ist sogar einmal zum Weltfußballer des Jahres gewählt worden. Und dann natürlich Ferenc Puskas, dessen ursprünglicher Familienname Purzfeld seine deutsche Herkunft verrät. Er ist in dem Arbeitervorort Kleinpest aufgewachsen, war ein Naturbursche ohne große Bildung, aber gewitzt und bereit, für einen Trick oder einen Gag alles zu opfern. Er konnte aber auch überaus grob werden. Als er einmal ausgepfiffen wurde, streckte er dem Publikum sein nacktes Hinterteil entgegen. Dagegen war zum Beispiel Fritz Walter ein braver, korrekter und anständiger Handwerker. Mein Herz jedenfalls schlägt für die Künstler unter den Fußballern.

Deutsch und andere Sprachen

Ein weit verbreitetes Vorurteil besagt, man müsse musikalisch sein, um viele Sprachen zu beherrschen. Das kann ich nicht bestätigen, denn ich bin ziemlich unmusikalisch. Dennoch spreche ich sechs Sprachen: Deutsch, Englisch, Ungarisch, Russisch, Hebräisch und Schwedisch. Russisch gehörte zum Schulkanon, und bei meinen Schulerlebnissen habe ich geschildert, warum ich Russisch über das Soll hinaus gelernt habe. Hebräisch war selbstverständlich im Rahmen meiner religiösen Erziehung, Schwedisch eignete ich mir in meiner Zeit in Göteborg an. Ungarisch war vom Kindergarten an die natürliche Sprache meiner Umgebung. Englisch lernte ich bei einem Privatlehrer, bei dem ich auch mein Deutsch wiederbelebt und vervollkommnet habe. Anfang der Sechzigerjahre fuhr mein Vater zu einem Verwandtenbesuch nach England. Er sprach kein Englisch, kam aber mit Jiddisch gut durch. Trotzdem meinte er bei seiner Rückkehr, man müsse systematisch Sprachen lernen, und er organisierte für mich den Sprachunterricht in Englisch und Deutsch bei einem Jugendfreund, der ein Sprachengenie war.

Er hieß Lajos Gordon, war aber als Ludwig Gelb in einem kleinen Dorf im Nordosten Ungarns, zwischen Grosswardein-Sathmar und Debreczin im Komitat Bihar geboren worden, aus dem auch mein Vater stammte. Kurz vor Beginn des Ersten Weltkriegs ist er als junger Bursche von vielleicht vierzehn oder fünfzehn Jahren der Enge des Dorfes entflohen, blieb kurze Zeit bei Verwandten in Budapest und reiste weiter. Wohin? Der Erste Weltkrieg brach aus, und man hörte zuhause nichts mehr von ihm. Irgendwie musste er sich durchbringen und so heuerte er auf einem Ozeanschiff als einfacher Steward an und kam dabei um die halbe Welt. Er unterhielt sich gerne mit seinen Passagieren und lernte dabei alle möglichen Sprachen. Englisch beherrschte er absolut perfekt und zwar sowohl in der englischen als auch der amerikanischen Version.

Gerne hat er erzählt, wie er indirekt in die Literaturgeschichte eingegangen ist. In einem Londoner Club hat er den Schriftsteller William Somerset Maugham bedient und ihn dabei mit jüdischen Witzen und Anekdoten aus Ungarn unterhalten. Maugham hat über den Wanderwitz vom Schammes in Schepetowka sehr gelacht und ihn dann unter dem Titel *Ein Kirchendiener* zu einer seiner Short Stories verarbeitet. Lajos: »Stell dir vor, ich erzähle ihm eine Geschichte, und er verdient damit ein Vermögen.« Zu seinem Unglück wollte Gordon Ende der Dreißigerjahre noch einmal seine

Eltern sehen. Er kam zurück, heiratete und blieb in Budapest. Er musste den Zweiten Weltkrieg erleben, die antijüdischen Maßnahmen erleiden und in das Internationale Ghetto einziehen. So trafen sich mein Vater und er wieder, und ich kam später, während meiner Studienzeit im Rabbinerseminar, unter seine Fittiche. Da war er schon ein älterer Herr, ein Eigenbrötler und ein Kauz. Als Privatlehrer unterrichtete er eine große Anzahl von Schülern, meist von acht Uhr morgens bis zehn Uhr in der Nacht. Seine Methode war originell. Anhand eines Alltagstextes, den er zusammen mit seinen Schülern las und dann sezierte, erklärte er Grammatik, Formen und Satzbau. Wir haben zwar nicht Shakespeare und andere Klassiker gelesen, beherrschten aus der Zeitungslektüre aber umgangssprachliche Redewendungen und Abkürzungen.

Deutsch war die Sprache, die für mich und meine Entwicklung schicksalhaft geworden ist. Aber warum musste ich sie bei einem Lehrer lernen, wo ich sie doch schon als Kind sprach? Deutsch war bei uns zu Hause ja die Familiensprache. Deutsch war immer mit Büchern verbunden, auch mit der Bibel, die ich in der deutschen Übersetzung las. Es war die Sprache, die uns kulturell assoziiert und sozialisiert hat. Aber, und das war entscheidend, sie verband sich für uns immer mit Wien und Österreich, nicht mit Deutschland. Es war die Sprache der Märchen, der Erzählungen, der Gedichte, die uns nach dem ›Anschluss‹ Österreichs unsere aus Österreich geflohenen Kindermädchen vorgetragen und beigebracht haben. Aus dieser Märchenwelt gab es ein bitteres Erwachen. Das verdankten wir Deutschland, und so wurde am Ende des Krieges und in der Nachkriegszeit das Sprechen der deutschen Sprache für mich zum Problem. Sicher, die Polarisierung hatte schon im kindlichen Spiel begonnen. Natürlich spielten wir auch Krieg, angeregt von unserer Lektüre, etwa durch Coopers *Lederstrumpf* und ähnliches. Die nichtjüdischen Ungarisch sprechenden Kinder der Nachbarschaft haben fein säuberlich darauf geachtet, dass wir Juden, Deutsch sprechend, jeweils die Gegner waren. Die »Cowboys« jagten uns

»Indianer«, und diese konnten sich – wie auch in der Wirklichkeit – kaum zur Wehr setzen. Am Kriegsende wurden wir all dessen so richtig gewahr, was wir erlebt hatten: die Ghettoisierung, die Mordtaten, der Krieg, die Belagerung von Budapest, die Bombardierungen. Und hinter allen diesen Schrecken stand Deutschland.

Ich weiß, dass ich damals als Achtjähriger die deutsche Sprache verweigerte. Ich antwortete nicht mehr, wenn mich meine Mutter auf Deutsch ansprach, was sie immer wieder versucht hat. Meine deutschen Bücher habe ich über Jahrzehnte nicht angerührt. Auch aus der jüdischen Öffentlichkeit verschwand die deutsche Sprache. Die einzige Ausnahme bildete die Budapester orthodoxe Gemeinde. Innerhalb ihrer Mauern wurde weiter Jiddisch gesprochen, was ja im Verständnis ihrer Mitglieder als Hochdeutsch galt.

Wie hat meine Ansicht über Deutschland eine positive Wendung genommen? Ganz wichtig war die zunehmende Information, zunächst über Zeitungen, dann durch das Radio. Außerdem beglaubigte mir mein Vater das neu gewonnene Bild, das er bestätigt fand, als er auf der Reise nach England auch in Deutschland Station machte. Vergessen wir nicht: wir haben unmittelbar an der Donau gewohnt, und da fuhren immer wieder österreichische und auch deutsche Lastkähne vorbei. Die wurden zwar stets von Polizeibooten begleitet und kontrolliert, aber ganz lückenlos konnten die Besatzungen doch nicht überwacht werden. Auch ungarische Schiffe kamen bis nach Passau. Mit diesen Schiffsleuten hat mein Vater, der ja offiziell kein Geschäft führen durfte, halb illegal gehandelt. Er hat ihnen begehrte Waren abgekauft und diese gegen Ratenzahlung weiter verkauft. Vor allem unter den Arbeitern hatte er eine große Kundschaft.

Irgendwie kamen wir eines Tages an eine hereingeschmuggelte westdeutsche Zeitung. Es war *Die Welt*. Die gab es noch nicht einmal in den wenigen Hotels, in denen die seltenen Touristen oder Geschäftsleute aus dem Westen abstiegen. Sie zu lesen war eine größere Überraschung als es heute Computer oder Internet sind.

Eine deutsche Zeitung, die offen Nachrichten, Berichte und Kommentare druckt! Sie zeigte uns, dass zumindest Westdeutschland ein Teil der freien Welt geworden war. Und zu meinem eigenen Erstaunen verstand ich jedes Wort! Dann, während der Revolution, hörten wir plötzlich eine Stimme aus Deutschland, die nüchtern, sachlich und objektiv zu uns sprach: Die Deutsche Welle war nicht hetzend wie der Sender Freies Europa oder mancher amerikanische Sender. Mein Vater hatte diese Radiostation nach längerem Suchen auf der Skala gefunden. Wir hörten die Berichte auf Ungarisch und auf Deutsch und waren verwundert. So gewannen wir allmählich ein Bild von einem anderen Deutschland. Die deutsche Sprache kam nach den Jahren, in denen ich alles Deutsche gemieden habe, von selbst wieder. Grammatikalisch nicht mehr ganz so präzise und korrekt, aber sie kam.

In meiner Zeit im Rabbinerseminar war die deutsche Sprache als Sprache der Nazis immer noch in Verruf. Bei unseren Referaten mussten wir zwar die Zitate im Original vortragen, und bei meinen Kommilitonen war dabei ein stark ungarischer Akzent zu hören. Als ich einen längeren Text in Deutsch zitiert hatte, dämpfte mich der Professor: »Hören Sie auf mit diesen überkorrekten Betonungen. Wir sind hier nicht in Berlin!«

Professor Scheiber s.A., der Direktor des Seminars beherrschte die deutsche Sprache selbstverständlich perfekt, weigerte sich aber bis an sein Lebensende Deutsch zu sprechen. Mit einer Ausnahme: Als ich ihn mit meiner Familie zum letzten Mal in seinem Büro besuchte, redete er auch meine Kinder, die nur Deutsch gelernt hatten, auf Ungarisch an. Meine kleine Tochter ließ sich dadurch nicht irritieren und sagte zu ihm: »Jetzt weiß ich, warum mein Vater immer so eine merkwürdige Bewegung mit dem Finger macht.« »Ja, warum?« »Das hat er von Ihnen, Sie machen auch immer so eine Bewegung.« Von diesem Moment an sprachen Professor Scheiber und Margalit Deutsch miteinander.

Aus dem Repertoire der Demütigungen und Repressalien

Man kann davon ausgehen, dass der junge kommunistische Staat einen unstillbaren Devisenhunger hatte. Die Einnahmen aus dem Export waren nicht groß, und alle Importe aus dem westlichen Ausland mussten mit Devisen bezahlt werden. Ein jeder, der in der Lage war, die Deviseneinnahmen des Landes zu vermehren oder zu sichern, konnte auf gewisse Sonderrechte hoffen. Zu den begrenzt privilegierten Institutionen gehörte auch die jüdische Gemeinde, denn sie war in jener Zeit eine der wichtigsten Devisenquellen der ungarischen Wirtschaft. Für alle Projekte, Institutionen und Einrichtungen, die von den Inspektoren der Claims Conference ›abgesegnet‹ waren, flossen aus den Geldern der Vereinbarungen zur Wiedergutmachung harte Dollars. Mit diesen Mitteln wurden jüdische wissenschaftliche Bücher gedruckt, Archive erhalten, und wir Studenten bekamen Stipendien. Keine großen, aber immerhin. Vor allem aber wurden die jüdischen Schulen, das Rabbinerseminar und alle Synagogen finanziert, genauso wie die Altersheime und das Krankenhaus.

Vor dem Krieg betrieb die jüdische Gemeinde eine ganze Reihe von Krankenhäusern. Sie wurden bis auf eines unter der kommunistischen Herrschaft verstaatlicht. Das beste Krankenhaus der Stadt im 13. Bezirk, das übrigens bis heute »Jüdisches Krankenhaus« genannt wird, ging auf eine Stiftung von Alice Weiss, der Tochter des Stahlbarons, zurück. Auf der anderen Donauseite, in Buda, im 112. Bezirk, gab es ebenfalls ein großes Spital. Im Jahr 1944 haben während des faschistischen Putsches die Pfeilkreuzler, angeführt von einem katholischen Geistlichen namens András Kun, das Haus angezündet und alle Patienten erschossen. »In Jesus Namen – Feuer!«, das war sein Kommando zur Exekution. Ein weiteres jüdisches Haus wurde nach dem Krieg zum Hirnforschungszentrum umgewidmet.

Alle diese sozialen Einrichtungen wurden von einer zentralen Küche beliefert, und zu keiner anderen Zeit war die jüdische Infrastruktur so umfassend wie in diesen Jahren: Koschere Fleischereien für die Orthodoxen wie auch für die Neologen, Friedhöfe für die Orthodoxen und die Neologen, und so grotesk es klingen mag: keine der Budapester Bezirkssynagogen, zweiundzwanzig an der Zahl, mochten sie auch noch so geringfügig besucht sein, durfte aufgegeben werden. Und was für Budapest galt, das galt ebenso für die Provinz. Alle Einrichtungen des jüdischen Lebens wurden vom kommunistischen Staat zwar höchst argwöhnisch beobachtet, aber die Machthaber legten großen Wert darauf, dass sie weiter reibungslos funktionieren, denn ihre Existenz bedeutete bares Geld.

Der Staat hat bei diesen Transaktionen ein Riesengeschäft gemacht. Die Devisen wurden mit der jüdischen Gemeinde zum offiziellen Kurs abgerechnet. Lange stand der Dollar offiziell bei elf Forint, aber auf dem Weltmarkt lag der effektive Kurs weit höher. Für einen Dollar bekam man auf dem Schwarzmarkt 400 bis 500 Forint. Wir haben diesen Schwindel mitgemacht, weil so das jüdische Leben halbwegs gesichert schien.

Ich erinnere mich an eine Diskussion im Rabbinerseminar. Ich habe gefragt: »Warum sind wir solche Opportunisten, dass wir kuschen? Wir könnten doch den Mund aufmachen. Der Staat wird uns nichts tun, sonst sind die Devisen futsch.« Da antwortete einer der Professoren, es war der Rabbiner Dr. Benoschofsky, allen Ernstes, wir müssten den totalitären Staat – um ein Gleichnis zu gebrauchen – ähnlich wie die allumfassende Macht Gottes sehen, so wie sie die Kabbala versteht, und wie sie in vielen kabbalistischen Werken, auch von Gerschom Scholem, erklärt wird. Die göttliche Allmacht ziehe sich stückweise von ihrer Totalität zurück (»Zimzum«) und schaffe somit Platz für die menschliche Existenz. So auch der kommunistische Staat. Ja, man müsse dem Staat für diesen Rückzug und unseren gewissen Freiraum, der uns gewährt wird, dankbar sein, und wir sollten uns hüten, diesen Freiraum zu gefährden. Er warnte uns, wenn einer von uns den Mund zu weit aufmachen würde, dann sei das eine Gefährdung für uns alle, und wir würden unverantwortlich handeln. Wir sollten auch in unseren Ansprachen und Predigten niemals vom »jüdischen Volk« sprechen, das wäre tabu, sondern nur von der »jüdischen Gemeinschaft in aller Welt«. Das sei die offizielle Sprachregelung.

Nach 1956 war es zwar der jüdischen Gemeinde gestattet worden, mit dem »Jüdischen Weltkongress« Verbindung aufzunehmen, aber im Grunde sollten wir unsere Kontakte nur dazu nutzen, um kritische Stellungnahmen und Resolutionen gegen die kommunistische Herrschaft zu verhindern. Wir Studenten haben uns bei Benoschofskys Vortrag nur angeschaut und waren innerlich empört, weil er uns damit direkt aufforderte, dem kommunistischen Staat treu zu dienen. Man sollte, so versuchte er es uns einzubläuen, den kommunistischen Staat und die Parteilinie würdigen und ihr mit Ehrerbietung und Respekt begegnen. Ohne diese Spielregeln ginge es nicht. Er könne sich noch an die Horthyzeit in Ungarn erinnern, in der ein Ministerpräsident regierte, der ein so frommer Mann war, dass er vor jeder Ministerratssitzung auf den Knien gebetet habe. Was ihn, Béla Imrédy war damit gemeint, allerdings nicht daran gehindert habe, die antijüdischen Gesetze der Jahre 1938/39 zu unterschreiben. Wir hätten nur diese beiden Alternativen: die antireligiöse, kommunistische Herrschaft oder ein Regime wie das von Horthy, unter dem die Juden nichts zu lachen hatten.

Die jüdische Gemeinde war total unterwandert, und Professor Benoschofsky war wie die ganze Führungsriege ein »Tégla«, ein ›eingebauter Ziegelstein‹, wie die Informanten der Sicherheitsorgane genannt wurden. Zu Beginn der Fünfzigerjahre wurde der politische Kurs immer antizionistischer und antiisraelischer. Wehe dem, der vom »Staat Israel« oder vom »jüdischen Staat« sprach. Israel galt als absolutes Tabu. Das ging sogar so weit, dass uns die Aussprache des modernen Hebräischen verboten war. Wir durften nur die klassische aschkenasische Aussprache der biblischen Sprache verwenden. Aber dieser Druck erzeugte Gegendruck. Samstags haben die Menschen unter irgendeinem Vorwand versucht, von der Arbeit abzuhauen und in die Synagoge zu gehen. An den anderen Tagen kamen die Leute morgens und abends zu den Gebeten. Das religiöse Leben war reich und intensiv, und die Teilnahme am Gottesdienst war ein Akt des Widerstandes. Die Nachrichten über Israel flossen spärlich, denn man konnte nur in offiziellen Gemeindeangelegenheiten dorthin reisen. Allenfalls, wenn ein naher Verwandter im Sterben lag, bekam man einen Pass.

Von Anfang an war es das Ziel der kommunistischen Machthaber gewesen, uns Juden umzuerziehen. Wir sollten ›wertvolle Kräfte‹ beim Aufbau des Sozialismus werden. Aber viele wollten sich nicht umerziehen oder einsperren lassen. In den frühen Fünfzigern durfte einmal ein Kontingent von 3 000 bis 4 000 Juden offiziell nach Israel auswandern. Es hieß, es handle sich um nicht integrierbare, orthodoxe Juden. Ansonsten waren die Grenzen dicht. So gab es nur Illegale, die, wenn sie erwischt wurden, für Jahre hinter Gittern verschwanden. Trotzdem gelang es der geheimen zionistischen Fluchthilfeorganisation Bricha zwischen 1945 und 1949, weit mehr als 250 000 Überlebende des Holocaust über Österreich und die Tschechoslowakei aus Osteuropa in den Westen zu schleusen. Mein Vater hätte die Flucht gewagt, aber meine Mutter wollte nie etwas davon hören. Sie hing so sehr an unserem Zuhause, an ihrer Wohnung, an dem Blick über die Stadt und die Donau, dass sie den Schritt in die ungewisse Zukunft nicht tun wollte. Mein Vater und ich haben es zur Kenntnis genommen, aber den Gedanken an eine Emigration nie aufgegeben. Wir hatten in all den Jahren trotz der antiisraelischen Stimmung immer wieder das Glück, an genauere Informationen über Israel zu kommen. In der Botschaft arbeiteten einige Beamte, die wir von früher kannten, und der Sohn eines Jugendfreundes meines Vaters war Botschaftsattaché. Er versorgte uns mit Büchern, manchmal auch mit Schallplatten, vor allem aber mit der ungarischen Zeitung aus Israel. Manchmal schenkte er uns zum Sederabend ein kleines Fläschchen israelischen Wein. Das war dann eine ganz große Fiesta. Solche Besonderheiten haben uns aufrechterhalten. Unser Freund durfte uns nie zu Hause besuchen, und wir ihn auch nicht. Aber mein Vater ging regelmäßig zur Israelischen Botschaft, auch wenn das Haus unter genauer Beobachtung stand. Manchmal habe ich ihn begleitet. Wir haben mit dem Freund nie über Politik gesprochen, trotzdem hat er bei jedem Besuch als erstes das Radio lauter eingestellt, da er natürlich wusste, dass in Ungarn alle Wände Ohren haben. Nach einem dieser Treffen wurde mein Vater von der Staatssicherheit überprüft. Das ganze spielte sich selbstverständlich nicht direkt vor dem Botschaftsgebäude ab. Da hätte es ja auffallen können. Mein Vater hatte sich schon ein gutes Stück entfernt, da wurde er von einem Polizisten in Zivil angesprochen: »Würden Sie bitte den Personalausweis zeigen.« Mein Vater fragte: »Warum?« »Staatspolizei, politische Abteilung. Kann ich Ihren Ausweis sehen?« »Darf man nicht mehr in die Israelische Botschaft gehen?« »Habe ich das gesagt?« Derartige Aktionen waren an der Tagesordnung. Vorsicht war in all den Jahren immer und überall geboten. Man konnte bei niemandem auf Nummer sicher gehen und wusste nie, wann man bespitzelt wurde. Auch nicht im Rabbinerseminar oder in der Gemeinde.

Den Beweis dafür bekam ich, als ich mich um einen Reisepass bemühte, und der Antrag zweimal abgelehnt wurde. Nach der dritten Ablehnung habe ich einen Anhörungstermin verlangt. Ich wurde ins Innenministerium gerufen, zwei Beamte saßen mir gegenüber, nach Usus des Hauses einen Scheinwerfer voll auf mich gerichtet. Sie fragten mich, ob ich wirklich nicht wisse, warum man meine Anträge abgelehnt habe. Sie sagten mir ins Gesicht, ich sei nicht ›zuverlässig‹. Dann lasen sie mir aus einem Dossier vor, dass ich in dieser oder jener Gesellschaft diese und jene Äußerung getan habe. Nicht alles stimmte, aber natürlich habe ich mir hinterher überlegt: Wer war da? Was habe ich mit wem gesprochen? Die Informanten waren leicht zu erschließen. Ein Beispiel: Es war kurz vor der Absolvierung des Rabbinerseminars bei einer Veranstaltung. Die Religionsbehörde wollte mich nach dem Examen als Rabbiner nach Ostberlin schicken, und ich habe es abgelehnt. Da fragte mich die Frau des Präsidenten der Gemeinde: »Aber warum wollen Sie denn nicht nach Ostberlin gehen, das ist doch eine wunderbare Stelle?« Meine Antwort: »Liebe Frau Seifert, wenn ich aus Ungarn weggehe, dann nach dem Westen und nicht nach Osten. Ich bin doch nicht verrückt.«

Dies war wortwörtlich so weitergegeben worden. Was blieb mir anderes übrig, als die Denunziation zähneknirschend zur Kenntnis zu nehmen und den Mund zu halten. Ich wollte dem Regime nicht den Trumpf in die Hand spielen, dass man mich als zionistischen Agenten festhalten konnte. Ich habe nämlich, wie gesagt, nie die Hoffnung aufgegeben, dass ich irgendwann dieses Land verlassen kann, und das konnte ich nur auf legale Weise mit einem Pass. Außerdem war ich ein gebranntes Kind: Erstens hatte ich ja schon meine Erfahrung mit kommunistischen Gefängnissen und zweitens hatte man mir einmal wegen eines Besuchs in der Israelischen Botschaft mein Stipendium weggenommen. Bis 1967, zum Sechstagekrieg, bestanden zwischen Israel und Ungarn offizielle diplomatische Kontakte, und der israelische Botschafter gab jedes Jahr im April oder Mai zum Unabhängigkeitstag einen Empfang. Vor dem Empfang wurde – auch zur Legitimation für die Einladung vieler gläubiger Juden – jedes Mal ein Gottesdienst abgehalten. Wir Studenten haben uns den Besuch dieser Veranstaltung nicht entgehen lassen, da uns die Israelische Botschaft auch immer wieder mit Studienmaterial unterstützt hat. Monate nach einem dieser Empfänge, als wieder einmal unsere Stipendien erteilt werden sollten, erklärte mir der Pedell des Seminars: »Für Sie gibt es kein Geld, das ist eine Anordnung von oben.« Ich sagte: »Was heißt das?« »Sie kriegen kein Stipendium. Die Obrigkeit hat es so beschlossen.« Ich war völlig konsterniert und habe Professor Benoschofsky gefragt, ob er darüber informiert sei. »Ja«, sagte er. Das sei meine Strafe für meinen Besuch in der Israelischen Botschaft. »Man wollte Sie aus dem Seminar schmeißen, das haben wir verhindert. Aber das nächste Mal sind Sie dran. Dass Sie jetzt kein Stipendium bekommen, ist das kleinere Übel. Machen Sie keinen Wind, damit nichts Schlimmeres nachkommt!« Ich sagte: »Entschuldigung, aber ich lebe davon. Wie kommen Sie dazu, mir die Unterstützung wegzunehmen? Es ist nicht Ihr Geld. Es kommt von der Claims Conference und ich werde dafür sorgen, dass man es dort erfährt.« Für mich war das eine schwierige Situation, denn wir waren zu Hause auf jeden Pfennig angewiesen. Aber jung und wütend wie ich war, habe ich darauf gewartet, dass ich es den Gemeindeoberen heimzahlen könnte. Die Möglichkeit ergab sich, als ich zufällig in unserer Seminarbibliothek einen Redakteur der in Israel erscheinenden ungarischen Tageszeitung traf. Ihm habe ich diese und andere Episoden erzählt. Eine Bibliothekarin hörte mit. Sie war eine Freundin des Gemeindevorsitzenden und zischelte mehrfach dazwischen: »Sind Sie verrückt, einem ausländischen Journalisten das alles zu erzählen.« Der Redakteur hat auch dies notiert und später einen großen Artikel geschrieben. Das war ein Riesenskandal. Aber auf diese Weise wurde publik, wie die führenden Mitglieder der Budapester jüdischen Gemeinde mit dem kommunistischen Staat kollaborierten. Die Welt hatte keine Ahnung davon gehabt.

Wie die jüdischen Gemeinden, so waren auch die christlichen Kirchen von der Stasi unterwandert. Ein Beispiel ist das Verfahren um den charismatischen Geistlichen György Bulanyi. 1952 war der Piaristenpater Bulanyi im Rahmen der kommunistischen Kirchenverfolgung zu lebenslanger Haft verurteilt worden; 1960 wurde er begnadigt. Schon 1948 hatte er in Debreczin die spirituelle und pazifistische Bokor-Bewegung gegründet. »Bokor« heißt Busch, und wie die Zweige eines Busches sollten sich Gruppen gläubiger Christen vernetzen. Nur durch eine Kleingruppenstruktur, so Pater Bulanyi, könnten die Kirchen unter der KP-Herrschaft überleben.

Der ÁVH galten die Mitglieder dieser christlichen Basisbewegung, so wie auf der jüdischen Seite die Zionisten, als »subversive Elemente«, die es mit allen Mitteln zu bekämpfen galt. Die ungarische Bischofskonferenz unter Kardinal László Lékai wollte Bulanyi in den Siebzigerjahren mundtot machen, weil er, entgegen dem Arrangement der Bischöfe mit dem Staat, für das Recht auf Wehrdienstverweigerung eintrat. Lékai war der Nachfolger von Kardinal Mindszenty als Primas von Ungarn und ein Informant des Sicherheitsdienstes. Überhaupt bestand in den Siebzigerjahren ein erheblicher Teil der Bischofskonferenz aus Geistlichen, die loyal zum Regime standen oder gar als Agenten tätig waren. Die Bischöfe bezichtigten den Pater und die Bokor-Gruppe der Häresie. Bulanyi durfte sein Priesteramt nicht mehr ausüben, keine Messen lesen, keine Sakramente spenden. In einem Hirtenbrief wurde er von allen Kanzeln Ungarns als Staats- und Kirchenfeind gebrandmarkt. 1982 wurde die »Causa Bulanyi« der römischen Glaubenskongregation und deren Präfekten Joseph Ratzinger übergeben. Dieser deckte mit jahrelangem Schweigen die Maßnahmen der ungarischen Bischöfe. Selbst nach dem Sturz des kommunistischen Regimes durfte Bulanyi in Ungarn keine öffentlichen Gottesdienste feiern, obwohl er alle Glaubensbekenntnisse, die ihm von der Kurie vorgelegt worden waren, unterschrieben hatte, während der Vatikan die eigene Kollaboration mit den Kommunisten nicht eingestehen wollte. Erst 1997 lenkte Kardinal Ratzinger ein und akzeptierte mit einer fadenscheinigen Begründung Pater Bulanyis Unterschrift unter die Dokumente. Für Papst Benedikt XVI. und die katholische Kirche ist dies kein Ruhmesblatt. Der Kommentar des Paters: »Nach fünfzehn Jahren begnadigt man in diesem Land auch einen Mörder.«

Wenn ich an all diese Dinge denke, packt mich jedesmal der Zorn. Was diese Eingriffe so demütigend gemacht hat, war die Tatsache, dass immer die Unverletzlichkeit der Religionsfreiheit betont wurde, aber viele Leute so weit eingeschüchtert oder gekauft waren, dass sie über alles berichteten und dafür sorgten, dass sämtliche Einrichtungen, auch in der jüdischen Gemeinde, linientreu funktionierten.

Ich würde gerne manches vergessen, aber ich kann nicht. Wenn ich das Land betrete und mit Dingen aus der Vergangenheit konfrontiert werde, dann packt mich jedes Mal eine Stinkwut. Manchmal ist es nur eine harmlose Bemerkung, die gar nicht böse gemeint ist, aber ich assoziiere damit irgendetwas aus der Vergangenheit und explodiere. Manchmal ist es nur der Ton eines Beamten bei der Flughafenkontrolle, der mich an den alten Polizeistaat erinnert, und schon ist die Sicherung durchgebrannt, sehr zur Verzweiflung meiner Frau. »Du warst wieder sehr aggressiv!« Natürlich weiß ich jedes Mal, wie unangebracht meine Reaktion war, und ich bedaure, dass ich wieder jemand Unrecht getan habe, aber ich kann es nicht bewusst steuern und werde es wohl nicht mehr lernen. Da sind einfach die unzähligen Beleidigungen, Schikanen, Erniedrigungen und Demütigungen über Jahre, die ich auch im nachhinein nicht vergessen kann.

Aber wie hat das Regime in Ungarn die Leute bestochen? Dazu eine Episode aus meinem Bekanntenkreis: Es ist allgemein bekannt, dass die kommunistische Presse in den westeuropäischen Ländern, also die *Humanité* in Frankreich, die *Unitá* in Italien, die *Drapeau Rouge* in Belgien und auch zeitweise die *Morning Star* in England, von Moskau oder den Satellitenstaaten direkt oder indirekt unterstützt wurde. Unter anderem wurden auch mehrtägige Festivals, Werbeveranstaltungen mit Freibier und Vorträgen für die Genossen im Westen ausgerichtet. An dieser Art von ›Parteikirben‹ war auch Teddy, der Mann einer alten Freundin aus der Leopoldstadt beteiligt. Er stammte aus einem gutbürgerlichen jüdischen Haus, war von Beruf Grafiker und gehörte zum Stab der ungarischen Parteizeitung. Wir trafen ihn und seine Frau Ende der Siebzigerjahre in Rapallo. Die beiden kamen aus Paris, wo er die grafische Gestaltung und die Dekoration der Stände und Pavillons für eine Veranstaltung gemacht hatte. Den nächsten Auftrag hatte er für ein Fest der *Unitá* in Genua. Er war von der Partei für eine Woche reichlich mit Devisen ausgestattet worden, das Hotel wurde ihm bezahlt und er bekam für das Benzin noch zusätzlich Geld. Er hatte also zusammen mit seiner Frau einen schönen, bezahlten Aufenthalt in Paris, und es krähte kein Hahn danach, dass die beiden noch zusätzlich auf Staatskosten eine Tour an die Riviera unternahmen, um sich mit uns zu treffen. Mit mir, einem Verräter, der abgehauen war! Wie andere ›Reisekader‹ machte man auch diesen Menschen und seine Frau mit solchen Privilegien gefügig.

Der Antisemitismus in Ungarn hat eine lange Geschichte. Seit Kriegsende begründet man ihn auch damit, dass die Juden den Kommunismus mit all seinem Schrecken über das Land und die armen Ungarn gebracht hätten, und bis heute legitimiert man damit die Tatsache, dass man den spezifisch ungarischen Holocaust, der grausamer war als alles andere, nie mit der eigenen Vergangenheit konfrontiert hat. »Das hier ist das Regime der Juden«, sagte man, »hier kann nur ein Jude etwas werden. Das ist die Rache für die Deportationen.«

Tatsächlich waren viele Juden nach dem Krieg führende Mitglieder der Kommunistischen Partei und hatten im Parteiapparat hohe Positionen inne. Ungarn war in diesem Punkt einigermaßen singulär, da von den 400 000 Juden der Vorkriegszeit 150 000 die Nazizeit unter großen Gefahren überstanden hatten und noch immer in Ungarn lebten, davon 70 000 bis 80 000 alleine in Budapest. Sie waren nicht nur unbelastet, viele von ihnen waren auch bereit, in den neuen Verhältnissen ihr Heil zu suchen. Viele haben sich vom Judentum losgesagt und sich voll in den Dienst der kommunistischen Diktatur und der Partei gestellt. Viele waren ›Hundertfünfzigprozentige‹ und es gibt genug Beispiele dafür, dass sie sich vor allem Juden gegenüber besonders brutal, grausam, ja sogar sadistisch verhalten haben. Sie wollten zeigen: Wir kennen keine nationale oder religiöse Solidarität, wir kennen keine Grenzen. Wir sind nur dem Sozialismus verpflichtet. Und sie wollten sich »kaschern«, das heißt reinwaschen, indem sie Juden gegenüber besonders hart aufgetreten sind. Wobei alle kommunistischen Gefängnisse kein Honigschlecken waren. Die Qualen, wie sie zum Beispiel Kardinal Mindszenty erleiden musste, waren grauenvoll. Aber dennoch, wenn sie einen Juden, noch dazu einen religiösen, in die Hände bekamen, hatten Folter und Schikane kein Ende. Diese Art von Gefügigkeit hat die Grenzen und Maßstäbe zwischenmenschlicher Wertschätzung untergraben. Ich schäme mich für jeden von ihnen, weil sie für mich immer Juden bleiben, auch wenn sie es nicht wahrhaben wollten. Ich schäme mich dafür, wie mies sie ihre Mitmenschen behandelt haben, auch wenn sie nur eine untergeordnete Position in irgendeinem Betrieb machtbewusst ausnützten. Ihre Loyalität galt der Sowjetunion und nicht dem eigenen Land.

Zur ersten Garde der ungarischen Kommunisten nach dem Krieg gehörten auch eine ganze Reihe von Juden, die 1945 aus dem Moskauer Exil zurückgekehrt waren. Sie schienen Stalin verlässlichere Erfüllungsgehilfen als beispielsweise László Rajk und János Kádár, die den Krieg als Illegale in der Heimat überstanden hatten. Ihre jüdischen Namen hatten die ›Moskowiter‹ längst abgelegt. Mátyás Rákosi (alias Rosenfeld), »Stalins bester Schüler« – so sein offizieller Titel, war Ministerpräsident und Generalsekretär der Kommunistischen Partei, Ernö Gerö (alias Singer) wurde 1956 sein Nachfolger als Erster Sekretär der KPU, und Zoltán Vas (alias Weinberger), der zusammen mit Rákosi fünfzehn Jahre im Gefängnis gesessen hatte, übernahm das Sekretariat des wirtschaftlichen Generalrates. General Gábor Péter (alias Eisenberger oder Auschpitz), einst ein schlichter Schneidergeselle, dann Chef der politischen Polizei und des Staatssicherheitsdienstes, war neben Ministerpräsident Rákosi und Verteidigungsminister Mihály Farkas einer der Hauptverantwortlichen für die blutigen Säuberungen im Lande. Waren zuerst noch mit Zustimmung aller demokratischen Parteien vor allem die Pfeilkreuzler abgeurteilt worden, so wurde danach von der Parteispitze kalt und systematisch mit Hilfe der berüchtigten Salamitaktik eben diese bürgerliche Opposition ausgeschaltet und die Zivilgesellschaft zerschlagen. Tausende von Regimegegnern wurden zum Tode verurteilt oder wanderten für lange Jahre in die Gefängnisse oder Arbeitslager. Die Adeligen und Großbürger deportierte man in die hintersten Winkel der Puszta. Nachdem er seine politischen Gegner erledigt hatte, gab Stalins Verdammung der Titoisten Rákosi auch die Gelegenheit sich die Konkurrenten aus dem eigenen Lager vom Hals zu schaffen. Die Methoden waren immer dieselben: Geständnisse wurden unter Folter erzwungen, eingeschüchterte Zeugen brachten die abenteuerlichsten Anschuldigungen vor. Doch anfängliche Mittäter sah man bald als Angeklagte wieder. Das prominenteste Opfer der ›Henkergruppe‹ war der ehemalige Innen- und spätere Außenminister László Rajk, selbst ein überzeugter Anhänger Stalins. Unter tätiger Mithilfe seines Freundes János Kádár wurde er festgenommen und in einem Schauprozess verurteilt und hingerichtet. Kádár wiederum wurde zwei Jahre später selbst als »Agent des Imperialismus« verhaftet und ohne Prozess in Einzelhaft gesteckt und fast zu Tode gefoltert. In treuer Gefolgschaft zu Stalin wendeten sich die nächsten Säuberungen gegen die Zionisten. Ein häufig gewählter Anklagepunkt bei dieser Hexenjagd: Zusammenarbeit mit dem Joint Distribution Commitee, der amerikanischen Organisation aller jüdischen Wohlfahrtsverbände. Im Klartext: Spionage und Verschwörung. Mit dieser Ergebenheitsadresse glaubte Rákosi seinen Kopf bei den antisemitischen Verfolgungen des Diktators retten zu können. Die Genossen Vas und Péter wurden bei dieser Gelegenheit ans Messer geliefert und ausgeschaltet. Die Folterknechte kannten kein Pardon, wenn es darum ging, alte Rechnungen zu begleichen und das eigene Überleben zu sichern.

Wie überall hinter dem Eisernen Vorhang wurde der Antisemitismus zum Antizionismus umgelenkt, das heißt, gegen Israel und das sogenannte jüdische Kapital. Denn seit jeher, so glaubte man, wären die zionistischen Organisationen eng mit dem Weltkapitalismus verbunden und damit gefährlich für den Befreiungskampf der Arbeiterklasse. Wer verstehen will, warum der Zionismus in Ungarn besonders verfolgt wurde, muss wissen, dass die treuesten Kommunisten in ihrer Jugend oft begeisterte Zionisten waren und später glaubten, sich besonders deutlich von ihrer Vergangenheit distanzieren zu müssen. Viele von ihnen sind aber auch reumütig zu ihren Wurzeln zurückgekehrt, haben, wie man im Hebräischen sagt, »Tschuwa gemacht«. Ich erwähne nur einen Namen: Ágnes Heller. Die Philosophin und Hochschullehrerin, einst Schülerin und Assistentin von Georg Lukács, ist eine ausgezeichnete und großartige Frau, die sich längst von Marxismus und Kommunismus abgewendet hat.

Wie begannen meine eigenen Kontakte zu der zionistischen Bewegung? Es muss noch in der jüdischen Schule gewesen sein, in der dritten oder vierten Klasse, ich war neun oder zehn Jahre alt, da bekamen wir während des Unterrichts Besuch von zwei Abgesandten einer zionistischen Organisation. Sie erzählten von ihren Ideen und schwärmten von einem Sommerferienlager am Plattensee. Dazu seien wir eingeladen und wir sollten das doch einmal ausprobieren. Einige Kinder haben sich sofort gemeldet, ich bin erst einmal nach Hause gegangen und habe mit meinen Eltern darüber gesprochen. Sie wollten wissen, welche zionistische Gruppe uns eingeladen habe. Als sie hörten, es sei eine »Misrachi«, das ist eine traditionell religiöse Gruppierung, waren sie beglückt, dass ich in die richtige Gesellschaft geraten war. Ich durfte also mitfahren.

Der JOINT, die amerikanische Hilfsorganisation, hatte am Plattensee ein Lehrerheim der reformierten Kirche gemietet und wir haben im REF, so nannten wir das Lager, drei unglaublich lustige und spannende Ferienwochen erlebt. Die Häuser, in denen wir wohnten, lagen in einem riesigen Park, und jeden Morgen stellten wir uns im Viereck auf, hissten die Fahne, die mit dem Emblem unserer Gruppe geschmückt war und sangen die »Ha Tikva«, das Nationallied der zionistischen Bewegung, die spätere Hymne Israels.

Heute würde man sagen, wir machten »Fahnenappell«. Damals allerdings war dieser Begriff bei uns verpönt. Die Assoziation zu Auschwitz lag zu nahe. Nach der Begrüßung bekamen wir unser Tagesprogramm. Danach Tagesgebet, Frühstück und ein Vortrag über ein Kapitel aus der Bibel. Es gab Aufmärsche, bei denen hebräische Lieder gesungen wurden. Überhaupt ging es ziemlich militärisch zu. Natürlich haben wir auch im Plattensee gebadet. Die älteren Kinder waren eine Bahnstation weiter in einem Zeltlager wie bei den Pfadfindern untergebracht. Um diese Zeit existierten auch die jüdischen Pfadfinder noch, wie auch viele unterschiedliche zionistische Jugendgruppen. Ende 1948, Anfang 1949 war Schluss damit. Von da an war nur noch der kommunistische Jugendverband zugelassen, alle anderen Jugendgruppen wurden gleichgeschaltet.

Ich hatte bei den Kameraden einen großen Stein im Brett, weil ich keinen Scherz ausgelassen habe. Eines nachts wurde unsere Fahne ›gestohlen‹ und in ein anderes Lager ›verschleppt‹. Große Aufregung unsererseits. »Wir müssen die Fahne heute Nacht zurückstehlen.« Ich habe gesagt: »Das ist doch Blödsinn. Die warten doch nur darauf, dass wir kommen.« Ich hatte keine Lust, mich wegen einer Fahne verprügeln zu lassen. »Also, wann dann?« »Tagsüber!« »Tagsüber, nein das geht nicht!« »Dann sollten wir aber auf jeden Fall ein paar Tage warten!« Die Taktik ging auf. Es war ein Mordsspaß. Einige Nächte später trugen wir triumphierend zwei Fahnen nachhause, unsere und eine ›geklaute‹. Ich erinnere mich noch heute an die wunderbaren langen Schabbatnachmittage mit Sketchen, Storys und anderen Darbietungen der Freunde. Unser Lieblingsspiel hieß »Radio«. Ein Junge saß an einem Tisch und zwei darunter. Der oben tat so, als würde er an den Knöpfen des Gerätes drehen, und die Akteure unten quietschten und pfiffen zu unser aller Gaudium, gaben Sprachfetzen, Musik oder ganze Programme von sich. Wir waren eine begabte Bande, aber einer aus unserer Gruppe, ein kleiner Kerl aus dem Waisenhaus, war ein besonders witziger »Marschalik«, ein Entertainer und Schauspieler. Er hatte viele der Geschichten der jiddischen Volksliteratur Osteuropas im Repertoire. Seine Paradenummer war die Geschichte vom Rabbi Tamche Pfefferkorn (so hieß er bei ihm), die er auf Jiddisch erzählte, das damals noch von allen verstanden wurde.

Als nun diese, in jeder Hinsicht köstlichen Sommerferien zu Ende waren, habe ich auch weiterhin an den Gruppentreffen teilgenommen. Schon allein im Hinblick auf das nächste Lager. Und das nächste Lager, ich gehörte da schon zu den ›Großen‹, war ein Zeltlager am anderen Ufer des Plattensees. Für uns bedeutete das Romantik und Abenteuer pur. Es war die Zeit der britischen Blockade Palästinas kurz vor der israelischen Unabhängigkeitserklärung und wir spielten ›illegale Einwanderung‹ nach Palästina. Wir wurden mitten in der Nacht geweckt und man erklärte uns, wir würden in Palästina erwartet. Es war stockdunkel, die Hunde bellten, wir robbten auf dem Bauch durchs Gelände und mussten uns mucksmäuschenstill verhalten. Nach einem langen Marsch kreuz und quer durften wir hinter den ›englischen Linien‹ einrücken. Sprich: wir waren wieder bei unseren Zelten angekommen. Wie aber kommt man als heimlicher Einwanderer von einem Schiff an Land? Natürlich mit Hilfe eines Taues, das von Bord an Land gespannt wird! So kletterten wir also dreißig bis vierzig Meter über ein waagrecht gespanntes Seil, und wer das ›andere Ufer‹ erreicht hatte, bekam eine Auszeichnung. Für uns alle war das ein Mordsspaß und ein Erlebnis für das ganze Leben.

Kinderspiele. Aber die Realität war, wie gesagt, nicht so fröhlich. Die Ungarn und die Aufarbeitung ihrer Geschichte, vor allem ihrer faschistischen Vergangenheit, das ist ein schwieriges Kapitel. Einmal bei einer Zugfahrt kamen mein Vater und ich mit einem der Mitreisenden ins Gespräch über die Kriegszeit. In Ungarn plaudert man schnell und gern während der Reise, und er sagte: »Wissen Sie, unsere Stadt wurde auch wegen einem Juden zerbombt. Seine Eltern wurden aus unserer Stadt deportiert. Er ist nach Amerika emigriert und in die Army eingetreten. So hat er durchgesetzt, dass diese Stadt zerbombt wurde.« Wir haben nachgefragt, was zerbombt wurde, die ganze Stadt? »Ja, die ganze Stadt. Der Bahnhof und eine Fabrik.« »Was stellte denn die Fabrik her?« »Nitroglycerin!« »Also eine kriegswichtige Fabrik?« »Aber ohne diesen Juden hätten die Amerikaner das nicht gewusst.« Er hat darauf bestanden, dass nur der Jude schuld war, und wir mussten erkennen, dass mit rationalen Argumenten nicht dagegen anzukämpfen war.

Dieses Beispiel belegt, meiner Meinung nach einmal mehr, dass man in Ungarn niemals offen und ehrlich mit dem Horthy-Regime abrechnen wird. Wenn etwas Unrechtes geschah, dann war die Nazibesatzung dafür verantwortlich. Die Ungarn blieben ihrer eigenen Einschätzung nach immer unschuldig und rechtschaffen. Im Grunde hat man den ehemaligen Reichsverweser Admiral Miklós Horthy endgültig rehabilitiert, als man seinen Leichnam 1993 aus Portugal heimholte, wo er 1957 im Exil gestorben war, und in Kenderes feierlich wieder beisetzte. An seinem Grab legten Nachfahren von ungarischen jüdischen Großindustriellen einen Kranz nieder: »Das dankbare ungarische Judentum an Horthy.« Absurd? Aber warum? Die Antwort: »Unter Horthy wurden wir doch nicht deportiert, und die antijüdischen Maßnahmen waren nicht so scharf wie anderswo.« Eine völlige Verkennung der Geschichte.

Stalin ist tot: Der Ostblock hält den Atem an

Seit 1949 die Kommunisten auch in Ungarn die totale Macht ergriffen hatten, wurde die ganze Gesellschaft nur noch von Angst beherrscht. Die ÁVH, die ungarische Staatsschutzbehörde, verfolgte alles, was ihr verdächtig erschien, mit brutaler Gewalt. Fast 50 000 Agenten und Spitzel arbeiteten in jenen Jahren für die Staatssicherheit. »Abgeholt«, das war das Schlüsselwort der Stalinzeit, so wie »einwaggoniert«, während der Herrschaft der Nazis. Es war der verharmlosende Ausdruck für Unrecht, Barbarei, Qualen, Folter, ja Hinrichtung. Jeder musste jederzeit gewappnet sein, dass er selbst verhaftet oder interniert wird. Und viele der ehemaligen Kapitalisten – Kleinindustrielle, Handwerker, Geschäftsleute – wurden aus ihren Budapester Wohnungen gejagt und zu Zwangsarbeit in die Puszta verbannt. Als ich im Herbst 1956 an die Szegediner Universität kam, habe ich mit vielen dieser gequälten Menschen gesprochen, die nach 1953 von der dortigen jüdischen Gemeinde im Altersheim aufgenommen wurden, auch wenn sie keine Juden waren. Und war man wegen einer Lappalie ins Visier der Stasi geraten, und gab es eigentlich keinen Grund zur Verfolgung, so schuf man einen. Auch in Ungarn waren die Devisenvorschriften streng, das heißt, niemand durfte beispielweise Dollar bei sich zuhause aufbewahren. So konnte man problemlos Leute verhaften, wenn man bei ihnen während einer Hausdurchsuchung Dollar ›gefunden‹ hat. Im Klartext: Die Stasileute, die zur Durchsuchung gekommen sind, haben die Devisen selber mitgebracht und versteckt. Es gibt eine hübsche Story von Georg Moldova zu diesem Thema: Einer, der so gelinkt wurde, hat in einem unbeobachteten Augenblick den 100-Dollar-Schein, den die Stasi in eines seiner Bücher hineinpraktiziert hatte, herausgenommen und verschluckt. Er muss nicht lange warten, bis der Ermittler nach dem Buch greift und es ohne Erfolg durchblättert. Er sucht in anderen Büchern und wird immer nervöser. »Sie haben mein *Corpus delicti* verschwinden lassen.« »Was bitte?« »Sie wissen es genau. Ich muss diese 100 Dollar abrechnen. Wenn ich sie nicht zurückbringe, kostet mich das Kopf und Kragen.« »Ich habe keinen Cent….« Kurz und gut, die Geschichte endet damit, dass der Stasimann seinen Job verliert, und die beiden sich im Gefängnis wiedertreffen.

Ich erinnere mich, dass in dieser Zeit so viele Anekdoten und Witze im Umlauf waren, dass man sich kaum davor retten konnte. Einer erzählt in einer Bar politische Witze. Fragt ihn am nächsten

Abend dort ein anderer: »Was ist der Unterschied zwischen diesem Tisch und Ihnen?« »Das weiß ich nicht. Ist der Witz neu?« »Absolut. Der Tisch bleibt da, aber Sie kommen mit.« Und wie er das sagt, klappt er das Revers hoch und weist sich als Mitglied der Staatspolizei aus.

Wir Jugendlichen haben diese Gefährdungen ganz bewusst erlebt. Das hat uns reif, hellhörig und auch kritisch gemacht. Zum Glück traf ich damals in unserem Gymnasium mit Lehrern und Mitschülern zusammen, auf die man sich verlassen konnte. In meiner Klasse waren wir sicher, dass kein Spitzel unter uns ist. Nur zwei unserer Lehrer waren linientreue Kommunisten, die uns predigten, dass die Rolle der Partei immer unangetastet zu bleiben habe. Das System hat uns trotzdem alle meschugge gemacht, weil wir ununterbrochen schweigen mussten. Heute wundere ich mich, dass wir uns damals als junge Menschen einfach so darauf eingestellt haben, dass wir alle Lügen der Welt zu schlucken hatten und froh sein mussten, dass wir untereinander frei reden konnten. Man hat sich ständig gegenseitig informiert. Der eine hat das und das im Rundfunk gehört, der andere hat erzählt, dass das und das so ist, und manche haben gesagt, dass im Westen auch nicht alles Gold sei. Mit dem Unterschied, dass bei uns alles schwarz war.

Im Herbst und Winter 1952/53 erreichte die letzte stalinistische Säuberungswelle von Moskau über Prag bis Budapest ihren Höhepunkt. Stalins paranoide Vorstellungen von einer zionistisch-imperialistischen oder titoistischen Verschwörung gab das Thema vor. Der Prager Prozess gegen Rudolf Slánský, den Generalsekretär der tschechoslowakischen KP und stellvertretenden Ministerpräsidenten, war der brutalste unter den Schauprozessen. Unter unsinnigen Vorwürfen wurden im Dezember zusammen mit ihm zehn hochrangige Politiker zum Tode und drei zu lebenslanger Haft verurteilt. Elf der vierzehn Verurteilten waren Juden.

In Moskau meldete im Januar die Nachrichtenagentur TASS, dass eine Verschwörung von Kremlärzte aufgedeckt worden sei, die im

Auftrag von amerikanisch-zionistischen Kreisen als »Mörder im weißen Kittel« hohe Staats- und Partei-Funktionäre umgebracht hätten. Und wieder: Sechs der neun Beschuldigten waren Juden.

In Budapest wanderte ebenfalls im Januar der verhasste Polizeichef Gábor Péter wegen angeblich zionistischer Umtriebe ins Gefängnis, und ein weiterer Schauprozess wurde vorbereitet, in dem nachgewiesen werden sollte, dass Raoul Wallenberg nicht in die Sowjetunion verschleppt worden war. Das Verschwinden Wallenbergs wollte man der jüdischen Gemeinde in Budapest in die Schuhe schieben. Lajos Stöckler und zwei weitere führende Mitglieder der Landesvertretung der Juden wurden verhaftet. Die Journalistin und Schriftstellerin Mária Ember hat bei Recherchen im ungarischen Nationalarchiv eine Notiz – datiert 1. März 1953 – zu Tage gefördert, in der Gerö an Rákosi schreibt, dass ›die Mörder Wallenbergs‹ in der zionistischen Führung der jüdischen Gemeinde zu suchen seien.

Historisch wahr ist, dass am 17. Januar 1945, einen Tag nach dem die Soldaten der Roten Armee die 70 000 Juden im Budapester Ghetto befreit hatten, Raoul Wallenberg und sein Chauffeur verschwunden sind. Lange ist darüber spekuliert worden, wer für die Verschleppung der beiden in das Moskauer NKWD-Gefängnis Lubjanka verantwortlich ist. Nach der Öffnung von Archiven in Russland ist klar: Just an diesem 17. Januar hatte Nikolaj Bulganin, der stellvertretende Verteidigungsminister der UdSSR, telegrafisch angeordnet, Wallenberg sei nach Moskau zu bringen. Wallenbergs tragisches Schicksal, die Frage wann und wo er in der Sowjetunion zu Tode kam, ist bis heute ungeklärt. Unangenehme Nachfragen des schwedischen Außenministeriums in Moskau über Wallenbergs Verbleib waren wohl der Auslöser für diese Aktion gegen die Mitglieder der jüdischen Gemeinde. Die Antwort: »Wallenberg war nicht und ist nicht in der Sowjetunion, und er ist uns unbekannt.« Einige Jahre später hieß es dann aus Moskau, dass Wallenberg im Juli 1947 gestorben sei.

Nach sechs Monaten Verhör und Folter wurden die Vorbereitungen für den Schauprozess gegen die Mitglieder der jüdischen Gemeinde Budapest abgebrochen und die Gefangenen freigelassen. In Moskau waren kurz zuvor die Untersuchungen im Zusammenhang mit dem Ärzte-Prozess eingestellt, und die Anklagen im geplanten Zionisten-Prozess fallengelassen worden. Wie kam es zu diesem ›Wunder‹? – Stalin hatte sich noch in der Nacht zum ersten März bei den Mitgliedern der Parteiführung ungeduldig nach dem Fortgang der Prozessvorbereitungen erkundigt und Druck gemacht. Zu spät. Am Abend desselben Tages traf den Diktator der Schlag, und am 5. März 1953 meldete der Rundfunk bei gedämpfter Trauermusik, das Herz »des weisen Führers Josef Wissarionowitsch Stalin« habe aufgehört zu schlagen. Am nächsten Tag heulten Schlag zwölf Uhr im ganzen Ostblock die Sirenen. Die Straßenbahnen hielten an, in den Betrieben wurde die Arbeit niedergelegt, und auch ganz Ungarn verharrte in einer Schweigeminute, um des toten Stalin zu gedenken.

Wir haben unsere Freude und Erleichterung sorgsam verborgen. Mein Vater hat erzählt, dass ihn auf der Straße eine ›Genossin‹, eine Jüdin aus der Nachbarschaft, angehalten hat: »Was sagst du Genosse Berger, Stalin ist gestorben! Die Imperialisten meinen bestimmt, dass wir jetzt schwächer geworden sind. Aber wir schließen die Reihen enger.« Mein Vater dachte darüber nach, ob sie vielleicht einen Spaß machen wolle. »Gott sei Dank habe ich mich in der Gewalt gehabt«, sagte mein Vater, »die Frau hat es todernst gemeint.«

Mit Stalins Tod war eine Epoche zu Ende. Die politischen Führer der kommunistischen Länder waren wie gelähmt. Doch viel Atempause blieb ihnen nicht. Millionen von Menschen waren durch Stalin ums Leben gekommen, Millionen vegetierten in kommunistischen Lagern. Stalins Erben wurde rasch bewusst, dass es nur einen Weg gab, um die Herrschaft der Kommunistischen Partei zu sichern, der Terror musste sofort beendet und Reformen eingeleitet werden. Mit dem untrüglichen Gespür für drohende Veränderungen befürchteten sie, dass die Länder an der Peripherie des Sowjetreiches vom großen Bruder abfallen könnten, wenn das Tempo des ›sozialistischen Aufbaus‹ nicht gedrosselt würde. Und die Ahnung gab ihnen recht. Drei Monate später standen in der DDR die Arbeiter auf den Barrikaden.

In Ungarn war das stalinistische Planwirtschaftssystem nach 1949 in nur wenigen Jahren in die Krise gekommen. Eine Landreform hatte große Hoffnungen auf eine gerechtere Gesellschaft geweckt und für die Bauern Selbständigkeit und Wohlstand versprochen. Aber der Schein trog. Der Kalte Krieg drohte heiß zu werden und im Koreakrieg militärisch zu eskalieren. Mit der Konsequenz, dass das Agrarland Ungarn zum Aufbau einer gigantischen Schwerindustrie gezwungen wurde. Besonders fatal war, dass dieser Ausbau der Rüstungsindustrie mit der Zwangskollektivierung der Landwirtschaft einherging. Prestigeobjekte wie das Stahlkombinat Sztálinváros wurden aus dem Boden gestampft, obwohl in der Donauebene südlich von Budapest weit und breit weder Kohle noch Eisen gefördert wurden. Die Kosten für die verrückte Industrialisierung wurden der Bevölkerung mit nackter Gewalt abgepresst. Die Menschenschinderei hatte System: Die Planzahlen wurden um 50 Prozent erhöht, und das rigorose Zwangsabgabesystem von landwirtschaftlichen Erzeugnissen ließ nicht einmal den Bauern genug zu essen. Beispielsweise hat die Parteiführung die selbstständigen Bauern gezwungen, Kartoffeln auf dem freien Markt zu kaufen, damit sie wiederum ihr Kontingent abliefern konnten. Der gnadenlos heiße Sommer von 1952 brachte die Landwirtschaft vollends an den Rand des Bankrotts. In der ehemaligen Kornkammer Europas wurden die Lebensmittel knapp. Es gab kein Saatgut mehr, und Ungarn, einst Getreideexporteur, musste Weizen einführen, um eine Hungersnot abzuwenden. Der ganze Staat war ein einziges Pleiteunternehmen.

Nun also war Stalin tot und in der Sowjetunion hatten die führenden Mitglieder des KPdSU-Präsidiums das Sagen. Zwischen ihnen entbrannte ein erbitterter Kampf um Stalins Nachfolge, den im späteren Herbst Nikita Chruschtschow für sich entscheiden konnte. Schon Mitte Juni wurde Mátyás Rákosi zusammen mit einigen handverlesenen Genossen nach Moskau zitiert und wegen politischer und ökonomischer Fehler in aller Deutlichkeit abgekanzelt. Die neuen Herren im Kreml verlangten personelle Konsequenzen. Rákosi musste als Ministerpräsident zurücktreten und Imre Nagy Platz machen. Den Parteivorsitz durfte er behalten.

Warum ausgerechnet Imre Nagy? Der Führung in Moskau schien der etwas farblose Funktionär die Idealbesetzung für diesen Posten zu sein. Nagy hatte zwei Jahrzehnte in der russischen Emigration verbracht und war einer der ganz wenigen nichtjüdischen ›Moskowiter‹. Außerdem war er ein Spezialist für Agrarfragen. Er hatte nach dem Krieg als Landwirtschaftsminister die Bodenreform auf den Weg gebracht. Später war er allerdings wegen seiner Kritik an der überstürzten Zwangskollektivierung vorübergehend aus dem Politbüro ausgeschlossen worden.

Am 3. Juli 1953 trat die neue Regierung zusammen, und die Regierungserklärung des neuen Ministerpräsidenten schlug wie eine Bombe ein. Ganz Ungarn versammelte sich vor den Radios, als die Rede von Imre Nagy gesendet wurde. Er versprach die Politik des »Neuen Kurses«, die eine Besserung des Lebensstandards und eine größere Rechtssicherheit bringen sollte. Die gewaltsame Kollektivierung sollte eingestellt, das Tempo der Industrialisierung gedrosselt, die Arbeitslager aufgelöst und eine Amnestie erlassen werden. Ein ganzes Land atmete auf und hoffte auf bessere Zeiten.

Natürlich verfolgten auch wir zuhause die Rede im Rundfunk. In unsere Freude und Erleichterung mischten sich allerdings Zweifel und Skepsis. Wir hatten Nagy als entschlossenen Kommunisten erlebt und stellten uns deshalb die Frage, ob er es wirklich schaffen würde, die Partei und die Gesellschaft zu verändern. Würden Ungesetzlichkeiten, Ungerechtigkeit und Personenkult, würden all die Schikanen, denen wir Juden ausgesetzt waren, der alltägliche Terror ein Ende haben? Ein paar Konsumgüter mehr in den Auslagen der Geschäfte, und die Leute sind ruhig und zufrieden. Würde es nicht doch wieder so ausgehen? – »Lass uns abwarten«, sagten wir. Doch bald sahen wir, dass sich die Stimmung im Land lockerte, und mehr Toleranz das öffentliche Leben bestimmte. Die Zeitungen bezogen vorsichtig kritisch Stellung zu dem einen oder anderen Thema. Man diskutierte wieder über Theateraufführungen und Literatur, und die staatlich verordneten Hurra-Rufe wurden leiser. Man musste nicht mehr wie von der Tarantel gestochen aufspringen und frenetisch Beifall klatschen, wenn irgendein Parteibonze eine Ansprache hielt. In unserer Schule wurde im Festsaal die Nationalfahne gehisst, und wir spürten die Erleichterung von Freunden und Mitschülern, deren Angehörige aus den Lagern und Gefängnissen freigekommen waren.

Die allermeisten der linientreuen ungarischen Autoren sind heute vergessen. An einen erinnere ich mich allerdings mit großem Vergnügen, freilich nicht wegen seiner schriftstellerischen Qualitäten. Peter Veres, ein Autodidakt, war aus einfachsten Verhältnissen aufgestiegen und hatte sich schon vor dem Krieg als Bauerndichter einen Namen gemacht. Er war ein Naturtalent, konnte gut schreiben und verfügte über ein gerüttelt Maß an Bauernschläue. Er war ein bisschen rechtsgerichtet und ein bisschen antisemitisch, aber im Kommunismus brauchte man auch Bauern als Aushängeschilder. Also hat man ihn zum Chef der Bauernpartei ernannt. Die Bauernpartei wurde damals von der Kommunistischen Partei aufgesogen, und zur allgemeinen Heiterkeit wurde aus diesem Bauernschriftsteller ein Verteidigungsminister gemacht. Einmal in seinem Leben hat er auch noch eine Generalsuniform angezogen. Das war vielleicht eine Lachnummer! Unvergesslich!

Unsere zeitgenössischen ungarischen Autoren ergingen sich in diesen Tagen noch in Lobpreisungen über Stalin und Rákosi. Viele der besten Werke in Literatur und Musik waren verboten, so *Die Tragödie des Menschen*, ein Art ungarischer »Faust« von Imre

Madách und die Ballettpantomime *Der wunderbare Mandarin* von Béla Bartók. Und wer sich der Lobhudelei nicht anschloss, dem erging es wie Tibor Déry. Obwohl sich Déry bemühte, den Anforderungen des Sozialistischen Realismus zu genügen, geriet der zweite Teil seines Romans *Felelet* (*Die Antwort*), der »beste sozialistische Roman«, wie Georg Lukács meinte, zum Stein des Anstoßes bei der Parteiführung. Révai veröffentlichte in der Parteizeitung eine vernichtende Kritik und warf dem preisgekrönten Autor vor, »die führende Rolle der Kommunisten« während der Ära Horthy, insbesondere die von Rákosi, sei nicht richtig dargestellt, und klagte ihn der »Entstellung der Wirklichkeit« und des »Abweichlertums« an. Damit war Déry, ein überzeugter Kommunist, der in der Vorkriegszeit der illegalen KP angehört hatte, politisch erledigt und für einige Zeit so gut wie tot. Diese Diskussion um *Felelet* war das Vorspiel zur Auflehnung der Schriftsteller und Intellektuellen von 1955 und 1956. Aber bevor die Schriftsteller das Volk mobilisiert haben, war es das Volk, das die Schriftsteller aufgeweckt hat. Es gehörte zu den Prinzipien der Kulturrevolution, dass die Kulturschaffenden in den Betrieben auftraten und arbeiteten. Und, Ironie der Geschichte, bei diesem Einsatz in der Produktion machte ihnen die Arbeiterklasse den Unsinn der Planwirtschaft und die Enge der Gesellschaft in allen Varianten rasch klar.

Nach 1953 änderte sich das literarische Angebot Schritt für Schritt. Auch einzelne Werke von Autoren der »Gruppe 47« wurden veröffentlicht. Wir lasen Böll und Grass, auch Heinar Kipphardt galt als fortschrittlicher westdeutscher Autor. Was vielleicht überraschen mag, den Namen Bertolt Brecht hatte ich bis 1955 nie gehört. Jetzt kam *Der aufhaltsame Aufstieg der Arturo Ui* auf die Bühne. Es folgten *Furcht und Elend des Dritten Reiches* und *Der kaukasische Kreidekreis.* Im Theater verschwanden die ehernen Helden des Sozialismus von der Bühne, und eine neue Generation von großartigen Schauspielern und Regisseuren knüpfte an die Erfolge der Vorkriegszeit an. Die Neuinszenierung des *Hamlet* erreichte mehr als 100 Vorstellungen. Überhaupt wurde sehr viel Shakespeare gespielt. Auch die Stücke zeitgenössischer Autoren, wie beispielsweise die von Julius Háy, die als nicht linientreu gegolten hatten, fanden den Weg auf die Budapester Bühnen zurück.

Julius Háy war Jude und seine Erinnerungen an das berühmt berüchtigte Hotel Lux, die deutsche Künstler- und Politikerkolonie in Moskau, sind eine interessante zeitgeschichtliche Quelle. In der Schule Stalins hatte er sich vom Kommunisten zum kämpferischen Antikommunisten gewandelt und wurde wie Déry zu einem der Wegbereiter und Wortführer des Ungarnaufstandes. »Helft uns, die Zeit ist knapp. Helft Ungarn, helft dem ungarischen Volk!« Diesen berühmte Hilferuf an die Schriftsteller der Welt schickten Julius Háy und seine Frau Eva am Morgen des 4. November 1956 über das letzte freie Mikrofon Ungarns in den Äther. Die russischen Soldaten hatten schon das Foyer des Parlamentsgebäudes eingenommen.

Doch bis zu diesem schrecklichen Ende der Revolution floss noch viel Wasser die Donau hinunter. Rákosi saß als Parteiführer noch immer an den Schalthebeln der Macht und wie die Spinne im Netz, wartete er auf die Gelegenheit, bei der er Nagy beseitigen konnte. Rákosi, der Meister der Intrige, besaß offensichtlich die besseren Kontakte zu Moskau und es gelang ihm, den »Neuen Kurs« und seinen Verfechter Nagy so zu kompromittieren, dass dieser im März 1955 als Ministerpräsident abgelöst wurde, im Laufe des Jahres seine sämtlichen Ämter verlor und aus der Partei ausgeschlossen wurde. Aber das Rad der Geschichte war nicht mehr ganz zurückzudrehen, gewisse Erleichterungen nicht mehr zurückzunehmen, und mit der Selbstsicherheit der ungarischen Stalinisten war es ein für allemal vorbei.

Zaungast der ungarischen Revolution

Im Sommer 1956, nach dem Abschluss meiner Lehre als Feinmechaniker, habe ich mich noch einmal bei der Juristischen Fakultät der Universität Szegedin angemeldet. Ich wurde zur Aufnahmeprüfung eingeladen, die diesmal wesentlich freundlicher ablief als bei der ersten Runde ein Jahr zuvor. Entscheidend war, dass mich die kommunistische Jugendorganisation unseres Betriebes zum Studium empfohlen hatte. Ich war nach bestandener Facharbeiterprüfung ja ein vollgültiger Arbeiter und als »Stimme der Arbeiterklasse« konnte ich nicht mehr ohne weiteres abgelehnt werden. Zudem brodelte es schon im Lande. Die kommunistische Herrschaft hat zwar noch alle Lebensbereiche überwacht, aber manche Dinge waren jetzt möglich, die früher unmöglich gewesen waren. In den Feuilletons der Zeitungen erschienen ehrliche Kritiken und in der wichtigsten Literaturzeitung veröffentlichte Julius Háy sein Pamphlet: *Warum mag ich den Genossen Kuczera nicht?* Dies war eine Kritik an all den Parteibonzen, die trotz ihrer Abstammung aus dem ›Volk‹ ein abgehobenes Leben führten. Alle hatten das Gefühl, politisch unterwegs zu sein. Aber niemand wusste, wohin der Weg führen solle. Vermutlich, so glaubten wir, wieder ein ›Tauwetter‹, eine stille Liberalisierung wie 1953 unter dem Ministerpräsidenten Imre Nagy. Dass dieses ›Tauwetter‹ sich zum revolutionären Sturm entwickeln würde, das hat damals niemand geahnt.

In diesem Klima bekam ich die Mitteilung, dass ich zum Studium zugelassen sei, einen Platz im Studentenwohnheim bekäme und mich Anfang September an Ort und Stelle melden solle. Nach meiner Ankunft dort habe ich selbstverständlich die jüdische Gemeinde und den Rabbiner aufgesucht und mich unter anderem auch nach einer Möglichkeit für koschere Verpflegung erkundigt. Es gab in der jüdischen Gemeinde tatsächlich eine Mensa, die in einem Gebäude zusammen mit dem Altersheim untergebracht war. Dieses Heim war ein typisches Produkt der kommunistischen Zeit.

Hier wohnten in erster Linie die jüdischen Menschen, die Anfang der Fünfzigerjahre als ›unzuverlässige Elemente‹ aus Budapest entfernt worden waren, einst führende Männer und Frauen der bürgerlichen ungarischen Gesellschaft. Die Szegediner Gemeinde hatte sie aufgenommen, damit sie nicht irgendwo in der ›Wüste‹ leben mussten. 1954/55, als sie nachhause hätten zurückkehren können, waren sie dazu schon nicht mehr in der Lage, ihre Wohnungen waren weg und ihre Existenzmöglichkeiten ebenso. Die alten Leute wurden von vier oder fünf ehemaligen katholischen Nonnen versorgt, denn auch die Klöster waren von den Kommunisten brutal und gewaltsam aufgelöst worden, und viele der Ordensleute wussten nicht wohin sie gehen sollten. In den jüdischen Gemeinden – nicht nur in Szegedin, sondern auch anderswo – hatten die Ordensfrauen Unterschlupf und Arbeit gefunden. Mit Argusaugen wachten ›unsere Nonnen‹ über die Einhaltung der jüdischen Speisegesetze, und ich war öfters dabei, wenn sie mit den Heimbewohnern zankten: »Das können Sie nicht machen! Milchiges Geschirr bleibt hier, fleischiges können Sie mit aufs Zimmer nehmen!« Die katholischen Frauen haben im Auftrag des Rabbiners ein strenges Regiment geführt. Dr. Josef Schindler s.A., so hieß er, stammte aus Budapest, amtierte aber schon lange in der Tiefebene und hatte sogar den Dialekt dieser Gegend von seiner Frau übernommen. Meine Freunde und ich hielten ihn nicht nur deshalb für einen eigenartigen Zeitgenossen.

Ich erinnere mich, als wir einmal zusammen mit Dr. Schindler vom Morgengottesdienst kamen, da gingen wir an der offenen Küchentüre des Altersheimes vorbei, und er sagte: »Laudetur Borischka, laudetur Marischka!« Und die Frauen antworteten: »In aeternam, Amen, Herr Oberrabbiner!« Wir waren baff: »Wie können Sie so grüßen, Herr Oberrabbiner? Das ist doch eine Lobpreisung Jesu?« Der Rabbiner sah uns lange an und sagte: »Meine Lieben, solange wir ›laudetur‹ sagen und die Klosterfrauen antworten, haben wir beide in diesem Land eine Chance. Wenn die katholische Kirche hier nicht mehr besteht, ist es auch mit uns Juden vorbei.« Dieser Satz war für mich eine bleibende Lehre, was Ökumene unter staatlichem Druck bedeutet, und wie die verschiedenen Religionen letztendlich aufeinander angewiesen sind.

Die Atmosphäre an der Universität war in diesen Tagen sehr angespannt, und in den Vorlesungen und Seminaren wurde offen über revolutionäre Themen diskutiert: die Frage der freien Wahlen zum Beispiel, oder auch die Zulassung anderer Parteien. Ein Freund und ich waren stets dabei, immer bereit, die bürgerliche Demokratie zu verteidigen. Darüber hinaus hatte unsere studentische Vollversammlung in Szegedin die Gründung einer von der Jugendorganisation der Partei unabhängigen Studentenorganisation beschlossen.

Am Abend des 23. Oktober rief uns der Rabbi zu sich ins Büro. Wir waren zu dritt, drei Budapester Jungs, aufgeschlossen und humorvoll, aber auch etwas zynisch und höhnisch. An diesem Tag war es zur ersten gefährlichen Konfrontation zwischen Studenten, der Bevölkerung und der Staatsmacht gekommen. Ungarische Schriftsteller hatten zu einer Solidaritätskundgebung mit Polen aufgerufen, und in einem Sechzehn-Punkte-Papier hatte die Studentenschaft auch für Ungarn eine Demokratisierung des Landes verlangt. Die Demonstration am Denkmal des polnischen Generals Bem in Buda war vom Innenminister um ein Uhr verboten, doch anderthalb Stunden später, als schon halb Budapest auf der Straße war, wieder zugelassen worden. Nach einer kurzen Kundgebung zog die Mehrzahl der Demonstranten zum Parlamentsgebäude und forderte die Wiedereinsetzung Imre Nagys als Ministerpräsident. Nagy hielt eine kurze beschwichtigende Ansprache, die so gar nicht den Vorstellungen der Menge entsprach. Schon bei seiner Anrede – »Genossen« – begann ein Pfeifkonzert. »Wir sind keine Genossen«, und: »Genossen gibt es nicht«, schallte ihm entgegen, »ganz Budapest ist hier«, und: »die Nation ist hier«. Nagy war alles andere als ein Konterrevolutionär und weit davon entfernt, das sowjetische System durch eine Revolution stürzen zu wollen.

Er war ein menschlicher Bürokrat und vieles, was er in den Tagen zwischen dem 23. Oktober und 4. November beschloss, die Neutralität Ungarns, die Einführung des Mehrparteiensystems, entsprach nicht seiner eigenen Überzeugung. Der Lauf der Ereignisse hat ihn einfach dazu gedrängt.

Während sich die Mehrheit der Demonstranten vor dem Parlament versammelt hatte, zogen andere zum Rundfunkgebäude, um die Ausstrahlung des Forderungskatalogs der Studenten im Radio zu erzwingen. Als die Menge gegen die Absperrungen vorrückte, eröffnete die ÁVH das Feuer auf die unbewaffneten Menschen. Es gab Hunderte von Toten und Verletzten. Dieses Blutbad trieb das Volk auf die Barrikaden. Der Aufstand hatte begonnen.

Mit ernster Miene begann der Szegediner Rabbiner sein Gespräch mit uns: »Liebe Jungs, wir stehen vor einer Zeit, in der wir nicht wissen, was der nächste Augenblick mit sich bringt. In diesem Land enden Revolutionen meist blutig, vor allem für uns Juden. Also, ich möchte euch bitten, wenn ihr irgendetwas hört und wenn ihr irgendeine Gefahr riecht, kommt sofort zu mir!« Ich fragte: »Und dann?« »Dann klettern wir hoch in die riesige Kuppel unserer Synagoge. Da haben wir einen Geheimtrakt und können uns eine Weile verstecken.« Ich kann mich noch genau daran erinnern, dass wir uns fast gewälzt haben vor Lachen, dass ihm so etwas Absurdes einfällt. Wir haben uns später erkundigt, es war tatsächlich alles vorbereitet. Noch Jahre danach haben wir gespottet: »Kein Problem, wenn was passiert, klettern wir in den Turm.«

Vergeblich haben wir drei Studenten an diesem Abend versucht, Dr. Schindler klarzumachen, dass da draußen ein weltbewegendes, die ›ganze Welt‹ veränderndes Ereignis vonstatten gehe, und dass wir Juden nichts zu befürchten hätten. Ich erinnere mich noch an seine Geste, als er sagte: »Meine lieben Jungs, mich kann man in diesem Land nicht mehr täuschen.« Bei ihm, wie bei vielen Älteren in dieser Gemeinschaft, wirkte der Mangel der grundsätzlichen Existenzsicherheit, die sie bereits Ende der Dreißigerjahre verloren hatten, weiter nach. Sie konnten keiner ungarischen Revolution trauen, sie wussten nicht, wo dieser Marsch enden würde. Auch diesmal wieder vor den Synagogen, mit Pogromen?

Am Tag darauf blieb es in Budapest ruhig, und auch bei uns in Szegedin war die Normalität eingekehrt. Wir gingen wie immer in die Universität zur Vorlesung. Plötzlich stürzte eine Studentin in den Raum und unterbrach die Veranstaltung mit dem Ruf: »Die Russen sind da! Sie ziehen durch die Stadt. Kommt sofort!« Jeglicher Lehrbetrieb hörte augenblicklich auf, Studenten und Professoren rannten hinaus. Geschlossene Einheiten der russischen Armee zogen quer durch die Stadt und weiter zur Landstraße Richtung Budapest. Wir standen demonstrativ am Weg, zuerst still, dann schleuderten wir den Russen unsere Parolen entgegen. Sie ließen sich nicht beeindrucken. Wir standen am Rande der Straße. Mehr geschah bei uns nicht.

Unser Rabbiner Dr. Schindler sollte mit seiner Skepsis leider recht behalten, denn auch während des Volksaufstandes von 1956 kam es an einigen entlegenen Orten wieder zu Ausschreitungen gegen Juden. Auch wenn sie Antikommunisten waren, zählte man die Juden nicht mehr zu den Ungarn. Über Jahrhunderte waren die unterschiedlichsten Minderheiten, Juden, Slawen, Rumänen, integriert worden, zumindest dann, wenn sie sagten: »Wir sind Madjaren.«; und es war selbstverständlich, dass im ungarischen Parlament kroatische Abgeordnete saßen, slowakische Abgeordnete und deutsche sowieso. Das heißt, dass die einzelnen Nationalitäten auch legitim gewählte Vertreter hatten. Aber dazu gehörte der Rahmen der österreichisch-ungarischen Monarchie und des Liberalismus. In dem Augenblick, als der Erste Weltkrieg verloren war, und die Nationalitäten entschieden hatten, dass sie die Monarchie verlassen wollten, von dem Augenblick an ist auch klar geworden: »Wir brauchen keine Juden mehr.« Die Juden waren keine Mehrheitsbeschaffer mehr für das Madjarentum, im Gegenteil, Juden waren ›Fremdkörper‹, ›Besitzer von Reichtümern‹, ›ein Unglück‹, auch wenn es offiziell so nicht formuliert wurde. Eine Rolle spielte dabei selbstverständlich die kommunistische Räterepublik, die zweifelsohne von vielen Juden grausam vorangetrieben worden war, auch gegen Juden als ›Kapitalisten‹. Es wurde aber nicht wahrgenommen, dass diese Grausamkeit von einzelnen Juden die jüdische Masse genauso, wenn nicht schlimmer betraf. Die Geschichte gibt Lenin recht, der sich 1918 gegen die Zerschlagung der Donaumonarchie ausgesprochen hat. Im Grunde fliegen uns bis heute die alten Sünden des Friedensvertrags von Trianon um die Ohren, mit dem Ungarn 1919 zwei Drittel seines Staatsgebietes und drei Millionen seiner Einwohner verloren hat.

Was wir, meine Eltern, meine Familie in diesem Zusammenhang erlebt und erlitten haben, war durch diese kurzsichtige Handlungsweise nach dem Ersten Weltkrieg eingeleitet worden. Die Gegend um Großwardein, das Komitat Bihar am Rande der großen Tiefebene, aus dem mein Vater stammte, wurde damals Rumänien zugeschlagen, obwohl 90 Prozent der Bevölkerung ungarisch waren. Großwardein war ein großes liberales Kulturzentrum, in dem auch viele jüdische Familien eine wesentliche Rolle spielten. Mitte der Zwanzigerjahre emigrierte mein Vater nach Ungarn, weil er in Rumänien doppelt benachteiligt war. Die Rumänen hassten die Ungarn wie die Pest und die Juden nicht minder. Wenn sich dann gar ein Jude betont patriotisch als Ungar darstellte, wie mein Vater das damals noch tat, dann war er zum Verprügeln freigegeben. Alle Jahre wieder gab es in diesem Gebiet einen Tag, an dem die Rumänen die Angehörigen ihrer Minderheiten verdroschen haben. Doch mit seinem Umzug kam er vom Regen in die Traufe. Er hatte jüdischen Background, er hatte deutschen Background und musste nun auch noch erklären, warum er Ungar ist. Es hat ihn viel Bestechungsgeld gekostet, man war ja schließlich auf dem Balkan, bis ein Anwalt durchsetzen konnte, dass er die Niederlassungsrechte und später die ungarische Staatsbürgerschaft bekommen hat. Erst 1927 konnte er meine Mutter heiraten, weil bis dahin sein Status ungesichert war. Das alles hat dazu beigetragen, dass er sich trotz seines

Bekenntnisses zum Madjarentum letztendlich auch in Ungarn nicht heimisch fühlte und sich dem Zionismus zuwandte. In den orthodoxen Gemeinden bestand stillschweigend der Konsens, dass Patriotismus nichts für Juden sei. In diesem Zusammenhang muss man auf die Gründerfigur der ungarischen Orthodoxie hinweisen, auf Moses Schreiber, den Pressburger Rabbiner, der die Emanzipation des Judentums und die madjarische Gleichberechtigung ablehnte. Bei Staatsakten hat man sich natürlich loyal gegeben, aber patriotisch war man nie.

Die Fakten haben letztendlich auch meine Haltung zu Ungarn geprägt. Nach allem was ich erleben ›durfte‹, konnte ich keine patriotischen Gefühle entwickeln. Die Erinnerung an Verfolgung, Entrechtung, Ermordung von etwa vierzig Mitgliedern unserer Familie blieb nicht spurlos; diese Erinnerung wurde jeden Tag neu geweckt, mit der Konsequenz: Wir sind keine Madjaren mehr. Besonders in der Leopoldstadt hat das ein Trauma verursacht. Inkonsequenz und Widersprüche begleiteten uns jeden Tag. Ich ging in eine jüdische Schule, aber das Erste, was ich erblickte, war ein Riesenbild von Reichsverweser Rittmeister Horty von Nagybánya, von dem man wusste, dass er vom ersten Tag seiner Herrschaft an ein ›Pogromheld‹, ein Judenmörder war. Trotzdem, und das ist keine Übertreibung und die Kehrseite der Medaille, im Jahr 1942, als die Ungarn in diesem kalten Winter an der Seite der Deutschen Jugoslawien angegriffen haben und in die Vojvodina einmarschiert sind, Razzien veranstaltet und wahllos Hunderte von Juden und Serben umgebracht haben, da haben diese Juden, die in Novi Sad am Ufer der Donau auf ihre Hinrichtung warteten, dennoch gebrüllt: »Hoch lebe Horthy!« Es ist unglaublich, einige Minuten vor ihrem Tod.

Jeder unserer Schultage begann mit dem politischen Glaubensbekenntnis: *Ich glaube an einen Gott, ich glaube an ein Vaterland, ich glaube an eine göttliche Gerechtigkeit, ich glaube an die Auferstehung Ungarlandes* … und bei jeder Feierlichkeit mussten wir das berühmteste Gedicht des Nationaldichters Mihály Vörösmarty, den *Szózat* (Aufruf) von 1835, aufsagen:

Deiner Heimat sei unerschütterlich treu, oh Ungar!
Dies ist deine Wiege und dereinst dein Grab …
Hier musst du leben oder sterben.

Diese patriotischen Bekenntnisse waren mir zuwider, und jedes Mal, wenn der *Himnusz*, die ungarische Nationalhymne, erklang, und sie erklang häufig, blieb ich stumm. Doch dann an jenem unvergesslichen 23. Oktober, der laute Chor der Studenten und Arbeiter: »Kommt alle mit uns, bist du Ungar bist du mit uns«, da habe auch ich voll Begeisterung gesungen: »*Gott segne den Ungarn, mit Frohsinn und mit Überfluss … denn dies Volk hat schon gebüßt für Vergangenes und Kommendes.*« Mitmarschiert bin ich in diesen Stunden und Tagen nicht. Zu tief saß der Gedanke: »Ich bin doch keiner von euch.« Und das Gespräch und Gelächter bei Rabbi Schindler hatte meine Skrupel nicht zerstreuen können.

Mein Zimmernachbar hatte in diesen stürmischen Tagen ein Kofferradio erworben, und wir verfolgten die dramatischen Ereignisse von morgens bis abends, wo wir standen und gingen. Schon am Mittwoch, den 24. Oktober, so hörten wir, wurde der Generalstreik ausgerufen, und die ersten Revolutionsräte entstanden. Sie übernahmen fast überall die Staatsgewalt, obwohl die ersten sowjetischen Truppen in die Kämpfe eingegriffen hatten. Der blutigste Tag in der Anfangsphase des Aufstandes wurde der folgende Donnerstag. Ein britischer Gesandter berichtete von zwölf Lastwagen voller Leichen. Am 28. Oktober erklärte die neue Regierung unter Imre Nagy die allgemeine Feuereinstellung und am 29. die Auflösung der ÁVH. Am 30. Oktober wurde das Einparteiensystem abgeschafft. Die sowjetischen Truppen zogen aus Budapest ab. Es schien, als hätte die Revolution gesiegt. Was wir nicht wussten: Die Regierung Chruschtschow schwankte während mehrerer Tage, ob sie den Kurs von Nagy akzeptieren oder aktiv eingreifen sollte.

Schon am 30. Oktober beschloss das Moskauer Politbüro die Niederschlagung des Ungarnaufstandes. In drei Tagen sollten die sowjetischen Truppen die Ordnung in Ungarn wiederherstellen. Die »Operation Wirbelsturm« lief an. Am 4. November standen die russischen Panzer und die Soldaten der Roten Armee in Budapest und in den Zentren des Aufstandes in der Provinz.

Trotz der chaotischen Lage waren die Telefonverbindungen intakt, aber dennoch erreichte ich meine Eltern in Budapest nicht. So machte ich mir natürlich große Sorgen und war sehr erleichtert, als am 1. November die Nachricht zu mir drang, dass die Universität geschlossen bliebe, und noch am Abend ein Lastwagen nach Budapest fahre, der auch mich mitnehmen würde. Zu meiner Erleichterung traf ich meine Eltern zu Hause wohlbehalten an. Auch sie hatten sich nicht aktiv an den Demonstrationen beteiligt, aber mein Vater war hellauf begeistert, wie ordentlich und zivilisiert die Revolution abliefe. Zum ersten Mal erlebe er ein wirklich anständiges Ungarn. Ich solle mir gefälligst die Geschäfte anschauen, die durch Einschüsse beschädigt wurden. In der Tat – die Waren lagen offen da mit der Aufschrift: »Anständige Ungarn plündern nicht!« Und noch eines ist mir in Erinnerung: An jedem größeren Verkehrsknotenpunkt standen Kisten mit einem Schild: »Spendet für die Opfer und Verletzten der Revolution!« Die Kisten waren voller Geldscheine, und keiner rührte sie an. Zu meiner eigenen Überraschung konnte ich die Begeisterung meines Vaters teilen. Was wir allerdings erst später erfahren haben: Die, wie mein Vater meinte, ›saubere Revolution‹, blieb nicht ohne Ausschreitungen. Als die Aufständischen das Budapester Büro der KP stürmten, kam es zu grausigen Lynchmorden an den Mitgliedern des Geheimdienstes.

Den Samstagabend dieser Woche verbrachten wir bei einer befreundeten Familie in unserem Haus, denen in der vorkommunistischen Zeit ein Steinmetz-Betrieb gehört hatte. Der Mann schmiedete schon Pläne, wie er seine verstaatlichte Firma wieder in Besitz nehmen könnte. Gemeinsam hörten wir uns die Rundfunkrede von József Kardinal Mindszenty an. Nach acht Jahren war er aus der Haft befreit worden, und die Budapester Bevölkerung hatte dem ungarischen Primas, der durch die Hölle der Folter gegangen war, einen triumphalen Empfang bereitet. Die ersten Worte seiner Rede werden mir immer in den Ohren klingen: »Ich spüre niemandem gegenüber Hass in meinem Herzen.« Diese Erinnerung ist auch deshalb so wichtig, weil später in der Ära Kádár, als Mindszenty in die Amerikanische Botschaft geflohen war, diese Rede immer wieder verteufelt wurde. Es wurde behauptet, der Kardinal hätte gegen die Regierung gehetzt und die Vorkriegsverhältnisse heraufbeschworen. Das Gegenteil ist richtig. Er schlug einen versöhnlichen, christlichen Ton an, sprach sehr klug und einsichtig und plädierte für ein ordentliches demokratisches Staatssystem. Selbstverständlich hat er darauf hingewiesen, dass die verstaatlichten kirchlichen Güter und Institutionen zurückgegeben werden sollten.

Über das Gehörte haben wir noch lange diskutiert, sind ziemlich spät schlafen gegangen und konnten lange nicht einschlafen. Früh am Morgen des 4. November weckte uns das Klingeln des Telefons. Wer konnte das wohl sein, Sonntag morgens um fünf Uhr? Mein Vater fragte erstaunt: »Wie, was, wer, wo?« Ein Freund meines Vaters war am Apparat, der etwas außerhalb, nördlich von Budapest, wohnte, und sich mit bewegter Stimme verabschiedete: »Wir wollen euch warnen. Die Russen werden euch besetzen, massive Panzereinheiten rollen auf euch zu. Alles Gute für euch, wir wünschen euch das Beste. Auf Wiedersehen! Aber ich weiß nicht, ob wir uns im Leben noch einmal sehen werden. Wir verlassen das Land. Gott mit euch!« Mein Vater fragte mich: »Verstehst du das? Sag, ist der Mann durchgedreht oder besoffen?« In unserer Ratlosigkeit, und um zuverlässige Nachrichten zu bekommen, haben wir das Radio eingeschaltet und da hörten wir über den Freien Sender Kossuth die dramatischen Hilferufe der Revolutionäre, die mehrfach wiederholt und auch in Englisch, Deutsch und Russisch ausgestrahlt wurden: »Rettet uns, schützt uns, wir sind wehrlos gegen die Panzer der Sowjets, die uns entgegen ihrem Versprechen angegriffen haben. Sie haben unsere Leute, also führende Männer der Regierung und der Armee gestern Abend in ihr Hauptquartier zu Verhandlungen eingeladen. Diese sind bis zu diesem Zeitpunkt noch nicht zurückgekommen, aber der Angriff auf die Stadt ist von allen Außenbezirken aus gestartet worden. Wir rufen die Welt auf: ›Helft einem friedliebenden, friedfertigen und freiheitsliebenden Volk!‹« Zwischen den Worten war das Dröhnen der Panzer und die Einschläge der Geschosse deutlich zu hören. Wir wussten nicht was wir machen sollten. In den Keller gehen? Aber der Keller war nicht vorbereitet, also blieben wir wohl oder übel in der Wohnung und warteten ab, bangen Herzens die Kämpfe beobachtend. Dieser Augenblick am frühen Morgen des 4. November, das Ende aller Hoffnungen, diese dunklen Stunden und Tage, sind aus meinem Kopf und Herzen nicht mehr auszulöschen.

Am frühen Morgen hatte sich auch Imre Nagy noch einmal über den Sender Kossuth zu Wort gemeldet. Seine wenigen Sätze bleiben für mich immer unvergesslich: »Achtung, Achtung! Hier spricht der Ministerpräsident Imre Nagy. Sowjetische Truppen haben im Morgengrauen zu einem Angriff auf unsere Hauptstadt angesetzt mit der eindeutigen Absicht, die gesetzmäßige demokratische Regierung der Ungarischen Volksrepublik zu stürzen. Unsere Truppen stehen im Kampf. Die Regierung ist auf ihrem Platz. Ich bringe diese Tatsache unserem Land und der ganzen Welt zur Kenntnis.« Um acht Uhr verstummte der Sender der Revolution.

Zu diesem Zeitpunkt waren Imre Nagy und seine Getreuen schon in die Jugoslawische Botschaft geflüchtet, wo ihnen politisches Asyl angeboten worden war. Doch dies war eine Finte. Am 22. November wurden sie mit dem Versprechen des freien Abzugs aus der Botschaft gelockt und nach Rumänien deportiert. Im Juni 1958, während der Fußballweltmeisterschaft, als das Land mit anderen Dingen beschäftigt war, wurde Ministerpräsident Imre Nagy zusammen mit dem ehemaligen Verteidigungsminister Pál Maléter in einem Geheimprozess in Budapest zum Tode verurteilt und gehenkt.

Lasse ich mich in meinem letztlich positiven Urteil über Imre Nagy von seinem schrecklichen Ende beeinflussen? Ich vergesse selbstverständlich nicht, dass er ein orthodoxer Marxist war. Ob er ein national gestimmter Kommunist oder einfach ein realistisch denkender Mensch war, weiß ich nicht. Aber schon 1953 war er der Mann, von dem man sich positive Veränderungen erhoffte. Ob er zur Neutralitätserklärung Ungarns und zum Austritt aus dem Warschauer Pakt von der revolutionären Bewegung gedrängt wurde oder aus eigener Überzeugung gehandelt hat, das ist letztlich ebenso unerheblich wie das Urteil, ob diese Entscheidung politisch klug oder falsch gewesen ist. Mutig war sie allemal. Historisch bedeutend ist seine Rolle dadurch geworden, dass durch seine Handlungen für viele in der Welt der Imperialismus des sich international gerierenden sowjetischen Kommunismus offenbar geworden ist.

Der sowjetischen Übermacht waren die Ungarn natürlich nicht gewachsen und nach zehn Tagen harter Kämpfe kapitulierte auch die letzte Bastion. Die ÁVH nahm mörderische Rache, und viele der Aufständischen wurden, nachdem sie die Waffen gestreckt hatten, standrechtlich erschossen.

In diesen Tagen zwischen dem 23. Oktober und 4. November hatte sich unser Blick nach Westen gerichtet. Man hoffte auf die Hilfe der freien Welt, und Nagy hatte am 1. November, als er die Mitgliedschaft im Warschauer Pakt aufgekündigt hatte, einen Brief an den Generalsekretär der Vereinten Nationen geschrieben, und gebeten, die UNO möge die Neutralität Ungarns garantieren. Aber die UNO reagierte nicht. Auch die Hoffnung, dass die Amerikaner und ihre Verbündeten eine russische Intervention verhindern, wurde enttäuscht. Der Westen war mit der Suezkrise beschäftigt. Eisenhower signalisierte Solidarität, aber dabei blieb es. Es macht mich bis heute wütend und verzweifelt, dass wir an die Resolutionen der UNO und des Sicherheitsrates geglaubt und den Westmächten vertraut haben, und es war doch nur leeres Geschwätz von Freiheit, Demokratie und Selbstbestimmung. Besonders enttäuscht waren wir von den sogenannten »Blockfreien«. Im Falle des Falles war man im Stich gelassen. Als Lektion hat das den Ungarn gereicht. Das ganze Land hat dies in ein paar Monaten verinnerlicht und, vielleicht charakterlos, eine pragmatische Wende genommen und ein paar Monate später Treueerklärungen für den verhassten János Kádár und seine »Revolutionäre Arbeiter- und Bauernregierung« abgegeben. Man hat sich dem ›Gulaschkommunismus‹ ergeben, und es sollte kein Mangel herrschen. Es floss wieder Kapital nach Ungarn, es kamen wieder Waren ins Land, sogar bulgarische Zigaretten, damit die Ungarn genug zu rauchen hatten. Lebensmittel wurden in Ungarn nie mehr Mangelware, was bis dahin der Fall gewesen war. Die Rüstungsbetriebe wurden auf zivile Produkte umgestellt. Sie haben konsumorientiert produziert, und so wurde Ungarn in kürzester Zeit das ›Konsummekka‹ des Ostblocks. Man kam auch aus den Nachbarländern nach Budapest zum Essen, Trinken und Einkleiden. Einmal in zwei Jahren durften die Ungarn in den Westen reisen und bekamen noch dazu fünf Dollar Devisen. Das ganze Land hat auf Pump gelebt, aber wen störte das. »Wer nicht gegen uns, der ist mit uns.« – unter dieser Devise wurden auch einige ehemalige Revolutionäre zu Mitläufern korrumpiert.

Leicht vergessen wird heute auch, dass die Erleichterungen zur Zeit des ›Gulaschkommunismus‹ jederzeit willkürlich zurückgenommen werden konnten. Zwar waren private Kleinbetriebe zugelassen, aber bei Bedarf kriminalisierte man Tätigkeiten, die zu dem Betrieb notwendig dazu gehörten. Ein berühmt gewordenes Beispiel: Kirschen gab es in Ungarn in riesigen Mengen, und große Betriebe verarbeiteten sie zu Marmelade oder Obstbrand. Ein unternehmerischer Mann sieht die riesigen Mengen Kirschkerne vor einer Fabrik und will sie kaufen. Froh, die Kerne los zu werden, will man sie ihm schenken. Der Unternehmer besteht aber sicherheitshalber auf einem schriftlichen Kaufvertrag und erwirbt legal die

Kerne, natürlich zu einem sehr geringen Preis. Mit Hilfe seiner großen Familie werden die Kerne gewaschen, durchbohrt, gefärbt und zu einem bald sehr beliebten Modeschmuck verarbeitet. Die Familie wird reich, doch jetzt wird eine staatliche Kontrollbehörde aktiv. Der schriftliche Kaufvertrag scheint den Mann zu retten. Aber nein. Die Kerne seien dem staatlichen Betrieb viel zu billig abgekauft worden, und diesem damit die Möglichkeit genommen worden, die Kerne selbst auf eine solch gewinnbringende Art zu verarbeiten. Er habe damit den Sozialismus ausgenützt, um sich privat zu bereichern. Der Mann wanderte in das Gefängnis und kam erst wieder frei, nachdem die Familie den Betrieb einer staatlichen Firma überlassen hatte. Die konnte die Qualität nicht halten und ging nach kurzer Zeit pleite.

Trotz aller Freiheiten und Erleichterungen, von denen man bis dato nicht einmal träumen konnte, war János Kádár für mich ein verlogener Fiesling und blieb es sein Leben lang. Er hat sein Volk verraten und verkauft. Als Mitglied der Regierung Nagy hat er sich nach Russland abgesetzt und als neuer Regierungschef dazu hergegeben, dass die Truppen der Roten Armee Ungarn wieder besetzen konnten. In seinem Namen wurden Tausende hingerichtet, Tausende ins Gefängnis geworfen, ein Stasi- und Spitzelapparat wurde in seinem Namen aufgebaut, und keiner konnte mehr sicher sein, ob er nicht irgendwo und irgendwann einmal etwas gesagt hatte, was nicht konform war. Das ist für mich Hochverrat. Aber die Ungarn sind die größten nostalgischen Verklärer der Geschichte, und so ist für viele Kádár heute ein Held, der seinem Volk Wohlstand ermöglicht hat. Vergessen wird dabei, dass dieser Wohlstand nicht auf der Kraft der eigenen Volkswirtschaft, sondern auf ungedeckten Wechseln auf die Zukunft beruhte.

Die traurige Bilanz: Vermutlich 25 000 gefallene Aufständische und 7 000 gefallene Sowjetsoldaten. 200 000 Ungarn haben im Oktober und November 1956 das Land verlassen. Auch ich habe es mit Zustimmung meiner Eltern versucht. In einer Kampfpause haben wir die orthodoxe Gemeinde aufgesucht, weil wir wussten, dass von dort täglich Lastwagen mit Menschen nach Wien und München unterwegs sind. Aber wir konnten nicht das notwendige Deposit in Dollar vorlegen. Daher führte mein Weg zu Fuß in Richtung Grenze und endete schließlich im Gefängnis.

Ich danke aber meinem Schicksal für diese Tage der Revolution, die ich erleben durfte. Ich danke für die kurze Zeit, in der ich mich in Ungarn mit den Menschen und mit dem Land, mit den Gedanken des Landes identifizieren konnte. Die Erinnerungen an jene Tage haben mich für vieles entschädigt. Unrecht, Aussperrung oder Mord kann man nicht vergessen, jedoch das Bild Ungarns ist durch diese Oktobertage nicht mehr so trostlos. Ich habe stets auch in meiner Passivität, die ich mir wegen meiner jüdischen Herkunft auferlegt hatte, Bewunderung für den todesmutigen Einsatz unzähliger, vor allem junger Menschen empfunden. Diese Tage bargen die Hoffnung, die nicht sterben darf, und auch Imre Nagy, und dies ist das Entscheidende, bei aller Kritik an seiner Person, war ein Mensch, mit dem man diese Hoffnung verbinden konnte.

Die grüne Grenze ist eisern

Mitte Januar 1957 wurden die Universitäten wieder eröffnet. Das schien ein Zeichen der ›Normalisierung‹ zu sein, und ich wohnte wieder in einem Studentenheim in Szegedin. Meine jüdischen Studienkameraden waren alle geflohen und meldeten sich aus Paris oder anderen europäischen Städten. Sie hatten Studienplätze bekommen. Der Westen hat den Flüchtlingen nobel das gegeben, was man den Ungarn verweigert hatte.

Die Wiederaufnahme des Lehrbetriebs diente den Behörden offensichtlich auch zur Überprüfung, wer überhaupt noch da war. Im übrigen war, nach ihrer Meinung, gegen Studenten generell höchste Aufmerksamkeit geboten. Planten sie neue Aktionen? Versteckten sie in ihren Heimen Revolutionäre? Gegen dieses revolutionäre Potential helfen nur Soldaten! Und so stellte das Kádár-Regime Offizierscorps auf, die Studenten terrorisierten, genauso wie nach dem Ersten Weltkrieg Offizierscorps des kapitalistischen Regimes das ganze Land terrorisiert hatten. In Szegedin wurden verschiedene Studentenheime überfallen, und die Bewohner wurden geschlagen, gedemütigt und viele verhaftet. Ich bekam Angst, denn seit meinem zweiten Fluchtversuch besaß ich fast keine Papiere mehr.

Schon im Jahr 1956 wollte auch ich wie Tausende andere das Land über die grüne Grenze Richtung Westen verlassen. Den ersten Versuch habe ich zusammen mit Nachbarn unternommen, den zweiten im Dezember mit Hilfe eines Freundes von der Universität. Das ging jeweils schief, und wir kamen wieder zurück. Als ich beim zweiten Fluchtversuch an der Westgrenze von Russen festgenommen wurde (die Russen bewachten die Grenze nach Österreich), sprach ich mit einem der Soldaten, der gerade Flauberts *Salambo* las. Ich dachte, ein Mensch, der Bücher liest, muss ein intelligenter Mensch sein. Ich sprach damals fließend Russisch und fragte ihn: »Kannst du es mir vernünftig erklären, du bist ein belesener Mensch, warum lässt du uns nicht in den Westen gehen?« Da sagte er: »Wenn du in den Westen gehst, dann bist du morgen in der Armee der Imperialisten gegen uns.« »Schau mich an, sehe ich so aus?« »Wo hättest du hingewollt?« »Nach Israel.« »Aha, siehst du. Die Israelis sind die Handlanger der Imperialisten, und da würdest du in die Armee eingereiht, um gegen die arabischen Völker zu kämpfen.« Mir war klar, dass mit diesem Menschen, der so indoktriniert war, nicht zu spaßen ist. Ich war auch deshalb hochverdächtig, weil ich praktisch ohne Papiere war.

Die Russen haben mich dann der ungarischen Stasi übergeben, die haben mir auch noch meinen Personalausweis abgenommen und mich nach Budapest zurückgeschickt. Ich stand also in Szegedin ohne Papiere da und bei einer Razzia wäre ich sofort verhaftet worden. Einem Kommilitonen ging es ebenso. Zwei Studenten, die ohne Papiere in einem Studentenheim untergeschlüpft waren, das konnten nach dem Verständnis dieser Sondereinheiten nur Rädelsführer sein. In solchen Fällen pflegten sie nicht lange nach der Wahrheit zu suchen und handelten ihrem ersten Eindruck nach. Dieses Risiko konnten wir nicht auf uns nehmen und so beschlossen wir, über die Grenze nach Jugoslawien zu fliehen. Obwohl auch kommunistisch, lieferte Jugoslawien Flüchtlinge nicht aus. Von der südlichen Endstation der Szegediner Straßenbahn war die Grenze auch nicht allzu weit. Obwohl der Schnee kniehoch lag, sollten die vielleicht sechs oder sieben Kilometer zu überwinden sein. Am 23. Januar gingen wir los, peilten noch bei Helligkeit die Richtung an und warteten an den Bunkern auf die völlige Dunkelheit. Diese Bunker standen zu unserer Zeit leer; sie waren zur Abwehr gegen Jugoslawien gebaut worden, obwohl in Wirklichkeit eher der Ostblock Jugoslawien bedroht hatte als umgekehrt. Als wir losgehen wollten, hörten wir Schüsse aus mehreren Richtungen. Anscheinend war eine Gruppe eingekreist worden. Wir wechselten die Richtung, um diese vermutete Gruppe zu umgehen. Wir hatten den Damm an der Theiß schon erreicht und stapften in stockdunkler Nacht durch den Schnee auf die Dammkrone zu. Da sahen wir schwarze Flecken, und mein Kumpel war sicher, dass es Soldaten seien. Ich dagegen meinte: »Die hätten dann doch schon längst geschossen.« Wir stiegen auf die Dammkrone und mein Kumpel sagte noch: »Das ist goldrichtig, dann stimmt die Richtung jetzt. Also laufen wir nun nicht mehr parallel zum Damm, sondern können auf dem Damm bleiben. Wir sind bestimmt schon in Jugoslawien.« Wir stapfen also weiter, doch plötzlich tauchen aus dem Nichts zwei Soldaten auf, ob Offizierscorps oder Grenzsoldaten, das konnten wir nicht erkennen. »Halt, stehen bleiben! Werfen Sie die Taschen weg!« Wir warfen die Taschen weg, und sie befahlen »Hinlegen!« Sie kamen näher und fragten, ob wir Waffen dabei hätten. Wir erklärten, dass wir Studenten seien und dass wir keine

Waffen dabei hätten. »Was machen Sie hier?« »Wir wollten zum …« »Dies ist aber die falsche Richtung!« »Ja, das haben wir gemerkt.« Kurz und gut, sie befahlen uns liegen zu bleiben und zogen ihre Pistolen. Wir dachten, jetzt ist es aus. Auf einmal hörte ich einen Schuss und sah eine Leuchtrakete. Wir wurden liegend abgetastet, und von zwei oder drei weiteren Soldaten abgeführt.

Man fragte uns aus, Fakten und Personalien wurden aufgenommen. Wäre ich dreister gewesen, hätte ich falsche Angaben machen und bei nächster Gelegenheit abhauen können, da ich ja keinen Personalausweis hatte. Nach und nach hatten die Soldaten etwa zwanzig weitere Flüchtlinge geschnappt und eingesammelt. Sie luden uns auf einen Lastwagen und brachten uns zurück nach Szegedin. Auf dem Lastwagen plötzlich die Frage: »Wer ist hier Student?« Es meldete sich etwa knapp die Hälfte. »Sie knien nieder auf den Boden, alle anderen setzen sich!« Nach dieser Begrüßung wurden wir zur Polizei gebracht. Die war in einem ehemaligen Hotel stationiert. Das Gebäude beherbergt heute wieder das Hotel Theiß. Wenn ich in Szegedin bin, steige ich mit Vorliebe dort ab. Auf die übliche Frage beim Empfang: »Haben Sie schon einmal bei uns gewohnt?« Antworte ich wahrheitsgemäß mit: »Ja.« – »Ja, wann denn?« – »Im Jahr 1956/57.« – »Damals hatten wir noch nicht offen.« – »Doch, doch, es war wohl offen, aber wenn man drin war, war geschlossen.« – Dann war der Eiserne Vorhang unten. – Keine Fragen mehr.

In diesem Hotel Theiß waren im Keller Zellen eingerichtet. Vier oder fünf Leute wurden in eine Zelle gepfercht, in der nur ein einziges Holzbett stand. Eine Woche lang konnten wir nur quer, mit den Füßen an der Wand, schlafen. Ellenlange Protokolle wurden angefertigt, denen stundenlange Verhöre folgten. Ich Idiot hätte mit den Leuten, die ihren Ausweis zurückbekommen haben, herausmarschieren können, da ich ja nicht auf der Liste stand. Aber ich blieb und wurde nach einer Woche im »Märchenwagen« – so nannte man den vergitterten Gefängniswagen – nach Budapest in ein großes Gefängnis gebracht. Dort herrschten normalere Verhältnisse, soweit man die Verhältnisse in einem Gefängnis als normal bezeichnen kann, und in den anderthalb Monaten lernte ich dort den Knastalltag kennen. Der tägliche Hofgang lief tatsächlich ab wie im Film, Hände hinten, Kopf nach unten, niemand spricht ein Wort. Auf den Mauern die Typen mit den Gewehren. Trotzdem wurde geflüstert und Nachrichten und die Namen der »Wamser« ausgetauscht. Man musste sehr auf der Hut sein, denn natürlich gab es auch unter den Gefangenen Spitzel. Wenn immer dieselben Leute aus der Zelle geholt wurden, dann wurde man hellhörig und zurückhaltend beim Erzählen. Nach etwa einem Monat wurde ich mit anderen, gegen die Anklage erhoben wurde, in das Budapester Zentralgefängnis transportiert.

Endstation San Marko

Als politischer Gefangener gehörte man im Gefängnis zum Glück nicht zu der untersten Kategorie. Gewalttäter, Betrüger und Wirtschaftsverbrecher standen unter uns. Es ging uns materiell nicht besser als ihnen, und die Gefängniswärter begegneten uns nicht gerade mit Sympathie, aber doch ab und zu mit mehr Menschlichkeit. In gewisser Weise lebten wir in einer außergewöhnlichen Situation. Während der Revolution wurden die Gefängnistore für alle Gefangenen geöffnet. Die Ganoven flohen ins Ausland oder tauchten ab; wir Politischen wurden in großer Zahl eingeliefert und waren, bis allmählich wieder ›normale‹ Kriminelle eingefangen wurden, deutlich in der Überzahl. Leider auch in so großer Zahl, dass die Zellen drei- bis vierfach überbelegt waren. Natürlich saßen etliche Gefangene ein, bei denen die Unterscheidung zwischen politisch und kriminell nicht eindeutig zu treffen war. So hatten wir Schleuser aus der Grenzregion unter uns, die mit der Angst ihrer Landsleute viel Geld verdient hatten. Ich erinnere mich an Eisenbahner, die außerhalb der Verkehrszeiten Flüchtlinge mit einer Draisine über die Grenze gebracht hatten. Oder Leute, denen man nichts nachweisen konnte, die man aber im Besitz einer Waffe erwischt hatte. Eine harte Strafe erhielt auch ein Junge, der irgendwo in Südostungarn zusammen mit ein paar Bewaffneten für seine Region die Unabhängigkeit und eine ›Freie Republik‹ ausgerufen hatte. In Ungarns Geschichte ist es häufig schwierig, zwischen politischem Aufruhr und Spinnerei zu unterscheiden. Und diese schwärmerische Aktion des Jungen und seiner Freunde war sachlich betrachtet sicher keine ernstzunehmende Tat. Aber er musste teuer dafür bezahlen.

Aber konkret: Ich war ins Zentralgefängnis eingeliefert worden, das mitten in Budapest im 5. Bezirk in der Markogasse gelegen war und deshalb im Volksmund »San Marko« genannt wurde. Unsere Zelle hatte vier einbetonierte Betten und war mit fünfundzwanzig, manchmal sogar siebenundzwanzig Leuten mehr als überbelegt, so dass wir auf Strohsäcken oder eben irgendwo auf dem nackten Fußboden schlafen mussten. Für Gefangene ist die Langeweile meist das Hauptproblem. Darüber konnten wir nicht klagen, denn unsere Gesellschaft war recht elitär. Über die Hälfte der Mithäftlinge waren Intellektuelle, also Rechtsanwälte, Studenten, Lektoren, Journalisten wie der bekannte Gyula Obersovszky waren unter uns, viele Schüler von Georg Lukács oder andere gebildete Leute. So war jeden Vormittag für Bildungsvorträge gesorgt. Manchmal hat auch István Eörsi seine wunderbaren Liebesgedichte vorgetragen, die er hier im Knast auf Toilettenpapier für seine Frau verfasst hat. Wir haben manche auswendig gelernt und nach der Haft für ihn aufgeschrieben. In der Zelle hatten wir ja nichts zum Schreiben und die Gedichte wären sonst verloren gewesen. Ich will im nächsten Kapitel ausführlicher über den Schriftsteller berichten. Aber eine Erfahrung gehört doch hierher. Eörsi war ja ein äußerst strammer Kommunist gewesen, hatte für seine schriftstellerische Arbeit bereits

Preise und die Aspirantur für Philosophie in der Akademie der Wissenschaften erhalten, kurz: er galt als Hoffnungsträger des Regimes. Mit der gesamten Frechheit meiner achtzehn Jahre habe ich ihm die Leviten gelesen und all das ins Gesicht gesagt, was man draußen niemandem sagen durfte. Er hat stets mit der Abgeklärtheit eines nüchternen, vernünftigen Gelehrten geantwortet, der trotz und alledem den Glauben an die welterlösende Idee des Marxismus-Leninismus nicht verloren hat. Als wir in der Zelle einmal über Stalins Tod sprachen, erzählte Eörsi, wie er an einem Sonntagmorgen, er lag noch im Bett mit seiner jungen, intelligenten und begabten Frau Vera Pasztor, von Stalins Tod erfahren hatte, und sie beide zu weinen begannen. Andere Zellengenossen erzählten ähnliches. Das hat mich umgehauen und ich bekam einen Lachanfall. Ich sagte diesen Älteren dann, ich hätte sie schon immer für bekloppt gehalten, aber dass sie so meschugge seien, das hätte ich mir nicht vorstellen können.

Um sechs Uhr morgens wurden wir geweckt. Ich verstehe bis heute nicht, warum man an Orten, an denen Menschen nichts zu tun haben, nämlich in Krankenhäusern und Gefängnissen, in aller Herrgottsfrühe aus dem Schlaf geholt wird. Dann mussten wir die Zelle aufräumen, die Strohsäcke und Betten zusammenstellen, eben Ordnung machen. Um sechs Uhr dreißig kam dann die Inspektion. Bei der üblichen Meldung mussten sich die Kranken für eine Untersuchung vormerken lassen. Aber das ärztliche Rollkommando ließ sich allenfalls Mund und Zunge zeigen, und wenn einer schlimmer krank war, wurde er abgeführt. In der endlosen Warterei war selbst das eine willkommene Abwechslung, ebenso wenn man zum Verhör oder zu einem Anwalt abgeholt wurde.

Ähnlich wie im Ghetto haben wir immer auf Zeichen und Nachrichten von außen gelauscht. Gerüchte waren im Umlauf: »Im Bakony-Gebirge sind Partisanen versteckt und die rücken auf Budapest zu.« Oder: »Die Amerikaner kommen.« – aber niemand kam. Hört man da nicht Donner oder Schüsse? Aber es waren nur die Ehrensalven zum 4. April, dem Gedenktag der ›Befreiung durch die Russische Armee‹. Jeder, der vom Verhör zurückkam wurde ausgequetscht: »Hast du unterwegs etwas gesehen? War der Beamte streng oder hat er dir Zigaretten angeboten? Was hast du für einen Eindruck: sitzt er fest im Sattel oder war er eher unruhig? Hat er irgendwelche Kompromisse angeboten?« Es war reines Kaffeesatzlesen. Eörsi wollte einmal erfahren haben, es gebe zwei neue Minister, also ein Regierungswechsel. Ich hatte Anwaltsbesuch und sollte herausfinden, was an der Sache dran sei. Direkt durfte ich natürlich nicht fragen und so sagte ich zu dem Juristen: »Im Hause sind zwei neue Bewohner, wer sind die?« Er hat nicht verstanden und wahrscheinlich gedacht, ich sei im Gefängnis verrückt geworden. Natürlich waren die neuen Minister ebenfalls orthodoxe Kommunisten und ihr Eintritt in die Regierung hatte nichts zu bedeuten. Aus dem kleinsten Erlebnis außerhalb der Zelle machte man eine Geschichte.

Auf dem Weg zu einem Verhör begegnete ich einmal einem der bekanntesten Theater- und Filmschauspieler des Landes, Iván Darvas. Es imponierte mir und gab mir Kraft, dass der berühmte Mann mich kleinen jüdischen Gefangenen, der ihm gefesselt begegnete, freundlich grüßte. Meinen Zellengenossen berichtete ich: »Ihr erratet nicht, wem ich begegnet bin.« »Lasst uns ›Bar-Kochba‹ spielen«, war die Antwort. Dieses Spiel war seit den Dreißigerjahren in gebildeten Kreisen Budapests sehr beliebt. Es basierte auf einer Begebenheit während des jüdischen Aufstandes von Bar-Kochba im zweiten Jahrhundert nach der Zeitrechnung. Die Römer hatten einen jüdischen Spion geschnappt und ihm die Zunge herausgeschnitten, damit er nichts verraten konnte, und ihn zum Hohn so zurückgeschickt. Die Juden stellten ihm ihre Fragen aber derart, dass er durch eine entsprechende Kopfbewegung nur mit ja oder nein antworten musste, und sich am Ende doch ein genaues Bild der römischen Verhältnisse ergab. Schriftsteller wie Frigyes Karinthy und Dezsö Kosztolányi hatten mit dieser Fragetechnik in wenigen

Minuten Gedanken ihres Spielpartners herausfinden können, auch wenn es so ausgefallene Dinge wie das Barthaar des Maharadscha von Karputala waren. Auch meine schlauen Zellengenossen haben rasch herausgefunden, wer der berühmte Mitgefangene war. Und da fast jeder ein Stück mit ihm gesehen hatte, fehlte es uns wieder einmal nicht an Gesprächsthemen.

Aber auch von den nicht so gebildeten Zellengenossen erfuhren wir Dinge, die wir nicht oder nicht so genau kannten. So haben uns Bauern geschildert, wie sie in die LPG, in die Kolchose, gezwungen wurden. Das Land der Großgrundbesitzer war ja 1946 in der großen Agrarreform verteilt worden. Es war ihnen genau vorgeschrieben, was sie in welcher Menge abzuliefern haben. Waren es Kartoffeln bei einem Bauern, der gar keine Kartoffeln anbaute und bei seinen Böden auch nicht anbauen konnte, so wurde darauf keine Rücksicht genommen. Der Bauer musste die Kartoffeln teuer auf dem Markt einkaufen, denn wer die Zwangsrequirierung nicht genau einhielt, geriet leicht auf die »Kulakenliste«. Kulaken waren Großbauern, und wer als solcher galt, wurde verbannt oder eingesperrt und kam häufig dabei zu Tode. Zum Kulaken konnte jeder Missliebige erklärt werden. Arbeiter schilderten uns im Detail, wie ihre Normen von Monat zu Monat höher geschraubt wurden, und welche Erlebnisse sie mit den Machthabern hatten. Rechtsanwälte erzählten von der Rechtsbeugung in ihren Prozessen, kurz: jeder erzählte so frei aus seinem Lebensbereich, dass wir von Verhältnissen hörten, über die man sich in Ungarn sonst nie informieren konnte. Das ergab heiße Diskussionen.

So habe ich in dieser Zelle zum ersten Mal von einem ehemaligen Soldaten der Honvéd-Armee gehört, dass der Holocaust in Ungarn nicht erst im Jahre 1944, sondern bereits 1941/42 mit dem Russland-Feldzug begonnen hat. Die Ungarn wussten, dass die Deutschen diesen Feldzug auch dazu benutzten, sich der jüdischen Bevölkerung zu ›entledigen‹. Ungarn hatte im Wiener Schiedsspruch aus der Zerschlagung der Tschechoslowakei die Karpato-

Ukraine und die Südslowakei zurückerhalten. In diesen Gebieten haben sie alle Juden, die nicht auf Anhieb beweisen konnten, dass sie seit längerer Zeit ungarische Staatsbürger waren, etwa 16 000 an der Zahl, über die Karpaten abgeschoben. Die Deutschen haben protestiert, und es wiederholten sich die Begebenheiten von der deutsch-polnischen Grenze, als die Menschen von der einen zur anderen Seite getrieben wurden. Letztendlich entschloss sich der deutsche kommandierende General, das ›Problem‹ bis September zu lösen, indem die Menschen ›liquidiert‹ wurden. Man hat sie in riesige Gräben hineingestoßen und mit Gewehr-Salven umgebracht. Die ungarischen Soldaten haben zwar nicht selbst geschossen, aber die Runde abgesichert, damit niemand flüchten konnte. So habe ich zum ersten Mal von den Mordtaten von Kamenez-Podolsk gehört. Morde, von denen bis heute kaum Kenntnis genommen wurde. Zwar haben die eigentlichen Hinrichtungen Deutsche und Ukrainer begangen, aber die Ungarn haben ohne deutsche Beteiligung diese Transporte zusammengestellt und über die Karpaten geschickt, im vollen Bewusstsein, dass niemand lebendig zurückkommen wird. In der Tat konnten sich nur wenige – zum Teil durch Bestechung – retten. Nach dem Krieg wurden nur einige der Täter für diese Untat bestraft.

Interessant war für mich der Gefängnisjargon. In ihm kamen – ohne dass dies den meisten bewusst war – viele hebräisch-jiddische Ausdrücke vor. Der »Chawer« war der Freund, »Schmasser« der Wächter, der »Mosser« ein Denunziant. Wenn ein »Hippisch« kam, so war das eine Razzia, denn das Wort bedeutet suchen oder nachsuchen. »Lesusch« kam von Lesestoff und bedeutete, dass etwas Schriftliches herein- oder herausgeschmuggelt worden war.

Bevor der Eindruck entsteht, die Haftzeit sei eine Art fröhlicher Volkshochschulkurs gewesen, muss ich doch korrigieren. Die Ernährung war hundsmiserabel, schon weil die Hälfte der den Gefangenen zustehenden Lebensmittel geklaut wurden, ehe sie bei uns ankamen. Das hatte nur ein Gutes: Ich kam nicht in Versuchung, unkoscheres Fleisch zu essen, denn Fleisch gab es ohnehin nicht. Vor allem die Unsicherheit, was aus einem werden sollte, hat jedem von uns sehr zugesetzt.

In solch einer überfüllten Zelle entwickelten sich unwillkürlich gruppendynamische Prozesse. Zum einen bildeten die Gefangenen sehr rasch eine einheitliche, verschworene Gemeinschaft. Das war so ähnlich wie bei einer zusammengewürfelten Schülerschar, die in kurzer Zeit zu einem nach außen geschlossenen Klassenverband zusammenwächst. Wenn aber ein Gefangener aus irgendeinem Grund zum Außenseiter abgestempelt wurde, dann war er dem Gruppenzwang Tag und Nacht ausgeliefert. Weit verbreitet war gegen solche Außenseiter das sogenannte »Staatsanwaltspiel«. Der Betroffene wurde mitten in der Nacht aus dem Schlaf gerissen und an die Tür gezerrt. Ein Zellengenosse spielte den Staatsanwalt und hielt sich dabei einen Schuh vor den Mund, dass es so klang, als ob er von außen durch die Klappe spräche. Solche nächtlichen Verhörszenen kamen auch in Wirklichkeit vor, und in der Verwirrung, die durch den plötzlichen Schlafentzug bei dem Betroffenen entstand, konnte das Verhör oft minutenlang ganz real geführt werden, ehe das Spiel aufflog.

Besonders belastend war für alle, wenn schlimme Nachrichten aus anderen Teilen des Gefängnisses durchdrangen. Da gab es einmal einen, der brutal gebrochen wurde. Viele haben durch die zwangsweise Ernährung, die alles andere als medizinisch korrekt durchgeführt wurde, bleibende Schäden davongetragen. Oder noch schlimmer: immer dann, so wussten wir, wenn wir um neun oder zehn Uhr nicht zum Hofgang geführt wurden, fanden in einem anderen Gefängnistrakt Hinrichtungen statt. Bis Mitte/Ende 1957 wurden die meisten Hinrichtungen aufgrund standgerichtlicher Urteile vollstreckt, aber auch später gab es unzählige Todesurteile normaler Gerichte, die meist im sogenannten Militärgefängnis auf der anderen Seite der Donau vollzogen wurden. Mit einem Todesurteil musste jeder rechnen, der irgendwann mit Waffengewalt in Verbindung gebracht werden konnte. Das galt als bewaffneter

Kampf gegen die Volksmacht, Organisation von bewaffnetem Widerstand oder ähnliches. Wer aber hatte den bewaffneten Kampf überhaupt in die Hand nehmen können? Das waren meist ehemalige Soldaten der Honvéd-Armee, und wenn man in dieser k.u.k.-Landwehr gar Offizier gewesen war, dann fiel das Todesurteil nahezu automatisch. So ist auch ein weitläufiger Verwandter des Herzogs von Württemberg, Major Antal Pálinkás-Pallavicini hingerichtet worden, der Kardinal Mindszenty aus dem Gefängnis befreit und nach Budapest begleitet hatte. Als ein Mann, der den Namen der alten Adelsfamilie »von Pallavicini« trug, war er automatisch ein Volksfeind. Ein solcher oder ähnlicher ›Makel‹ reichte für ein Todesurteil, und deshalb sind viele, viel zu viele Menschen aus nichtigem Anlass hingerichtet worden.

Einer unserer Zellengenossen, ein typischer ›Stadtvagabund‹, war einem solchen Standgericht knapp entkommen. Karl oder Karesz, so hieß er, war mit einer Pistole bewaffnet erwischt worden, und man hatte ihn zunächst brutal zusammengeschlagen. Beim Polizeiverhör befahl man ihm, sich neue Kleider bringen zu lassen und sie gegen seine blutigen zu tauschen. Damit sollten die Beweise für seine Verletzungen beseitigt werden. In sein blutiges Hemd wickelte er auch seinen Gürtel ein, und das rettete ihm das Leben. In der standgerichtlichen Verhandlung wurde einer der Zeugen befragt, wo die Pistole gesteckt hätte. »In seinem Gürtel am Hosenbund.« – »Aber ich habe ja gar keinen Gürtel, der Zeuge ist unzuverlässig.« So konnte sich Karesz herausreden. Da er aber nicht bestreiten konnte, an den Kämpfen teilgenommen zu haben, saß er zunächst bei uns in der Zelle und erhielt dann acht Jahre Haft.

Die Beamten, die mich verhörten, versuchten immer wieder, mich in einer bestimmten Kategorie der Täter unterzubringen. Für sie gehörte ich zu denen, die in Szegedin Flugblätter verteilt haben. Ich habe immer mit »niemals« geantwortet und mit der Gegenfrage: »Woher hätte ich denn Flugblätter haben können?« Man nannte mir Namen von anderen Studenten. »Die kenne ich nicht.«

Das könne doch nicht sein, die waren auch in der juristischen Fakultät. »Entschuldigen Sie, da war ich ein Anfänger und kannte nur wenige von meinem Jahrgang; wo hätte ich ältere Semester kennenlernen sollen.« – »Sie wohnten im Studentenheim.« – »Ja, aber auf meiner Etage wohnten nur Erstsemester.« – Und selbstverständlich konnte ich mich nur an Namen von Kommilitonen erinnern, die längst ins Ausland geflohen waren. Einmal haben sie mich einem anderen Gefangenen gegenübergestellt, der aber ehrlich aussagte, mich nicht zu kennen. »Im übrigen bin ich schon während des Aufstands von Szegedin weggefahren.« Wie ich weggekommen sei. »Mit einem Lastwagen.« Wer den besorgt und gefahren habe. »Das weiß ich nicht; irgendein Kommilitone sagte mir, da stehe ein Lastwagen und wer mitfahren wolle, solle kommen.« Man musste sich energisch wehren, dass man nicht einfach einer Tätergruppe zugeordnet und mit der für diese Gruppe üblichen Strafe belegt wurde. Was nicht zu bestreiten war, nämlich dass ich versucht hatte, illegal über die Grenze zu kommen, habe ich jedes Mal sofort zugegeben. Und da mein Fluchtgenosse längst durch Protektion als ›unschuldig‹ entlassen worden war, konnte ich als Einzeltäter gelten. Die Protokolle der Vernehmungen musste ich unterschreiben, und nach knapp drei Monaten wurde mir die Anklageschrift in die Zelle hineingeworfen. Ein Anwalt, den meine Eltern besorgt hatten, sah sie mit mir durch und erläuterte, was ich zu erwarten hatte.

Das war mir schon in den Verhören dargelegt worden: »Sie als Jude haben in unserer Demokratie alle Entfaltungsmöglichkeit. Die Existenz dieses Staates hat Ihnen quasi das Leben gerettet, wir haben Sie studieren lassen, und zum Dank haben Sie sich als Student gegen diesen Staat eingesetzt.« Dieser Vorwurf war allerdings nicht zu beweisen, und so konzentrierte sich die Anklage auf meinen Versuch, das Land zu verlassen. Bestraft müsse ich werden, weil ich den Staat gerade dann im Stich lassen wollte, als die Macht des Proletariats bereits wieder hergestellt worden sei.

Am Prozesstag wurde ich frühmorgens geweckt, rasiert und ordentlich in meine Zivilkleider gesteckt und dann von zwei bewaffneten Wachmännern über die Straße in das Gerichtsgebäude geführt. Merkwürdig die Gedanken, die mir bei diesem kurzen Weg durch den Kopf gingen und die ich bis heute nicht vergessen habe. Ich war damals achtzehn Jahre alt, ziemlich frech und bin deshalb nicht mit hängendem Kopf zwischen den beiden Wärtern mitgelaufen. Ich habe die Leute auf der Straße herausfordernd angeschaut und hatte den Eindruck, die haben den verschämten Blick, den eigentlich ich haben sollte. Verachtung habe ich weder auf der Straße noch im Gerichtsgebäude in den Blicken bemerkt. Ganz anders damals, so dachte ich, als wir 1944 den gelben Stern tragen mussten. Damals waren schon unzählige Erniedrigungen, Demütigungen vorangegangen, die Verdrängungen vom Arbeitsplatz und aus der Wohnung, die Beschlagnahmung fast allen Besitzes. In den zwei Stunden, die man ausgehen durfte, wartete das Lumpenproletariat darauf, uns anzupöbeln. Wir waren freie Beute, konnten jederzeit auf offener Straße erschlagen werden. Auch mich haben als Kind mehr Menschen angespuckt oder mit hässlichen Bemerkungen bedacht als freundlich angeblickt. Ich kannte keinen, der mit dem gelben Stern nicht in gedemütigter Haltung in der Öffentlichkeit gegangen wäre. Aufrechte Haltung, das hätte als Provokation unabsehbare Folgen gehabt. Ganz anders jetzt. Äußerlich zwei ähnliche Situationen mit völlig verschiedener Auswirkung – und ich war doch derselbe Mensch. Das hat mir innere Genugtuung und Mut gegeben.

Vom Prozess selbst ist mir vor allem die Begegnung mit meinen Eltern in Erinnerung. Zwar hatten sie mich auch einmal im Gefängnis besucht, aber da waren wir durch Gitter getrennt, von zwei Wachen flankiert, die jedes gesprochene Wort registrierten – eine schreckliche Situation. Jetzt stand ich in meinen eigenen Kleidern, rasiert und frisch gemacht in dieser verhältnismäßig zivilen Umgebung vor ihnen, und wir konnten miteinander sprechen. Für den

Versuch, das Land illegal zu verlassen, hatte ich sechs Monate Haft zu erwarten. Es kam nun darauf an, keinen zweiten Tatbestand einzufangen, denn dann wären drei Jahre das Minimum gewesen. Ich musste unbedingt darauf beharren, dass ich aus reiner Abenteuerlust das Land verlassen wollte, und meine Tat nichts mit der Revolution zu tun hatte. Das Gegenteil konnte nicht belegt werden, und so war es ein kurzer Prozess, musste doch eine Unzahl von ähnlichen Fällen durchgepeitscht werden. Die äußeren Formalitäten wurden gewahrt, aber der bösartige Ton ließ keinen Zweifel am Ausgang des Verfahrens. Mein Verteidiger wollte zu meiner Entlastung anführen, antisemitische Bedrohungen in Szegedin hätten mich zum Verlassen des Landes bewogen. Aber auch er wurde vom Staatsanwalt grob unterbrochen. Es war wie immer. Bevor ein Tatbestand festgestellt oder gar ein Urteil gesprochen war, wurde der Angeklagte voll Sadismus herabwürdigend behandelt, als hässlich, ordinär dargestellt und der Menschenwürde möglichst weitgehend beraubt. Das lag auch daran, dass Richter, Staatsanwälte und andere Beteiligte nicht wussten, ob der Prozess beobachtet wurde, und sie eventuell mangelnder Parteitreue bezichtigt würden.

Ich wurde nach einem Paragraph 48 zu sechs Monaten Haft und anschließender dreijähriger Bewährung verurteilt. Die Haft hatte ich schon zur Hälfte abgesessen. Was die Nachwirkungen eines solchen Urteils an Schikanen und beruflichen Einschränkungen bedeuten würden, das konnte ich damals noch nicht abschätzen. Wie bei allen anderen sahen meine Zellengenossen schon bei meiner Rückkehr, dass ich verurteilt worden war. Wer nach seiner Verhandlung mit frei schlenkernden Armen über den Hof kam, holte nur noch seine Sachen in der Zelle ab. Die Verurteilung mehrte mein Ansehen in der Zelle, denn damit war vollends klar: Der ist einer von uns, er ist sicher kein Mosser.

Nach meiner Entlassung wollte ich zurück zur Universität nach Szegedin. In meiner jugendlichen Naivität dachte ich, durch die Haft hätte ich nur ein Semester verloren, und war sehr erstaunt über ein Schreiben, das mich von allen Universitäten des Landes ausschloss. Das Schicksal erlitten viele andere, aber diejenigen, die während der Revolution die größten Töne gespuckt hatten, tauchten plötzlich im kommunistischen Jugendbund der Universität auf und richteten über Kommilitonen, mit denen sie zuvor noch zusammen Revolution gemacht hatten. Zu Beginn meiner Bewährungszeit musste ich mich monatlich, später vierteljährlich bei der Polizei melden. Aber auch nach deren Ende muss mein Personalausweis ein verborgenes Kennzeichen getragen haben. Denn als ich Jahre später als Rabbiner zu einer Beerdigung nach Ödenburg fahren wollte, wurde ich am Beginn des Grenzbezirks zurückgeschickt, obwohl ich die dazu notwendige Genehmigung vorweisen konnte.

Unmittelbar nach der Haftentlassung war aber mit dem Ausschluss aus den Universitäten die Gefahr verbunden, als »gemeingefährlicher Arbeitsscheuer« aus Budapest ausgewiesen und irgendwo in die Puszta verbannt zu werden. Ich brauchte also sofort einen Arbeitsplatz und fragte bei meiner alten Ausbildungsstelle nach. Meine Papiere waren in der Fabrik noch vorhanden, und ich wurde mit offenen Armen empfangen. Ich war der »kleine Berger«, der eingesperrt war, den man aus den Universitäten geschmissen hat. Manche flüsterten mir zu: »Ich gehörte zum Arbeiterrat.« Das war eine demokratische, innerbetriebliche Organisation der Revolutionszeit, die sofort nach der Restauration zerschlagen wurde. Manchmal war es mir peinlich, wie mich Ältere, auch Frauen, im Hof eigens begrüßten. Und, was für einen jüdischen Jungen, dessen Mutter im Betrieb eine gehobene Stelle einnahm, ganz ungewöhnlich war: Gerade die Arbeiter vermittelten mir das Gefühl der Solidarität und der Zugehörigkeit. Irgendwie hat man mich spüren lassen, aha, du bist einer von uns. Das war für mich ein ungemein gutes Gefühl, das ich sonst in Ungarn nie empfunden habe. Ich blieb dort bis zum Sommer. Dann konnte ich mich für das Rabbinerseminar einschreiben. Mein Ausschluss von allen Universitäten hat dort niemanden interessiert; das Seminar bezeichnete sich als Hochschule, nicht als Universität. Also bezog sich diese Bestimmung nicht auf sie.

Vielleicht habe ich diese Monate in der Fabrik auch deshalb in so guter Erinnerung, weil ich den Wechsel der Stimmung, der bald eintrat, nicht mehr dort erlebte. Wir jungen ›Helden‹ glaubten, trotz der gescheiterten Revolution etwas bewirkt zu haben. Dass wir politischen Gefangene auf Sympathie stießen, nahmen wir als Zeichen dafür, dass die Revolution der Bevölkerung mehr politische Reife vermittelt habe. Doch diese Hoffnung trog, denn rasch kamen wieder unterschwellig die antisemitischen Töne der Pfeilkreuzler-Zeit hoch.

Ungelebte Freundschaft: Über István Eörsi

An István Eörsi erinnere ich mich nicht ohne Wehmut und Schmerz. Was hätte in einem normalen Land, unter normalen menschlichen Umständen aus diesem Mann noch alles werden können. Der Schüler und enge Vertraute des marxistischen Literaturhistorikers und Kulturphilosophen Georg Lukács wurde im Dezember 1956 wegen seiner Beteiligung an der Revolution zu acht Jahren Haft verurteilt, und wir beide sollten dann, wie gesagt, in ein- und derselben Zelle von »St. Marko«, dem Budapester Zentralgefängnis in der Markogasse landen.

Eörsi war zweifelsohne ein Ausnahmetalent. Seine Familie, Angehörige des wohlhabenden jüdischen Bildungsbürgertums, lebte in unserem Viertel, in der Neu-Leopoldstadt von Budapest. Der Vater war Anwalt, ein aufrechter Mann, der trotz der fortschreitenden Diskriminierung der jüdischen Bevölkerung alles versuchte, um seinen beiden Söhnen eine gute Schulbildung mit auf den Weg zu geben. Der ältere der beiden studierte nach dem Krieg Jura wie der Vater und war später ein international anerkannter Gelehrter für vergleichendes Recht. Aus István, dem jüngeren Sohn, einem immer streitlustigen Intellektuellen, wurde einer der angesehensten Schriftsteller und Publizisten Ungarns. Er schrieb Theaterstücke, Essays, Gedichte und Prosa. Während des Aufstandes von 1956 fungierte István Eörsi als Verbindungsmann zwischen dem Schriftstellerverband und dem zentralen Arbeiterrat von Groß-Budapest. Bei der Niederschlagung der Revolution wurde er verhaftet und, wie gesagt, zu acht Jahren Gefängnis verurteilt. Nach seiner Amnestierung im August 1960 kehrte er in eine Welt zurück, die er nicht mehr kannte und die ihn nicht mehr wollte. Die meisten der ungarischen Intellektuellen hatten sich mit dem Kádár-Regime arrangiert, Eörsi ließ sich nicht kaufen und verweigerte die Zusammenarbeit. Die Konsequenz: Seine Texte wurden in Ungarn nicht mehr veröffentlicht, und seine Theaterstücke nicht mehr aufgeführt. Die angepassten Kollegen mieden ihn. Er hielt sich mit Übersetzungen und als Dramaturg am Theater in Kaposvár über Wasser. Sogar seine Ehe ging darüber in die Brüche. Seine satirisch-bissigen Werke, die er im Untergrund publizierte, brachten ihm schließlich 1982 ein absolutes Berufsverbot ein. Auch nach der Wende kämpfte er gegen Unrecht und Unterdrückung, gegen die alten Seilschaften und den alt-neuen ungarischen Nationalismus.

Eörsi war Jahrgang 1931, und obwohl ich sechs Jahre jünger bin, haben wir doch bis Anfang der Vierzigerjahre, solange wir jüdischen Kinder das noch durften, gemeinsam auf der Straße Fußball gespielt. Bis heute höre ich sein lautes, fröhliches Lachen, wenn er einen besonders guten Treffer gelandet hatte. Nach dem Krieg, – auch wir Kinder haben damals Inventur gemacht: wer ist da, wer ist nicht mehr da – stand István zu unserer Freude wieder mit uns auf dem Platz. Unvergessen: Ich, der Kleinste, schaute einmal wie öfter vom Rande aus zu, aber die Mannschaft war nicht vollständig, und es hieß: »Komm Junge stell dich rein!« Da durfte ich gegen den ›großen‹ Eörsi spielen. Ich habe ihn sehr bewundert, denn er beherrschte den Ball wie kaum ein anderer. Der spielerische Umgang mit den Dingen war ein Teil seines Lebensgefühls, seiner überschäumenden Lebensfreude, die so bezeichnend für ihn war. Immer freundlich lächelnd hat er mir bei diesem Spiel mehrfach trickreich den Ball vor der Nase weggeschnappt. Eigentlich war ich ein fairer Spieler und ich hätte mir niemals vorstellen können, jemand absichtlich weh zu tun; aber dieses Lächeln hat mich so gereizt, dass ich kräftig zugetreten habe, als er mir den Ball nochmals abnehmen wollte. Er stoppte mit einer kurzen Drohgebärde: »Ötschi« – das heißt: kleiner Bruder – »wenn du das noch einmal machst, kriegst du von mir einen Tritt, den du dein Leben lang nicht vergessen wirst.« Dieses Bild seines Lachens habe ich all die Jahre meines Lebens mit mir herumgetragen. Es hat einem in Ungarn das Überleben ungemein erleichtert, wenn man wie er nichts ernst genommen hat, nicht die Macht und die Machthaber, nicht die großen und die kleinen Könige. Das hat mir enorm imponiert, so wollte ich auch einmal werden.

Dann habe ich Eörsi für viele Jahre aus den Augen verloren. Es muss kurz vor meinem Abitur gewesen sein, als sich unsere Wege erneut kreuzten. Im großen Lesesaal der Széchenyi-Nationalbibliothek sah ich ihn eines Tages wieder. Er stand da, trotz des kalten Winters, wie immer mit offenem Hemdkragen, den er auf der Jacke aufgeschlagen hatte. Dieser Schillerkragen war ein Zeichen für die Zugehörigkeit zur zionistischen Jugend, aber auch Linkssozialisten trugen ihn so. Ihnen hatte sich István Eörsi angeschlossen und träumte von einer besseren, einer kommunistischen Welt, von der klassenlosen Gesellschaft, und geriet doch später selbst in die Mühlen des Stalinismus.

Die Budapester Nationalbibliothek war in den Fünfzigerjahren der Treffpunkt und das Kommunikationszentrum für Schüler, Studenten, Schriftsteller, Künstler und andere Intellektuelle. Die Lesesäle waren ständig überfüllt, obwohl Tisch an Tisch und Stuhl an Stuhl stand. Wir haben dort alles verschlungen, was nicht gerade verboten war, sei es Literatur, Geschichte oder Rechtswissenschaft, sei es klassisch oder modern, seien es Bücher, Zeitschriften oder Zeitungen. Im Winter war es in der Bibliothek warm und man konnte Leute treffen, Mädchen kennenlernen, auf den Fluren rauchen, plaudern. Und alles kostete keinen Forint. Wenigstens ein Vorteil der Kulturrevolution.

Mein Vater hat mich, als ich noch Schüler war, in diese Welt eingeführt. Es gab feste Tage, an denen ich mit meinen Klassenkameraden zu den verschiedenen städtischen Büchereien fuhr. In den drei, vier Bibliotheken, in denen ich Stammkunde war, kreuzte auch István Eörsi öfter auf, immer angeregt mit irgendjemand ins Gespräch vertieft. Ich hatte damals Hemmungen, ihm guten Tag zu sagen, denn er war schon Philosophie-Aspirant bei Georg Lukács und ich noch ein Gymnasiast, außerdem fand ich seine Lobeshymnen auf Mátyás Rákosi, den Ministerpräsidenten und Generalsekretär der Kommunistischen Partei Ungarns, für die er 1952 den József Attila-Preis bekommen hatte, ausgesprochen widerlich.

Und dann kam der Herbst 1956, der Aufstand. Was Eörsi in diesen Wochen der Revolution getrieben hat, wusste ich nicht, aber der erste Mitgefangene, auf den ich traf, als man uns Häftlinge aus dem Szegediner Polizeigefängnis nach acht Tagen im Budapester Sammelgefängnis durch die Markogasse ins Zentralgefängnis gebracht hatte, war István Eörsi. »Dich kenne ich schon.« »Woher?« Ich hätte bei den neuen Zellengenossen und vermutlich auch beim Wachpersonal Eindruck schinden können, wenn ich gesagt hätte: »Wir sind gemeinsam auf den Barrikaden gestanden«, aber es war ja nur der Fußballplatz im St. Stephans-Park. An den kickenden Knirps aus der Leopoldstadt konnte sich Eörsi damals nicht mehr erinnern. Als ich ihn aber auf die Hymne zu Rákosis Geburtstag ansprach, da ist er sehr rot geworden: »Wie verblendet muss ein Mensch sein und was für ein verlogener Typ, der so etwas schreibt.« »Stimmt! Das ist heute selbstverständlich anders zu sehen und zu lesen!« Inzwischen weiß ich, dass er bei seiner Festnahme, als er aufgefordert wurde, seine Schuld einzugestehen, bekannte: »Ja, ich bin schuldig. Sie haben mich für mein Gedicht über Rákosi zu Recht eingesperrt!« Ich glaube, dass er es fast darauf angelegt hat, verhaftet zu werden, ja, er hätte es wohl nie ertragen, nicht in Haft geraten zu sein. Er hatte während der Kämpfe keine Waffe in die Hand genommen, hat aber nach dem Einmarsch der Roten Armee in der Andrássy-Allee eine Demonstration von Müttern mit Kinderwagen organisiert, weil er genau wusste, dass kein russischer Soldat eine Mutter mit einem Kind angreift. Die Forderung der Frauen: Imre Nagy muss aus der Jugoslawischen Botschaft freigelassen werden, und die sowjetischen Truppen sollen verschwinden und Kádár gleich mitnehmen. Bei einer Sitzung des Schriftstellerverbandes schleuderte er einem linientreuen Funktionär den Zwischenruf entgegen: »Sie lügen und ihr Kádár lügt Tag und Nacht. Er ist übergelaufen zu den sowjetischen Truppen und hat sie uns auf den Hals gehetzt!« Er hat in Janos Kádár das gesehen, was er wirklich war: Ein Mörder, Verräter, Terrorist und ein verlogener Heuchler. Darin waren wir uns immer einig. In einem seiner Aufsätze erklärt er die ganze Tragik, wenn nicht Tragik-Komik der ungarischen Vergangenheit. Er sagt: In der jüngeren ungarischen Geschichte gibt es drei sogenannte »heldenhafte« Figuren. Alle drei haben ihre Herrschaft mit Terror begonnen, alle drei haben es aber geschafft, binnen kürzester Zeit nach Terror und Mord von vielen fortschrittlichen Ungarn mythenhaft verehrt und als Helden gefeiert zu werden. Diese drei sind Kaiser Franz Joseph I., Rittmeister Nikolaus von Horthy und János Kádár. Der Kaiser ließ die ungarische Revolution von 1848 mit russischer Hilfe blutig niederschlagen, die Ungarn verloren ihre alten Verfassungsrechte und der österreichische Innenminister Alexander von Bach stützte sein Regime auf die Geheimpolizei und unzählige, meist sehr verhasste österreichische Beamte.

Zu Beginn der Herrschaft von Horthy kam es 1919/20 zu zahlreichen Aktionen des »Weißen Terrors« gegen Sozialisten, Kommunisten und Juden. Er war der erste Regierungschef in Ungarn, der offene Morde und Straßenterror tolerierte und der den ›Numerus clausus‹ durchpeitschen ließ. Dies waren die ersten antijüdischen Gesetze im Europa des 20. Jahrhunderts. Er wurde wie Kaiser Franz Joseph leider auch von vielen Juden bald zur Vaterfigur hochstilisiert.

Der dritte im Bunde, János Kádár, der Arbeitersohn und Kommunist, der unter Rákosi im Gefängnis saß und später rehabilitiert wurde, auch er hat seine Herrschaft mit jahrelangem blutigem Terror gefestigt. Tausende wurden hingerichtet oder – wie wir – eingesperrt. Dank des ›Gulaschkommunismus‹ in der ›lustigsten Baracke des sozialistischen Lagers‹ befriedigte er den Drang der Ungarn nach ein bisschen mehr Freiheit und Wohlstand, selbstverständlich auch mit großzügiger finanzieller Hilfe aus dem Westen. Und so wurde auch aus ihm ein sogar von manchem Opfer geschätzter Landesvater.

Trotz der Enge der Zelle verband Eörsi und mich keine Zuneigung. Mit den Arbeitern und Bauern unter den Mitgefangenen schloss er Freundschaft, mit mir, dem Studenten aus der Leopoldstadt nicht. Insbesondere dann nicht, als er wissen wollte, ob ich eine revolutionäre Vergangenheit hätte und ich gesagt habe: »Nein, ich wollte das Land lediglich verlassen, ich hab' genug.« Das war für ihn Verrat. Er war vor allem ein ungarischer Patriot. Außerdem: Dieser freche Junge aus der Leopoldstadt, aus einer traditionellen und gläubigen jüdischen Familie, was wollte der von dem atheistischen, marxistischen Philosophen aus der Schule Lukács. István Eörsi wollte sich von allem Jüdischen so fern halten wie nur möglich. So als wäre es ein Betriebsunfall gewesen, dass er als Jude geboren wurde. Aber er ist – wie viele andere – durch die ungarischen Geschichte wieder ins Judentum hineingestoßen worden. Auch die meisten Mitglieder seiner Familie wurden mit dem gelben Stern an der Brust deportiert und ermordet. István und seine Eltern haben glücklicherweise überlebt. Sogar im Gefängnis fühlte er sich als Jude erkannt und als solcher angesprochen. Dagegen wehrte er sich. Er hatte sich doch ›voller Frömmigkeit‹ in die neue ›Religion‹ des

Kommunismus gestürzt. Auch hier hat er die Geschichte außer Acht gelassen. Er glaubte an die besseren Menschen und musste noch nach der Wende 1989 feststellen, dass sich die totgeglaubte rechtsradikale, rassistische, faschistische Bewegung der Zwischenkriegszeit nicht erledigt hatte. Es war für ihn ein Schock, dass man trotz seiner langjährigen Haftstrafe wieder mit dem Finger auf ihn gezeigt hat: »Schau mal. Der hat auf Stalin und Rákosi Lobgedichte geschrieben. Dann ist er Revolutionär geworden, aber eigentlich ist er ›nur‹ der Jude Eörsi.« Alles, wovor er sein Leben lang davonlaufen wollte, hat ihn wieder eingeholt. Auch sein, ich möchte sagen, fast fanatisch anmutender jüdischer Gerechtigkeitssinn. Auseinandergesetzt hat er sich damit in seinem Buch *Hiob und Heine*, erschienen 1999. Hiob faszinierte ihn, »weil ich gerne verstehen möchte, wohin uns die Verzweiflung treibt, wenn unsere Weltanschauung nicht mit unserer Situation in Einklang zu bringen ist.« – »Mit Loyalitäten spielt man nicht«, das war Eörsis Maxime sein Leben lang, er blieb konsequent, auch wenn er sich und seinen Freunden viel Ärger bereitet hat. Allen Ginsberg besuchte Eörsi in den Achtzigerjahren in Budapest. Er wollte Eörsi warnen: »Man hat mir gesagt, wenn ihr Samisdat-Leute weiter Rummel macht, dann werden die Russen einmarschieren.« Eörsi: »Soll es doch geschehen. Wenn sie einmarschieren wollen, müssen sie erst einmal ausmarschieren!« Der Wahrheit verpflichtet und der Gerechtigkeit, keine Kompromisse, kein ›kleineres Übel‹ akzeptieren, davon ließ er sich nicht abbringen.

Für mich ist Eörsi einer der besonders anständigen, fairen, gradlinigen, wenn auch nicht unschuldigen Menschen. Er war ein radikaler Sozialist und er zitierte häufig Lukács: »Der beste Kapitalismus ist noch immer schlimmer als der schlechteste Sozialismus.« Er hat Lukács verehrt wie einen Rabbi, aber er ist doch über ihn hinausgewachsen. Er hat registriert, dass sein Meister letztendlich gescheitert ist, sein Werk und seine Wirkung als Versagen erkannt, als er sagte: »Alles war vergeblich.«

Ich war selten mit Eörsis Ansichten einverstanden, aber er war einer der Menschen in Ungarn, an dem man sich aufrichten konnte, den man als Maßstab nehmen konnte. Wie ist dies oder jenes zu verstehen? Was sagt Eörsi darüber? Eörsi hat dazu das und das geschrieben. Es ist vielleicht lächerlich übertrieben, aber wann immer ich die Möglichkeit hatte, seine Bücher und Artikel zu lesen, habe ich das getan. Alles hat mich beeindruckt, auch die Seiten, die ich ablehnen musste. Und seine Gedichte sind ergreifend schön. Tief und wahr. Was soll man über einen Dichter noch mehr sagen.

Und wie das Schicksal so spielt, so war unsere letzte persönliche Begegnung wie die erste – auf dem Fußballplatz. Es war kurz nach Eörsis Entlassung aus dem Gefängnis. Ich weiß nicht mehr, wer gegen wen spielte, aber er hatte mich schon von Ferne erkannt: »Hallo, hallo, das sind meine Söhne!« Lachend kam er auf mich und meinen Vater zu, der mich begleitete und uns fragte: »Woher kennt ihr euch?« »Aus dem Gefängnis, aus der Markogasse.« Obwohl es 1960, also fast fünf Jahre nach dem Aufstand war, ist es um uns herum ganz still geworden. Offensichtlich haben wir etwas lauter gesprochen, denn die Leute haben sich alle umgedreht und uns angeschaut. Und der, der zwischen uns saß, sagte: »Wollen sie nicht nebeneinander sitzen? Bitteschön!«

István Eörsi, der nie Jude sein wollte, ist im Oktober 2005 an Leukämie gestorben. Es war am Tag von Jom Kippur, dem höchsten Feiertag im jüdischen Kalender.

Meine Meister und der lange Arm der Stasi

Auf den ersten Blick war mein Eintritt in das Rabbiner-Seminar eine Notlösung. Das Seminar vermittelte selbstverständlich jüdisches Wissen und jüdische Bildung, bot aber auch parallel dazu ein zweites, vornehmlich geisteswissenschaftliches Studium. Dieser

Abschluss befähigte dann auch zu anderen Berufen, und nicht alle Absolventen des Seminars wurden Rabbiner. Das Studium verlangte von mir deshalb nicht von vornherein die Entscheidung für ein Rabbiner-Leben, aber es führte mich auf diesen Weg, der, wenn nicht den Erwartungen, so doch den Wünschen oder Sehnsüchten meines seligen Vaters entsprach.

Die Aufnahme in das Seminar vollzog sich einigermaßen unkonventionell. Mein Vater kannte den Rektor Professor Scheiber und bat ihn um ein Gespräch mit mir. Ich hatte Veröffentlichungen dieses Gelehrten gelesen, alles trockene wissenschaftliche Publikationen, gespickt mit einer unheimlichen Menge von Daten und Fakten. Meine Erwartung war, einen trockenen alten Mann zu treffen. »Na gut«, dachte ich, »man geht halt hin, das ist eben das Tor zum Studium.«

Unser Weg führte uns an einem Frühsommertag in die Kungasse im 8. Bezirk. Das war damals wie auch heute noch ein düsterer Innenstadtbezirk mit Mietskasernen, die Ende des 19. Jahrhunderts hochgezogen wurden, als Budapest in kurzer Zeit zur Großstadt ausgebaut wurde. Dort lebten viele arme, fromme und sehr traditionsbewusste Juden: Arbeiter, Handwerker, Händler mit kleinen Tante-Emma-Läden. Es gab dort zwei Gemeindesynagogen, daneben aber noch eine große Anzahl von Betstuben. In einem Eckhaus zwischen Népszínház-Strasse und Kungasse wohnte Professor Scheiber, in einer Wohnung, in der schon sein Vater, ein Rabbiner dieses Bezirks, gelebt hatte. Die riesenhohen Räume waren rundum bis in die letzte Ecke mit Büchern gefüllt. Dazwischen nur einige Vitrinen, in denen jüdische Kunstgegenstände und Gewürzbüchsen, Scheibers Hobby, ausgestellt waren. In der Mitte des Raumes, in einem Fauteuil versunken, saß der Professor. Mein Vater stellte mich vor und erläuterte meine Situation. Professor Scheiber hörte zu und wandte sich dann mir zu. Ich erwartete prüfende Fragen zu meinem Wissen, meiner Einstellung oder zu speziellen Kenntnissen. Nichts dergleichen. Er fragte mich nur kurz nach meinen Interessen, gewann wohl den Eindruck, einen intelligenten, belesenen Jungen vor sich zu haben, und das genügte ihm. Per Handschlag nahm er mich in das Seminar auf. Ich solle mich mit meinen Unterlagen in das Büro begeben. »Da sitzt ein Mann, der Quästor, der das Büro leitet. Man darf sich nicht abschrecken lassen. Er ist ein eigenartiger Typ, aber das macht nichts.« Ich würde dann noch vor den Feiertagen im September eine Benachrichtigung erhalten, und man rechne mit meinem Kommen. Das war alles.

Mit der Aufnahme war auch ein für mich dringend gewordenes Problem auf den Sankt-Nimmerleinstag verschoben: die Frage meiner Wehrpflicht. Nach meinem Gefängnisaufenthalt galt ich als »politisch unzuverlässig« und das Militär verzichtete gerne auf ›solche Typen‹. Darüber war ich nicht unglücklich.

Meine einzige Berührung mit dem Militär blieb also das Pflichtfach Landesverteidigung, das ich während meines kurzen Jura-Studiums zu absolvieren hatte. Am Ende des Sommersemesters musste man einen Monat in einem Lager eine Grundausbildung und während des Studiums zwei Stunden in der Woche Unterricht unter dem Kommando des Jahrgangsältesten über sich ergehen lassen. Aber das war jetzt Schnee von gestern, denn ich wurde Student im altehrwürdigen Rabbinerseminar von Budapest. Seine Vorgeschichte ist von Anfang an ebenso untrennbar mit innerjüdischen Kontroversen verbunden wie mit der Nationalitätenproblematik des 19. und 20. Jahrhunderts. Am Freiheitskampf der Ungarn von 1848/49 haben vor allem die liberalen Juden aktiv teilgenommen. Zum ersten Mal gab es jetzt einen Armee-Rabbiner, natürlich bei den Truppen der Aufständischen. Das war Leopold Löw s.A., der Vater des ebenfalls berühmten Gelehrten Immanuel Löw s.A., aus Szeged. Leopold Löw war – obwohl aus Mähren stammend – ein vom Madjarentum geprägter Mann. Er predigte seit 1844 in der Synagoge auf Ungarisch, ein buchstäblich unerhörtes Unterfangen, denn bislang wurde ganz selbstverständlich nur deutsch oder jiddisch gepredigt. Ungarisch war nur die Sprache für den alltäglichen Umgang mit Christen. Löw gab auch theologische Zeitschriften heraus, die Artikel auf Ungarisch und Deutsch enthielten.

Ungewollt schufen die Folgen des Aufstandes von 1848/49 die materielle Grundlage für unser Seminar. Der österreichische General Julius Jakob von Haynau hatte nämlich nach der Niederschlagung der Revolution den ungarischen Juden eine Kollektivstrafe, eine ›Kriegssteuer‹ auferlegt. Die riesigen Summen verschwanden in Wiener Töpfen, wurden wundersamer Weise aber nicht ausgegeben. In den folgenden 1850er Jahren herrschte unter dem Innenminister Alexander von Bach ein fast terroristisches System, und die Madjarisierung wurde unterdrückt. Österreichs Machtposition wurde dann erst durch den Krimkrieg und die Niederlage gegen Preußen erheblich erschüttert. Wien bot daraufhin Ungarn einen staatsrechtlichen Ausgleich an. Eine Minderheit, zu der auch der im Turiner Exil lebende Nationalheld Lajos Kossuth gehörte, lehnte ihn ab. Von heute aus gesehen war ihre Haltung berechtigt, ging der Ausgleich doch zu Lasten aller anderen aufkeimenden nationalen Bewegungen in der Habsburger Monarchie. Das Konzept einer von Österreich unabhängigen Föderation der Donauvölker, also der Slowaken, der Slawen bis hin zu den Ukrainern, der Siebenbürger Sachsen, Rumänen und Südslawen, hätte vielleicht eine friedlichere Entwicklung auf dem Balkan ermöglicht. Die liberale ungarische Mehrheit unter der Führung von Ferenc Deák, den man den »Weisen der Nation« nannte, handelte aber den Österreich-Ungarischen Ausgleich aus, die verfassungsrechtliche Vereinbarung, durch die das k.k.-Kaisertum Österreich in die k.u.k.-Doppelmonarchie Österreich-Ungarn umgewandelt wurde. Die Krönung von Kaiser Franz Joseph I. im Jahre 1867 zum König von Ungarn löste riesigen Jubel aus, zumal seine Gattin Elisabeth als Sissi alle romantischen Gefühle zutiefst befriedigte. Im Überschwang der neuen Machtstellung fing die ungarische Regierung an, die Zwangsmadjarisierung gegen andere Minderheiten durchzusetzen. Erst durch diese Aktion gewannen die Ungarn wieder eine Mehrheit im eigenen Land.

Auch die Juden aus Galizien durften in Massen einwandern, wenn sie nur für das Madjarentum optierten. Das sollte sich im 20. Jahrhundert fatal rächen.

Der liberale Kultusminister József Eötvös wollte nach 1867 auch der jüdischen Gemeinschaft eine geregelte, landesweite Organisation geben, vergleichbar mit den christlichen Kirchen. Dazu berief er einen Allgemeinen Jüdischen Kongress ein, dem sich allerdings über ein Drittel der ungarischen Juden verweigerte, weil sie eine solche Gemeinschaft von vornherein ablehnten. Die Folge war die dreifache Spaltung in orthodoxe Gemeinden, Neologie-Gemeinden und sogenannte Status-quo-Gemeinden, die sich keiner der beiden Richtungen anschlossen. Eine zentrale Forderung der liberalen Kräfte war eine qualifizierte Rabbinerausbildung. Erleichtert über die endlich erreichte Lösung stellte Wien dafür die Strafgeldkasse von 1849 in Form eines Fonds für Schulen und wohltätige Einrichtungen zur Verfügung, und das Rabbinerseminar konnte 1877 in Anwesenheit des Kultusministers August Trefort feierlich eröffnet werden. Später besuchte der Kaiser selbst das Seminar, und im stolzen Überschwang über den allerhöchsten Besuch wurde das Seminar in »Ferenc József Országos Rabbiképzo Intezet – Franz-Joseph-Landesrabbinerschule« umbenannt. Das war und ist wirklich einmalig: Ein Rabbinerseminar trägt den Namen seiner k.u.k. Apostolischen Majestät.

Die ersten Lehrer des Seminars, alles eminente Gelehrte, kamen aus Deutschland. Auch die Bibliothek bestand natürlich fast ausschließlich aus deutschsprachigen Büchern. Die deutsche Sprache dominierte also, dennoch wurde Ungarisch die Unterrichtssprache. Obwohl Deutscher, hat Dávid Kaufmann hervorragend auf Ungarisch gelehrt, ebenso der Rheinländer Bacher, dessen Familie schon länger in Ungarn gelebt hatte. Allein Moses Bloch, der erste Rektor, beherrschte Ungarisch unzulänglich und unterrichtete deshalb auf Deutsch. Das Bildungsniveau war enorm hoch, nach heutigen Maßstäben ganz außerordentlich hoch. Die Qualität der Professoren war nur mit der Gelehrtheit von Lehrern des Breslauer oder Berliner Seminars zu vergleichen. Namen wie Zacharias Franklin oder Esriel Hildesheimer stehen dafür.

Die ausschließliche Konzentration auf die Gelehrtheit hatte eine Kehrseite. Um die Studenten kümmerten sich die Professoren nicht. Viele waren ja armer Leute Kind, und sie saßen oft hungrig auf ihren Bänken. Erst in den Zwanzigerjahren des Zwanzigsten Jahrhunderts konnte dank einer Stiftung ein Haus an der Ringstraße erworben und dort ein Internat und eine Mensa eingerichtet werden. Auch für meine Mutter, die damals noch gearbeitet hat, war es eine große Erleichterung, dass ich in der Mensa essen konnte. Zu meiner Zeit wurde mit den Mitteln der Claims Conference im 13. Bezirk eine koschere Zentralküche eröffnet, die unter anderem auch unsere Mensa belieferte. Aus den Resten wurde dann am Abend für die Studenten des Internats etwas zusammengekocht.

Man darf das Seminar nicht mit einer heutigen Hochschule vergleichen. Wenn es einen Höhepunkt in den Jahren zwischen den beiden Weltkriegen erlebte, so sprechen wir von fünfundzwanzig bis dreißig Studenten pro Jahrgang und fünfzehn bis zwanzig Absolventen mit Rabbiner-Diplom.

Zwischen den Seminaren in Wien, Breslau und Budapest herrschte ein reger Austausch. Viele Budapester Studenten gingen zu Auslandssemestern nach Breslau an das konservative Seminar der Fraenkel'schen Stiftung. Dort lehrte zum Beispiel einer der größten Talmudisten dieser Zeit, Dr. Michael Guttmann, der zuvor in Jerusalem studiert und unterrichtet hatte, nach seiner Entlassung durch die Nazis zurück nach Ungarn ging und die letzten beiden Jahre seines Lebens an unserem Seminar wirkte. Das Zahlenverhältnis von Lehrenden zu Studierenden war nach heutigen Maßstäben unglaublich optimal. Als Professoren galten nur die – meist je zwei – Professoren des Talmuds und der Bibelwissenschaft. Einer der vier wurde zum Rektor gewählt. Dazu kamen noch Lehrer für Liturgie, Geschichte, Literaturgeschichte, Griechisch und Latein.

Das Ziel des Studiums war nicht einseitig eine theologische Ausbildung, wie das heute häufig der Fall ist. Der Rabbiner sollte gleichermaßen Theologe sein und ein umfassendes Bild von der jüdischen Literatur und Kultur besitzen, sodass er nie mit einer Frage konfrontiert werden könnte, zu der er sagen müsse: »Oh, da kenne ich mich nicht aus.« Wenn nicht aus dem Kopf, so sollte er doch mit Hilfe der eigenen Bibliothek eine Antwort finden, die in der jüdischen Tradition, im jüdischen Glauben verankert ist, die also Bestand hat vor Gott und der Welt.

Um diesem Anspruch gerecht zu werden, musste bis zum Zweiten Weltkrieg jeder Student auch Fächer an der Universität belegen. Das war staatsvertraglich geregelt. Ebenso die ordentliche Immatrikulation im letzten Studienjahr mit der Vorbereitung und dem Abschluss einer geisteswissenschaftlichen Promotion. Mit mehr oder weniger Achtung wurden die Absolventen daher »Doktor-Rabbiner« genannt. Unumstritten war das innerhalb des Judentums nicht, denn für die Orthodoxie war die staatliche Lehre, das Verfassen einer Dissertation in der Landessprache und die Annahme eines Diploms, dessen Siegel ein Marienbildnis und das Kreuz enthielt, schwer erträglich. Jedoch muss man hinzufügen, dass sich die meisten Rabbiner nicht mit dem Gebiet der rein weltlichen Wissenschaften, der ungarischen Literatur oder Landeskunde beschäftigten. In der Regel orientierten sich die einen in Richtung Orientalistik, die anderen bearbeiteten rein jüdische Themen. Man erwartete von einem Rabbiner keine Monographie, deren Thesen bald überholt sein konnten. Die Edition eines Genizatextes, also einer klassischen oder mittelalterlichen Handschrift, war eine wissenschaftliche Leistung, die häufig als Doktorarbeit gewählt wurde, und die auch in einer orthodoxen Zeitschrift hätte publiziert werden können. Die Hochachtung vor der hohen Bildung verschaffte den Rabbinern über die theologischen Kontroversen hinweg Respekt, Anerkennung und Autorität sowohl in den neologen wie auch orthodoxen Gemeinden. Das war im Judentum ungewöhnlich und galt so nur in Ungarn und in den von Ungarn beeinflussten Gebieten, also auch in der Slowakei, Siebenbürgen oder der Vojvodina. Zu diesem Ansehen trug auch bei, dass die so ausgebildeten Rabbiner befähigt waren, die Geschichte ihrer späteren Gemeinden wissenschaftlich zu bearbeiten. Aus ihrer Feder entstanden eine Reihe von Monographien, auf denen eine spätere Kulturgeschichte fußen konnte.

Diese staatsvertragliche Regelung wurde von den Kommunisten einfach abgeschafft. Das war für uns demütigend, auch wenn das Seminar für die höheren Semester halblegalen Ersatz geschaffen und zusätzlich Fächer wie Orientalistik und Assyriologie angeboten hat.

Von höheren Semestern war aber 1957, als ich mein Studium begann, weit und breit nichts zu sehen. Mit einer einzigen Ausnahme waren alle Studenten und Absolventen, die in den Fünfzigerjahren am Seminar studiert hatten, sowie einige Dozenten im Gefolge der Revolution von 1956 gen Westen verschwunden. Es herrschte sozusagen Tabula rasa. Das hatte den Vorteil, dass mit unserer kleinen Truppe von gerade acht oder neun Erstsemestern alles neu beginnen konnte. Und dieses Häuflein wurde betreut von fünf Dozenten: Professor Alexander Scheiber für die Bibel, Bibelwissenschaft, exegetische Literatur und Literaturgeschichte, Professor Moses Richtmann für Talmud und talmudische Wissenschaft. Dazu Philipp Grünwald als Dozent für Geschichte, sowie für Latein Dr. Mauritz Derzsényi, ein eminent beschlagener klassischer Philologe, und Dr. Samuel Szemere für Philosophie. Ihn sehe ich ganz deutlich vor Augen, obwohl ich seine Vorlesungen immer wieder geschwänzt habe. Ohne Notizen saß der achtzigjährige Mann mit schwarzem Hut auf der Kathedra und dozierte druckreif. Idealer also kann das Verhältnis von Lehrern zu Studenten nicht sein. Aber der Fächerkanon war noch breiter. Rabbinisches Recht, Orientalistik, Sprachwissenschaft, Kulturgeschichte, Volkskunde – das Lieblingsfach Professor Scheibers – und natürlich Literaturgeschichte gehörten dazu. Diese Fächer unterrichteten auch auswärtige Lehrer und Professoren, teils an Nachmittagen, in einem Privatissimum während der Ferien oder an Feiertagen. Gegenüber der Universität hatten wir einen Vorteil: wir waren nicht eingeengt durch das Korsett des Dialektischen und Historischen Materialismus. Wir durften über alles sprechen und haben Autoren und Gelehrte kennengelernt, die an der Universität tabu waren.

Dieses Lehrangebot traf auf unser Häuflein, das enorm lerneifrig war. Wir hatten zwar alle Abitur und wollten weiterkommen, waren dann aber irgendwo gescheitert, an irgendwelchen Hürden hängen geblieben. Jetzt wollten wir nicht bloß ›überwintern‹, sondern möglichst schnell beweisen, wozu wir fähig waren. Ehrgeizig wollten wir alles aufholen. Die Nachmittage verbrachten wir größtenteils in unserer riesigen Bibliothek, im Winter auch gerne in den beheizten Lesesälen anderer Bibliotheken.

Der große Mangel an Rabbinern und Lehrern in den Gemeinden – denn auch viele von ihnen waren nach der Revolution ›nicht mehr anwesend‹ – verhinderte eine einseitige Theorielastigkeit unserer Ausbildung. Diesem Mangel abzuhelfen, wurden wir schon ab dem zweiten Studienjahr zum Unterrichten in die Gemeinden geschickt. Ich habe zunächst in einzelnen Synagogenbezirken nachmittags Religionsunterricht erteilt und auch mit Privatstunden etwas Geld verdient. Im Nachhinein bin ich sehr dankbar dafür, konnte ich doch all das Gelernte übertragen und eine große Unterrichtspraxis gewinnen. An Lebenserfahrung ungleich reicher wurde ich durch Einladungen von Gemeinden auf dem Land, die uns Studenten zum Schabbat oder zu Feiertagen zu sich baten. So lernte ich Land und Leute kennen, zum Beispiel in der Umgebung von Szegedin die Orte Makau, Szentes und Hódmezövásárhely. In der Tat: jenes »Hódmezövásárhelykutasipuszta« aus Hugo Hartungs Roman *Ich denke oft an Piroschka*! Wir feierten dort die traditionellen Feste, und ich gewann Einblicke in die liberalen, aber sehr getreuen Gemeinden. Zwei oder drei Jahre lang durfte ich am Wochenende nach Salgótarján an die nördliche Grenze zur Tschechei fahren. In dieser kleinen Stadt existierte eine orthodoxe Gemeinde. Am Freitagnachmittag kamen die Kinder noch vor Schabbatbeginn für ein oder zwei Stunden zum Unterricht, der am Schabbatnachmittag fortgesetzt wurde. Also, ein Intensivkurs. Ich war stark gefordert, denn ihre Eltern waren allesamt in der rabbinischen Lehre gebildete Leute. Mitte der Sechziger Jahre sind die meisten von ihnen dann in die USA oder nach Israel ausgewandert. Am Freitagabend wurde ich zu festlichen Schabbatmahlzeiten eingeladen, die ich heute nicht mehr bewältigen könnte. In der Regel begann das Essen mit gefülltem Fisch. Es folgten Karpfen mit kalter Sulz und Leber. Dann eine Suppe, voll mit Suppenteig, hausgemacht mit Fleischbrühe von Huhn und Gans, dann Braten und noch eine Nachspeise. Am nächsten Tag dasselbe, dazu noch den Tscholent, den traditionellen Eintopf. Alles war mit Gänseschmalz gekocht und gebacken, und ich konnte nachts, vollgestopft wie ich war, kaum schlafen.

Dort in der Puszta habe ich einen für mich neuen Menschenschlag kennengelernt. Die älteren Männer waren vor dem Krieg in den Jeschiwot, den Talmud-Hochschulen, ausgebildet worden, hatten nach dem Krieg geheiratet, nicht wenige von ihnen zum zweiten Mal, da die erste Familie ermordet worden war, und ihre Kinder gehörten alle zur Nachkriegsgeneration. Ihre Umgebung in der Tiefebene war ausgeprägt antijüdisch, und die Familien haben sich deshalb öffentlich zurückgehalten. Sie mussten lernen, mit den Antisemiten und den Anhängern der Partei umzugehen und die Provinzfürsten der KP zu schmieren, um den harten Beschlüssen der Partei oder der Regierung zu entkommen. Je weiter von der Hauptstadt entfernt, desto eher war das möglich.

Ich erinnere mich zum Beispiel an Jitzchak Berkowitsch, einen sehr frommen Mann, der zeitweise der Gemeinde in Salgótarjan vorstand. Er hat nie am Schabbat gearbeitet, und seine Frau besaß einen privaten Kleinbetrieb, der Mützen herstellte und vertrieb.

Beides war offiziell nicht erlaubt aber geduldet. Wie konnte er die Verbote umgehen? Jitzchak Berkowitsch hat sich in einem Stahlwerk anstellen lassen und sich dort rasch unentbehrlich gemacht. Er übte nämlich einen Beruf aus, den es offiziell gar nicht gab, den es in der Planwirtschaft gar nicht geben durfte, der aber für das Funktionieren des Betriebs höchst wichtig war, und den man ›Material-Scout‹ nennen könnte. Wenn der Betrieb rasch irgendein Material, ein Werkzeug oder ein Ersatzteil benötigte, das im Plan nicht vorgesehen war, Jitzchak Berkowitsch kümmerte sich um das Problem, entdeckte irgendwie und irgendwo das Gesuchte und fand einen Weg, in oft kompliziertem Tauschhandel mit Dritten und Vierten das dringend Benötigte zu beschaffen. Das konnte er auch am Sonntag bewerkstelligen, aber eben nie am Schabbat. Und da es sein Chef lieber nicht wissen wollte, auf welchen, vielleicht auch etwas krummen Wegen eine Lieferung zustande kam, durften ihn auch die Arbeitszeiten seines Scouts und die Geschäfte seiner Frau nicht zu genau interessieren.

Das Rückgrat dieser ländlichen Marktflecken bildeten meist die kleinen jüdischen Handwerker und Gewerbetreibenden. Zur Infrastruktur gehörten in erster Linie ein Lebensmittelgeschäft und eine jüdische Metzgerei. Auch eine Bäckerei durfte nicht fehlen, und es fand sich immer auch ein Besitzer einer Kuh, der aus der Milch wenigstens die gängigsten Produkte wie Käse und Quark herstellen konnte. Dazu kam ein Schneider, der darauf achtete, dass seine Stoffe nicht aus Mischgewebe bestanden, das nach der Tora verboten war. Häufig fand man in den Gemeinden auch einen Weinhändler.

Das Uhrmacherhandwerk gehörte eigentlich nicht zur Grundversorgung der Ortschaften, wurde aber dennoch sehr häufig von Juden ausgeübt. Es verlangte keinen großen Kapitaleinsatz und ermöglichte, die Arbeit an Schabbat ruhen zu lassen. In ›meinem‹ Ort Salgótáyan betrieb dies Ludwig Grünfeld in seinem Geschäft auf dem Marktplatz, direkt gegenüber dem Bahnhof. Die Woche über widmete er sich im Laden seinen Kunden, ungestört in seiner

Werkstatt arbeiten konnte er sonntags hinter verschlossenen Fenstern. Ich lernte ihn näher kennen, weil ich für ihn häufig Teile, die er auf seinen Maschinen nicht bearbeiten konnte, mit nach Budapest nahm und sie eine Woche später fertiggestellt zurückbrachte. Er erklärte mir alle Teile der Uhr, die häufig hebräische Namen trugen, weil eben die meisten Uhrmacher Juden waren. Die Unruh nannte man zum Beispiel Lechodájdi-Rad nach Lecha Dodi, einem Synagogengesang für den Freitagabend zur Begrüßung des Schabbat. Ludwig Grünfeld war ein gelehrter und frommer Mann, der eine gute talmudische Schulung hatte. Seine Frau trug selbstverständlich eine Perücke. Nach der Revolution von 1956 hat er lange an Auswanderung gedacht, aber damals noch wegen seiner beiden kleinen Kinder darauf verzichtet.

Die Spannung zwischen jüdischem Leben und dem kommunistischen Staat bestimmte auch das Leben der Menschen, mit denen ich in Budapest während des Studiums in Berührung kam. Ich erwähnte, dass bei meinem Eintritt nur ein Student von den älteren Semestern übrig geblieben war. Robert Dan und ich waren eng befreundet. Wir kannten uns von Kindheit an aus der orthodoxen Synagoge. Robert Dan hat später nie als Rabbiner amtiert, sondern am Ende des Studiums ›die Fronten gewechselt‹. Er ging als Bibliothekar an die Szechenyi-Bibliothek. Diese Art des Umschwenkens war nicht selten, allerdings nicht in Kreisen der Orthodoxie. Das kann man vielleicht auf eine festere Verankerung im jüdischen Leben zurückführen, aber auch darauf, dass der ungarische Staat in der Zeit um 1950 einsah, dass die gläubigen orthodoxen Juden nicht in den Kommunismus zu integrieren waren, und damals großzügig Ausreisen erlaubte. Etwa 3 000 Rabbiner und Gemeindebeamte haben in diesem Zusammenhang Ungarn verlassen.

Ein prominentes Beispiel für die Anpassung war am Rabbinerseminar Professor Dr. Stephan Hahn, der verschiedene Fächer unterrichtete und ein Cousin Professor Scheibers war. Sein Schüler, der anerkannteste nichtjüdische Hebraist Ungarns, Professor Géza

Komoróczy, mit dem ich bis heute gut befreundet bin, hat mir erzählt, eines Tages sei Hahn im Seminar nicht zum Unterricht erschienen, und tags darauf hätte man erfahren, er sei Professor für Vergleichende Religionswissenschaft an der Universität geworden. Professor Hahn war ein eminenter Gelehrter, den man an der Universität auch sehr mochte, der aber immer verschlossen blieb, und mit dem kein Mensch je persönliche Dinge besprechen konnte.

Aber zurück zum Rabbinerseminar in Budapest. Drei Namen stachen unter den Professoren besonders hervor. Den einen, Professor Ernst Roth, lernte ich näher kennen, allerdings erst später, als er in Mainz und später in Frankfurt als Landesrabbiner amtierte. Er war zusammen mit Professor Scheiber jährlich alternierend Rektor des Seminars, nachdem Samuel Löwinger 1949 nach Israel ausgewandert war. Freunde waren sie darüber nicht geworden. Menschliche Gegensätze und wohl auch eine gewisse Rivalität trennten sie. Nach der Revolution 1956 emigrierte Roth nach Deutschland, blieb aber im Seminar hoch geachtet, und sein Geist war sozusagen in seiner Schülerschaft noch anwesend. Ein bisschen Bohemien war er, doch ein universeller Gelehrter, und über seine talmudischen Kenntnisse hat man Legenden erzählt. In orthodoxen Kreisen wurde sehr kritisch auf das Seminar und die Neologen unter den Professoren geschaut, aber auch von ihnen wurde anerkannt, dass die gesamte Orthodoxie keinen Talmudisten dieser Güte besaß. In Deutschland hat er dann neben seinem Amt als Hessischer Landesrabbiner Lehraufträge an mehreren Universitäten wahrgenommen, mittelalterliche hebräische Handschriften ediert und an der *Germania Judaica*, dem Forschungsprojekt zur deutsch-jüdischen Geschichte mitgearbeitet. Er war der erste Redakteur der *Udim*, der wissenschaftlichen Zeitschrift der Rabbinerkonferenz, und er hat maßgebliche Beiträge darin selbst verfasst.

Die zweite eminente Persönlichkeit war Professor Dr. Moses Richtmann, von der Fachrichtung her ebenfalls ein Talmudist. Als er zugunsten vom angepassten Dr. Fisch aus dem Lehramt entlassen wurde, gingen wir aber weiter privat zu ihm. Ich erinnere mich an ihn dankbar als einen einmaligen Gelehrten, Lehrer und Menschen. Sicher, er war ein zynisch-sarkastischer Ironiker. Das kann man aber aus seinem Lebensweg heraus verstehen. Er besaß auch einen ausgeprägten Sinn für das Pragmatische und vermittelte uns, wie man mit einer aktiven Amtsführung wichtige Vorhaben vorantreiben kann. Sein Movens war im Grunde ein apologetisches. Wir sollten wissen und verstehen, was ein praktizierender Jude zu tun und zu unterlassen hat, und warum das so ist. Dazu erlebten wir ihn als Lehrer, der hinter seiner harten Schale eine große Hilfsbereitschaft verbarg. War ein Student ehrlich und am Lernen interessiert, dann war ihm keine Hilfe zu viel. Zu jedem Establishment hielt er kritische Distanz. Diese Distanz ermöglichte ihm eine Analyse der politisch-gesellschaftlichen Verhältnisse, die für mich bis heute prägend ist.

An Bedeutung überragt hat diese beiden – nicht nur für mich persönlich – zweifellos Professor Dr. Alexander Scheiber, den ich zeitlebens als meinen Meister verehre. Es gehört zu den Gemeinheiten des kommunistischen Systems, für die ich es immer hassen werde, dass Menschen wie er nie die internationale Reputation erlangen konnten, die ihre Leistung verdient hätte. Seine hoffnungsvolle wissenschaftliche Karriere wurde 1948 mit seinem Rausschmiss aus der Universität jäh beendet. Blieb ihm ›nur‹ das Rabbinerseminar. Das sollte ihn demütigen und anderen zur Warnung dienen. Aus eigenem Erleben kann ich bezeugen, genauso hat das auch funktioniert.

Aufgewachsen ist er in einer Rabbiner-Familie. Seine Mutter, an der er sehr hing, kam aus der Rabbiner-Familie Mandel, sein Vater Ludwig Scheiber war ein sehr beliebter Rabbiner im 8. Bezirk, ein guter Redner, ja ein Volkstribun, aber auf Grundlage einer soliden Gelehrsamkeit. Alexander hatte einen Bruder, Leopold, der als Chirurg an einem großen Krankenhaus arbeitete, 1956 nach New York auswanderte und dort bis zu seinem Tod als Chefarzt an einem jüdischen Memorial-Krankenhaus wirkte. Alexander dagegen hat von Kindheit an gelesen, geforscht und Wissen angehäuft. Als echter Gelehrter besaß er eine große Bibliothek. Ein Stipendium ermöglichte ihm einen mehrjährigen Studienaufenthalt in London, Oxford und Cambridge. In der Taylor-Schechter-Sammlung in Cambridge und in London hat er umfangreiche Genizastudien betrieben und wichtige Manuskripte erforscht.

Bei Kriegsausbruch ist er im Gegensatz etwa zu George Mikesch, dem Autor von *How to be an alien*, und anderen nicht in England geblieben und zur Verwunderung vieler nach Ungarn zurückgekehrt. Er wollte seine Eltern, besonders seine geliebte Mutter, nicht im Stich lassen und hat sich Ende 1939, als Ungarn noch mit einer ›bewaffneten Neutralität‹ rechnete, in Dunaföldvar zum Rabbiner berufen lassen. Diese Gemeinde am südlichen Zweig der Donau war zwar, wie er immer betonte, die kleinste des Landes, dank eines oder zweier Grundbesitzer aber reich. Seine synagogalen Pflichten ließen ihm viel Zeit, die er für seine wissenschaftliche Arbeit nutzte. Bei Beginn der Deportationen lebte er im Ghetto von Budapest und hatte das Glück, im sogenannten »Glashaus« unterzukommen. Das Haus war von der Schweizerischen Botschaft gemietet worden und galt als exterritorial. Privilegierte Persönlichkeiten konnten mit ihren Familien dort Zuflucht finden, andere versteckten sich illegal in dem weitläufigen Gebäude. Die Banden der Pfeilkreuzler kümmerten sich nicht um den Schweizer Schutz und überfielen öfter auch dieses Haus. Bei einem solchen Überfall ist seine Mutter, die er wie eine Heilige verehrte, kurz vor Weihnachten erschossen worden; sie starb in seinen Armen. Sein Vater überlebte sie nicht lange, und es gelang Alexander Scheiber, beide ordentlich zu beerdigen, was damals nicht leicht war. Der Tod der Eltern war für ihn ein schrecklicher Schlag, von dem er sich nie ganz erholt hat.

Die meisten Rabbiner und Professoren hatten den Holocaust nicht überlebt, und so berief man den noch jungen, aber schon anerkannten Gelehrten als Professor für Bibelwissenschaft an das Rabbinerseminar, als dieses in bescheidenem Rahmen wieder eröffnet wurde. Dazu dozierte er an der Universität Szegedin über Volkskunde und Kulturgeschichte. Seine enormen Sachkenntnisse auch auf diesem Gebiet fasste er in einem dreibändigen Werk zusammen, das ihn zu einem Nachfolger von Immanuel Löw, Bernhard Heller und Berthold Kohlbach – um nur die wesentlichen Namen zu nennen – machte. Trotzdem hat man ihn, wie gesagt, 1948 aus der Universität verbannt. Bis heute wirkt auch dieser Teil seiner Gelehrsamkeit auf mich. Kaum ein Tag, an dem ich nicht von dieser Erinnerung zehre.

Merkwürdig war seine verschiedenartige Art des Vortrags. Synagogale Reden, Beerdigungs- oder Grabsteinreden hat er minutiös vorbereitet, schriftlich ausgearbeitet und das Manuskript auch Wort für Wort vorgelesen. Diese Reden waren literarische Kunstwerke, sie waren klar strukturiert, seine Argumente häufig, aber immer an passender Stelle, mit Zitaten belegt. Seine Brille trug er beim Vortrag so, dass er die Zuhörerschaft im Auge behielt. Auf sie achtete er genau und führte seine Stimme und setzte seine Betonung so, dass seine Rede mit der Stimmung seiner Zuhörer in völligem Einklang stand. Wenn er an wichtigen Reden arbeitete, holte er einen Studenten in sein Zimmer und las ihm den Text vor. Anfangs waren wir sehr beeindruckt und stolz: »Stell dir vor, der Big Boss hat mir seine Rede vorgelesen!« Es hat lange gedauert, bis wir dahinterkamen, dass wir als Personen völlig unwichtig waren. Er hat einfach geübt. Und ein zweites bemerkten wir bald: Er wollte gelobt werden. Wahrscheinlich war Eitelkeit seine größte negative Eigenschaft, die einzige, die auch sein Urteil trüben konnte. Andere Personen hat er danach bewertet, wie sie zu ihm standen, und wehe, wenn seine Schüler anders geurteilt hätten oder mit jemanden in Kontakt getreten wären, der aus politischen oder sonstigen Gründen mit ihm gerade nicht gut stand.

Im Gegensatz dazu hielt er seine Vorlesungen und wissenschaftlichen Vorträge völlig frei. Er fing ein Thema an und entwickelte seinen Gedankengang stringent von Anfang bis zum Ende.

Nebenbei erwähnte er alle, wirklich alle, die zu diesem Thema je publiziert hatten, zitierte Aufsätze aus aller Herren Länder samt der Hinweise in den Fußnoten. Mit seinem fotografischen Gedächtnis speicherte er alles Gelesene genau. Sprach man ihn auf ein Thema an, so hat er dem Interessierten eine vollständige Auskunft gegeben und alle bibliografischen Daten zitiert, so vollständig und genau, wie es heute kein Computer besser kann. Natürlich packte uns junge Studenten der Ehrgeiz, den großen Meister bei einem Fehler zu ertappen, und wir recherchierten oft stundenlang – aber immer ohne Erfolg. Dieses überwältigende Wissen hätte erdrückend gewirkt, wenn Professor Scheiber nicht ein leidenschaftlicher Sammler und Erzähler von Anekdoten gewesen wäre, mit denen er seine Ausführungen auflockerte. Stets trug er ein kleines Notizbuch bei sich, in das er einzelne Begebenheiten in seiner winzig kleinen, aber wunderschönen Handschrift eintrug. Von dieser Handschrift handelt auch eine Anekdote: Der neunzigjährige Immanuel Löw war 1944 von zionistischen Arbeitern aus dem Szegediner Deportationszug geholt worden und lag in Budapest im Ghetto-Krankenhaus auf dem Sterbebett. Professor Scheiber besuchte ihn und brachte eine heiße Suppe mit. Immanuel Löw löffelte die Suppe und sagte zu ihm: »Mein Sohn, deine Suppe ist noch besser als deine Handschrift.« Aber auch beim Thema »Anekdoten« war Scheibers Wissen nahezu unermesslich. Mitten in einer Prüfung kam mir – ich weiß nicht mehr zu welchem Thema – eine heitere Anekdote in den Sinn, und ich musste unwillkürlich schmunzeln. Scheiber fragte mich, warum ich schmunzle. »Entschuldigen Sie, Herr Direktor, aber mir ist gerade eine Anekdote eingefallen.« »Wenn sie gut ist, kannst du sie erzählen.« Auch er schmunzelte darüber, belehrte mich aber sogleich. »Hör zu, das ist eine Wanderanekdote«, und er zitierte fünf Parallelen und die Quellen in der Literatur dazu.

Daneben war unser Herr Direktor ein leidenschaftlicher »Schadchen«, ein »Matchmaker«, ein Heiratsvermittler. Im Judentum ist das Zusammenbringen heiratsfähiger Leute eine lobenswerte und ehrenhafte Tätigkeit, denn viele Gemeinden waren weit voneinander entfernt, und es war nicht so leicht, passende Partner zu finden. Heutzutage empfindet man dieses Verkuppeln oft als anrüchige Beschränkung der Freiheit eines Menschen und vergisst dabei, dass diese Form der Ehestiftung in ganz Europa bis zur Aufklärung selbstverständlich und noch bis Anfang des Zwanzigsten Jahrhunderts weit verbreitet war. Professor Scheiber gab sich dieser ›Profession‹ mit Vorliebe hin. Keiner seiner Studenten konnten sich seinen Bemühungen entziehen. Sagte er: »Hör mal, ich möchte dir jemand vorstellen«, so dachte man vielleicht: »Lassen Sie mich doch in Frieden«, sagte aber: »Selbstverständlich, Herr Direktor.« So lud er mich einmal zu einem Konzert ein, weil eine ›Kandidatin‹ im Orchester mitspielte. Die Eltern saßen erwartungsvoll auf ihren Plätzen. Als es dunkel wurde, sagte mein Professor plötzlich: »Du, ich muss weg«, und verschwand. Ich erinnere mich nicht mehr an die Musik, denn ich überlegte nur fieberhaft, wie ich ausreißen könnte. Zu meinem Glück dauerte es lange bis zur Pause, und ich konnte mich entschuldigen. »Der Herr Direktor hat mir nicht gesagt, dass es sich so hinausziehen würde, und wir erwarten zu Hause ein wichtiges ausländisches Telefonat. Deshalb muss ich leider schon gehen.« Am nächsten Tag beschwerte ich mich bei Scheiber. »Wie konnten Sie mir das antun?« – »Ich weiß, das Mädchen ist nichts Besonderes, aber einem Klassenkameraden kann ich nicht absagen, wenn er für seine Tochter einen Partner sucht. Wie lange bist du geblieben?« – »Bis zur Pause, dann bin ich abgehauen.« – »Na, Gott sei Dank, dann bist du ja auch nicht hängen geblieben.«

Die Bedeutung Alexander Scheibers für das jüdische Leben in Budapest kann man kaum hoch genug einschätzen. Nachdem 1956 die meisten Rabbiner das Land verlassen hatten, vertrat er dort allein in seiner Person jüdische Gelehrsamkeit, jüdisches Wissen und Wissenschaft. Seine Kompetenz und Autorität war in der gesamten Orthodoxie unumschränkt anerkannt. Er war eine in der gesamten Stadt bekannte Persönlichkeit. Auf der Straße kamen wildfremde Leute mit Fragen und Ideen auf ihn zu, und auch sein Büro war immer voll von Menschen, darunter auch merkwürdige Käuze und Schnorrer. Er hat jedem Antwort und Rat gegeben. Streitfälle wurden ihm vorgetragen, und sein Spruch galt. Sein Ruf war so gut, dass auch der Staat es nicht wagte, offen gegen ihn vorzugehen. Man brauchte ihn als Aushängeschild, schikanierte ihn aber indirekt. Geplante Auslandsreisen wurden verhindert, und man schränkte damit seine wissenschaftlichen Bemühungen und Kontakte ein. Das traf ihn sehr. An Auswanderung hat er nicht ernsthaft gedacht, denn dann hätte er ein zweites Mal seine Bibliothek verloren. Das brachte er nicht über sich. In Budapest wurde 1988 ein jüdisches Gymnasium nach ihm benannt, in Israel wurde ein Wald in seinem Namen gepflanzt und in Amerika wurde er vom Hebrew Union College mit einem Ehrendoktor und einem Lehrstuhl ausgezeichnet. Vor allem lebt sein Geist aber weiter in einem großen Kreis der von ihm beeinflussten Personen, vor allem bei seinen Schülern, zu denen ich mich dankbar zähle.

Während meiner Ausbildung hat das System zwei Mal den Fortgang meiner Studien fast unmöglich gemacht. Beide Male wollte man in erster Linie mich treffen, in dem man zu Recht einen Zionisten sah. Dabei konnte man aber auch Professor Scheiber sehr schön die Grenzen seines Einflusses aufzeigen. Das traf ihn, der von Eitelkeit wahrlich nicht frei war, hart. In klassischer Weise schlug man damit den Sack und meinte den Esel.

Den ersten Fall habe ich in anderem Zusammenhang ausführlich geschildert. Wegen meiner ja völlig legalen Teilnahme an einer Veranstaltung der Israelischen Botschaft zum Unabhängigkeitstag ihres Landes wurde mir mein Stipendium gestrichen. Der zweite Fall hing mit meiner Weihe zum Rabbiner und einer ersten Anstellung als Rabbiner zusammen und war quasi die Fortsetzung von Fall Nummer eins.

Die Weihe zum Rabbiner ist in aller Regel ein feierlicher, öffentlicher Akt. Zwischen den Weltkriegen hat man allerdings den Studenten, die aus den abgetrennten ungarischen Gebieten stammten und deshalb keine ungarische Staatsangehörigkeit besaßen, das Diplom ›unter dem Tisch durchgereicht‹. Das war zwar rechtswidrig, wurde aber als patriotischer Akt stillschweigend geduldet. Nach ungarischem Gesetz nämlich durfte das Rabbinerseminar nur an ungarische Staatsbürger Diplome verleihen.

Die Weihehandlung selbst, das Händeauflegen, ist viel älter als das berufsmäßige Rabbinertum und diente auch als Vorbild für die christliche Priesterweihe. Schon in talmudischer Zeit war es üblich, dass Gelehrte die Kenntnisse ihrer Schüler genau prüften und ihnen dann mit Handauflegung die klassische Weisung »Jore, Jore, Jadin, Jadin« erteilten. (Diese Worte stehen auch auf meinem Rabbiner-Diplom, nicht in der Übersetzung, sondern nur in der hebräischen Fassung.) Zweimal wird gesagt: »Lehre, lehre und fälle Entscheidungen.« Gemeint ist im Rabbinatsgericht. »Die Entscheidungen, die deine Zeit dir auferlegt.« Dieser Akt wird in der Öffentlichkeit vollzogen. Damit war der Rabbiner in voller Autorität eingesetzt. Er musste in seiner Ortsgemeinde nicht nur predigen, sondern in allen religionsgesetzlichen Fragen Entscheidungen treffen, die dann für seine Gemeinde auch absolut verbindlich waren. Um das Materielle nicht mit dem Geistigen zu vermischen, war es lange verpönt, Geld für diese Tätigkeit zu nehmen, und Rabbiner bestritten ihren Lebensunterhalt wie alle anderen Mitglieder ihrer Gemeinden mit einem anderen Beruf. Erst mit der Verarmung des Spätmittelalters waren die Gemeinden gezwungen, für den Unterhalt eines Rabbiners zu sorgen. Es blieb aber dabei, dass nicht ein Amtsträger der Gemeinden einen Kandidaten zum Rabbiner berief, sondern dass in der Regel ein Vertreter des Gelehrtenstandes die Weisung erteilte. Nach bestandener Prüfung wird bis heute das Rabbiner-Diplom in einem feierlichen Rahmen überreicht, womöglich bei einem Gottesdienst, zu dem die ganze Lehrerschaft und die Öffentlichkeit geladen sind, und der Meister erklärt den Kandidaten durch Handauflegung und mit einer

Einweihungsrede, in der er ihm seine Aufgaben aufzeigt, zum Rabbiner.

In meinem Fall war es Professor Scheiber, der mich am 3. März 1963 zum Rabbiner ordinierte. Bei dem großen Mangel war es selbstverständlich, dass ich sofort eine Stelle erhalten sollte. Kurz vor meinem Abschluss ergab sich an der Universität Debreczin die Möglichkeit, als korrespondierender Hörer Geschichte und Pädagogik zu studieren. Nebenbei habe ich bei der dortigen Gemeinde ausgeholfen, und Professor Scheiber hat mit der Gemeindeleitung vereinbart, dass ich nach meiner Weihe dort als Rabbiner angestellt würde und nebenbei mein Studium vollenden könnte. Auch wurde ich vielfach auf meine künftige Anstellung angesprochen und habe dabei nur Zustimmung erfahren. Ich war auch einigermaßen stolz darauf, dass die zweitgrößte Gemeinde Ungarns mich als Rabbiner berufen wollte. Alles schien klar.

Am Tag meiner Weihe fand in Debreczin eine Festivität aus Anlass des Geburts- und Todestags Mose statt. Ich solle doch trotz meiner Weihe wenigstens noch am Abend kommen, sagte man mir. Professor Scheiber organisierte für mich ein Auto, das nach dem feierlichen Gottesdienst meine Eltern und mich nach Debreczin und wieder zurück bringen konnte. Das Weihefest war unvergesslich schön, die Synagoge voller Gäste, zu denen wie immer auch einige Mitglieder der zentralen Gemeindeleitung gehörten. Nicht anwesend waren Vertreter der Gemeinde Debreczin, und das war merkwürdig. Schließlich sollte ihr neuer Rabbiner geweiht werden. Wie naiv waren wir, die wir nur Studium und Gelehrsamkeit kannten und von der Außenwelt und den tatsächlichen Verhältnissen nichts verstanden! Auf das feierliche Mittagessen und die übliche Nachfeier im internen Kreis musste ich verzichten. Sofort auf nach Debreczin, die neue Pflicht ruft! Stolz nahm ich mein neues Diplom mit.

In der dortigen Rabbinerwohnung, die vom Kantor belegt war, gab es ein Appartement, in dem ich sonst übernachten konnte. Aber heute war es kalt, nichts war vorbereitet. Ich stieß dann zu der

Festversammlung, und zu meinem Erstaunen saßen dort aus der Budapester Zentrale die beiden Vorstände Dr. Seifert und André Sós. Sie sprachen über Gott und die Welt, die Lage des Weltjudentums und der ungarischen Juden und über ihre verantwortungsvolle Arbeit. Es gab dann die übliche Frage nach Bemerkungen und Ergänzungen zu dem Gehörten. Erwartungsgemäß meldete sich niemand. Doch, einer hatte den Mut: »Wann kommt der Messias?« Diese Frage durfte ein Jude doch ungestraft stellen? Die Herren haben sich dann bald verabschiedet und kein Wort mit mir gesprochen. Auch später hat mir kaum jemand zur Weihe gratuliert, und auch der Vorstand der Gemeinde schwieg. Zu später Stunde habe ich dann einfach gefragt: »Entschuldigung, wie soll ich mich jetzt verhalten?« – »Fahren Sie ruhig nach Hause, wir werden Sie informieren.« Damit war klar, dass etwas geschehen sein musste, dass die Sache ›angebohrt‹ worden war. Für mich war die Situation nicht nur demütigend, sondern auch materiell katastrophal. Stipendium bekam ich nicht mehr, Gehalt (noch?) nicht. Der Fortgang meines Studiums in Geschichte und Pädagogik war fraglich. Die Reaktion Professor Scheibers sehe ich heute kritischer als damals. Ich nahm ihm damals seine Wut ab. »Diese zwei Halunken, die zwei Verbrecher«, schäumte er, »die sind nicht zur Rabbinerweihe gekommen, obwohl ich nach sieben Jahren zum ersten Mal wieder einen Schüler geweiht habe, stattdessen sind sie nach Debreczin gefahren, um dort deine Anstellung zu verhindern. Aber wir werden es ihnen zeigen!« Was war ich für eine naive Seele. Ich habe ihm selbstverständlich geglaubt; für mich waren die Worte des weltberühmten Gelehrten »Torat Emet«, wie die Wahrheit der Tora. In Wirklichkeit hatte er keinen Einfluss, konnte er niemandem ›etwas zeigen‹. Im Gegenteil, ihm waren seine Grenzen aufgezeigt worden. Und das auf einem Gebiet, auf dem er meinte, in völliger Autonomie handeln zu können. Das hat sein Selbstbewusstsein, man muss ehrlich sagen, seine Eitelkeit, kaum ertragen. Die Konsequenzen dieses Vorgangs waren für mich fatal, denn jetzt war nicht mehr nur die kommunistische Macht mit mir Schlitten gefahren, sondern auch ihr jüdischer Ableger. Den Boden hatten die beiden höchsten Repräsentanten unserer Gemeinde schon Jahre vorher bereitet.

Der Nachweis dazu wurde vor einigen Jahren in einer Gedenkschrift für Alexander Scheiber veröffentlicht: Peter Kertész, ein Schriftsteller, der aus einer sehr kultivierten Kunstdrucker-Familie stammt, Auschwitz überlebt hat und Professor Scheiber sehr verbunden war, hat sie herausgegeben. Im Anhang edierte er einschlägige Berichte der ungarischen Stasi. Daraus geht einwandfrei hervor: Unsere beiden Vorsteher haben dem Amt für kirchliche Angelegenheiten berichtet, der Altzionist Professor Moses Richtmann und der Student Berger, ein zionistischer Blockführer am Seminar, hätten unerlaubt an einer Feierlichkeit der Israelischen Botschaft teilgenommen. Es blieb aber nicht bei dieser vielleicht noch verständlichen Meldung, zu der sie, wie sie meinten, eben verpflichtet waren. Die hätte der zuständige Beamte auf die leichte Schulter und kommentarlos zu den Akten nehmen können. Sie setzten freilich noch hinzu: »Wie kann man die Ausbildung der national gesinnten jüdischen Jugend solchen Leuten überlassen, wie diesem Professor und auch diesem zukünftigen Rabbiner.« Das sollte Folgen haben. Professor Richtmann wurde seines Lehramts enthoben, und meine Akte trug fortan einen untilgbaren Makel. Das verdanken wir, verdanke ich, nicht irgendwelchen Kommunisten, sondern den höchsten Repräsentanten unserer Gemeinschaft, die sich damit eindeutig als ruchlose, verlogene Diener der kommunistischen Diktatur entpuppt haben.

Ich hing also materiell, aber auch existenziell in der Luft. Hilfsarbeiten in der Bibliothek des Rabbinerseminars hielten mich notdürftig über Wasser. Nach Monaten kam dann ein – Stellenangebot? Nein, eine Mitteilung, ich sei als Wanderrabbiner in vier Gemeinden um Szegedin herum eingesetzt. Das war eindeutig eine Schikane, denn ich studierte ja immer noch in Debreczin, und beides war kaum zu vereinbaren. Es gab keine direkte Zugverbindung, und die Fahrt über Budapest dauerte, je nachdem, vier bis fünf Stunden. Meist fuhr ich am Sonntagabend nach Debreczin, nahm mir dort ein Hotelzimmer, erledigte am Montag in der Universität alles Notwendige und fuhr am Abend wieder nach Szegedin zurück. Natürlich wurde mir an der Universität trotzdem nichts erspart. Nach jedem Semester waren Prüfungen abzulegen, von deren Ergebnis auch die Höhe der Stipendien abhing. Abgesehen von den Weihnachtsferien ging der Studienbetrieb über das ganze Jahr. Während der Weihnachtsferien paukte man für die Prüfungen Ende Januar und im Mai für die im Juni/Juli.

An eine Prüfung erinnere ich mich gerne. Es ging um Logik. Wie immer erhielten fünf Prüflinge ihre Thesen, hatten fünfzehn Minuten Zeit zur Ausarbeitung und wurden dann nacheinander einzeln geprüft. Bei mir verließ die Dozentin den Raum und kam mit einem jungen Mann wieder zurück. Ich bekam einen Schrecken. War der von der Partei? Ich habe aber mein Thema gut gelöst, konnte Beispiele aus der talmudischen Logik anführen, die in keinem der üblichen Lehrbücher standen. Ich erhielt auch eine sehr gute Note und war glücklich. Beim Weggehen sprach mich der junge Mann an. »Darf ich Sie kurz aufhalten?« Ich dachte: »Oje, das ist doch die Partei.« Er stellte sich dann aber vor. Er habe mich in meiner Funktion als Rabbiner schon einmal getroffen, und heute morgen sei die Prüferin zu ihm gekommen: »Robby komm schnell, ein Rabbi sitzt bei mir.« Da wäre er neugierig geworden. So habe ich Róbert Angelusz kennengelernt, damals ein junger Dozent, heute in Ungarn ein sehr bekannter Soziologe, Philosoph und Kommunikationswissenschaftler. Er hat mir von einer Prüfung erzählt, bei der er das Pflichtfach »Politische Ökonomie« prüfen musste. Hier zu versagen, verdarb jede weitere Karriere eines Studenten. Entsprechend nervös waren die Kandidaten. »Vor mir«, so erzählte er, »saßen vier Studentinnen, die ihre Unterlagen während der Vorbereitung auf den Tisch legen mussten. Ich führte die Aufsicht.

Plötzlich plumpste ein Stapel Bücher auf den Boden und aus einem der Bücher fielen eine Menge Heiligenbildchen, der heilige Josef, die heilige Maria und andere. Eine der Studentinnen sprang auf und begann, mit hochrotem Kopf, hastig alles einzusammeln. Die anderen Prüflinge haben zum Glück nichts gemerkt. Wie sollte ich mich verhalten? Himmlischen Beistand zur marxistischen politischen Ökonomie! Ich half ihr, die Bilder und Bücher rasch wieder aufzulesen. Wir beide mit rotem Kopf. Beim Prüfungsgespräch war die Kandidatin immer noch durcheinander. Deshalb habe ich ihr auch eine bessere Note gegeben.« Das ist eine typisch ungarische Episode. Ein jüdischer Dozent des Faches Marxismus-Leninismus fühlt sich in einer kritischen Situation solidarisch mit einer gläubigen, katholischen Studentin.

Ich habe dann in Debreczin mein Diplom für Geschichte und Pädagogik für das höhere Lehramt – in Österreich nennt man das Magister – erworben und dann auch noch die notwendigen Unterrichtsstunden absolviert. Dazu wurde ich kurioserweise an mein altes Gymnasium geschickt. Das war für mich wie für die Schüler, die ja wussten, dass ich auch Rabbiner war, nicht einfach. An eine Episode erinnere ich mich deutlich. Ich hatte, wie es der Lehrplan vorschrieb, den großen Börsenkrach von 1929 zu behandeln. Mit den damals modernen Methoden, Bildern, Beispielen hatte ich die Fakten geschildert und auch die üblichen Erklärungen der kommunistischen Politik referiert, die alle Vorkommnisse als Folge der kapitalistischen Ausbeutung und der gesetzmäßigen Krisen des Kapitalismus sieht. Die Schüler wollten nun von mir wissen, was eine Börse sei und wie sie funktioniere. Ich versuchte es so zu erklären, wie es mir mein Vater erklärt hatte. »Zunächst die Börse für den Aktienhandel. Was ist eine Aktie? Der Teil einer Firma auf einem Stück Papier?« »Aber hören Sie mal, das Stück Papier ist doch nichts wert!« »Und bei der Produktenbörse. Warum kostet eine Krawatte nicht immer und überall achtzehn Forint? Wer steuert das?« »Lässt im Kapitalismus der Staat jeden Halunken da ran? Kein Wunder, dass alles zusammengebrochen ist.« Diese Generation war schon nicht mehr imstande zu begreifen, dass es einen Markt gibt, dass Angebot und Nachfrage den Wert einer Sache bestimmen können. Und der Eiserne Vorhang war noch einigermaßen dicht, das Fernsehen nicht grenzüberschreitend, sodass diese Wirtschaftsordnung des Westens für diese Generation völlig außerhalb aller Vorstellung blieb.

Die Prüfungen auch dieses praktischen Teils habe ich gut bestanden und damit die Berechtigung erworben, an einem Gymnasium des Landes zu unterrichten. Aber natürlich hatte ich keine Chance, je eine Stelle zu bekommen, und auch ich war letztlich froh, nicht mit systemtreuem Unsinn junge Menschen verbilden zu müssen.

Emmerich Kálmán klaut

Unwahrscheinlich aber wahr: Es gab in Budapest Besucher der Synagogen, die oft nur wegen des Gesangs der Kantoren dorthin gingen, um wie Opernfans ihrem Lieblingssänger zu lauschen. Am Schabbatvormittag zogen sie von Synagoge zu Synagoge, um die Leistungen der Vorsänger zu vergleichen. Ich kannte im Gegensatz dazu allerdings auch Rabbiner, die während des Vortrags des Kantors sichtlich gelangweilt herumstanden, sich im Talmud vertieften oder anderen Beschäftigungen nachgingen. Für diese Rabbiner war die kantorale Musik etwas Nebensächliches, das man höchstens billigend in Kauf nahm, wenn ein guter Kantor viele Besucher anlockte.

Budapest galt in der Nachkriegszeit als kantoren- und liturgieverrückte Stadt. Jede Gemeinde hatte damals einen Kantor. Nicht, dass die Gemeinden so reich gewesen wären, denn der Kommunismus hat alle Juden finanziell ausgenommen wie Gänse. Aber das Land zu verlassen war unmöglich, und so konnten die Gemeinden ein gutes Werk tun, wenn sie einen stellungslosen Sänger auch bei geringer Bezahlung engagierten. Einige Budapester Synagogen, darunter selbst die orthodoxe Hauptsynagoge, hatten in meiner Jugend sogar auch noch Erwachsenen- und Kinderchöre gegründet, und manche Musikkenner gingen zum Morgengebet in die Rumbachstraße, wechselten dann vor Beginn der Toralesung zu den Orthodoxen, um noch einmal einen Teil des Morgengebets mit Kantor und Kinderchor zu erleben. Der heute weltberühmte Moshe Stern hat damals eine kleine Synagoge im 7. Bezirk bekannt gemacht, weil sein Vater einen guten Chor aufgebaut und seinen hochbegabten Sohn die Soli hat singen lassen.

Zunächst muss man allerdings festhalten, dass für einen jüdischen Gottesdienst weder Rabbiner noch Kantor notwendig sind. Jeder Jude, der ein tadelloses jüdisches Leben führt, Hebräisch und die Grundmelodien der Gebete beherrscht, kann als Vorbeter einen Gottesdienst leiten. Der Rabbiner sitzt normalerweise nur dabei und mischt sich in den Ablauf nicht ein. In armen Gemeinden, die sich weder einen Rabbiner noch einen professionellen Kantor leisten können, übt der Vorbeter diese Funktionen aus, so gut er es eben vermag. Erleichtert wird das durch einen bestimmten Kanon an Gebeten, die man entweder wie in der Gregorianik auf einer Grundmelodie mit formaler Gliederung in Phrasen und Perioden oder in Variationen vortragen kann.

Vorbeter, die mit einer schönen Stimme und Musikalität begabt waren, wurden oft von reicheren Gemeinden engagiert und für ihre Leistung bezahlt. Damit war auch der Weg in die Professionalität eröffnet. Viele von ihnen haben bei einem erfahrenen Kantor gelernt, manche sogar eine vollständige Musikausbildung genossen. Auf jeden Fall waren sie ›Blattisten‹, d.h. Sänger, die nach Noten vom Blatt singen können.

Wenn in Budapest über die Leistung eines Kantors diskutiert wurde, dann ging es natürlich auch um Schönheit und Kraft der Stimme wie bei jedem Opernsänger. Darüber hinaus war es noch sehr viel wichtiger, wie rein er die Stimmung dieses Tages getroffen hat. Jeder Schabbat hat musikalisch eine eigene Grundmelodie und auch jeder Feiertag. Schon an der Grundmelodie soll man erkennen, welches der drei Wallfahrt-Feste Pessach (es erinnert an den Auszug aus Ägypten), Schawuot (das jüdische Pfingstfest) oder Sukkot (Hüttenfest) gefeiert wird. Natürlich hat auch in der Gruppe der hohen Feiertage wie Rosch Ha-Schana (Neujahrsfest) oder Jom Kippur (Versöhnungsfest) jedes Fest eine eigene Charakteristik der Grundmelodie. Die musikalische Stimmung und die Eigenart des jeweiligen Feiertags sollen eine eigene, unverwechselbare Verbindung eingehen. Endlos konnten die Kenner erörtern, wie gut der Kantor dieses Ziel erreicht hatte. In Ungarn galt ein guter Kantor als guter »Sugger«. Das heißt auf Jiddisch, er kann ›sagen‹, und meint, er kann den hebräischen Text den Zuhörern so nahe bringen, dass er auf ihre Gefühle wirkt, Emotionen und persönliche Erinnerungen erweckt.

Ein guter Kantor hat großen Einfluss auf die Gestaltung des Gottesdienstes. An bestimmten Stellen hat er die Möglichkeit, individuelle Melodien, Improvisationen oder eigene Kompositionen einzuschieben. Diese Einschübe wurden in Ungarn sehr populär, weil sie Abwechslung in den Gottesdienst brachten, werden die Grundmelodien doch immer im gleichförmig klagenden Ton, der *lacrima voce* vorgetragen. Die Gebete wirken dadurch leicht etwas weinerlich, selbst wenn der Text »Jauchzet dem Herrn« lautet. Mein Vater hat dies als Ausdruck für das jüdischen Schicksal interpretiert. In chassidischen Gemeinden haben die Kantoren oft populäre Lieder und Musikstücke in die Liturgie eingebaut, und die Gemeinde sang aus vollem Herzen mit. Andere Kantoren hätten sich das als unter ihrer Würde verbeten.

Es blieb nicht aus, dass sich manche Kantoren für diese Einschübe auch bekannte Opern- und Operettenmelodien ausgeliehen haben. Das fiel nicht weiter auf, weil ein orthodoxer Jude damals natürlich nie ein Opernhaus betrat, in dem sich halbnackte Frauen und Männer verführen oder erdolchen, Verschwörungen und andere Schandtaten angezettelt werden. Otto Schwerdt, der langjährige Vorsitzende der Regensburger Gemeinde, hat mir eine wahre Geschichte erzählt: Seine Familie war nach dem Ersten Weltkrieg aus Polen nach Braunschweig geflüchtet. Ein Onkel kam zu Besuch und man lud ihn zu einer Aufführung einer Operette von Emmerich Kálmán ein. Mitten in der Aufführung steht der Onkel auf und schreit: »So eine Unverschämtheit!« »Was ist, Onkel?« »Schau, dieser Mensch hat die Melodie vom Hauptgebet unseres Kantors geklaut.« Er war nicht davon zu überzeugen, dass der gute Kantor sich bei Kálmán bedient hatte.

Mit der Verbreitung der Schellackplatten konnten Kantoren überregional, ja international als Sänger und Komponisten bekannt werden. Hermann Jadlowker trat an den ersten Opernhäusern Europas auf, übte daneben aber immer wieder in seiner Heimatstadt Riga das Amt des Kantors aus. Arturo Toscanini setzte die beiden Tenöre Richard Tucker und seinen Schwager Jan Peerce häufig bei den verschiedensten Aufführungen ein. Während Peerce gleich als Opernsänger debütierte und bis in sein achtundsiebzigstes Lebensjahr auftrat, hat Richard Tucker erst als Kantor mit siebenundzwanzig Jahren ein Musikstudium begonnen und neben seinen überragenden Auftritten an der Metropolitan Opera immer wieder an hohen Feiertagen in der Synagoge gesungen. Der Platz gegenüber der Met wurde nach ihm benannt, und bis heute blieb er der einzige Künstler, dessen Trauerfeier auf der Bühne dieses berühmten Opernhauses stattgefunden hat. Auch Josef Schmidt sang schon als Kind in der Synagoge von Czernowitz in der Bukowina, ehe ihn Rundfunk, Film und Schallplatte weltberühmt gemacht haben. Desiré Ernster, der als Bassist ebenfalls an der Met auftrat, war wie sein Vater ursprünglich Kantor. Der Komponist Kurt Weill, der aus einer alten badischen Familie stammte und in Dessau als Sohn eines Kantors und Lehrers aufgewachsen ist, hat als junger Mann Melodien zu jüdischen liturgischen Texten komponiert und Teile seines Studiums als Chorleiter in Berliner Gemeinden finanziert. Bis heute kommen berühmte Sänger aus Kantorenfamilien. So ist zum Beispiel Helene Schneiderman, die Stuttgarter Mezzosopranistin, die auf den großen Bühnen der Welt zu Hause ist, die Tochter eines amerikanischen Kantors, der Auschwitz überlebt hat und aus Polen ausgewandert ist.

Die amerikanische Industrie hat den Markt für jüdische Kantorenmusik in Europa erkannt und auch die Aufnahmen guter Kantoren, die einen Auftritt auf der Opernbühne weit von sich gewiesen hätten, in großen Mengen verkauft. Der bekannteste war Jossele Rosenblatt, der eine außerordentlich schöne Tenorstimme besaß und den man den »König der Kantoren« nannte. Er hat rund 180 Schallplatten mit meist eigenen Kompositionen aufgenommen. Man bot ihm in Amerika höchste Gagen für Opernaufführungen, doch er verweigerte diese und ähnliche Engagements, die mit der Würde des Kantorenamts nicht zu vereinbaren waren. 1933 ist er während einer Reise in Jerusalem gestorben. Daneben waren Pierre Pintschik, Mosche Kuschewitzky und Mordechai Hershman die größten Stars.

Zu einer profunden Kenntnis dieser Musik kam ich durch einen sonderbaren Mann, mit dem sich mein Vater im Arbeitsdienst befreundet hatte. Eugen Hönig war ein vermögender Mann, immer adrett angezogen war, der bescheiden lächelte, zu mir immer höflich und nie herablassend war, wenn sich am Sonntagvormittag die immer kleiner werdende Schar der Überlebenden aus den Arbeitsbataillonen im Kaffeehaus traf. Seine Passion waren die Schellackplatten mit kantoraler Musik, von denen er schon vor dem Krieg mehrere tausend Exemplare besaß. Privat hat ihm diese Passion kein Glück gebracht; mehrere Frauen haben seine Leidenschaft für diese Musik nicht ausgehalten. Nach dem Krieg lud er uns und andere Interessierte über den Winter an Dienstagabenden zu einem ›Konzert‹ in seine Wohnung am Rand der Leopoldstadt ein. In einem riesigen Wohnzimmer standen die Platten, wohl geordnet nach Kantoren, Jahrgängen und Titeln. Die überquellenden Regale ließen kaum Platz für den Plattenspieler mit riesigen Lautsprechern, die einen vollen Raumklang erzeugten. Eugen Hönig plante das Programm jedes Konzerts sehr genau. Außer ihm durfte niemand eine Platte berühren, und nur er wischte sie mit feinstem Hirschleder sorgfältig ab. Eröffnet wurde jedes Konzert mit einem Vortrag von Mosche Kuschewitzky:

Lieber Gott, lass uns die kommende Woche eine geruhsame, ersprießliche Woche werden. Gesegnet seist Du, der Du uns gelehrt hast, zwischen Schabbat und Wochentag zu unterscheiden.

Eugen Hönig achtete streng darauf, nur liturgische Gesänge in seine Programme aufzunehmen, jiddische Lieder waren nur erlaubt, wenn in ihnen liturgische Abschnitte enthalten waren. Zu den ›Konzerten‹ kamen regelmäßig zwanzig bis dreißig Zuhörer, die in den Pausen eifrig und kenntnisreich das Gehörte besprachen. In den Fünfzigerjahren hat die Kommunistische Partei diese Veranstaltungen verboten, weil die Treffen eine »zionistische Versammlung« gewesen seien. Eugen Hönig hat das Verbot sehr gekränkt, aber er wurde überwacht und musste seine Konzertabende deshalb einstellen. Nur vereinzelt kamen noch telefonische Einladungen: »Komm rüber, es sind bei mir einige amerikanische Geschäftsleute, die meine Platten hören wollen.« Dann kam ihm die technische Entwicklung zu Hilfe. Die neuen Langspielplatten konnten den Umfang mehrerer Schellackplatten aufnehmen und sie waren vor allem nicht so leicht zerbrechlich. Eugen Hönig hat Langspielplatten mit Aufnahmen aus seiner Sammlung herstellen lassen und diese per Post im ganzen Land verkauft. Wie mein Vater wollte auch er nicht in einem Betrieb arbeiten, bei dem er nicht die Ruhe und andere jüdische Gebote einhalten konnte. So hat er sich mit dem Handel von kantoraler Musik selbständig gemacht. Der Markt dafür war nicht klein, denn viele Juden, die sich nicht öffentlich zu ihrem Judentum bekennen durften, die schon gar nicht beim Besuch einer Synagoge gesehen werden durften, haben sich diese

Langspielplatten massenweise gekauft und zu Hause heimlich abgehört. Die liturgische Musik stellte eine Verbindung zu den Juden her, die wie die Marannen im Spanien des Spätmittelalters ihr Judentum nur heimlich leben durften. Noch Anfang der Sechzigerjahre habe ich als Wanderlehrer in Nordungarn erlebt, wie begeistert ein paar Leute am Samstagabend gemeinsam solche Platten angehört haben.

Wie diese kantorale Musik die verschütteten Beziehungen zur Religion freilegen kann, habe ich durch die Eltern eines Schülers erfahren. Sie hatten über dunkle Kanäle Schallplatten mit liturgischen Inhalten aus Israel bekommen, verstanden aber den Inhalt nicht. »Das ist Hebräisch. Können Sie uns das übersetzen und erklären, was die da singen?« Selbstverständlich war ich dazu bereit, auch als ich gewarnt wurde, einige der Zuhörer seien hohe Parteibonzen. Ich traf auf eine Gruppe von knapp zwanzig alten Herren. Alt waren für mich jungen Dachs damals schon Männer zwischen fünfzig und sechzig Jahren. Ich habe vor jedem Stück den Inhalt erklärt und erzählt, was ich über den jeweiligen Kantor wusste. Bei einer meiner Erklärungen meinte ich, einer der Männer hätte mich nicht recht verstanden und wiederholte die Erklärung eines hebräischen Begriffs. Da antwortete er: »Uns brauchen Sie das nicht zu erzählen. Wir waren auch in der Jeshiwa.« Da war ich baff. Ich war auf Menschen getroffen, die eine orthodoxe jüdische Erziehung genossen hatten, zum kommunistischen Atheismus gekommen waren und sich jetzt im Alter, sei es aus Nostalgie oder anderen Gründen, auf die ›Reise rückwärts‹ gemacht haben. Einmal hörte ich, wie ein Genosse zum anderen sagte: »Hör mal Josef, hättest du damals in den Dreißigerjahren, als wir im Gefängnis saßen, geglaubt, dass wir dreißig Jahre später hier sitzen? Hättest du es für möglich gehalten, dass wir nach so viel Misserfolgen, Elend und Not nicht weiter gekommen sind als heute?« Antwortete der andere: »Ich hätte mich umgebracht.« In den Augen der beiden Männer standen Tränen.

Die Kraft zum Widerstand

Wenn ältere Kollegen von ihren Anfängen erzählten, habe ich sie immer beneidet. Sie durchliefen noch die klassische Laufbahn wie sie in ganz Osteuropa üblich war. Als junger Rabbiner wurde man einem alten Kollegen beigesellt. Man unterstützte ihn bei der Alltagsarbeit, übernahm Schreibarbeiten und sah, was er richtig oder auch falsch machte. Da ein Rabbiner in Ungarn nicht pensioniert wurde, sondern bis zum Tode im Dienst verblieb, übernahm der Junior zwangsläufig immer mehr der Aufgaben und wurde nach dem Ableben des Rabbiners dann auch häufig zum Nachfolger gewählt.

Der Budapester Oberrabbiner Dr. József Schweitzer s.A. zum Beispiel wuchs bei seinen Großeltern auf. Sein Großvater Armin Hoffer s.A. war Rabbiner in der Leopoldstädter Synagoge und Professor am Rabbinerseminar für die rabbinischen Gesetzeskodexe. Er habe seinen Enkel immer gefragt: »Na, Joschka, wie habe ich heute gepredigt?« Und dieser habe ehrlich geantwortet: »Sehr gut, Großvater.« Oder: »Heute hat es mir nicht gefallen.« Einmal – der Großvater war schon sehr alt – hat er aus Versehen am Ende des Hüttenfestes dieselbe Predigt vorgetragen, die er schon zu Anfang des Festes gehalten hat. Wie immer kam die Frage: »No, Joschka, wie hat es dir heute gefallen?« »Sehr gut, Großvater, ich habe es dir schon bei Beginn des Festes gesagt, aber so gut war sie doch nicht, dass du sie noch einmal vorlesen musstest.« Durch die genaue Beobachtung seines Großvaters hatte er den Beruf von der Pike auf gelernt und auch durch Hospitationen bei anderen bedeutenden Rabbinern eine Menge praktische Erfahrungen aus dem Alltagsleben gesammelt. Der frühere Dortmunder Rabbiner Emil Davidovicz s.A. hat mir von seiner Lehrzeit bei dem Oberrabbiner Sicher erzählt. Er habe zu seinen jungen Rabbinern immer gesagt: »Meine Herren, Sie haben gelernt, dass wir in vier dicken Bände die Codices der Dezisoren gesammelt hätten. Das haben Sie zwar richtig gelernt, aber es stimmt nicht. Es gibt noch einen fünften Band des *Schulchan Aruch*, der religiösen Vorschriften, und den lernt man nur vor Ort kennen. Er enthält nämlich, wie man den Inhalt der ersten vier Bände in die Praxis umsetzt.«

Zu meiner Zeit gab es dieses allmähliche Hineinwachsen in das Amt leider nicht mehr. Holocaust und Auswanderung hatten zu einem großen Mangel an Rabbinern geführt. Die Gemeinden behalfen sich an hohen Feiertagen mit Seminaristen. Wenn sie mit ihnen zufrieden waren, haben sie diese sofort nach der Weihe als Rabbiner übernommen. So war es ja auch mit mir in Debrecin geplant. Vielleicht war es aber auch ein Glück, dass daraus nichts geworden ist. Denn heute weiß ich, was für ein Idiot ich als frisch gebackener junger Rabbiner war. Es ist wie bei Ärzten oder Juristen. Man glaubt zu Beginn, die absolute Weisheit gepachtet zu haben, und die Anderen seien von beschränktem Verstand. Man ist frei von Zweifeln an sich selbst. Später wächst gottlob die Erkenntnis, dass man von Anderen noch viel lernen kann, und man wird vorsichtiger.

Gegen meinen Wunsch wurde ich also als Wanderrabbiner in vier Gemeinden südlich von Szegedin eingesetzt. Am Ort selbst gab es schon einen Rabbiner, und der wollte, was ja auch richtig war, keine Einmischung in seine Angelegenheiten. Die Gemeinden, die ich betreuen sollte, waren klein, sie umfassten vielleicht 100 bis 300 Menschen. Das hatte seinen Grund. Im Holocaust waren ja zunächst die Juden der ländlichen Gebiete zusammengetrieben worden. Viele der Männer waren zuvor schon zum Arbeitsdienst kommandiert worden. Ein Teil von ihnen konnte überleben. Die Frauen und Kinder dieser Gegend gehörten zur sogenannten zweiten Deportation. Bei der ersten Deportation wurden die Menschen direkt nach Auschwitz transportiert. Von dort kamen nur ganz wenige zurück. Die Menschen der zweiten Deportation konnten aufgrund der Verhandlungen der »Va'adah« mit Eichmann und aufgrund der Bombardierungen der Bahngleise nicht mehr nach Auschwitz verschleppt werden. Die Transporte wurden nach Österreich umgeleitet, und so konnte ein größerer Teil überleben.

Wenige blieben nach dem Krieg im Ausland. Die meisten Überlebenden kamen in ihre Heimat zurück. Im Jahre 1956 sind viele der mittleren Generation ausgewandert, und so bestanden die Gemeinden zu meiner Zeit vor allem aus älteren Menschen, Frauen und kleinen Kindern.

Die Dörfer in der ungarischen Tiefebene waren wirtschaftlich und politisch schon immer sehr homogen. Auch religiös waren meine neuen Gemeinden sehr einheitlich. Die alten Synagogen waren in der Regel noch vorhanden. Manche Gemeinden besaßen ein Gebäude, das der Staat noch nicht konfisziert hatte. Dort war ein Rabbinerzimmer nett eingerichtet, in dem ich übernachten konnte. Anderswo musste ich in ein Hotel ziehen. Gewohnt habe ich aber weiter zu Hause. Bei Einladungen zum Essen musste ich achtgeben, dass ich keine Familie bevorzugte. Die deftige Küche aller Gastgeber hat mich fast umgebracht. Meine Jugend und Unerfahrenheit hat man mich nirgends spüren lassen. Man verband mit mir vielmehr die Hoffnung: »Wenn es junge Rabbiner gibt, so geht das jüdische Leben nicht unter. Es lebt trotz aller Unterdrückung weiter fort.« In einer Gemeinde traf ich auf einen älteren Herrn, über dessen ausgezeichnete talmudische Kenntnisse und übrige Bildung ich nur staunen konnte. Er stammte aus einer vergangenen Zeit, und ich empfand die Begegnung mit ihm als Auflodern einer Flamme, die dann mit dieser Generation erloschen ist.

Geprägt waren die Gemeinden, wie konnte es anders sein, von den Schrecken des Holocaust und den Pressionen des kommunistischen Staats. Der Holocaust fand in unserer Presse immer nur außerhalb Ungarns statt, und antisemitische Schmierereien und Schändungen gab es nur in Westdeutschland. Über die Vorkommnisse in Ungarn sprach man nicht. Die Überlebenden mussten aber ihre Traumata bewältigen. Auch ich. Nahezu jedes erste Gespräch begann mit dem Austausch der jeweiligen Erlebnisse: Wer hat wo und wie überlebt. Wohin wurden wir deportiert; wir waren hier, die waren dort. Wo und wie sind Angehörige umgekommen. So haben wir uns unsere Verletzungen von der Seele geredet. Diese Dinge konnte man nur unter uns Juden besprechen, denn die anderen Ungarn hatten andere Kriegserlebnisse. Das hat uns einerseits vom Land und seinen Menschen getrennt, andererseits die Nähe zueinander suchen lassen. In den kleinen Gemeinden hatte jeder mit jedem schon mehrfach seine Erlebnisse besprochen. Mir, dem neuen Rabbiner, öffneten diese Gespräche den Zugang zu den Menschen.

Von Staats wegen wurde den Gemeinden – den jüdischen wie den katholischen – notgedrungen die Ausübung ihrer Religion zugestanden, die Grenzen dafür aber so eng wie möglich gezogen. In Budapest haben zum Beispiel Rabbinats-Studenten hebräischen Sprachunterricht für andere Studenten organisiert. Das wurde sofort als zionistische Propaganda hart bestraft. Auch wurden Rabbiner wegen einzelner Äußerungen in Predigten vorgeladen und ermahnt, bestimmte Dinge anders darzustellen. Meist haben diese Mahnungen gewirkt. Gemeinden sind nach jüdischem Verständnis eigentlich autonom, dennoch wurden sie in den Fünfzigerjahren gleichgeschaltet. Das jüdische Gemeindebüro in Budapest vereinte alle Macht auf sich, und die Ortsgemeinden konnten vielleicht Beerdigungen vornehmen oder Gedenkveranstaltungen durchführen, aber eigenen Handlungsspielraum gab es für sie nicht mehr. Diese Zentrale wurde von Kommunisten überwacht und angeleitet; ihre Mitglieder waren Parteimitglieder, auf jeden Fall aber vom Staatsapparat ›eingebaute‹ Leute. Wenn Dr. Seifert sprach, der jetzt alleiniger Präsident der Gemeinde in Budapest und in Personalunion auch der Landesorganisation war, dann wusste jeder: Das ist die Stimme der Partei und des Staates. Seine ›Wahlvorschläge‹ konnten nur per Akklamation bestätigt werden. Dank zahlreicher Spitzel waren die Organe in der Regel gut informiert, und da die Existenz des Spitzelwesens allgemein bekannt war, wurde mit jedem Neuankömmling zunächst sehr vorsichtig gesprochen. Vielleicht war zu meinen Gemeinden durchgedrungen, dass mir die Vorsitzenden der Zentrale in Debreczin übel mitgespielt hatten, und ich daher unverdächtig war, als ›Backstein‹ in die Gemeinde eingebaut zu werden, denn ich habe keinerlei Zurückhaltung gespürt. Vor mir geheim gehalten wurde nur ein Faktum, über das ich aber auch nichts Näheres erfahren wollte: Jede Gemeinde verwaltete nämlich irgendwo eine Nebenkasse, von der die Zentrale nichts wusste und nichts wissen sollte.

Wie unsere Vorfahren dem Antisemitismus ihrer Zeit widerstanden, so versuchten wir jetzt dem kommunistischen Atheismus standzuhalten. Die bloße Existenz der Gemeinde hat uns die Hoffnung gegeben, dass wir gemeinsam einen gewissen Raum ausfüllen können. Diese Chance zum Widerstand hat uns eine enorme Kraft gegeben, und unser jüdisches Leben, wie auch jedes andere religiöse Leben, wurde aus dieser Kraftquelle gespeist. Deshalb sind auch Menschen zur Gemeinde gestoßen, die vielleicht gar nicht tief religiös gebunden waren, die aber auch der kommunistischen atheistischen Herrschaft nicht nachgeben wollten. In diesen Jahren bin ich innerlich ein wenig zur Ruhe gekommen, wenn auch die Belastung durch das Rabbinat in wechselnden Gemeinden, durch mein nebenberufliches Aufbaustudium und die damit verbundenen beschwerlichen Reisen und das Leben aus dem Koffer anstrengend genug war. Das Ende kam unverhofft und plötzlich.

Schon im Vorfeld des Sechstagekriegs hatte seit etwa 1966 die Propaganda gegen Israel immer stärkere Formen angenommen, und natürlich war damit dem Antisemitismus Tür und Tor geöffnet. Unsere Zentralorganisation schloss sich dieser Propaganda eifrig an, um so ihre Regimetreue zu beweisen. Die Gemeindemitglieder selbst blieben fast ausschließlich pro-israelisch und pro-zionistisch eingestellt, hatten doch die meisten Verwandte in Israel. Einige hatten aus dringenden Familiengründen sogar Israel besuchen können und trotz der Auflage, über ihre Erlebnisse zu schweigen, gingen ihre Berichte wie ein Lauffeuer durch die Gemeinden. Die Störung des israelischen Rundfunks während der Verlesung der Nachrichten in ungarischer Sprache konnte die Verbreitung der Wahrheit deshalb ebenso wenig verhindern wie die Störung des Senders Freies Europa, der BBC London oder amerikanischer Sender. Wie die antiisraelische Hetze die antisemitische Grundstimmung in Ungarn bediente zeigt sehr schön eine Anekdote, die in Budapest während des Sechstagekrieges entstand und sich weit verbreitete: Ein Chauffeur berichtet seinem Chef bei der täglichen Fahrt in das Büro begeistert von den israelischen Erfolgen. »Was sagen Sie dazu, diese Israelis …« Am fünften Tag Schweigen. Fragt sein Chef: »Was ist los? Ist der Krieg zu Ende?« Antwortet der Chauffeur: »Nein, aber ich bin darauf gekommen, diese Israelis sind ja Juden.«

Schon lange vor Kriegsausbruch war unsere Zentralorganisation aktiv gegen Freunde Israels – dazu gehörte auch ich. Wie konnte man mich drangsalieren? Zwar war ich Angestellter meiner Gemeinden, aber die Zentrale in Budapest beschloss einfach meine Versetzung nach Kaposvár, einer weit entfernten Gemeinde in der West-Ecke des Landes. Damit wäre mein Studium in Debreczin zum Abbruch verurteilt gewesen. Ich hatte ja das erste Examen erfolgreich abgeschlossen, wollte aber noch den Doktorgrad erwerben, also ein klassischer Doktor-Rabbiner werden. Ich weigerte mich deshalb, der Versetzung zu folgen und bat zumindest um Aufschub, bis meine Promotion beendet sei. Die Antwort: »Wenn Sie die Stelle nicht annehmen, werden Sie fristlos gekündigt!« Das war zwar rechtswidrig, denn nach den Statuten der Jüdischen Gemeinschaft Ungarns kann einem Rabbiner nur bei schweren, verbrecherischen Taten gekündigt werden, aber das scherte unseren Präsidenten, den Anwalt Dr. Seifert, nicht. Die fristlose Kündigung erfolgte, und ich klagte mangels jüdischer Instanzen dagegen vor den Arbeitsgerichten. Das Verfahren zog sich monatelang dahin. Während dieser Zeit, in den ersten Junitagen 1967, begannen dann die Kampfhandlungen zwischen Ägypten und Israel, und unsere Zentrale verlangte von den Gemeinden, die antiisraelische Politik zu unterstützen. Wir Rabbiner sollten eine Erklärung unterzeichnen, in der Israel als Aggressor verurteilt wurde. Ich habe natürlich geantwortet: »So etwas unterschreibe ich nicht.« Da ich ohnehin als Zionist aktenkundig war, konnte diese Antwort nicht überraschen. Nach Ende des Kriegs war die antiisraelische Propaganda auf dem Höhepunkt angelangt, und meine Sache damit politisch hoffnungslos. Das Prestige Dr. Seiferts, der einen politisch unzuverlässigen Rabbiner disziplinieren wollte, durfte nicht angekratzt werden. Da blieb Recht oder Unrecht Nebensache. Trotzdem weigerte ich mich, die Versetzung nach Kaposvár zu akzeptieren. Dies wiederum nahm Dr. Seifert zum Anlass, mich aus dem Rabbinerverband auszuschließen. Damit konnte mich keine Gemeinde Ungarns als Rabbiner einstellen. Einige Gemeinden aus der Provinz haben mich weiter zu Festtagen oder ähnlichen Gelegenheiten eingeladen, aber eine Festanstellung war gänzlich ausgeschlossen. Unausgesprochen war ein Berufsverbot über mich verhängt worden.

Nach etwas über zwei Jahren war ich wieder ohne Einkünfte, und da es Arbeitslosigkeit in einem kommunistischen Staat per Definition nicht geben konnte, nahm sich der Staat das Recht heraus, solche Personen wie mich einfach irgendwohin zu irgendwelchen Arbeiten zu schicken. Das musste ich vermeiden. Ein Asyl bot der Akademie-Verlag, der Intellektuelle, die öffentlich nicht wirken durften, zu Hilfsarbeiten brauchen konnte. So endete, kaum dass es begonnen hatte, mein ungarisches Rabbinerleben.

Ein Königreich für einen Pass

Aus puren Existenzgründen musste ich mir also nach der Entlassung als Rabbiner eine Stelle suchen. Beim Akademie-Verlag kam ich unter. Das war der Verlag der ungarischen Akademie der Wissenschaften, ein großer wissenschaftlicher Verlag mit vielen guten Mitarbeitern, alle in den verschiedensten Richtungen fachlich qualifiziert und kompetent. Ein Schwerpunkt seines Programms war die Herausgabe von Wörterbüchern und Lexika, für die er von Staat und Partei als einziger autorisiert war. Die Chefredakteure der einzelnen Wörterbücher waren namhafte Universitätsprofessoren, und jedem war ein Redaktionsstab zugeordnet. Die eine Hälfte der Kollegen arbeitete im Redaktionsbüro, die andere zuhause, jeder an seiner ›Zettelwirtschaft‹. Heute in der Welt der Computer scheinen die Kartonkästchen mit den Karten der redigierten Worte, ›Dosen‹ genannt, wie ein romantisches Abenteuer. Diese unzähligen Kästen mit Hunderten von Zetteln, geordnet nach ›Wort-Büschen‹, wie zum Beispiel das Wort ›wirklich‹: wirklich – Wirklichkeit – verwirklichen – wirklichkeitsfremd usw., aufgeschlüsselt nach genauen redaktionellen Vorgaben in Fachausdrücke, Musterbeispiele von Sätzen etc., bildeten die Basis der Arbeit.

Der Direktor des Verlages, Georg Bernath, war Jude. Ende der Sechzigerjahre, als ich schon in Deutschland lebte, habe ich ihn in Frankfurt auf der Buchmesse wiedergetroffen: »Mein Lieber, was machst du, wie geht es dir?« Mit diesen Worten gab mir plötzlich jemand solch einen Klaps auf den Rücken, dass ich fast in einem Bücherstapel gelandet wäre. Es war Bernath, der mich umarmte und küsste. »Doch, doch, wir haben dich alle geschätzt und geliebt, aber politisch war das eine heikle Zeit. Na, du weißt doch – mit Israel und den Zionisten.«

Die Begrüßung bei meinem Einstand im Verlag klang allerdings weniger herzlich: »Sie haben uns grade noch gefehlt«, mit diesen Worten empfing mich die stellvertretende Direktorin. »Wir haben bisher abgesprungene Priester, evangelische Pfarrer, aber abgesprungene Rabbiner haben wir noch nicht.« »Entschuldigen Sie bitte, aber ich bin nicht abgesprungen, ich bin geschasst worden.« »Das macht für uns keinen Unterschied.«

Das fing ja gut an – aber die Kollegen, mit denen ich zusammengearbeitet habe, haben mich für alles entschädigt. Allesamt waren sie Opfer verschiedener politischer Intrigen oder politischer Regime, aber alle so klug und kultiviert, dass meiner Meinung nach nirgendwo auf der Welt je eine so hochqualifizierte Redakteursgesellschaft zusammengefunden hatte. Ich war nur ein kleines Rädchen im Gefüge, aber alle Kolleginnen und Kollegen ließen mich spüren, dass sie mich mochten. Es war unser gemeinsames Schicksal, dass wir den erlernten Beruf nicht ausüben durften und unter diesem Regime schon viel gelitten hatte.

Der Akademie-Verlag war ein Sammelbecken für alle abgeschobenen und politisch nicht zuverlässigen Existenzen unter den Intellektuellen des Landes. Bis zum Jahr 1956 galt unter Rákosi die Maxime: »Wer nicht mit uns ist, der ist gegen uns.« Unter Kádár hieß es dann: »Wer nicht gegen uns ist, der ist mit uns.« Wer also intelligent und schöpferisch war und gegen das Regime nicht öffentlich Stellung bezog, wurde in bestimmten Funktionen, beispielsweise als Wörterbuch-Redakteur, geduldet. Wobei man allerdings nie so genau wusste, wie weit diese Duldung reichte. Andere, nach Meinung der Partei, unsichere Kantonisten wurden als Übersetzer beschäftigt. Unter ihnen Imre Kertész, der spätere Nobelpreisträger für Literatur, oder auch der Schriftsteller István Eörsi.

Man muss wissen, dass die jüdische Gemeinschaft in dieser Zeit eine wichtige Devisenquelle der ungarischen Wirtschaft war. Für alle Projekte und Einrichtungen, die von den Inspektoren der Claims Conference genehmigt wurden, flossen harte Dollars. Mit diesen Mitteln wurden beispielsweise jüdische Schulen und das Rabbinerseminar, das jüdische Krankenhaus und das Altersheim finanziert, Bücher verlegt, Archive erhalten. Sogar Stipendien haben wir als Studenten aus diesen Mitteln bekommen. Nicht viel, aber immerhin!

Zu keiner Zeit war die jüdische Infrastruktur so umfassend wie in den Fünfzigerjahren: Fleischereien für die Orthodoxen und für die Neologen, Friedhöfe für die Orthodoxen und die Neologen, und das nicht nur in Budapest, sondern im ganzen Lande. Und, so kurios es klingen mag, das kommunistische Regime hat alle Synagogen am Leben erhalten, auch die außer Betrieb, denn für jede gab es Geld bzw. Devisen.

Beim Akademie-Verlag traf ich, wie gesagt, auf ein besonders freundschaftliches Team. Die innere Emigration war fast ein Vergnügen. Ich bekam jedwede Hilfe, wenn ich Fragen oder Probleme hatte. Andererseits bemerkte ich doch auch rasch, dass Wörterbücher zu redigieren zwar eine Kunst, aber auch kein Hexenwerk ist, und dass ich durch volkskundliche Spezialkenntnisse punkten konnte. Elöd Halasz, Professor für deutsche Sprache und Literatur an der Universität Szegedin, der Autor des Ungarisch-Deutschen Wörterbuches, legte bei den einzelnen Stichwörtern großen Wert auch auf jiddische Begriffsvarianten und volkskundliche Belege. Als er wieder einmal in unserem Büro auftauchte und wir anhand eines Beispiels über verschiedene Wortbedeutungen diskutierten, wies ich ihn darauf hin, dass das Festtagsbrot unter Juden in Ungarn »Barches« genannt wird, und der Begriff sich nach Meinung einiger Gelehrter auf Frau Perchta, eine germanische Mythengestalt, beziehe; dass die geflochtene Form des Gebäcks wie beim deutschen Hefezopf also vermutlich ein Fruchtbarkeitssymbol sei. Diese Anmerkung hat ihm sehr gefallen, und er hat mich immer wieder um Rat gefragt.

Ich lernte schnell und nach einer gewissen Einarbeitungszeit übernahm ich die Redaktion des Arabisch-Ungarischen Wörterbuches. Man hatte keinen besseren und ich konnte damals wenigstens Arabisch lesen. Im Kalten Krieg schien es der kommunistischen Seite politisch opportun, ihre »Freundschaft und Solidarität« mit den arabischen Staaten zu demonstrieren, und da kam so ein Lexikon gerade recht. Ein junger Genosse aus dem Parteikader hatte eine Weile in Marokko gelebt und die arabische Sprache gelernt. Jetzt nach seiner Rückkehr war er zum Chefautor für das Fach Arabisch avanciert, hatte aber keine Ahnung, wie man ein Wörterbuch zusammenstellt. Er hat einfach die arabischen Ausdrücke alphabetisch hintereinander geschrieben und dazu die wörtliche ungarische Übersetzung. Ich habe ihm stundenlang erklärt, dass das, was er da zusammengebastelt hatte, nicht dem Standard entsprach, aber vergeblich. Er wollte das nicht kapieren und versuchte mich zu beschwichtigen: »Hör zu mein Junge. Wir sind ab sofort Duzfreunde. Wenn du jemals nach Marokko kommst, kaufe ich dir auf dem Markt die schönste Frau. Du wirst Marokko nie mehr in deinem Leben vergessen.« Ich habe mich sehr bedankt und sagte ihm, ich hätte nie vor, nach Marokko zu gehen. Letztendlich half nur ein Machtwort des Abteilungsleiters.

Mit der Verpflichtung als Chefautor schanzte die Partei vor allen Dingen Universitätsprofessoren ein nettes Zubrot zu. Aber im Grunde haben die Kapazitäten nur ihren Namen hergegeben und sich um die Arbeit nicht gekümmert. Die meisten kamen vorbei, wenn sie zufällig in der Gegend waren, sagten »Hallo« und »ich will keine Klagen hören«, schauten in einen der Zettelkästen, und weg waren sie. Wirklich interessiert an der Arbeit war außer Professor Halasz nur noch der Verantwortliche für die englische Sektion. Ladislaus Orszagh hatte lange in England und in Amerika gelebt und gab sich wie ein englischer Lord. Wenn er ein Zimmer betrat, pflegte er nicht zu gehen; er schwebte. Und für seine ›Untergebenen‹ war es jedes Mal eine Katastrophe, dass man ihm keinen eigenen Besprechungsraum anbieten konnte, sondern den Herrn Professor in irgendeine Ecke setzen musste. Da die Ungarn zu allen Zeiten große Namen und Titel heiß verehrten, fand man diese Pfründe-Praxis völlig in Ordnung. Andererseits wird bis zum heutigen Tage in keinem anderen Land so höhnisch und schadenfroh über Irrtümer von Autoritäten gelacht wie in Ungarn. Auch wir Kulis der Wissenschaft haben uns hinter dem Rücken unserer Herren Professoren oft und gerne über sie lustig gemacht. Aber wir waren gut beraten, penibel darauf zu achten, dass uns selbst keine Fehler unterliefen.

Die russisch-ungarischen bzw. ungarisch-russischen Lexika hatten im Gegensatz zu englischen oder französischen natürlich mehrbändig zu sein. Und wehe, wenn man im Russischen einen Fehler fand, der vielleicht auch noch politisch ausgelegt werden konnte. Da rollten dann die Köpfe. Unser Abteilungsleiter, Altkommunist,

Jude und ehemaliger Anwalt, Popper hieß er, war immer in Sorge wie er uns, diese Bande von politisch unzuverlässigen Querköpfen und Regimekritikern, auf Linie halten könnte. Einmal entdeckte er zufällig in einem Manuskript, dass das Wort »Genosse«, also die Bezeichnung für die Mitglieder der KP, mit »Parteigenosse« übersetzt worden war. Er hat den verantwortlichen Redakteur Otto Racz herbeizitiert und vor uns allen einen Riesenskandal inszeniert: »Sie, Genosse Racz, Sie wissen nicht, dass es im offiziellen kommunistischen Sprachgebrauch nur das Wort Genosse gibt. Unsere Genossen sind nur Genossen. Parteigenossen gab es nur bei den Nazis! Es ist tödlich, wenn Sie so etwas verwechseln.« Popper war fest davon überzeugt, dass es sich bei diesem Vorfall um den Versuch eines politischen Sabotageaktes handelt. Der Kollege Racz hat das Donnerwetter in demütiger Haltung über sich ergehen lassen. »Selbstverständlich lieber Genosse Popper, ich weiß, man sagte da immer PG, also Parteigenosse. Wie konnte ich das nur verwechseln.« Racz war literarisch sehr gebildet und beherrschte die deutsche Sprache perfekt, seine fachliche Arbeit war unantastbar. Lange Jahre hatte er als Mitarbeiter der Ungarischen Botschaft in Berlin gearbeitet. Er erlebte dort als junger Mann den Untergang der Weimarer Republik und die Machtergreifung Hitlers und so lernte er auch die ungarische Variante des Faschismus und seine einfältigen und verlogenen Repräsentanten kennen und hassen. Vielleicht hat er deshalb auch in dieser Situation die Beschimpfungen und Drohungen über sich ergehen lassen, als wäre nichts geschehen. Ich konnte mir bei dieser Szene das Lachen kaum verkneifen, aber diese ›Vorstellung‹ war für mich auch eine weitere Lektion, was man in dieser Diktatur alles einstecken musste.

Die Partei besetzte alle Schlüsselpositionen, und so stand an der Spitze des Akademie-Verlags, wie in anderen Betrieben auch, neben dem Direktor der Parteisekretär. Sein Wort hatte stets besonderes Gewicht, auch wenn er über keinerlei Fachkenntnisse verfügte. Von den Auswirkungen dieses Parteidenkens hat sich das Land leider bis heute nicht erholt. Unser Parteisekretär, ein sehr einfacher Mann, aber ein gutmütiger Mensch, war mir gegenüber immer sehr liebenswürdig und nett, und ich habe diese Freundlichkeit erwidert. Ich war wesentlich jünger als er, trotzdem hat er mir das Du angeboten. Auch mit den älteren Kollegen standen wir auf Du und Du. Das Duzen war ein Zeichen von Akzeptanz, Kollegialität und Aufrichtigkeit und stand dafür, dass wir alle im gleichen Boot saßen. Um aber die Schranken der Höflichkeit nicht zu durchbrechen, haben wir die Älteren und die Vorgesetzten meist mit »Onkel« angeredet. So war also unser Parteisekretär unser »Onkel Mischka«.

Onkel Mischka feierte jedes Jahr seinen Namenstag mit einem großen Fest. Es gab selbstverständlich reichlich zu Essen und noch mehr zu Trinken. Die Feier des Namenstages war zwar katholische Tradition, aber das hat im Ungarn jener Zeit keinen Kommunisten gestört. Bei einer dieser Veranstaltungen nun hielt Onkel Mischka, schon deutlich angeheitert, eine Rede: »Genossen«, sagte er, »wir haben in unserem Staat nun ein Ausmaß an persönlicher Freiheit erlangt, das dem in den westlichen Ländern nicht nachsteht.« »Onkel Mischka, mit Verlaub«, bemerkte ich leise, »da bin ich anderer Meinung.« – »Wieso?« – »Ich habe in diesem so freien Land noch nie einen Reisepass bekommen.«

Der Pass, das war mein Trauma, dreißig Jahre lang. An ihm hing für mich ›Sein oder Nichtsein‹. Ich fühlte mich all die Jahre wie jener namenlose Ich-Erzähler aus Remarques Roman *Die Nacht von Lissabon*, der am Hafen steht, auf ein Schiff starrt, aber weder Pass noch Visum besitzt, um ins rettende Exil zu gelangen. Ich wollte weg. Raus aus diesem Land, in dem ich ›erledigt‹ war, keine Zukunft und keine Chancen hatte.

Im Raum wurde es totenstill. Ich hatte ein Tabu gebrochen. Es war völlig ungewöhnlich, dass es jemand wagte, bei einem halboffiziellen Anlass so zu reden. Aber Onkel Mischka blieb gelassen: »Gyuri, hör zu. Ich glaube nicht, dass es an unserem Staat liegt. Ich sage es jetzt hier vor meinen Kollegen, vor meinen Genossen: Du sollst deinen Reisepass beantragen und du wirst ihn bekommen! Hier hast du meine Hand drauf.« Am nächsten Tag wollte ich mich bei ihm entschuldigen. Es war mir peinlich, dass mir ausgerechnet bei einer Festivität aus Verbitterung diese Bemerkung herausgerutscht war. Er aber sagte: »Kein Wort. Ich habe dich verstanden und sage dir nochmals, reiche deinen Antrag ein, wir werden ihn befürworten. Und wenn wir, die Partei, das befürworten, bekommst du auch einen Pass.«

Drei Wochen, nachdem ich die Unterlagen abgegeben hatte, kam die Ablehnung. Das hat mich sehr getroffen, aber ich fühlte mich auch bestätigt und war gespannt, was Mischka für ein Gesicht machen würde. »Onkel Mischka, es tut mir leid, aber ich habe doch recht gehabt. Es gibt sie doch nicht, die Freiheit. Man lässt mich von hier nicht weg.« – »Ich werde damit zum Innenminister gehen. Gib mir die Unterlagen.« Jetzt ging es um seine Glaubwürdigkeit, seine Ehre, sein Prestige. Zuhause habe ich mir Sorgen gemacht ob meiner Kühnheit, aber ein paar Tage später hat mich Mischka zu sich gebeten. Er war tatsächlich beim Innenministerium vorstellig geworden und sagte mir, ich solle gegen die Ablehnung Einspruch erheben. Er würde meinen Antrag weiter unterstützen.

Ich hielt es nicht für möglich, aber einige Zeit später bekam ich von der zuständigen Behörde die Aufforderung, Passbilder und weitere Papiere einzureichen. Und es war wie ein Wunder: Kurz darauf hielt ich dann tatsächlich einen Pass in meinen Händen. Ich konnte nun bei der Deutschen Botschaft ohne Probleme ein Visum für die Bundesrepublik beantragen. Hermann Wollach, der Geschäftsführer der Stuttgarter jüdischen Gemeinde, war ein Freund unserer Familie. Er hatte uns in Budapest besucht und mich nach Stuttgart eingeladen. Als ich mich bei Mischka für seine Mühe und seinen Einsatz bedankte, erzählte er mir unter dem Siegel der Verschwiegenheit, was sich wirklich zugetragen hatte: »Nicht wir, nicht unsere Partei, nicht unser Staat«, sagte er, »haben verhindert, dass du einen Reisepass bekommst, um einmal ins Ausland zu fahren wie alle in diesem Land. Es war deine eigene jüdische Gemeinde, die dich denunziert hat.« Ich war fassungslos, aber Mischka berichtete mir, dass man ihm im Ministerium Briefe und Stellungnahmen der beiden Gemeindevorsitzenden, Sós und Seifert, gezeigt hatte. Ich wäre »der Agent der zionistischen Agitation im Rabbinerseminar«, schrieben sie. Inzwischen weiß ich aus meinen ›Stasiakten‹, dass die beiden jeden meiner Schritte dem Sicherheitsdienst gemeldet und mich bei den Behörden angeschwärzt haben. Das hätte mich Kopf und Kragen kosten können, und ich hatte wahrscheinlich ein Riesenglück, dass alles keine schlimmeren Konsequenzen hatte.

»Ich«, so sagte Onkel Mischka damals, »habe denen gesagt, ich übernehme die Verantwortung für den Mann; er arbeitet bei uns als Redakteur, und außerdem kann man so mit einem Genossen, mit einem Menschen in Ungarn nicht umgehen. Ich gehe jetzt in Urlaub und wünsche dir alles Gute und freue mich, dass ich dir eine Freude machen konnte.« Wir haben uns herzlich voneinander verabschiedet und nie mehr wiedergesehen.

Inzwischen war nämlich einiges passiert. Es war Sommer 1968. Der Prager Frühling, die Reformbewegung um Alexander Dubček, die sich die Demokratisierung und Liberalisierung des Landes, einen »Sozialismus mit menschlichem Antlitz« auf die Fahne schrieb, hatte das Nachbarland Tschechoslowakei erfasst. Schon seit Ende März waren Gerüchte über eine russische Invasion im Umlauf, und täglich mehrten sich auch in Ungarn die Stimmen, dass die Genossen in Moskau die Entwicklung in der Tschechoslowakei mit großem Misstrauen beobachteten. Man befürchtete, dass sie letztendlich den gesamten Ostblock abriegeln könnten. Bis heute ist unklar, inwieweit Kádár Dubček unterstützt oder auch verraten hat. »Mach schnell, dass du raus kommst«, sagte man mir im Familien- und Freundeskreis, »wenn sie dicht machen, kriegst du nie wieder einen Pass.«

1967 hatten wir im Verlag einen neuen Abteilungsleiter bekommen. Er hieß Dr. Julius Decsy. Und jetzt komme ich zur nächsten kommunistischen Spezialität. Der Direktor des Verlages war parteitreu und absolut zuverlässig. Dann folgte in der Hierarchie der Parteisekretär und die stellvertretende Direktorin. Nun gab es aber auch Leute, die politisch missliebig geworden waren, dann aber wieder rehabilitiert wurden, soweit man sie nicht hingerichtet oder ermordet hatte. Diese Personen mussten mit ordentlichen Posten versorgt werden, und so landete jener Julius Decsy bei uns. Er war sehr gebildet, und man munkelte über ihn, dass er früher ein hochrangiger Politkommissar bei der ÁVH, der Staatspolizei, gewesen wäre. In der Tat hatte er 1949 den Schauprozess gegen Kardinal Jószef Mindszenty vorbereitet. Er war jener Offizier, der damals den Erzbischof vernommen, gequält und gefoltert hatte. Mindszenty, der stolze ungarischer Kirchenfürst, wurde binnen weniger Wochen so gebrochen, dass er im Prozess Dinge zugab, die mit der Wirklichkeit nicht das Geringste zu tun hatten. Wer nicht weiß, was Folter ist: Diese kommunistischen Schergen haben sie beherrscht, und man konnte den Kardinal vorführen wie ein gefügiges Lämmchen. Mindszenty war nach dem Krieg Erzbischof geworden, ein strenger und eloquenter Gegner des Kommunismus und der kommunistischen Machtergreifung. Auch was die kirchlichen Besitztümer betraf, war er unerbittlich. Decsy ist kurz nach dem Prozess in Ungnade gefallen und saß jahrelang selbst im Gefängnis, obwohl er diesen ›wichtigen Parteiauftrag‹ doch voller Hingabe erfüllt hatte. Er war somit auf dem Abstellgleis wie wir, nur eine Etage weiter oben.

Zu mir war Julius Decsy immer sehr freundlich. Ich wusste, wer er war, aber den Luxus der moralischen Entrüstung über ihn konnte ich mir nicht leisten. Ich brauchte das tägliche Brot und diesen kargen Verdienst und musste noch dankbar sein für jede freundliche Geste, die dieser Mann mir gegenüber gezeigt hat. Ich kann nicht vergessen, wie er mich einmal zu sich rufen ließ und zu mir sagte: »Sag mal, wann wirst du endlich diese jüdische Einstellung ablegen. Du bist hier nicht im Ghetto. Hör auf damit. Was immer man dir sagt, du gehst sofort in Verteidigungsstellung. Du entschuldigst dich sofort. Du erklärst, dass du das und das nur deshalb getan hast. Du bist hier voll akzeptiert und ein allseits geschätzter Mensch. Also stehe auf beiden Füßen und überlege nicht immer, ob du auch mit dem zweiten Fuß auftreten darfst.« Dieses ›Ghettoverhalten‹ ist nicht nur für mich typisch, sondern für viele Juden meiner Generation. Wir mussten zuviel einstecken und sind so häufig Menschen begegnet, denen man schlicht ausgeliefert war.

Nachdem mir mein Pass ausgehändigt worden war, ließ Decsy mich wieder zu sich kommen: »Ich hoffe, du wirst dich verabschieden, bevor du fährst.« Und dann sagte er mir ohne Umschweife: »Ich weiß, dass du nicht mehr zurückkehren wirst.« Natürlich habe ich widersprochen. »Lass die Floskeln. Ich weiß, dass du in diesem Land ein gebrochener und gedemütigter Mensch bist, der seinen Beruf nicht ausüben darf. Ich habe Verständnis dafür, und du sollst wissen, dass du unseretwegen nicht zurückkommen musst. Mach dir keine Sorgen, man wird uns nicht hängen.« Dann sagte er noch: »Eines schmerzt mich allerdings sehr. Wenn du schon draußen bleiben willst, warum dann ausgerechnet in Westdeutschland, wo die Nazis auf allen Straßen Ausschau halten, wann sie wieder die Macht übernehmen können?«

Die Ungarn hatten damals, 1968, noch immer ein sehr gebrochenes Verhältnis zur Bundesrepublik und völlig falsche Vorstellungen von den politischen und gesellschaftlichen Zuständen in Deutschland. Jede kleinste neonazistische Regung wurde in der Presse und im Rundfunk genüsslich ausgeschlachtet. Und da war man dann plötzlich wieder ganz auf der Seite der Juden. Der ganze Ostblock war ein *Schwarzer Kanal*. Alles, was Karl-Eduard von Schnitzler im DDR-Fernsehen über das andere Deutschland von sich gab, wurde auch in den ungarischen Medien breitgetreten. »Da ist ein jüdischer Grabstein umgefallen!« – »Da haben SS-Kameraden ein Treffen veranstaltet, und der Staatsanwalt konnte nichts dagegen unternehmen!« Daher also fragte Julius Decsy: »Warum ausgerechnet Westdeutschland?« Ich antwortete ihm, ich sei eingeladen. Das hat ihn noch mehr irritiert.

Es war ein langer Prozess, bis man in Ungarn wahrnehmen wollte, wie sehr sich Deutschland seit Ende des Krieges gewandelt hatte. Man konnte es auch kaum, weil es keine objektive Berichterstattung gab. So hat es meine Freunde und mich im Jahr 1956 sehr überrascht, dass im Umfeld der Revolution von allen ausländischen Rundfunkanstalten ziemlich unsachliche und laute Töne angeschlagen wurden. Allein die Deutsche Welle, die man auf Kurzwelle gut empfangen konnte, hat ruhig, sachlich und objektiv berichtet und kommentiert.

Außer meinen Eltern und einem Freund habe ich keinem Menschen erzählt, wann ich ausreisen wollte. Ich hatte schlicht ›Schiss‹, dass mich noch irgendjemand anschwärzen oder durch eine Intrige auffliegen lassen könnte, denn Julius Decsy hatte natürlich recht: Ich wollte im Westen bleiben. Der Freund, den ich eingeweiht hatte, lebte in Wien und kam öfter aus beruflichen Gründen nach Budapest. Mit ihm hatte ich einen Code verabredet, den ich ihm per Postkarte mitteilte, als mein Pass ausgestellt worden war. Er war bereit, meine Diplome, Dokumente und Bücher und alle Dinge, die ich fürs Erste brauchen würde, von Budapest nach Wien zu schmuggeln. Ich habe mich nicht getraut, mit irgendeinem wichtigen Papier auszureisen; denn hätte man mich erwischt, hätte ich als Republikflüchtling gleich den Rückweg ins Gefängnis antreten können. Mein Freund meinte, er als Geschäftsmann, der oft hin- und herreist, würde an der Grenze nie kontrolliert werden und könne meine Sachen transportieren. Das war sehr mutig von ihm, um nicht zu sagen verwegen, denn sein Vater war bei einer ähnlichen Aktion schon einmal verhaftet worden. Bis zum heutigen Tag bin ich ihm dankbar dafür.

Aber es hat geklappt. Mein Freund kam und hat alles eingepackt und mitgenommen. Am 3. Juli 1968 haben mich meine Eltern unauffällig zum Bahnhof gebracht. Ich habe alles zurückgelassen, auch das arabische Wörterbuch, von dem ich bis heute nicht weiß, ob es je fertiggestellt wurde. Bei meinem Freund in Wien machte ich Zwischenstation. Er wollte mich zum Bleiben überreden. Aber ich wollte weiter. So bin ich am 5. Juli in Deutschland angekommen. Am Stuttgarter Hauptbahnhof erwartete mich Hermann Wollach. Damit begann ein neues Kapitel in meinem Leben und – welch ein Zufall – dieses Leben begann ausgerechnet in Stuttgart, in der Stadt, deren Namen mir von Kindesbeinen an vertraut war.

Wo mich mein Weg letztendlich hinführen würde, ob ich in Deutschland bleiben oder weiterwandern würde, wusste ich damals natürlich nicht. Als Übergangsstation schien mir Stuttgart aber sehr geeignet, schon wegen meiner Eltern. Ich war ein Einzelkind und das Verhältnis zwischen meinen Eltern und mir war sehr eng. Ich wohnte zuhause, und wir haben alles offen miteinander besprochen. Es war für mich immer klar, dass wir uns nach den Erlebnissen der Nazizeit nie wieder für längere Zeit trennen würden, und es hat mich sehr belastet, dass ich sie in Budapest zurücklassen musste. Wann und wie würden auch sie einen Pass bekommen? Ich habe allerdings fest damit gerechnet, dass ich sie in Stuttgart empfangen kann, selbst wenn es dauern sollte. Und alles andere, dachte ich, erledigt sich später. Die Chancen standen gut, denn Rentnern wurde die Ausreise, selbst nach Israel, in der Regel problemlos genehmigt. Besonders dann, wenn sie eine so schöne Wohnung in einer so wunderbaren Lage besaßen wie meine Eltern. Die Alten ließ man laufen, die Jungen sperrte man ein, denn sie konnten ja noch zu etwas nütze sein. Mich hätten die Genossen auch deshalb gerne behalten, weil sie genau wussten, dass ich meinen Mund nicht halten würde, auch draußen nicht, und sie befürchteten, dass ich von ihrem ›freien‹ Staat zu viel erzählen könnte. Erst als die Sowjets den Nobelpreisträger Alexander Solschenizyn im Jahr 1974 des Landes verwiesen hatten, ließen auch die Ungarn ihre unbequemen Landsleute ausreisen.

Am Bahnhof in Stuttgart hat mich also, wie gesagt, die Familie Wollach abgeholt. Das Gefühl, mit dem ich aus dem Zug ausgestiegen bin, kann ich bis heute kaum beschreiben. Ich war voller Erwartungen und kam mir vor wie aufgepumpt, so als stünde ich unter Drogen und wäre high. Die ersten paar Tage wohnte ich in einem Hotel. Danach hat mir Herr Wollach im Stuttgarter Westen, in der Leuschnerstraße, ein Zimmer gemietet. Es war im obersten Stock unter dem Dach, und es war in jenem Sommer sehr heiß. Aber das Zimmer war hübsch und die Nachbarn freundlich und zuvorkommend. Alles machte auf mich einen sehr zivilisierten Eindruck. Alles war ordentlich, alles war vorbereitet und geregelt, das hat mich, der ich aus Osteuropa, vom Balkan kam, überrascht und beeindruckt. Überrascht hat mich allerdings auch, wie Wollach mich in die jüdische Gemeinde eingeführt hat. Er hat mich allen Leuten vorgestellt und mir aber gleichzeitig gesagt, dass ich meine Offenherzigkeit und meine kommunikative Art mit Menschen umzugehen hier in Stuttgart zurücknehmen müsste. Das kam mir doch etwas komisch vor. Da kommst du nun aus einem kommunistischen Land, in dem man das Herz wirklich nicht auf der Zunge tragen durfte, weil man sonst in kürzester Zeit im Gefängnis gelandet wäre, in die sogenannte freie Welt, und das erste, was du hörst, ist: »Rede nicht so viel!« Diese Warnung war von Wollach nicht politisch gemeint. Nein, ich sollte mich im Allgemeinen zurückhalten. »Diese Frau«, sagte er, »kommt ebenfalls aus Ungarn, und ist eine Quatschtante. Seien Sie mit ihr vorsichtig. Reden Sie mit ihr nur soviel wie nötig und halten Sie Distanz und bewahren Sie Würde. Überhaupt quatschen die Leute hier über alles. Lassen Sie sich nicht ausfragen und erzählen Sie nichts, was man eventuell gegen Sie verwenden könnte. Schließen Sie keine engen Freundschaften. Sie müssen hier erst einmal Ihren weiteren Weg finden.« Ich habe das alles nicht verstanden und darüber mit meinen Eltern korrespondiert. Sie haben sich über meine Briefe köstlich amüsiert, rieten mir aber, die Ratschläge von Herrn Wollach anzunehmen, weil er es sicher gut mit mir meinen würde. Er hat es auch gut gemeint. Er kannte seine Gemeinde sehr genau und hat mir deshalb auch noch weitere Verhaltensregeln mit auf den Weg gegeben. »Ich habe auch dafür gesorgt, dass Sie hier eine Arbeit bekommen und nicht rumhängen. Sie können unsere Bibliothek, die schon etwas verwahrlost ist, ordnen und katalogisieren.«

Hermann Wollach, der Geschäftsführer der Gemeinde, war vor dem Krieg in Sarajewo Direktor bei einer internationalen Bankgesellschaft gewesen. Seine ganze Familie wurde von den Nazis ermordet. Er alleine hat Auschwitz überlebt. Seine zweite Frau stammte aus Südungarn und war mit meiner Mutter sehr befreundet. Die beiden Frauen haben, als meine Eltern dann auch im Westen waren, stundenlang miteinander telefoniert, und ich hoffe sie haben »nur Gutes« über mich gesprochen.

Die Verbindung zur Familie Wollach hatte mein Vater geknüpft. Aufgrund unserer bedrängten Situation in Ungarn hatte mein Vater die Idee, man müsse sich woanders hin orientieren. So hat er 1966/67 eine Reise nach Westdeutschland und nach England unternommen und war fast ein halbes Jahr weg. Er hat verschiedene Städte besucht, darunter auch Stuttgart. Die Familie Wollach hat ihn sehr gastfreundlich empfangen. Er hat über sich, seine Familie und mich erzählt, und dass ich Rabbiner sei und aus Ungarn weg müsse. Noch im selben Jahr haben Wollachs einen Gegenbesuch bei uns gemacht, und Herr Wollach hat versprochen, alles zu unternehmen, dass ich im Westen Fuß fassen könnte. Ich müsse mir nur einen Pass besorgen.

Damals hat ihm meine Mutter auch ihre Papiere von Daimler-Benz gezeigt und ihm erzählt, dass sie in der Nazizeit entlassen wurde, weil sie Jüdin war. Sie konnte haargenau belegen, wer die Chefs waren, wo das Büro war, usw. Er hat die Dokumente zu treuen Händen an sich genommen und gesagt, dass er dafür sorgen werde, dass sie von der Firma Daimler eine Rente bekomme. Wir waren unter uns sicher, dass er spinnt. Aber nach einiger Zeit hat er meiner Mutter durch ein Hintertürchen signalisiert – was in Ungarn sehr gefährlich war –, dass er gute Ergebnisse erzielt habe, und dass die Sache laufen würde. Da erst habe ich daran geglaubt, dass er sich auch um mich kümmern wird, denn alle Besucher aus dem Westen haben große Versprechungen gemacht, aber kaum waren sie über die Grenze, war alles schon wieder vergessen. Wir hatten mit Wollach besprochen, dass das Geld, wenn es denn fließen würde, in Deutschland auf einem Sparbuch angelegt werden sollte. Am Tag nach meiner Ankunft in Stuttgart hat mir Wollach sofort die präzise und perfekte Abrechnung und die Unterlagen ausgehändigt. Die Papiere waren vom Daimler-Vorstandsmitglied Hanns Martin Schleyer unterzeichnet, und aus ihnen ging hervor, dass meiner Mutter mit Bedauern über das Unrecht, das ihr widerfahren war, eine »jederzeit widerrufbare freiwillige Rente« erhält. Daimler-Benz war sehr nobel und hat die Rente auch nach dem Tod meiner Mutter meinem Vater weiter ausbezahlt. Da ich Zugang zu diesem Sparkonto hatte, war ich also hier in Deutschland nicht wie viele andere Flüchtlinge aus dem Osten ohne einen Groschen.

Hermann Wollach war einer der ganz großen Wohltäter unserer Familie. Denn, wie das Leben so spielt, hat er nicht nur meinen Eltern und mir geholfen. Mein Schwiegervater und sein Bruder flüchteten 1942 über Südungarn nach Jugoslawien, um dem ungarischen Zwangsarbeitsdienst für Juden zu entgehen. Dort in Sarajewo trafen sie in der jüdischen Gemeinde auf Hermann Wollach. Er hat sich trotz der deutschen Besatzung großartig um sie bemüht, sie erst versteckt gehalten und ihnen später Arbeit gegeben. 1944, nach dem Einmarsch der Deutschen in Ungarn, sind die beiden dann allerdings aus Sorge um die Eltern wieder illegal über die Grenze zurückgegangen und doch noch im Arbeitslager gelandet.

Wollach hat in Stuttgart ein Leben geführt wie ein adeliger deutscher Patron. Pünktlich zehn Minuten vor ein Uhr ging er jeden Tag vom Büro nach Hause zum Mittagessen. Er legte Wert darauf, dass ihn seine Frau schon vom Fenster aus winkend begrüßte. Er erwiderte es jovial. Das Essen musste schon auf dem Tisch stehen. Dann hat er sich eine halbe Stunde hingelegt und Schlag drei Uhr saß er wieder an seinem Schreibtisch und ging oftmals erst spät am Abend nach Hause. Er war ein interessanter Mensch, eine Persönlichkeit, aber auch eine Autorität. Eine Autorität, die wir schon fast komisch fanden, ebenso seine Art, wie er mit Frau und Kindern umging: eine von Bosnien mitgebrachte, sephardisch-jüdische, autoritäre Beziehung innerhalb der Familie. Zugegeben, wir haben darüber viel geschmunzelt. Aber die Hochschätzung hat das nicht gemindert. Die Gemeinde hat er geleitet wie einst seine Bank. Es herrschte überall eiserne Ordnung. Wenn Wollach einen Raum betrat, haben alle Anwesenden Haltung angenommen. Und nicht zu vergessen: Hermann Wollach war ein außerordentlicher Mensch, wenn es darum ging, sich für andere uneigennützig und wohltätig einzusetzen.

Fritz Bloch, ein deutscher Rabbiner

Die »Israelitische Religionsgemeinschaft Württemberg« war zentral von Stuttgart aus organisiert, und nur in Stuttgart gab es eine Synagoge und einen Rabbiner. Mit ihm, mit Dr. Fritz Elieser Bloch, hat mich Hermann Wollach gleich am ersten Vormittag nach meiner Ankunft bekannt gemacht. Ich wusste über ihn, dass er zu den altehrwürdigen deutsch-orthodoxen Rabbinern gehörte und bis 1938, bis zu seiner Auswanderung nach Palästina, in Aschaffenburg lehrte. Er war in München geboren worden, hatte an der jüdischen Hochschule in Breslau und dem Rabbinerseminar Berlin studiert. Dr. Bloch kannte mich natürlich nicht. Er wusste nur, dass ›der Neue‹ aus Ungarn kommt. Alle Gemeindemitglieder haben mich mit viel Höflichkeit und Herzlichkeit willkommen geheißen. Bloch dagegen war demonstrativ kühl und reserviert. Ich konnte mir nicht erklären weshalb. Bei meinem Besuch saß er da, hatte ein Auge geschlossen und mit dem anderen hat er mich gemustert.

Was und wo ich studiert habe, wollte er wissen, und dann hat er mich gleich wieder verabschiedet. Ich war nicht unglücklich darüber, aber doch erstaunt. Wollach sagte mir, ich sollte mir nichts daraus machen, so sei er halt. Er hätte in der Gemeinde keinen guten Stand. »Zu Sitzungen holen wir ihn, wenn wir ihn brauchen, und dann schicken ihn wir wieder raus.« Es war für mich unglaublich, dass man einen landesweit bekannten Gelehrten so behandelt. In Ungarn kam der Rabbiner gleich nach dem lieben Gott. Das hier ist ein schweres Pflaster, dachte ich mir, in dieser Gegend solltest du dich lieber nicht um einen Job bemühen.

Was ich damals nicht gewusst habe: Die Stuttgarter Gemeindemitglieder stammten in diesen Jahren mehrheitlich aus Osteuropa, vornehmlich aus Polen, und Dr. Bloch hatte vor allem deshalb Probleme, weil er ein alteingesessener, ein deutscher Jude war. Viele der Gemeindemitglieder waren am Ende des Krieges aus dem KZ Vaihingen/Enz befreit worden und lebten dann zuerst als DPs in Stuttgart. Andere waren im Sommer 1946 nach blutigen Pogromen in Polen nach Westen geflohen, wollten nach Palästina emigrieren und sind dann doch geblieben. Diese Männer und Frauen, die die Shoah erlebt und überlebt hatten, meist als einziges Mitglied einer ehemals großen Familie, kamen aus einer völlig anderen Welt. Ihre jüdisch-polnischen Wurzeln, welche in dem fremden Boden nicht haften wollten, waren ihnen als Einziges geblieben. Sie führten in der Synagoge ihre Riten ein, die sie bei sich zu Hause in Lodz oder Lublin gepflegt hatten. Aber Bloch sprach nicht die Sprache dieser Leute und konnte auch mit ihrer Mentalität schwer umgehen. Auch im Vorstand hatten 1968 die Ostjuden die Mehrheit. 1953, bei Blochs Amtsantritt in Stuttgart, waren diese Positionen noch ausschließlich mit deutsche Juden besetzt. Das waren ›seine Leute‹. Sie hatten ihn aus Israel nach Stuttgart geholt. Mit dem neuen Vorstand kam er nicht mehr klar. Hinzu kommt, dass er hier ohne seine Frau lebte. Das ist in einer konservative Gemeinde keine gute Empfehlung.

Einen Teil seiner Studienzeit hatte Bloch auch in der Mirer Jeschiwa verbracht, und diese ostjüdische Rabbinerausbildungsstätte war eine sehr konservative und ultraorthodoxe Einrichtung. Die osteuropäische Orthodoxie hatte sehr intransigente Züge, und ich kann mir gut vorstellen, dass er dort als gemäßigt orthodoxer deutscher Jude viele negative Erfahrungen gemacht hat. Diese hat er vermutlich in seinem ganzen weiteren Leben mit sich geschleppt. Was mich betraf, so genügte Bloch vermutlich die Tatsache: Der junge Kerl kommt aus Ungarn – also noch ein Ostjude – und ist somit uninteressant.

Rabbiner und Gemeinde hatten trotz aller Probleme eine Toleranzformel gefunden. Genauso wie Bloch den Vorstand tolerierte, so wurde auch er als ›notwendiges Übel‹ ertragen. Die Gemeinde hat ihn als rabbinische Autorität anerkannt, er wiederum hat seine Amtsgeschäfte und Korrespondenz sorgfältig und gewissenhaft geführt. In den Vorstandssitzungen hat er seine Berichte abgegeben, aber bei den Abstimmungen war er schon nicht mehr dabei. Man hat mir erzählt, dass Rabbiner Bloch am Schabbat zum Gottesdienst kam und nach dem Gottesdienst seinen Stock nahm und schwuppdiwupp wieder weg war. Die intellektuellen Kreise innerhalb der Gemeinde respektierten ihn zwar wegen seiner Gelehrsamkeit und seines Wissens, aber er blieb trotzdem nur eine Randfigur. Der einzige aus dem Vorstand, zu dem er Kontakt pflegte, war Alfred Korn, ein hochinteressanter und gebildeter Mensch, auch ein Ostjude und, nebenbei bemerkt, einer der Skatbrüder des Stuttgarter Oberbürgermeisters Arnulf Klett. Korn stammte aus einer angesehenen Krakauer Familie, sprach mehrere Sprachen und hat eine große Bibliothek hinterlassen. Es war natürlich problematisch, dass gerade in diesen Jahren, die so entscheidend für das Bestehen und die Entwicklung der Gemeinde waren, Rabbiner und Gemeinde nur mühsam zusammenfinden konnten, und Bloch klagte bei jeder Rabbinerkonferenz, dass es mit der Stuttgarter Gemeinde bergab ginge.

Zu einer dieser Rabbinerkonferenzen begleitete mich meine Frau. Wir waren jung verheiratet und sie bat mich: »Bitte stelle mich dem Rabbiner Bloch vor, wir kennen uns.« Rabbiner Bloch war nach den Ausschreitungen der Reichspogromnacht von Aschaffenburg nach Jerusalem ausgewandert und hat sich dort als Agent für koschere Suppenwürfel seinen Lebensunterhalt verdient. Für ihn eine demütigende Erfahrung. In einer kleinen Synagoge im Jerusalemer Stadtteil Talpiot, einer besseren bürgerlichen Gegend, hatte er die Bekanntschaft von zwei großartigen Männern gemacht. Der eine war Professor Joseph Klausner, der in Deutschland als Religionswissenschaftler, Literaturhistoriker und Autor der Bücher *Jesus von Nazareth* und *Von Jesus zu Paulus* bekannt ist, der andere, der Schriftsteller Samuel (Shay) Agnon, einer der wichtigsten Vertreter der modernen hebräischen Literatur. 1966 wurde er zusammen mit Nelly Sachs mit dem Nobelpreis für Literatur ausgezeichnet. In meinem Besitz sind noch einigen Briefe von Shay Agnon, in denen er Fritz Bloch wärmstens empfiehlt, die Stelle als Rabbiner in Stuttgart anzunehmen. Zu dieser Runde stieß auch der Großvater meiner Frau, Mordechai Schlesinger. Er war Kaufmann, entstammte aber einer bedeutenden rabbinischen Dynastie. Zu seinen Vorfahren gehören zwei der legendären geistlichen Gelehrten, die von Juden aus aller Welt hochgeschätzt werden, die Rabbiner Chatam Sofer aus Pressburg und Akiva Eger aus Posen. Der Name Schlesinger hatte bei jüdischen Intellektuellen auch deshalb einen guten Klang, weil es in der Großfamilie einen Verlag für geistliche Literatur gab.

Diese vier älteren Herren nun gingen immer nach dem Gottesdienst bei der Synagoge plaudernd und diskutierend auf und ab, meine Frau als kleines Mädchen an der Hand ihres Großvaters. An diese Szene erinnerte sich meine Frau und ging also bei der Konferenz auf Bloch zu und sagte: »Ich bin Frau Berger, die frühere Noemi Schlesinger. Sie erinnern sich sicher an meinen Großvater, mit dem Sie im Talpiot in der Synagoge waren und in diesem kleinen Wald spazieren gegangen sind, und mein Großvater hat mich immer an der Hand geführt. Sie waren immer besonders nett zu mir.« Dr. Bloch hat in einem merkwürdig harschen Ton geantwortet: »Ich erinnere mich nicht!« So, als ob er sagen wollte: Sag keinen Ton, ich will darüber nicht sprechen. »Aber Herr Dr. Bloch, Sie waren damals doch ...« – »Ich erinnere mich nicht!« Fritz Bloch hatte wahrscheinlich die Erinnerung an Israel ausgeblendet und verdrängt und wollte deshalb weder mit mir noch mit meiner Frau irgendeine Verbindung oder Gemeinsamkeit aufrechterhalten.

Abgesehen von der jüdischen Gemeinde war Dr. Bloch weit über die Stuttgarter Stadtgrenzen hinaus wegen seines großen Wissens und freundlichen Wesens geschätzt und integriert. Ein Beispiel dafür: Viele Jahre später, kurz nach meinem Amtsantritt als Landesrabbiner in Stuttgart – Dr. Bloch war damals schon über ein Jahr tot – wurde ich zu einer Abendveranstaltung nach Lauffen am Neckar eingeladen, um eine Rede zu halten. Die Veranstaltung fand in einem Saal der evangelischen Kirche statt. Der Pfarrer begrüßte mich sehr schwäbisch herzlich. Ich habe über mein Thema gesprochen, doch bevor ich zum Ende kam, und noch bevor wir zur Diskussion übergehen konnten, sagte der Pfarrer plötzlich: »Wollen wir mit Katzenbeißer anstoßen?« »Katzenbeißer?« Ich war erstaunt und schaute mich um. Vor jedem von uns standen zwei Flaschen Wein auf dem Tisch, einmal rot und einmal weiß. Der Pfarrer fragte mich, was ich den suchen würde. »Eine Katze? Ist das eine örtliche Sitte?« Alle im Saal haben mich angeschaut, und ich sehe noch heute das ungläubige Erstaunen in ihren Gesichtern. »Sie kennen unseren Katzenbeißer nicht? Das ist unser Lauffener Wein, der auch hier auf dem Tisch steht.« »Tut mir leid, ich trinke keinen Wein!« »Warum? Sind sie Antialkoholiker? Ihr Vorgänger ist immer um diese Jahreszeit zu uns gekommen, und wir haben gemeinsam den neuen Jahrgang probiert.« »Entschuldigen Sie bitte, aber ich trinke nur koscheren Wein.« Es herrschte eisiges Schweigen. Die Anwesenden haben die Welt nicht mehr verstanden, denn mein Vorgänger Dr. Fritz Bloch war ein anerkannter und allseits geschätzter Weinkenner. Mit seinem ›Weinzahn‹ hat er jeden Jahrgang, jede Rebsorte erkannt, auch wenn man die Flasche umgedreht oder das Etikett abgedeckt hat. Ein Rabbiner als schwäbischer Vinologe! Jetzt war es an mir, fassungslos zu sein.

Die Leute haben zwar noch höflich einige Fragen gestellt, und wir saßen vielleicht noch ein halbe Stunde zusammen, aber dann gingen die Ersten bereits. Ich wurde in diese Gegend nie mehr eingeladen. In der Stadt, so wurde mir berichtet, war man sich einig, dass ich Lauffen und das ganze Unterland vor dem Kopf gestoßen hätte. »Man wollte Ihnen doch noch einige Flaschen Katzenbeißer einpacken, und Sie haben das abgelehnt mit der Aussage, dass Sie zu Hause so etwas nicht trinken?« Eine krassere Beleidigung hätte man sich nicht vorstellen können. Da war mir bewusst, dass Dr. Bloch überall im Lande und in jeder Angelegenheit als ›einheimisch‹ angesehen wurde. Dagegen würde ich nie im Leben ankommen und es reifte in mir die Erkenntnis, dass man in Württemberg ohne Weinkenntnisse unten durch ist.

Ein weiteres Mal habe ich das festgestellt, als ich zusammen mit Senator Henry Ehrenberg, dem damaligen Vorsitzenden der Stuttgarter Gemeinde meinen Antrittsbesuch bei Herbert Buch, dem Baubürgermeister der Stadt Stuttgart, machte. Ehrenberg und Buch sprachen, kaum hatten wir einander freundlich begrüßt, sofort über Wein. Ich dachte: Schon wieder dasselbe Thema. Ob die alle verrückt sind, nur über Wein zu reden? Und dann fragte man mich, was ich trinken wolle, welchen Wein ich bevorzugen würde. Ich sagte: »Gar keinen von denen, die Sie erwähnt haben.« »Wieso?« »Stuttgarter Biere sind ganz gut.« Natürlich war ich, was den Weinbau betrifft, nicht ganz unbeleckt, weil ich als Rabbineranwärter in Ungarn in Tokaj bei der Herstellung koscheren Weines mitgewirkt habe. »Wissen Sie, gegenüber Lemberger und Trollinger sind die Weine, mit denen wir in der Tokajer Gegend zu tun hatten, doch eine andere Qualität. Es sind andere Hänge, es ist eine andere Sonne, es ist ein anderer Boden. Da wachsen Weine, die Weltklasse sind. Und der koschere Wein aus Ungarn wird sogar nach Amerika exportiert.« Mit dieser Bemerkung stand ich mit beiden Beinen voll im Fettnäpfchen. Buch machte nur noch eine abschätzige Handbewegung und hielt mich vermutlich von da an für eine absolute Null, zumindest in Sachen Wein.

Das Greenhorn im Westen

Ich blieb nach meiner Flucht vom 5. Juli bis Mitte August 1968 in Stuttgart. Die Stadt hat mir sehr gefallen. Es war ein heißer, schwüler Sommer. Trotzdem habe ich sie nach allen Himmelsrichtungen durchwandert. Ich war begeistert von der Königstraße, von der Umgebung, auch von der Synagoge, von der Gemeinde und vor allem von der Freiheit. Herr Wollach hat mich auch eines Abends ins Opernhaus geschleppt. Es war für mich eine große Enttäuschung. Ich weiß, es war während der viel gerühmten Ära Schäfer, aber verglichen mit den Opernhäusern in Budapest wirkte die Vorstellung auf mich leider ausgesprochen provinziell.

Eines Sonntags nachmittags habe ich die Familie Wollach zu Hause besucht. Herr Wollach saß gerade vor dem Fernseher und er sagte mir: »Setzen Sie sich, mein Lieber. Schauen Sie sich das an.« Ich dachte, weiß Gott, was da Wichtiges gesendet wird. Es war ein Film aus der Westernserie »Bonanza«. In Ungarn wurden die Westerngeschichten und die Bordelle gleichzeitig verboten. Machte Herr Wollach einen Witz mit mir oder meinte er es ernst? Doch er sagte: »Wissen Sie, das ist eine Serie, in der das Gute am Ende siegt, deshalb schaue ich mir das am Sonntagnachmittag immer an.« Ich wusste nicht, soll ich lachen oder was soll ich darauf antworten. Diese Art von Medienkonsum war mir völlig fremd.

Später, es war schon in Regensburg, hat mich jemand in einen Film von Oswalt Kolle mitgeschleppt. Das hat auf mich ähnlich gewirkt wie diese Westernfilme. Ich konnte mich im Kino nicht mehr bändigen vor Lachen. Ich konnte mir nicht vorstellen, dass inmitten Europas, in Deutschland, 1968, in einem der höchstentwickelten Länder der Welt, die Leute mit einem Kinofilm sexuell aufgeklärt werden müssen. Der Bekannte, der mich ins Kino mitgenommen hat, hat sich für mich geschämt und mich gescholten wegen meines Lachens. Heute weiß ich natürlich, dass Oswalt Kolle mit seinen Filmen zur Aufarbeitung der verhockten und verklemmten Nachkriegszeit beitragen wollte.

Eines Tages, gegen Mittag rief mich Herr Wollach an und bat mich zu ihm zu kommen. Er säße mit zwei Herren aus Regensburg, die für ihre Gemeinde einen Lehrer suchten, in der koscheren Gaststätte der Gemeinde. In Regensburg brauche man einen ›Alleskönner‹, und er habe mich wärmstens empfohlen. Ich sah mir die Herren an. Sie wirkten auf mich sympathisch und sehr solide. Sie haben alles getan, um mir Regensburg schmackhaft zu machen. Ich hätte dort alle Chancen und Möglichkeiten, es sei eine angenehme Gegend, die Bezahlung wäre gut, man würde sich auch um eine Wohnung für mich kümmern, und ich würde mich sicher wohlfühlen. In den Tagen danach habe ich Herrn Wollach mehrfach konsultiert. »Ich rede mit Ihnen wie mit einem Sohn«, sagte er. »Das Engagement wäre für Sie aus folgenden Gründen günstig. Sie könnten Ihre Sprachkenntnisse vervollständigen (ich war bei weitem nicht perfekt – wenn es galt biblische Angelegenheiten zu erörtern, kam ich ins Schleudern, der Spezialausdrücke wegen), Sie haben neben der Unterrichtstätigkeit viel Zeit, sich fortzubilden, außerdem sind Sie geografisch gesehen Ihren Eltern näher und können dafür sorgen, dass sie auch auswandern können.« Ich habe seinen Rat befolgt, und meine Zusage wurde in Regensburg freudig aufgenommen. Man ließ mich wissen, dass das Schuljahr bereits im September beginnen würde, und ich sollte doch möglichst rasch umziehen. Mitte August habe ich mich von der Familie Wollach und von Stuttgart verabschiedet und bin mit der Eisenbahn nach Regensburg gefahren.

Von meinem Vater hatte ich immer gehört, dass die D-Züge der Deutschen Bahn die pünktlichste, ordentlichste, sauberste und schnellste Verbindung seien. Aber von Stuttgart bis Regensburg musste man zweimal umsteigen. In Nürnberg hatte ich Zeit bis zum nächsten Anschluss. Ich war von der Altstadt überwältigt, die nach der Zerstörung wieder aufgebaut worden war. Es war wie ein Zauber. Vor allem die Brückchen hatten es mir angetan, mit denen für mich die Romantik der Märchen von Hauff und Grimm wieder aufzuerstehen schien.

Die Vertreter der Regensburger Gemeinde haben mich sehr nett empfangen und in einem Studenten-Appartementhaus in der Herrichstraße untergebracht. Das Appartement war mit einer Kochnische ausgestattet. Am nächsten Tag hat man mir einen Kühlschrank, Fernseher und was man sonst so braucht, besorgt. Ich war wirklich im Rahmen des Möglichen glücklich und zufrieden. Regensburg war mir ein Begriff von Ungarn her, nicht nur, weil die Stadt auch an der Donau liegt wie Budapest, sondern ich wusste auch, dass es eine alte Römerstadt ist und noch dazu eine reiche jüdische Vergangenheit besitzt.

Die Regensburger Gemeinde gilt als eine der ältesten Deutschlands. Schon um das Jahr 1000 wird sie zum ersten Mal urkundlich erwähnt. Fünfhundert Jahre lebten Juden mehr oder minder friedlich in Regensburg, bis sie 1519 in einem großen Pogrom aus der Stadt vertrieben wurden. Die Synagoge wurde zerstört, der Friedhof geschändet. Steine dieser Orte wurden bis nach Straubing als Trophäen verschleppt und wie in Regensburg in Hauswände eingemauert. »Am Judenstein« heißt einer der Plätze Regensburgs. Bei großflächigen archäologischen Ausgrabungen der jüngsten Zeit wurden unter dem Neupfarrplatz die mittelalterlichen Keller des Judenviertels entdeckt. Im *document Neupfarrplatz* kann man das unterirdische Ghetto besichtigen. So war ich ziemlich neugierig und gespannt. Ich wurde nicht enttäuscht, denn Regensburg gehört sicher zu den schönsten Städten Deutschlands. Alles in allem, wenn ich heute so zurückdenke, kann ich sagen, dass dieses Jahr in Regensburg zu den ruhigsten und glücklichsten in meinem Leben gehörte, obwohl die politische Situation 1968 europapolitisch und auch weltpolitisch ziemlich angespannt war.

Doch zum Fußfassen war diese Zeit enorm günstig, denn die Konjunktur lief in Deutschland wieder auf Hochtouren. Ich habe mir vom ersten Tag an eine Tageszeitung abonniert und sie fleißig gelesen. Es ging mir nicht nur um Information. Ich machte die Erfahrung, wie gut man sich über die Zeitung und auch über die Nachrichten im Fernsehen sprachlich weiterbilden kann. Die politischen Magazinsendungen mit ihren Interviews und Gesprächen waren zwar allesamt nicht auf meiner Linie, aber sie haben mir sehr geholfen, mich in der Wirklichkeit hierzulande zurechtzufinden, auch in der Parteienlandschaft und den ganzen Mechanismen des politischen Lebens. Es war für mich ein Phänomen, wie dieselben Menschen, die eine Nazidiktatur mitgetragen haben, voll und ganz hinter der Demokratie stehen und offen, freundlich, zuvorkommend und höflich den Ausländern und auch den Juden gegenüber sind.

Auf den Straßen wurde ich natürlich als Fremder identifiziert und überall, auch in den Geschäften, wurde ich so nebenbei gefragt, woher ich käme. Und wenn ich dann sagte »Ungarn«, kam man ins Gespräch, weil die einen im Urlaub, die andern noch im Krieg in Ungarn gewesen waren. An einem Abend wollte ich in der Eckkneipe in der Nachbarschaft meiner Wohnung ein Bier trinken. Es war, genau gesagt, am 21. August. Tags zuvor waren die Truppen des Warschauer Paktes in der Tschechoslowakei einmarschiert. Wie in Ungarn in den literarischen Cafés gab es hier zu meiner Verwunderung einen Stammtisch mit dem Stammtischtäfelchen aus Kupfer. In einer Kneipe ein Stammtisch? Das war neu für mich. An diesem Tisch saßen bereits einige Männer, und ich dachte, die würden zu den örtlichen Honoratioren gehören. Ich habe mich an den Nebentisch gesetzt und sah zu meinem Staunen, dass auch der Verwalter unseres Hauses in der Runde saß. »Kommen Sie doch rüber, Herr

Berger. Setzen Sie sich doch zu uns. Sie werden doch nicht allein dort in der Ecke sitzen.« – »Entschuldigen Sie bitte, aber das ich doch ein Stammtisch, und ich dachte, der sei für Ihren Club reserviert.« – »Nein, Sie sind herzlich bei uns eingeladen. Kommen Sie zu uns.« Natürlich haben sie mich gefragt, wie es mir gefällt in Bayern. Bei dem Gespräch wurde mir schnell klar, dass Bayern und Deutschland ›zwei Paar Stiefel‹ sind. »Mir san mir!« Hier in Bayern spürte man sofort den politischen Behauptungswillen. Wenn es um die gesellschaftlichen Verhältnisse ging, steckte in jedem Satz eine verdeckte Polemik gegen »die Herrschaften in Bonn«, insbesondere gegen die »Sozis« und gegen die Leute, die das schöne Bayernland kaputt machen wollen. Was man aber nicht zulassen würde. Diese bäuerliche, ländliche Gemütlichkeit und ihre Witze haben auf mich wie ein Stück Heimat gewirkt, und ich fühlte mich zurückversetzt in eine ungarische Dorfkneipe.

Die Runde wollte natürlich wissen, wie es in Ungarn jetzt so läuft. »Wissen Sie – Kommunismus – Diktatur … Sie sehen es an den Tschechen, was mit ihnen geschieht. Was meinen Sie, was passiert, wenn die Russen vergessen, an der Grenze stehen zu bleiben.« Man schrieb, wie gesagt, den 21. August. »Ist denn das vorstellbar?« – »Nach meinem Verständnis schon.« In unser Gespräch mischten sich gegen später auch einige Studenten ein, die ziemlich kontrovers mitdiskutierten. Besonders einige Mitglieder des RCDS haben mir aufmerksam zugehört. Ich berichtete, wie ich den Aufstand von 1956 erlebt habe. Eine Woche später kam einer der Studenten zu mir und fragte: »Hören Sie, wir wollen eine Demo gegen die Russen machen. Wollen Sie nicht als Redner auftreten?« Mir fehlte damals noch die nötige Sprachgewandtheit und Erfahrung, um eine Rede halten zu können. Außerdem hatte ich Angst, dass die ungarische Stasi mithört. »Meine Eltern sind noch drüben und ich möchte deshalb hier nicht auffallen.« Da war sie wieder, die alte Angst. »Sie glauben das doch nicht!« – »Nein, ich glaube nicht, sondern bin davon überzeugt, dass hier auch unter uns Spitzel sind.« –

»Wir leben doch im freien Deutschland!« – »Ja, aber vergessen Sie nicht, die freie Presse hat über die Ereignisse des Jahres 1956 berichtet, sie hat fotografiert, und just diese Fotos haben damals den Kommunisten nach der Niederschlagung des Aufstandes die Möglichkeit gegeben, der Leute, die auf den Fotos festgehalten wurden, wieder habhaft zu werden und sie womöglich hinzurichten. Auch dann, wenn sie nur völlig unbeteiligt dabei standen.« – »Hier sind wir doch nicht in Ungarn!« – »Bitte nehmen Sie mir es nicht übel, aber für mich ist Vorsicht eine ernste Sache.« Da wurde ich dann in Ruhe gelassen. An dem Stammtisch war ich weiterhin gern gesehener Gast.

Wie gesagt, ich fühlte mich wohl und war mit soviel Idealismus und gutem Willen erfüllt, in Deutschland Fuß zu fassen. Dennoch, das intellektuelle Klima, die Theater, die kulturellen Anregungen Budapests fehlten mir sehr. Der Ostblock hatte im Bildungsbereich einen anderen Weg eingeschlagen als der Westen. Kultur und Wissen hatten dort einen ganz anderen Stellenwert als in der Bundesrepublik. Hier stand der Konsum im Vordergrund und alle Welt wollte verreisen. Und was die Lektüre betraf: Die Bücher waren sündhaft teuer für mich, und ich war froh, dass ich mir in den Bibliotheken vieles ausleihen konnte, wenn auch die Beratung längst nicht so kompetent war wie in Ungarn. Auch das war mir neu: Hier verkauften Buchhändler Bücher wie andere Oberbekleidung. Ob man einen Anzug kaufte oder ein Buch, war völlig gleichgültig.

Das Einleben in diese Konsumgesellschaft verband sich für mich mit überraschenden und amüsanten Erlebnissen. So sprach mich in der Gemeinde einmal ein Herr an: »Hm, einen sehr schönen Anzug haben Sie da an.« – »Oh, danke schön.« Er war Besitzer eines Kaufhauses, und ich dachte, er will mir ein Kompliment machen. Aber: »Wenn Sie in unser Kaufhaus kommen würden, könnten Sie bei uns auf Ihren Einkauf Prozente bekommen.« Ich habe ihm im Brustton meiner Ostblock-Erziehung geantwortet: »Entschuldigen Sie, in einen Laden, in dem es Prozente gibt, wo es keine

Fixpreise gibt, gehe ich nicht hinein.« Er hat mich groß angeschaut und sicherlich gedacht, ich sei meschugge. Aber ich hatte das so von meinem Vater gelernt. Wir sind in Budapest sehr oft durch die Stadt gegangen, und in den Erinnerungen meines Vaters lebte noch die Vorkriegszeit mit der Vielfalt von Geschäften. Kaufhäuser gab es wenige, und ernstzunehmende Leute haben nicht im Kaufhaus eingekauft. Er hat mich auf namhafte Geschäfte hingewiesen, auf bekannte Schneider oder Textilhändler. Am Rande des jüdischen Viertels reihte sich ein Konfektionsgeschäft an das andere. »Hier in dieser Straße«, erzählte er mir, als wir zur Synagoge gingen, »waren vor dem Krieg die Secondhand-Läden. Dort wurde so lange gehandelt bis am Ende ein Preis feststand, an dem sich der Händler dumm und dämlich verdienen konnte, und der Kunde davon überzeugt war, ein Schnäppchen gemacht zu haben.« Geschäfte ohne feste Preise durfte man also in meiner Vorstellung nicht betreten. Natürlich habe ich nach kurzer Zeit eingesehen, dass meine Arroganz eine riesige Dummheit war. Das Ganze war für mich aber auch ein Lehrstück, und für jedes dieser Lehrstücke war ich im Nachhinein sehr dankbar.

In diesem Kontext noch eine andere Geschichte. Die Eltern meines Freundes aus Wien hatten mich vermutlich als Schwiegersohn auserkoren und mich wohl auch an der Angel gehabt, was ich spät, aber nicht zu spät bemerkt habe. Sie hatten nämlich außer dem Sohn auch noch zwei Töchter. Die Jüngste, die sehr nett war, habe ich in Wien bei meiner Durchreise kennengelernt. Aber die ältere Tochter sollte natürlich zuerst an den Mann gebracht werden. Der Vater meines Freundes hat mich also für einen halben Tag besucht. Er sagte, er würde mir »ein Angebot« machen. Ich war von Sonderangeboten in Regensburg schon ziemlich bedient, aber nach diesem Besuch da wusste ich wirklich, was das heißt: »ein Sonderangebot«. Ich sei doch noch nie in Israel gewesen, sagte er zu mir, und ich sollte auf seine Kosten nach Israel fahren, dort eine Woche verbringen und seine Tochter kennenlernen. Er hat mir Fotos von ihr gezeigt. Er hätte meine Eltern kennengelernt und wüsste, aus welchem Milieu ich komme, er hätte Zutrauen zu mir, usw., usw. »Aber ich kann doch nicht nach Israel zu Ihrer Tochter fahren und sagen, ich bin jetzt da, ich will Sie kennenlernen.« – »Hören Sie zu, das arrangieren wir so, dass es natürlich ausschauen wird.« – »Verzeihen Sie, das geht nicht.« – »Wieso haben Sie Hemmungen? In Israel wandern zigtausend Menschen herum, und man trifft sich da und dort.« »Entschuldigen Sie bitte, ich habe hier meine Arbeit erst angefangen.« – »Machen Sie Pause, Ferien!« – »Nein!«

Er hat gottlob nicht weiter insistiert, und wir unternahmen noch einen kleinen Stadtspaziergang. Plötzlich fragte er mich: »Gibt es hier ein besseres Geschäft, ich muss mir Hemden kaufen.« Da kommt er aus Wien und muss in Regensburg Hemden kaufen! Das war für mich auch neu. Er geht also in das Geschäft in der Maximilianstraße, der Haupteinkaufsstraße von Regensburg, ich mit ihm, er sucht sich zwei, drei Hemden aus und fragt nach dem Preis. Dann will er wissen, was es kosten würde, wenn er zwei Hemden mitnehmen würde. Es war ein feines Herrengeschäft, und die Verkäuferin beginnt zu lächeln. Ich dachte, ich versinke in Grund und Boden. Fängt der hier an zu handeln! Zu meinem Staunen kommt die Chefin persönlich und fragt: »Ja, mein Herr, was kann ich für Sie tun?« – »Wenn ich die zwei Hemden nehme, wie viel Prozente bekomme ich?« Ich schämte mich und dachte, jetzt fliegen wir raus. Von wegen! »Wir können Ihnen 3 Prozent Skonto geben.« – »Sorry, 3 Prozent Skonto geben Sie doch jedem, aber ich bin aus Wien gekommen.« Er hat letztendlich fast 10 Prozent Nachlass auf die zwei Hemden ausgehandelt.

Ich naive Seele war perplex und habe meine neuen Erkenntnisse sofort in einer Buchhandlung ausprobiert. Doch da hieß es plötzlich: »Aber mein Herr, bei Büchern kann man nicht handeln.« – »Wieso bei Hemden ja und bei Büchern nicht?« – »Bücher haben eine Preisbindung!« – »Ist das Ihr Ernst?« – »Ja, es sei denn, Sie nehmen etwas von draußen, vom Ramsch.« – »Das verstehe ich nicht.«

– »Aber so ist es hier in Deutschland!« Ich habe in den folgenden Wochen alle Geschäfte getestet, auch wenn ich nichts gekauft habe. Ich war in den Läden die sozialistische Muffigkeit gewohnt, und hörte hier immer ein freundliches: »Was darf es denn sein?« Das hat mir riesigen Spaß gemacht. Bei einem meiner Streifzüge bemerkte ich in einem Kaufhaus ein Touristen-Paar aus Ungarn. Ich war neugierig, wie sie auf die Warenvielfalt reagieren würden. Sie haben wie ich alles angefasst, und die Frau hat immer wieder gerufen: »Julius, schau, für fünf Mark!« oder: »Julius, guck, zwei Mark!« Da sagte der Mann plötzlich auf Ungarisch: »Halt den Mund. Da verfolgt uns schon der Detektiv des Hauses.« Und er zeigte auf mich. Ich dachte, ich breche vor Lachen zusammen.

Übrigens habe ich in Regensburg unwahrscheinlich viel gelacht. Es gab auf Schritt und Tritt Situationen, die ich irre komisch fand. Ich dachte immer, ich sitze hier alleine, die besten Gags und Witze passieren, ich lache mich tot und kann niemandem davon erzählen. Dabei war es das absolut normale Leben. In Budapest waren eine Zeit lang die »absolut«-Witze Mode. z.B.: »Also, was ist der absolute Zores?« »Der absolute Zores ist, wenn man einen Witz auf Lager hat und man kann ihn niemand erzählen.« Also dachte ich in Regensburg: »Das ist der absolute Zores.« So konnte ich nur lange Briefe nach Hause schreiben. Meine Eltern haben sich köstlich amüsiert und alle meine Briefe aufbewahrt; auch den, in dem ich ihnen schon von Stuttgart aus geschrieben habe, dass ich nie wieder nach Ungarn zurückkehren würde und wie glücklich und froh ich sei, dieses Land für immer hinter mir gelassen zu haben. Nie habe ich hier erlebt, dass ich als Ausländer oder Jude angefeindet worden wäre. Es folgte aber, wenn ich meine Herkunft offenbarte, fast immer ein stiller Moment des Luftholens nach dem Motto: »Was sage ich jetzt, was muss ich darauf antworten?« Häufig hörte ich dann: »Wir Bayern waren nie Nazis. Die Zeit war für uns widerlich und verhasst, und wir sind gottfroh, dass wir das hinter uns haben.« Getrennt hat mich von dieser bürgerlichen Behaglichkeit aber die

Gleichgültigkeit gegenüber den Menschen hinter dem Eisernen Vorhang. Auch Ostdeutschland ließ die Menschen völlig kalt. Es gab zwar ein Ostdeutsches Haus, in dem Ausstellungen veranstaltet wurden, aber sonst waren Mittel- und Ostdeutschland für Bayern so weit weg wie Australien. Regensburg liegt ja nicht weit entfernt von der Grenze zur damaligen Tschechoslowakei. Als die Rote Armee am 21. August 1968 in das Nachbarland einmarschierte, entstand ein Augenblick der Spannung. Bleiben sie an der Grenze stehen oder nicht? Nachdem die ›Spielregeln‹ von Jalta eingehalten wurden, waren die Menschen hinter der Grenze wieder vergessen.

Dieser Mangel an mitmenschlicher Solidarität dämpfte auch meine anfängliche Sympathie für die Studentenschaft an der Universität, die als Reformuniversität ja nicht nur räumlich außerhalb der Stadt lag. Die Berliner Vorgänge an der Freien Universität erregten auch hier die Gemüter. Mir gefiel die Frechheit, mit der die Studenten gegen den »Muff unter den Talaren«, gegen die Globkes und Oberländers der Ära Adenauer vorgingen. Tief beeindruckt hatte mich eine Veranstaltung im größten Hörsaal, bei der die NPD von den Studenten mit »Nazi-Raus«-Rufen zum Schweigen gebracht wurde. Wenn sich die studentische Jugend eines Landes so vom Nationalsozialismus distanziert, dann konnte ich beruhigt in die Zukunft sehen. Auf der anderen Seite erlebte ich auch Sit-ins, Teach-ins und ›Sprengungen‹ von Vorlesungen, die in Regensburg zwar gewaltlos abliefen und häufig puren Jokus ausdrückten, mich aber in manchen Szenen doch an Ereignisse im Ungarn der Zwanzigerjahre erinnerten, als jüdische Professoren in den Universitäten terrorisiert und jüdische Studenten hinausgeprügelt wurden. Meine Skepsis wuchs, als ich in Diskussionen mit den Wortführern erlebte, dass nicht nur die Ereignisse von Prag 1968 und Budapest 1956 so gut wie vergessen waren, sondern auch die Kenntnis des Marxismus-Leninismus bei ihnen über die Beherrschung weniger Schlagworte nicht hinausging.

Außerhalb des akademischen Bereichs beschränkte sich das Wissen über die Folgen vom Prager Frühling und der ungarischen Revolution fast immer auf: »Da sind viele Leute zu uns gekommen wie nach dem Krieg.« Das klang wie eine ferne Kindheitserinnerung, obwohl die Ereignisse erst zwölf Jahre zurücklagen. Unwillkürlich hörte ich dann auch genauer hin, wenn von dieser Zuwanderung »nach dem Krieg« die Rede war. Von alteingesessenen Bayern hörte man nicht viel mehr als: »Ha ja, mir ham auch viele Emigranten, Tschechen und Sudeten.« Die Betroffenen wurden schon deutlicher: »Ja, die haben uns sehr unschön aufgenommen hier; es hat Jahre gedauert, und wir sind immer noch fremd.« Das Wirtschaftswunder ermöglichte den Tüchtigen von ihnen aber materielle Sicherheit und die überdeckte den Mangel an menschlicher Zuwendung.

Die Geschichte eines Freundes belegt, dass in der jüdischen Szene die Verhältnisse nicht anders waren. Er war 1956 zu seiner Schwester nach Regensburg gekommen und suchte Anschluss in der jüdischen Gemeinde. »Woher kommen Sie?« – »Aus Ungarn.« Da hat man ihn kalt empfangen, denn die Mehrheit der Gemeinde stammte aus Lodz, und für diese Polen waren die Madjaren Menschen dritter Klasse. Ein Lederfabrikant wollte ihn als Kohlenschlepper beschäftigen. Er fand dann doch Arbeit als Kfz-Mechaniker. Obwohl er keine Kenntnisse über die Verhältnisse in Deutschland hatte und die Sprache nicht beherrschte, auch Schwester und Schwager kaum helfen konnten, hat er Frau und zwei Kinder durchgebracht und nach fünf Jahren in einem Schuppen eine eigene Werkstatt eröffnet. Der Auto-Boom kam für ihn zur richtigen Zeit. Zuerst schuftete er allein, später konnte er einen Helfer beschäftigen. Zu meiner Zeit besaß er schon einen richtigen Betrieb mit vier oder fünf Mechanikern, einer Konzession von Peugeot, und die Buchhaltung wurde selbstverständlich von seiner Frau erledigt. Er konnte seine Stadtwohnung aufgeben und außerhalb Regensburgs für seine Familie ein Haus bauen. Für mich war es ein Wunder, dass ein solcher Aufstieg in so kurzer Zeit möglich war. Wir blieben auch nach meinem Weggang aus Regensburg in Kontakt. Auf der grünen Wiese hat er später eine größere Werkstatt gebaut mit großzügigen Hallen für den Neuwagen-Verkauf. Damit nicht genug. Er pachtete eine Gastwirtschaft und betrieb über Jahre hin ein florierendes ungarisches Restaurant. Für einen Laien auf diesem Gebiet ein mutiges Unterfangen! Seine Schulden hat er abbezahlt, seine Kinder studieren lassen, und als er gesundheitliche Probleme bekam, seine Betriebe verkauft. Aber ein ruhiges Rentnerleben war seine Sache nicht. Er baute eine neue Firma auf, die dann sein Sohn übernahm. In und um Regensburg betrieb er Waschstraßen mit der Möglichkeit, dort auch kleine Autoreparaturen erledigen zu lassen. Wenn er auch mit der Motorisierung voll in die wirtschaftliche Entwicklung passte, heutzutage sind Menschen mit solchem Unternehmergeist und solcher Risikobereitschaft Mangelware. Ich sagte ihm immer wieder: »Du bist für diese Welt, für Deutschland geboren worden.« Er beteuerte häufig, er habe kein Heimweh, denn wegen der Erniedrigungen, die er habe erleiden müssen, sei es ihm um jeden Tag leid, den er in Ungarn verlebt hätte.

Warum bin ich trotz der angenehmen, interessanten und lehrreichen Zeit nicht in Regensburg geblieben? Ich bemühte mich von Anfang an, meine Eltern aus Ungarn herauszuholen. Das war aber aussichtslos, solange mein eigener Status nicht geklärt war. Der Eile wegen war ich mit einem Touristen-Visum ausgereist, das in Stuttgart verlängert worden war. In Regensburg erhielt ich eine Aufenthaltserlaubnis, da ich für den jüdischen Kultus unerlässlich sei. Sie war allerdings befristet für die Zeit meiner Tätigkeit in dieser Gemeinde. Im Falle der Ausreise meiner Eltern musste ich außerdem für ihre materielle Existenz einstehen, und dazu reichte mein unsicherer Status keinesfalls. Ohne eine unbefristete Aufenthaltserlaubnis blieben also alle Versuche in dieser Richtung aussichtslos. Ich wollte mit Hilfe der Gemeinde das Problem lösen. Ins Gesicht hat mir niemand gesagt: »Das ist jetzt nicht mehr unser Problem, das ist Ihr Problem!« Aber man hat es mich spüren lassen. Wahrscheinlich befürchtete man, womöglich für meine Eltern aufkommen zu müssen. Die Welt hat sich nicht verändert. Auf solche Reaktionen stießen auch häufig Juden, die dem Faschismus entfliehen wollten, bei Gemeinden in Amerika, Schweden und anderswo. Deshalb streckte ich meine Fühler zu anderen Gemeinden aus, die mir und meinen Eltern helfen wollten.

Die entscheidende Weichenstellung, wie die Frage meines Status zu lösen sei, geschah jedoch noch in Regensburg: Ein Wohlmeinender gab mir den Rat, mich an Hermann Höcherl zu wenden. Der gewiefte Anwalt war zwar damals Landwirtschaftsminister in Bonn, hielt aber in seiner Eigenschaft als Regensburger Abgeordneter immer wieder Sprechstunden in seinem Wahlkreis ab. Ich schilderte ihm meine Situation. Wegen meines Namens fragte auch er, ob wir aus Deutschland stammten. Der Name »Berger« klingt zwar Deutsch, ist in Ungarn aber völlig eindeutig ein jüdischer Name. Doch ich erinnerte mich an die Familienerzählung, nach der meine Urgroßeltern aus Oberschlesien nach Ungarn gekommen waren. »Wenn Sie das irgendwie nachweisen könnten, dann könnten Sie im Sinne des Heimkehrergesetzes als Vertriebener gelten.« Das konnte ich nicht. Höcherl führte einige Telefongespräche und meinte dann, das Problem lasse sich in diesem außergewöhnlichen Fall auch ohne schriftliche Dokumente lösen. Aber hieß das nicht, die Ausreise meiner Eltern würde sicher untersagt, wenn in Ungarn bekannt würde, dass ich in Deutschland als Vertriebener gelte. Auch dafür fand er eine Lösung. Er schrieb den betreffenden Ämtern, es handele sich bei mir um einen »Vertriebenen«, der das aber offiziell nicht geltend machen könne, solange sich seine Eltern, die ja ebenso »Vertriebene« seien, noch in Ungarn aufhielten. Von nun an lebte ich unter »fester Duldung«, und von diesem gesicherten Status aus konnte ich die Ausreise meiner Eltern betreiben, die nach ihrer Ankunft in der Bundesrepublik denselben Status erhalten würden. Wir verdanken also Hermann Höcherl den entscheidend richtigen juristischen Rat und die nachdrückliche Hilfe, die mir und meinen Eltern die Einbürgerung in Deutschland ermöglicht hat. Abgeschlossen wurde das Verfahren zwar erst in meiner Dortmunder Zeit, die dankbare Erinnerung an die entscheidende Weichenstellung und ihren Urheber, den vorzüglichen Anwalt und hilfsbereiten Politiker, gehört aber zu meinen guten Erinnerungen an Regensburg.

Die Weichen werden gestellt

Meine Zeit in Regensburg war schön und sehr hilfreich für mein Einleben in Deutschland. Ein Ergebnis der Eingewöhnung war allerdings, wie gesagt, die klare Erkenntnis, dass ich von hier aus die Ausreise meiner Eltern nicht würde bewerkstelligen können. Ich musste also eine andere Stelle suchen. Ich beriet mich mit dem Rabbiner Ernst Roth in Frankfurt, der vor seiner Flucht 1956 Rektor unseres Budapester Rabbinerseminars gewesen war und der auch meinen Vater gut gekannt hatte. Er konnte mir leider nur mit einigen praktischen Tipps helfen. Dann sprach ich mit Rabbiner Emil Davidovicz s.A. in Dortmund. Auch er konnte mir nicht viel versprechen. Als Lehrer könne ich zu ihm kommen. Von Dortmund aus hätte ich aber mehr Möglichkeiten, und er würde mir die nötige Hilfestellung geben. Dieses Versprechen hat er auch gehalten. Die Ausreise meiner Eltern würden wir auf irgendeine Weise ermöglichen. Das gab den Ausschlag.

Im Spätsommer 1969 brach ich auf nach Dortmund. Nach dem beschaulichen Regensburg war das eine andere Welt, zumal jetzt, da der Wahlkampf für den Bundestag dem Höhepunkt zustrebte. In Bayern stand von vornherein fest, dass die CSU die beherrschende Kraft bleiben würde, und damit hielt sich die Spannung auf das Wahlergebnis in engen Grenzen. Anders in Nordrhein-Westfalen. Hier hatte die SPD die Mehrheit, und alle hofften auf Willy Brandt. Am Wahlabend war ich bei einer der üblich gewordenen Wahlpartys eingeladen und erwartete, noch von Regensburg geprägt, keinen grundsätzlichen Wechsel. So überraschte mich der Jubel meiner Umgebung, die trotz der Überlegenheit der CDU sofort an eine SPD/FDP-Koalition unter Willy Brandt und Walter Scheel glaubten. Trotz einer hauchdünnen Mehrheit ist dieses Bündnis dann ja auch zustande gekommen.

Schon meine ersten Schritte in Dortmund haben mich gelehrt, dass diese Stadt ganz anders ist. Zu einem Vorstellungsgespräch war ich in der Frühe am Hauptbahnhof angekommen, sah ein großes U, fand aber keinen Eingang zur U-Bahn-Station. Passanten, die ich befragte, lachten laut. Das wisse doch jedes Kind, dass ein U in Dortmund für Union-Bier steht. An das Dortmunder Bier, das nicht so würzig, aber herber ist als das bayerische, habe ich mich bald gewöhnt, allerdings hauptsächlich an das DAB-Bier der Dortmunder Aktienbrauerei. Vermutlich, weil ihre Farben grün und weiß waren, wie die meines Fußballvereins in Budapest.

Schwieriger war das Einleben in der Gemeinde. In Regensburg gab es ein deutsches Ehepaar, alle anderen Mitglieder stammten aus Kongresspolen, aus der Gegend von Sosnowiec und Lodz. Für sie galt schon ein Galizianer als Außenseiter. Auch hier in Dortmund fand ich viele Ostjuden, die aus Polen eingewandert waren. Einige waren schon vor dem Krieg nach Dortmund gekommen. Sie waren in der Nazizeit interniert und nach Polen abtransportiert worden. Trotz allem sind sie nach Deutschland zurückgekehrt. Zu diesen Familien gehörten auch Jugendliche, um die ich mich als Lehrer vor allem kümmern sollte. In der Repräsentanz waren diese ehemaligen Polen vertreten, aber die Führungspositionen der Gemeinde waren ausschließlich von deutschen Remigranten besetzt, die noch die Mehrheit in der Gemeinde besaßen. Ich sage »noch«, denn es waren fast ausschließlich alte Menschen. Sie hatten sich im Exil aufgrund ihres Alters oder sonstiger Umstände nicht eingewöhnen können und waren nach Deutschland zurückgekehrt – meist aber nicht in ihre alten Heimatstädte Köln, Recklinghausen,

Gelsenkirchen oder Bottrop. Die Erinnerungen schmerzten dort zu sehr, und die Gefahr war zu groß, auf einem Amt oder anderswo plötzlich einem früheren Peiniger zu begegnen. So zogen sie zwar wieder in die vertraute Heimat, nicht aber an den allzu bekannten früheren Wohnort. Der Gemeindevorsteher von Dortmund war Dr. Fritz Klestadt, ein hochanständiger, netter und absolut ehrlicher Arzt, der mit seiner Familie aus Israel wieder nach Dortmund zurückgekehrt war. Die meisten Gemeindemitglieder lebten von einer kleinen Rente und unterschieden sich in nichts von anderen Westfalen. So trafen sich die Männer ab Freitagnachmittag im Gemeindehaus und spielten bis zum Beginn des Gottesdienstes Skat. Ich sah so etwas zum ersten Mal und war einigermaßen entsetzt. Aber Rabbiner Davidovicz hat mich belehrt: »Das ist äußerst günstig. Da sind die Männer sofort zum Gottesdienst anwesend und nachher gehen sie brav nach Hause, wie sich das gehört.«

Baulich war die Gemeinde in Dortmund sehr gut ausgestattet. In Regensburg hatte das Land auf dem Grundstück der zerstörten Synagoge für die Gemeinde ein Mehrzweckgebäude für Synagoge und Kulturraum errichtet. In Dortmund wurde bei meiner Ankunft gerade schon wieder gebaut. Das Grundstück der zerstörten Synagoge lag an prominenter Stelle am Ostwall. Die Stadt benötigte es für ein neues Theater und tauschte es ein gegen Grundstücke auf beiden Seiten der völlig zerstörten Prinz-Friedrich-Karl-Straße. Auf der einen Seite errichtete man eine bescheidene, aber doch schön ausgestattete Synagoge, die für die damalige Gemeinde ausreichte. Daneben ein zweckmäßiges Verwaltungsgebäude mit Küchen und Büros. Dazu kam in Form von Reihenhäusern ein Altersheim, in dem auch viele, meist alleinstehende Gemeindemitglieder untergekommen waren. Auf der anderen Straßenseite erbaute man ein Wohnhaus. Im Erdgeschoss war das Büro für den Landesverband der jüdischen Gemeinden Westfalens untergebracht, Zentrale aller Gemeinden in diesem Landesteil. Im ersten Stock lag das Büro des Rabbiners, im zweiten Stock seine Wohnung. Im dritten Stock gab es zwei Wohnungen. Eine davon, vollständig bis zur Bettwäsche eingerichtet, war mein neues Zuhause. Ich bezog erstmals eine richtige Wohnung mit mehreren Zimmern, zwar nur standardmäßig eingerichtet, aber doch mein eigenes Reich. Eine unbeschränkte Aufenthaltsgenehmigung war mir auch ohne Probleme erteilt worden. Zum ersten Mal hatte ich als zweiunddreißigjähriger Mann mit anständiger Stelle, eigener Wohnung und sicherem Aufenthaltsrecht den Status eines bürgerlich etablierten Menschen erreicht.

Die wichtigste Bezugsperson in der Gemeinde war für mich zunächst natürlich ihr Rabbiner. Emil Davidovicz stammte aus der Karpato-Ukraine. Er hatte in Wien studiert und war nach dem ›Anschluss‹ an das Rabbinerseminar in Budapest gekommen. Er gehörte zu den Absolventen, die ihr Rabbiner-Diplom nichtöffentlich verliehen bekamen, weil sie zwar aus dem alten Ungarn stammten, nach Trianon offiziell aber als Ausländer galten. Die Karpato-Ukraine, ein Teil der Tschechoslowakei, wurde nach den Bestimmungen des Münchener Abkommens an Ungarn zurückgegeben, und das führte auch für ihn zu schrecklichen Konsequenzen. In der Slowakei gab es Möglichkeiten, sich den Deportationen zu entziehen. Die Ungarn dagegen haben sofort und lückenlos deportiert. Auch er kam nach Auschwitz. Seine Familie hat nicht überlebt. Lebenslang hasste er deshalb alles Ungarische und ging nach dem Krieg in die Tschechoslowakei. Diesem Land rechnete er es hoch an, dass es bis zum Reichsprotektorat den Juden einen Nationalitätenstatus eingeräumt hatte, der zum Beispiel hebräische Gymnasien ermöglichte. Emil Davidovicz amtierte als Rabbiner an der Seite des Prager Oberrabbiners Sicher und wurde dessen Nachfolger, bis die Kommunisten ihn Anfang der Sechzigerjahre als Zionisten einsperrten. Irgendwie gelang ihm die Auswanderung nach Israel und dort erhielt er den Ruf nach Dortmund. Trotz seiner Aversion gegen Ungarn gewannen wir ein sehr gutes Verhältnis. Man musste sich nur an seine steife Art, die auch in der Gemeinde Animositäten verursachte, gewöhnen. In seiner Amtsführung war er absolut präzise. Ich wunderte mich anfangs, dass er mir manche Dinge schriftlich mitteilte und auch eine ebensolche Antwort erwartete, obwohl wir doch im selben Haus wohnten. Insofern war er deutscher als alle Deutschen. Von seinem Pragmatismus zehre ich bis heute. Ich erinnere mich zum Beispiel an seine Antwort auf die Frage, wem er bei der bevorstehenden Bundestagswahl seine Stimme geben werde. In seiner Art – bei grundsätzlichen Bemerkungen neigte er zum Dozieren – sagte er: »Meine Herren, ich wähle immer so, dass die Sozialdemokraten in einer starken Opposition sein mögen und diese mutig vertreten können.« Zu unserem guten Verhältnis hat wesentlich auch seine Frau beigetragen, die überaus offen, hilfsbereit und liebenswürdig mich und bald auch meine Familie aufnahm. Leider ist Davidovicz nach schwerem Krebsleiden allzu früh verstorben.

Nach noch nicht einmal einem Jahr kam von der benachbarten Düsseldorfer Gemeinde ein Anruf. Sie hätten einen Mangel an Religionslehrern, und ob ich nicht neben meiner Dortmunder Tätigkeit an einem Nachmittag die zwei älteren Klassen bei ihnen übernehmen könne. Die Schüler müssten auf das Abitur vorbereitet werden, und als diplomierter Lehrer könne ich das den Kollegen abnehmen. Rabbiner Davidovicz gab mich dafür frei. Es erwarteten mich bei den Schülern keine leichten Typen, aber ich konnte sie bändigen. Anscheinend waren alle mit mir zufrieden, denn noch vor Ende des Schuljahres lud man mich ein zu einer Sitzung des Landesverbandes Nordrhein. Ihr Rabbiner in Düsseldorf sei alt und brauche Unterstützung. Ob ich als Zweit-Rabbiner, zuständig vor allem für die Jugendarbeit und die Gemeinden außerhalb Düsseldorfs, kommen wolle. Ich stand kurz vor meiner Heirat, und natürlich hat es mir geschmeichelt, als Rabbiner anerkannt zu sein. Ich beriet mich mit Rabbiner Davidovicz und rechne ihm hoch an, dass er meinen Wechsel nach Düsseldorf nach so kurzer Amtszeit nicht behinderte, sondern mir zuredete, diese Chance zu ergreifen.

So kurz meine Tätigkeit in Dortmund dauerte, so fortdauernd wichtig blieb mir diese Station. Ich begann meine Einbürgerung zu betreiben, meine Eltern fanden hier für viele Jahre eine gute Heimstatt und, das Wichtigste von allem, ich lernte meine Frau kennen. Alle drei Ereignisse sind isoliert nicht zu verstehen, sie wirkten aufeinander ein, und meine Eltern stellten, wie bei allen bedeutenden Ereignissen meines Lebens, bewusst oder unbewusst die entscheidenden Weichen.

Bürokratische Geschichten

Wie mir Hermann Höcherl empfohlen hatte, betrieb ich für mich und meine Eltern die Anerkennung als »Heimatvertriebene«. Vor den entsprechenden Ämtern musste man das, wie gesagt, belegen und ich hatte keine Unterlagen. Offiziell oder auf dem Postweg konnte ich auch keine bekommen. Meine Eltern haben daher Reisenden von und nach Budapest immer wieder alles Mögliche mitgegeben: Bücher, die mir wichtig waren, oder auch Dokumente. Die wurden mir überbracht oder bei Vertrauenspersonen deponiert. Entscheidend war für die Behörde die Herkunft aus dem deutschen Kulturkreis. Wie sollte ich das beweisen? Meine Eltern besorgten beim orthodoxen Rabbinat eine Bescheinigung, dass ich Schüler der Torat Emet-Schule gewesen und deren Unterrichtssprache deutsch war, aber hauptsächlich war ich doch auf Zeugen angewiesen, und da hat mein neu gewonnenes Vertrauen zu Deutschland zum ersten Mal einen Knacks bekommen.

Nach der Familiensaga hatte ein Vorfahr in Hindenburg in der Altmark bei Stendal gelebt. Im Altersheim erinnerte sich ein Bewohner an ein Sportgeschäft in Hindenburg mit Namen Berger, und er wusste auch noch, in welcher Straße des Orts der Laden gelegen war. Ob ich noch andere Zeugen als meinen Altenheimbewohner benennen könne, fragte der Beamte: »Nehmen Sie es mir nicht übel, ich bräuchte ›andere‹ Zeugen. Haben Sie nur jüdische Zeugen? Wissen Sie, wenn es zur Entscheidung kommt, dann ist es für Sie besser, wenn Sie auch nichtjüdische Zeugen benennen können.« Diese rassistische Unterscheidung war zwar eine Frechheit, aber einen Streit um den Wert jüdischer oder nichtjüdischer Zeugen hätte mein Anliegen stark verzögert. Das konnte ich mir nicht leisten. Zum Glück fiel mir ein Name in Mannheim ein. Am Plattensee hatten meine Eltern eine deutsche Familie kennengelernt. Die Mutter war aus Ost-Berlin gekommen und traf sich dort mit Sohn und Schwiegertochter, die in den Westen geflüchtet waren. Für uns war damals neu, dass getrennte Familien sich zu einem gemeinsamen Urlaub in Ungarn treffen konnten. Spontan boten meine Eltern Hilfe an. Frau Grüner aus Ost-Berlin nämlich fragte, wie sie vor ihrer Schwiegertochter verheimlichen könne, dass ihr Sohn das Hotel in Budapest für sie bezahle. Denn die Devisen, die den DDR-Urlaubern zugestanden waren, reichten bei weitem nicht. Meine Eltern boten ihr an, bei uns zu wohnen. Später haben wir ›Einladungsbriefe‹ an die Mutter geschickt, damit sie wieder eine Begründung für eine Reise nach Budapest vorzuweisen hatte. Mutter und Sohn konnten sich so einige Male bei uns treffen. Ich nahm Kontakt mit dem Sohn in Mannheim auf und bat ihn um eine entsprechende Bestätigung. Er kannte die deutsche Bürokratie besser als ich und hat eine ›Versicherung an Eides statt‹ abgefasst, deren feierliche notarielle Bestätigung nicht ohne Wirkung auf die Ämter blieb. Er beschrieb, wie sie aufgrund der deutschen Sprache mit unserer Familie in Kontakt gekommen waren, und dass wir die Treffen mit seiner Mutter ermöglicht haben. Er habe uns mehrfach in unserer Wohnung besucht und gesehen, dass unsere Bibliothek ganz überwiegend deutsche Bücher umfasst, in der Familie nur Deutsch gesprochen wird, und er ohne Zweifel unter Eid bestätigen könne, dass wir ganz dem deutschen Kulturkreis angehören.

Dennoch hat das zuständige Amt den Antrag abgelehnt mit der Begründung, wir seien zwar Juden, aber keine Deutschen. Darauf haben wir auf Anraten der Gemeinde einen Anwalt genommen und sind vor das Verwaltungsgericht gezogen. Unser Anwalt hat sehr scharfzüngig argumentiert, dass dieses Heimkehrergesetz unzulässig rassistisch ausgelegt werde, wenn es die Volkszugehörigkeit wie üblich nach dem Jus Sanguinis definiere, aber die kulturelle Zugehörigkeit nicht als Hauptmerkmal bewerte und damit die Juden ausschlösse. Es war mein erster Auftritt vor einem deutschen Gericht und im Grunde ein lustiger Prozess. Wäre ich nicht so aufgeregt gewesen, hätte ich noch mehr zum Lachen gehabt.

Meine Eltern lebten bereits in Dortmund, und in dem Prozess ging es auch um sie. Bei der Verhandlung kam die Biographie meines Vaters zur Sprache. Geboren als Ungar, nach Trianon Rumäne geworden, optierte er nach dem Zweiten Wiener Schiedsspruch zu Ungarn. »Wieso«, fragte der Richter »haben Sie nicht gesagt, dass Sie Deutscher sind?« – »Jude und Deutscher – damit wäre ich totgeschlagen worden.« – »Darüber können wir nicht befinden«, antwortete der Richter, »wir sind in der Geschichte nicht sachkundig.« Ich stand auf: »Dann lassen Sie es sich erklären, und ich nenne ihnen auch die schriftlichen Belege zum Nachlesen.« Unser Anwalt unterstrich meine Argumentation mit dem Hinweis, dass ich Geschichte studiert hätte. Darauf gab der Richter klein bei: »Alles in Ordnung, ich glaube Ihnen lieber.« Das hat nun mich verwundert, denn dass ein Richter nicht einem Amt, sondern ohne weiteres dem Bürger glaubt, das war mir neu. Wir sind also durchgekommen und haben – wie Hermann Höcherl es vorhergesehen hatte – einen Vertriebenenausweis und damit später auch die deutsche Staatsangehörigkeit bekommen.

Ein bürokratisch-juristisches Nachspiel hatte auch die Ausreise meiner Eltern. Zwei Jahre nach meiner Flucht erhielten sie die notwendigen Papiere. Warum so schnell? Wahrscheinlich benötigte der Staat unsere Wohnung für einen Parteibonzen oder einen anderen Prominenten. Wir haben nie nachgeforscht, wer nach uns die Wohnung bezogen hat.

Am 23. April 1970 trafen wir im Kölner Hauptbahnhof nach einer Trennung von fast zwei Jahren wieder zusammen. Dieses Datum ist mir auch deshalb bedeutend und geläufig, weil ich auf den Tag genau dreizehn Jahre zuvor aus dem Gefängnis entlassen worden war. In der Kaiserstraße in Dortmund konnte ich für sie eine schöne Wohnung mieten, die ihnen sehr gefallen hat.

Ihre Möbel wurden von einer staatlichen Spedition verpackt und versandt. Die schönen Stücke, die echten »Lingel Stilmöbel«, der ganze Stolz meiner Mutter, waren bei ihrer Ankunft teilweise zerbrochen und überall stark beschädigt. Wir haben sie sofort von einem Sachverständigen begutachten lassen, der auch bestätigte, dass der Schaden durch unzureichende und ungeeignete Verpackung und unsachgemäßen Transport entstanden war. Viele rieten zum Verbrennen und einer Neuanschaffung. Vor allem meine Mutter konnte und wollte sich mit einem Verlust nicht abfinden. Hatte sie ihre Möbel deshalb jahrzehntelang gepflegt und über Krieg und Kommunismus hinweg gerettet? Nein! Wochenlang haben deshalb tüchtige Tischler bei uns gearbeitet und alle Möbel wieder in einen so guten Zustand gebracht, dass sie bis heute der Schmuck unserer Wohnung sind. Die Rechnung, die wir bei der ungarischen Handelsvertretung einreichten, war horrend hoch. Ungarn war damals sehr darauf bedacht, gute Kontakte zur Bundesrepublik zu entwickeln, um aus der Handelsvertretung bald eine richtige Botschaft machen zu können. Zähneknirschend zwar, aber anstandslos haben sie die Rechnung auf Mark und Pfennig beglichen. Die Rettung ihrer Möbel war eine der ›Großtaten‹ meiner Mutter selig. Die Wohnung strahlte, die Möbel strahlten und meine Mutter strahlte erst recht.

Der nächste bürokratische Streit entwickelte sich um die Höhe der Rente meiner Mutter. Ohne Schwierigkeiten wurde die Grundrente für meinen Vater und die Rente meiner Mutter anerkannt. Das Problem waren die zehn Jahre von 1938 bis 1948, von der Entlassung bei Daimler-Benz bis zum Eintritt bei der AEG. Die Rentenbehörde wollte diese Jahre nur als Grundrente anerkennen. Wir argumentierten, dass meine Mutter aus rassistischen Gründen erwerbslos war. Denn von Daimler-Benz war sie aufgrund der Nürnberger Gesetze entlassen worden. Auch andere deutsche und ungarische Firmen stellten keine jüdischen Mitarbeiter ein, schon gar nicht für deutschsprachige Positionen. Nach 1945 konnte sie noch hoffen, zu ihrem alten Arbeitgeber zurückkehren zu können. Die Richter wollten der Rentenbehörde recht geben und verlangten den Nachweis der Entlassung aus rassischen Gründen. Daimler-Benz bestritt unsere Begründung und bestand auf einer »betrieblichen Umorganisation«, die im Entlassungsschreiben vorgeschoben war. Da kam ich auf die Idee, den Schriftsteller Bernt Engelmann anzurufen, der über die Nazivergangenheit großer Firmen und ihrer führenden Manager einiges publiziert hatte. Er wusste, dass Daimler-Benz die Akten gesperrt hatte, gab mir aber den guten Rat, den Vertreter der Firma zu befragen, wer zeitgleich mit meiner Mutter entlassen wurde. Meine Mutter konnte belegen, dass es drei Mitarbeiter und nur Juden waren. Damit hatten wir gewonnen, und die Rente meiner Mutter wurde erhöht. Das hat nicht nur die finanzielle Situation meiner Eltern verbessert, die bis dahin jeden Pfennig umdrehen mussten. Bei den Rabbinern und in der ganzen Gemeinde hat ihr Prozess tiefen Eindruck hinterlassen und viele, die ähnliche Probleme mit den Ämtern hatten, wurden durch das Beispiel meiner Eltern in ihren Anstrengungen ermutigt.

Trotz alledem war die staatliche Rente doch sehr schmal. Hatte meine Mutter nicht auch Ansprüche auf eine Betriebsrente von Daimler-Benz? So wie sich die Anwälte der Firma vor dem Verwaltungsgericht verhalten hatten, durften wir darauf allerdings nicht hoffen. In meiner Düsseldorfer Gemeinde hatte ich einen rührigen jungen Mann namens Paul Spiegel kennengelernt, später sollte ich erfahren, dass wir demselben Jahrgang angehörten, der

Sekretär oder Büroleiter beim Generalsekretär des Zentralrats der Juden in Deutschland war. Er verschaffte mir einen Termin bei Hendrik van Dam, dem ich unser Problem schilderte und die vorhandenen Dokumente vorlegte. Van Dam war schon seit über zwanzig Jahren Generalsekretär und ein ausgezeichneter Jurist, beschlagen wie kein anderer in allen Fragen der Wiedergutmachung und Rückerstattung von Eigentum. Seine Führungs- und Verwaltungskompetenz hat niemand angezweifelt. Dass er vom jüdischen Leben sehr viel gewusst hat, glaube ich nicht. Aber er war ein Grandseigneur der Juristerei. Van Dam war sichtlich erleichtert, dass wir kein schwierigeres Problem an ihn herantrugen. »Machen Sie sich keine Sorgen, ich werde mich dafür einsetzen und ich werde Sie informieren.« Tatsächlich, kaum eine Woche später kam die Nachricht, Daimler-Benz werde die Sache aufnehmen und sich um eine Regelung bemühen. Meiner Mutter wurde, wie schon gesagt, eine »freiwillige, jederzeit widerrufbare Familienrente« zugesprochen. An die Summe kann ich mich nicht mehr erinnern, aber für meine Mutter zählte in erster Linie der ideelle Wert. Daimler-Benz hatte ihre Leistung anerkannt und die Wertschätzung mit einer »Remuneration« – mit Stolz verwandte sie diesen Begriff bei ihren Erzählungen – ausgedrückt. Daimler-Benz hat auch ein Weihnachtsgeld bezahlt und die Summe jeweils den Renten entsprechend erhöht.

Es war eine der größten Überraschungen meines Lebens, dass meine Eltern nach 1970 so glücklich in Dortmund lebten. Mein Vater wollte von einem Arzt Beruhigungsmittel verschrieben haben. Der verweigerte die Verschreibung. »Warum sind Sie nervös? Haben Sie Sorgen, sind es die Kinder? Haben Sie Existenzangst? Hier behelligt Sie niemand, hier können Sie alles machen, was Sie wollen. Ich schreibe Ihnen keine Beruhigungsmittel auf; die haben nur schlechte Nebenwirkungen.« Mein Vater sah das ein. »Der Mann hat eigentlich recht. Warum soll ich nervös sein?«

Mein Vater hatte schon bei seiner Reise durch Deutschland

wenige Jahre nach Kriegsende genau auf die Reaktion der Menschen geachtet und uns in Budapest davon erzählt. Wenn er gefragt wurde: »Sprechen Sie deutsch?«, so antwortete er: »Ja. Ich verdanke das Ihren Vorfahren. Ich war in Bergen-Belsen.« Darauf hätten die Menschen schockiert reagiert, nicht gleichgültig, wie bei entsprechenden Situationen in Ungarn. Schon das hat ihn positiv berührt. Und jetzt lebte er in Deutschland, dem Land der Verfolger, und wurde zum ersten Mal in seinem Leben als gleichrangiger Bürger akzeptiert und entsprechend behandelt. Immer wieder erzählte er mir staunend: »Wenn ich zu einer Behörde gehe und bleibe vor einem Sachbearbeiter stehen, so steht er höflich auf und bittet mich, Platz zu nehmen!« In Ungarn spielte sich jeder kleine Beamte auf wie ein König, und selbstverständlich war er immer im Recht und der Bürger hatte unrecht.

Diese Jahre in Dortmund haben meine Eltern für vieles entschädigt. Sie wohnten in der Kaiserstraße, nur einen Sprung von der Synagoge entfernt. Sie haben Leute eingeladen und wurden eingeladen, besuchten rege die Veranstaltungen der Gemeinde und waren glücklich, alle Geschäfte, Banken usw. in der Nachbarschaft zu haben. Es war ein bescheidenes, aber erfülltes Leben inmitten ruhiger und freundlicher Nachbarn. Zwei Mal konnten sie nach Israel reisen. Tante Blanka besuchte sie in Dortmund und staunte, wie gut es meine Eltern getroffen hatten. Es war für mich eine glückliche Überraschung, dass sich meine Mutter, die doch so an ihrer Budapester Wohnung gehangen hatte, wohl fühlte und wieder so glücklich sein konnte. Ich war mit meiner Frau nach Düsseldorf gezogen, doch telefonierten wir täglich, und ich richtete es so ein, dass ich sie fast jeden Freitag ein paar Stunden besuchen konnte. In Schweden haben sie uns an den Feiertagen besucht, waren aber froh, dass wir schon nach einem Jahr nach Bremen umgezogen sind. Sie sind uns dorthin gefolgt und sind beide während unserer Bremer Jahre dort verstorben.

Die Sache mit dem Tscholent

An allen entscheidenden Wendepunkten meines Lebens waren maßgebend meine Eltern beteiligt. Meine berufliche Laufbahn, meine Emigration und vor allem mein seelischer und intellektueller Werdegang sind ohne ihre Mitwirkung nicht zu denken. Ihnen habe ich zu verdanken, dass ich schon frühzeitig über die kommunistische und stalinistische Diktatur Bescheid wusste. Während die ungarische Intelligenz noch voll der Lobhudelei war, hat mein Vater durch seine präzise Argumentation bewirkt, dass ich das System erkennen und durchschauen lernte, das uns beherrschte. Und auch bei der privatesten Entscheidung meines Lebens, das nun »unser Leben« werden sollte, stellten meine Eltern die Weichen.

Noch in Regensburg erreichte mich ein Brief meines Vaters aus Budapest. Er berichtete von einem Besuch einer Familie Schlesinger aus Wien: »Du kennst die Schlesingers nicht, aber ich kannte vor dem Krieg große Teile der Familie, die damals anerkannte und geschätzte Mitglieder der orthodoxen Gemeinde in Budapest waren. Ein Onkel, Dr. Antal Sebestyen, war Generalsekretär der orthodoxen Gemeinde in Budapest. Frau Schlesinger hat uns mit ihren drei Töchtern besucht, und du solltest mit dieser Familie Kontakt aufnehmen. Wir haben ihnen einige Bücher aus deiner Bibliothek mitgegeben; Schlesingers wollen sie nach Wien schmuggeln. Wenn sie sich bei dir melden, so nimm die Fahrt nach Wien auf dich.« Die Hintergedanken waren klar, und in der Tat erhielt ich wenig später einen Brief von Noemi, meiner späteren Frau. »Ich habe von Ihren Eltern Bücher mitgebracht. Bitte verfügen Sie darüber. Soll ich sie Ihnen schicken, oder kommen Sie einmal nach Wien und holen die Bücher ab?« Mein Umzug nach Dortmund kam dazwischen, und so ergab sich zunächst eine kleine Korrespondenz: »Ja, vielleicht werde ich gelegentlich nach Wien kommen, ich werde es Ihnen noch mitteilen.«

Endlich kam es im Spätsommer 1969 zu dem Besuch. Ich war

nach Ende des Schabbat mit dem Nachtzug nach Wien gefahren und kam am Sonntag zur Mittagszeit an. Als ich geklingelt hatte, und die Türe geöffnet wurde, sah ich plötzlich drei Mädchen und die Mutter, und alle schauten mich neugierig an. Eine schreckliche Situation. Aufgelockert hat sie die Jüngste von damals etwa neun Jahren. Sie genoss als Nesthäkchen einige Freiheiten, war aufgeweckt und sprach ab und zu Dinge aus, von denen man sagt: »Um Gottes willen, das hätte sie besser nicht gesagt.« Sie mischte sich intensiv in die Gespräche ein. Ich weiß keine Einzelheit mehr über ihre losen Reden an diesem Tag, aber unvergessen blieb in der Familie, wie sie bei der Verlobungsfeier auf das Geschenk deutete, das für mich bestimmt war, und hinaus krähte: »Das hat 300 Schillinge gekostet!« Der peinliche Augenblick ging vorüber, und ich wurde auf das Liebenswürdigste begrüßt. Von den Töchtern war es Noemi, die älteste, die mich sofort faszinierte. Nach der Begrüßung saß man zu einem vorzüglichen Mittagessen zusammen, über dessen Verlauf es zwei Versionen gibt, meine und die meiner Frau.

Nach dem Hauptgericht wurde Tscholent serviert. Das ist ein Eintopfgericht, das am Freitag gekocht wird, im Ofen stehen bleibt und so am Schabbat gegessen werden kann, ohne das Arbeitsverbot für die Hausfrau zu verletzen. Wie häufig bei Eintopfgerichten gibt es je nach Gegend, verfügbaren Lebensmitteln und materiellem Aufwand viele Variationen. Und natürlich schwört jede Hausfrau auf ihr Rezept, das häufig als Familiengeheimnis gehütet und tradiert wird. Nach der Version meiner Frau habe ihre Mutter am Freitag in kluger Voraussicht eine größere Menge gekocht, damit auch ich noch dieses Gericht am Sonntag kosten könne. Nach meiner Erinnerung wollte ich nicht glauben, dass das großartige Menü dieses Tages wirklich ohne fremde Hilfe von Frau Schlesinger zubereitet worden war. Der Hintergrund: Ich wollte testen, wie bei Schlesingers im Alltag gekocht wird, denn wie die Mutter kocht, kocht vermutlich auch die Tochter. So bat ich um einen Rest des Tscholent vom Vortag. Meine Frau und ich sind uns bis heute unserer jeweiligen Erinnerung absolut sicher. Vielleicht ein Zeichen dafür, dass wir beide uns schon damals nicht nur für das Essen interessierten. Ein Spaziergang mit Noemi schloss sich an. Zwischen uns sprang der Funke hin und her, und als ich mit meinen Büchern am Montag wieder nach Dortmund zurückreiste, war ich über beide Ohren verliebt. Auch meine spätere Frau war sich unserer Sache sicher, denn sie beendete sofort die Beziehung zu einem anderen Mann, der beruflich besser gestellt war als ich, und der um sie geworben hatte. Wir blieben in regem Briefkontakt und haben uns dann bald in Wien verlobt. Es war ein feierliches Familienfest, zu dem auch der Bruder meines Schwiegervaters und seine Frau gekommen waren. In der Zwischenzeit war ich nach Dortmund gewechselt, und meine künftige Frau war einmal zu Besuch gekommen. Sie war ja noch selten in Deutschland gewesen und wollte die Verhältnisse, in denen sie leben sollte, erst einmal kennenlernen. Die Ausreise meiner Eltern aus Ungarn war gerade genehmigt worden, und so konnten wir die Hochzeit auf ihren Ausreisetermin legen und sie mit ihnen gemeinsam feiern.

Bei einer Hochzeit heiratet man nicht nur die Frau, sondern auch deren ganze Familie. Schlesinger ist ein alter jüdischer Familienname aus der Donau-Monarchie, der aber nichts mit Schlesien zu tun hat, sondern aus der Berufsbezeichnung »Schulsinger« entstanden ist, die einen Kantor oder Vorbeter bezeichnete. Von meinem Vater wusste ich, dass die Familie durch ein modernes orthodoxes Milieu geprägt und in Budapest angesehen war. Mein Schwiegervater und seine zwei Brüder hatten eine klassische jüdische Ausbildung in Ödenburg, dem heutigen Sopron, genossen. Sie wollten dem ungarischen Arbeitsdienst entkommen und versuchten, sich über die nicht völlig geschlossene Grenze in die Woiwodina nach Nordserbien abzusetzen. In Sarajewo wurden sie vom Überfall der Deutschen und Ungarn auf Jugoslawien überrascht. In der dortigen jüdischen Gemeinde lebte ein junger Bankdirektor, der ihnen ermöglichte zu überleben. Es war derselbe Hermann Wollach s.A., der später Geschäftsführer der Stuttgarter Gemeinde wurde, und der damit sowohl unserer Familie als auch der meiner Frau in schwierigen Situationen geholfen hat. Die Brüder haben sich um ihre Eltern gesorgt und sind deshalb 1944 illegal nach Budapest zurückgekehrt. Sie kamen so ›rechtzeitig‹, dass sie zum nächsten Arbeitsdienst verschleppt werden konnten. Ihre Eltern wurden ins das Ghetto eingeliefert, haben aber Gott sei Dank überlebt. Nach dem Krieg heiratete der eine Bruder eine Frau aus Ödenburg und etablierte sich in Wien. Im Jahre 1947 wurde das Geschäft meines Schwiegervaters verstaatlicht und die junge Familie war ihrer materiellen Existenz beraubt. Ein weitsichtiger Generalsekretär ihrer Budapester Gemeinde sah die kommunistische Machtübernahme voraus und organisierte die Ausschleusung vieler Mitglieder ins westliche Ausland. Mit solch einem Transport gelangten meine Schwiegereltern nach Wien und wanderten mit der kleinen Noemi nach Israel aus. Die Eltern meiner Schwiegermutter waren umgebracht worden, aber die Eltern meines Schwiegervaters lebten und folgten ihren Kindern nach Israel. Der Unabhängigkeitskrieg, die totale Blockade des Landes und große Schwierigkeiten bei der Lebensmittelversorgung waren die schlimmen Rahmenbedingungen der Anfangszeit. Mein Schwiegervater arbeitete unter großer Hitze beim Straßenbau, meine Schwiegermutter als Pflückerin in einem Orangenhain. Mitte der Fünfzigerjahre erkrankte der Bruder in Wien, und mein Schwiegervater sollte ihm ein halbes Jahr in seiner Schuhfabrik helfen. Bald war klar, dass es mit einem befristeten Engagement nicht getan war. Die ganze Familie folgte deshalb nach Wien. Als die Schuhfabrik liquidiert werden musste, hat sich mein Schwiegervater mit einem Lederwarengroßhandel selbständig gemacht. Diese Firma existiert unter der Leitung meiner Schwägerinnen und eines Schwagers heute noch. Bald richtete mein Schwiegervater mit einigen Gleichgesinnten eine eigene Betstube ein, in der jede Woche die gleichen Leute zusammenkamen, und jeder jeden kannte. Wie jede klassische Synagoge ist diese Gemeinschaft organisch gewachsen, und solange mein Schwiegervater gehen konnte, besuchte er jede Woche dort den Gottesdienst.

Über das Schicksal meiner Schwiegermutter und ihrer Familie zu sprechen fällt meiner Frau und mir auch heute noch schwer. Die Familie stammte aus dem Teil Jugoslawiens, der nach dem Ersten Weltkrieg von Ungarn abgetrennt wurde. Wie in anderen Nachfolgestaaten haben sich auch dort die aus Ungarn stammenden Juden immer zu Ungarn bekannt. Die Tschechoslowakei hat die Juden als eigene Nationalität anerkannt, Rumänien wollte diesem Beispiel folgen, doch die ungarischen Juden wehrten sich dagegen. Sie wollten keinen anerkannten Minderheiten-Status, sondern zur madjarischen Irredenta gehören. Dass gleichzeitig im ungarischen Mutterland mit dem ›katholischen Kurs‹ der Antisemitismus zu blühen begann, nahmen sie leider nicht genügend zur Kenntnis.

Meine Schwiegermutter wuchs im serbischen Teil Jugoslawiens auf. Dort, so berichtet sie, wurden auch Juden nobel behandelt. Solange sie sich nicht demonstrativ und militant als ungarische Nationalisten betätigt haben, wurden sie in Ruhe gelassen. Anders im kroatischen Landes Teil. Die Ustascha, die kroatische Unabhängigkeitsbewegung, war offen faschistisch und antisemitisch, und setzte ihr Programm mit Massenmorden durch, nachdem sie unter Ante Pavelić die Herrschaft über einen kroatischen Satrapenstaat errungen hatten. Umso größer war der Schock, als im Winter 1941/42 die Ungarn in Serbien einmarschierten und mit Pogromen ein Terrorregime errichteten. Viele madjarische Juden begrüßten die ungarischen Truppen als Erlöser und mussten erleben, dass sie zu den ersten gehörten, die Ende April, Anfang Mai 1944 unter grausamen Umständen nach Auschwitz deportiert wurden. Die von den Nachbarstaaten zurückgewonnenen Gebiete sollten als erste ›judenrein‹ werden. Meine Schwiegermutter und ihre ganze Familie gehörten zu den Deportierten, und außer einem Bruder und ihr hat niemand überlebt. Sie hat kaum über diese Zeit gesprochen. Ich wusste nur, dass sie nach dem Krieg zu weit entfernten

Verwandten kam, bald meinen Schwiegervater kennenlernte und kurz darauf heiratete.

Aber die Welt ist klein. Ich hatte einmal ein PC-Lernprogramm von der Bar-Ilan Universität gekauft, kam mit ihm nicht zurecht und rief die zuständige Hotline in Jerusalem an. Eine junge Dame klärte mein Problem und fragte mich: »Sag mal, bist du aus Ungarn? Ich vermute das, weil meine Mutter auch mit so einem Akzent spricht wie du.« Ich fragte, woher ihre Mutter komme. Sie nannte eine Ortschaft im Süden Ungarns. Darauf ich: »Neben dieser Ortschaft wohnte meine Schwiegermutter. Wo war deine Mutter im Krieg?« – »Sie war in Auschwitz, hat überlebt. Sie war damals etwa neunzehn Jahre alt. Wie hieß denn deine Schwiegermutter mit Mädchennamen? Ich werde meine Mutter fragen, ob sie von dieser Familie gehört hat.« Eine halbe Stunde später rief sie schon wieder an: »Ich habe mit meiner Mutter gesprochen. Sag mal, ist deine Schwiegermutter die Aniko?« – »Ja, selbstverständlich.« – »Wo lebt die Aniko? Meine Mutter will das sofort wissen, sie ist furchtbar aufgeregt. Gib mir sofort ihre Telefonnummer!« Und dann erzählte sie mir, wie in Auschwitz ihre Mutter und ein paar ältere Mädchen für drei oder vier kleine Mädchen wie Aniko eine Art Mutterrolle übernommen haben, sie vor Überfällen zu schützen versuchten und ihnen geholfen haben, wo sie nur konnten. Die beiden Frauen haben dann sofort miteinander telefoniert, geweint, die alten Erinnerungen ausgetauscht und ein Treffen vereinbart. Von der Tochter in Jerusalem erfuhr ich dann auch einiges über die Zeit nach der Befreiung. Die Russen brachten die Überlebenden nach Krakau und quartierten sie dort in einem Gymnasium ein. Polen haben das Gebäude in der Nacht angezündet, und dabei sind viele soeben aus Auschwitz Befreite umgekommen. Es war eines der vielen Pogrome, die nach Kriegsende in Polen stattfanden.

In diesem Einzelfall gab es ein glückliches Wiedersehen. Aber der Einzelfall erinnert an viele andere Schicksale, die nicht glücklich endeten. Als Rabbiner habe ich von vielen Gemeindemitgliedern vergleichbare Geschichten gehört. Und da viele aus Polen stammten, kann ich nur bestätigen, dass das Massaker von Jedwabne im Nordosten Polens kein Einzelfall war. Dort waren 1941 etwa 300 bis 400 Juden in einer Scheune bei lebendigem Leib von ihren polnischen Nachbarn verbrannt worden; deutsche Soldaten waren anwesend, aber nicht aktiv beteiligt. Von den Deutschen hat man nichts anderes erwartet. Aber dass die eigenen Landsleute die Juden an die SS ausgeliefert und auch nach Kriegsende in Kielce und vielen anderen Städten mit Pogromen weitergemacht haben, das konnte man nicht verstehen.

Ich konnte nur zuhören und erzählen, wie auch in Ungarn die eigenen Landsleute gewütet haben. Manchen hat es geholfen, dass da jemand einfach nur zugehört hat und ihm damit den Eindruck vermittelte, in seinem Schmerz verstanden zu werden und nicht allein zu sein. Aber fertig bin auch ich damit nie geworden. Es melden sich die Bilder immer wieder. Lea Fleischmann schildert in ihrem ersten Buch *Dies ist nicht mein Land* ein an sich harmloses Erlebnis. In der Haushaltsschule wurde Wert darauf gelegt, die Reste einer Mahlzeit am folgenden Tag mit zu verarbeiten, nichts Nützliches wegzuwerfen. Unwillkürlich assoziierte sie das Ausbrechen der Goldzähne der Ermordeten in den Lagern. Mich selbst hat über viele Jahre übertriebene Tierliebe wahnsinnig gemacht. Josef Mengele hat seine Hunde gestreichelt und ungerührt Menschen in den Tod geschickt. Daniel Jütte, heute ein junger Historiker, hat in einer Schülerarbeit, die mit einem Preis des Bundespräsidenten ausgezeichnet wurde, aufgearbeitet, wie Tierversuche von den Nazis so streng untersagt wurden, dass man auf Menschenversuche an KZ-Häftlingen ausgewichen ist. Solche Assoziationen prägen leider bis zum heutigen Tage auch meine Reaktionen. Wie sollte es auch anders sein. Der Holocaust blockiert das Vergessen, er blockiert das Vergeben und alle möglichen rationalen Handlungen, weil er eben insgesamt irrational war. Der jüdische Philosoph Emil Ludwig Fackenheim hat darauf hingewiesen, dass diese Massenvernichtung jeder Vernunft widersprach. Es war nicht rational, bis zum Ende riesige Kapazitäten an Menschen und Transportmaterial von kriegswichtigen Aufgaben abzuziehen, und stattdessen Juden zu vernichten. Man hat Tausende von Büchern über den Holocaust geschrieben und wird noch viele schreiben. Einzelne Elemente kann man analysieren, ihre Wurzeln historisch und soziologisch aufarbeiten und ihren Beitrag zur Shoah darstellen. Wirklich erklären aber kann man den Holocaust nicht. Denn: das Irrationale ist nicht erklärbar. Doch es klebt an uns Überlebenden, kommt bei jeder Gelegenheit hoch, beherrscht unsere Reaktionen und ist letztlich kaum zu verkraften.

Doch zurück zu meiner Frau. Erst im Rückblick wird mir deutlich, wie wichtig ihre Herkunft und ihre Ausbildung für das Gelingen unserer Ehe, die Harmonie unseres Verstehens ist. Unsere Väter hatten beide eine klassische Ausbildung genossen und führten ein traditionelles orthodoxes Familienleben. Als Kind hat meine Frau die Auswanderung nach Israel miterlebt und gespürt, wie ihre Eltern trotz der Härte der damaligen Lebensumstände weiter ein religiöses Leben führten. Nach Wien zurückgekehrt erwarb sie die Matura, das österreichische Abitur. Sie wollte ihre jüdischen Kenntnisse systematisch vertiefen und wechselte nach London. Dort lebte sie im Hause einer Tante, die mit einem anerkannten orthodoxen Rabbiner verheiratet war. Im Umfeld dieser ›streng gläubigen Fraktion‹ hat sie eine andere Variante des Judentums erlebt. Ihr Onkel stammte aus dem chassidischen Milieu Polens und verkörperte den eher volkstümlichen Typ eines Rabbiners, war offen, verständnisvoll und voller Güte. Die ungarische Orthodoxie war ausgesprochen Chassidismus-feindlich. Ihr Ideal eines Rabbiners war der ständig weiterstudierende und forschende Gelehrte, dessen Autorität ungeachtet verschiedener Glaubensrichtungen absolut unantastbar war. Von dieser chassidistisch geprägten, weniger kopfbestimmten, die Gefühlswelt mit einbeziehenden Richtung des Judentums hat meine Frau sicher einiges mitgenommen.

Ihr österreichisches Abitur wurde in London nicht anerkannt, und so musste sie zunächst das englische Abitur ablegen. Danach hat sie am Jew`s College studiert. Das ist eine der namhaftesten Lehranstalten, die damals auch noch Rabbiner ausgebildet hat. Meine Frau hat das College mit dem Lehrerinnen-Diplom abgeschlossen, den Beruf selbst aber nicht ausgeübt. Doch von der Kindheit bis zum Studium hat sie den ganzen jüdischen Kosmos durchlaufen. In Düsseldorf war sie wegen unseres ersten Kindes nicht in der Gemeinde involviert, und auch die Gemeinde ließ uns spüren, dass sie eine aktive Beteiligung meiner Frau am Gemeindeleben nicht wünschte. Aber natürlich hat sie die Probleme, die sich aus den Spannungen und Intrigen ergaben, immer intensiv mit mir besprochen und mit ihrer größeren Intuition meine Ratio korrigiert. In Bremen hat sie dann von Anfang an das Gemeindeleben stark beeinflusst. Man hat bald auch außerhalb vom »Bremer Modell« gesprochen, wenn man die Art und Weise meinte, in der meine Frau und ich in der Gemeinde wirkten. Es war nicht so, dass sie mir lediglich geholfen hätte. Das Bild einer jüdischen Frau beschränkt diese ja nicht auf Küche, Kinder und Hilfe für ihren Mann. Sie war ein wesentlicher, ganz und gar selbständiger Teil der Arbeit inner- und außerhalb der Gemeinde. So kann ich mich mit großer Dankbarkeit bei denen einreihen, denen der liebe Gott eine gute Partnerwahl gelingen ließ, weil ihnen ihre Frau ein Leben lang zur Seite steht. Eine Frau, die – biblisch gesprochen – hilfreich und mitentscheidend, intuitiv und initiativ seine Hand nahm, ohne dass er das jemals gemerkt oder von sich aus gefordert hat.

Der Rabbi und der Hungerstreik

Wie vereinbart übersiedelten wir 1970 von Dortmund nach Düsseldorf. Wir haben dort eine Dienstwohnung direkt gegenüber der Synagoge in der Mauerstraße bezogen. Die Gemeinde zählte damals schon über 1000 Mitglieder. Wie in anderen Gemeinden gab es auch hier einen kleinen, aber aktiven Teil Rückkehrer, die ehemals in Deutschland lebten, die Mehrheit aber stammte aus Osteuropa. Sie waren als DPs, als Displaced Persons, aus irgendwelchen Lagern gekommen und in Deutschland hängengeblieben oder nach 1945 wegen der Pogrome in Polen in den Westen geflohen. Neben den älteren Mitgliedern fanden sich in Düsseldorf eine überraschend große Zahl jüngerer Leute, die ihre Gemeinde in eine liberalere, modernere Richtung entwickeln wollten. Das waren zumeist junge Männer aus der Tschechoslowakei, die nach der missglückten Revolution von 1968 geflohen waren, sich aber sehr rasch in der Gemeinde einlebten und in ihr aktiv wurden. Dazu schmückte die Düsseldorfer Synagoge ein sehr guter, ungarischer Kantor, der in der Freiheit richtig aufgeblüht war. Er war es, der mich auch anfangs über die Verhältnisse in der Gemeinde informiert hat. Ihr Rabbiner Lazar Lippschitz stammte aus den Sieben Gemeinden, die im Burgenland an der Grenze zu Österreich lagen. Auf den ersten Blick machte er den Eindruck eines älteren, netten und gemütlichen Rabbiners. Ich sollte ihn entlasten und im Landesverband Nordrhein die auswärtigen, kleineren Gemeinden und im ganzen Bezirk die Jugend betreuen. Ich reiste daher jede Woche nach Bonn, Mönchengladbach und Krefeld und hielt dort vor allem Religionsunterricht. An Feiertagen amtierte ich abwechselnd in einer der drei Städte. Im Gegensatz zur Düsseldorfer Gemeinde waren ›meine‹ Gemeinden klein. Bonn war mit etwa 80 bis 100 Mitgliedern die kleinste, Krefeld kaum größer, und nur Mönchengladbachs Gemeinde zählte etwas über 100 Mitglieder. Gemeinsam war ihnen, dass sie meist nur von einer Persönlichkeit geführt wurden. Das war wohl autoritär, aber effektiv.

In Krefeld, dort lebten besonders viele Ostjuden, war ein Herr Spiegel (mit Paul Spiegel weder verwandt noch verschwägert) der maßgebende Mann. Er war eine interessante Persönlichkeit mit guten jüdischen Kenntnissen und Fähigkeiten und in synagogalen

Angelegenheiten sehr bewandert. In seiner polnischen Heimat hatte er in einer kleinen Gemeinde während des Jahres vorgebetet und auch die Toralesung gehalten, also praktisch den Gottesdienst geleitet. Wenn ich an einem Feiertag in Krefeld amtierte, war er sehr darauf aus, auch dann einen Teil vorbeten zu dürfen. Die Gemeinde besaß ein einfaches, kleines Haus mit einer Betstube und einem Büro. Das war einigen, vor allem den ungarischen Mitgliedern zu wenig, und sie fuhren samstags nach Düsseldorf, was zwar nicht koscher war, aber gegen ihre Begründung, in Krefeld sei nichts los, sie wollten auch deutschen Juden begegnen, konnte ich wenig einwenden. Als Herr Spiegel erfuhr, dass ich mich für Fußball interessiere, hat er mir voll Stolz erzählt, dass es in Israel viele Fans der deutschen Mannschaften gäbe, und er deshalb am Samstagabend für Radio Israel auf Hebräisch über die Bundesliga berichte.

Nach Mönchengladbach bin ich gerne gefahren. Nicht nur weil die Stadt damals als eine Fußballhauptstadt galt und ich mit ihrer Mannschaft und ihrem Trainer Hennes Weißweiler schon deshalb sympathisierte, weil sie öfters nach Israel gefahren waren. Meine Sympathie galt Mönchengladbach vor allem deshalb, weil die jüdische Gemeinde dort so wohlgeordnet und angenehm war. Ihren Geschäftsführer Kurt Hecht habe ich gemocht, auch wenn wir in vielem unterschiedlicher Meinung waren. Aber ich habe ihn als einen immer korrekten und anständigen Mann kennengelernt, der ehrlich und redlich sein Amt versah. Er stammte aus Darmstadt und erzählte mir öfters von dem dortigen liberalen Rabbiner Bruno Italiener, der auch wissenschaftlich gearbeitet hat. Von ihm hatte er viel gelernt und sich auch synagogale Kenntnisse angeeignet. Ein aus Polen stammender junger Mann, der von seinem Großvater ausgebildet worden war, leitete die Woche über die Gottesdienste. An hohen Feiertagen kam ein Vorbeter aus Düsseldorf zu ihnen, und so war die Gemeinde gut versorgt. Alles lief in geregelten Bahnen, und die Menschen waren durchweg liebenswürdig. So habe ich an Mönchengladbach nur angenehme Erinnerungen.

Natürlich war Bonn mir schon deshalb interessant, weil es die Hauptstadt der Republik war. Man nannte es liebevoll das ›Bundesdorf‹. Ich habe mir natürlich alles angeschaut: die Villa Hammerschmidt, den Bundestag, das Bundeshaus, und ich kam aus dem nachdenklichen Staunen nicht hinaus. Budapest ist eine gewachsene Hautstadt, Bonn war eine gewordene. Die besonderen Umstände der Politik machten aus der kleinen Kulturstadt, der Stadt Beethovens und einer Universität, die Hauptstadt des Landes. An jeder Ecke haftete das Signum des Provisorischen. An der westlichsten Ecke des Rheinlandes gelegen, stand Bonn auch bewusst und betont für ein anderes, nämlich am Westen orientiertes Land. Das habe ich auf Schritt und Tritt so empfunden. Direkt gegenüber der Synagoge war in einem bescheidenen Gebäude das Auswärtige Amt untergebracht. Spötter sagten, das Gebäude sei so wie die Außenpolitik – sie fände in Deutschland kaum statt. Die Synagoge war ein geschmackvoll errichtetes, kleines Gebäude. Sprecher der Gemeinde war Herr Gottheiner, ein älterer Herr, der mit Glück überlebt hatte, weil er mit einer Nicht-Jüdin verheiratet war. Er hat sofort nach dem Krieg die Gemeinde aufgebaut und zusammen mit einem prominenten Fotografen geleitet. Ich habe ihn jedesmal besucht – das hat er auch erwartet – und viel mit ihm besprochen. Vertrauensvoll gab er mir die Schlüssel für die Gemeinde, damit ich nach Belieben kommen und gehen konnte.

In Bonn traf ich mit zwei Gemeindemitgliedern zusammen, die meine Einstellung zum Verhältnis einer jüdischen Gemeinde zur Politik und zum Problem des Übertritts zum Judentum wesentlich beeinflussten. Beide Männer waren von Herzen überzeugte Sozialdemokraten mit bescheidenen Fähigkeiten, heute würde man sagen: brave Parteisoldaten. Der eine hatte seine jüdische Abstammung entdeckt und sicher ehrlich und redlich seine Frau zum Übertritt veranlasst. Von heute auf morgen sollte sie Jüdin sein. Für sie, die auch krank war, blieb das eine Qual, und sie hat nur ihrem Mann zuliebe konvertiert. Die beiden sind später aus Bonn weggezogen und ich habe sie aus den Augen verloren. Das Unglück dieser Frau war für mich von da an ein Grund, niemand zum Übertritt zu verhelfen, schon gar nicht, wenn ich den Verdacht hegte, dass der Übertritt nicht aus innerer Überzeugung geschah.

Der jüngere, ›sehr jüdisch‹ gewordene Mann, bekleidete ein unbedeutendes Amt im Verteidigungsministerium. Er bedrängte mich sehr, ihn einmal auf der Hardthöhe, dem Sitz des Ministeriums, zu besuchen. Ich wollte ablehnen: »Hören Sie, ich habe dafür keine Zeit. In Bonn muss ich mich der Gemeinde widmen.« – »Ich bitte Sie aber sehr darum. Es ist sehr wichtig für mich, und ich bin ja schließlich auch Gemeindemitglied.« – »Dafür habe ich keinen Auftrag aus Düsseldorf und ich bin nicht selbständig in dem Sinn, dass ich als Rabbiner einen offiziellen Besuch in einem Ministerium machen kann.« – »Darum brauchen Sie sich nicht zu kümmern, ich regle das alles.« Und so geschah es. Aus Ungarn kannte ich Behörden nur als geduckter Bittsteller und jetzt wurde ich in einem Ministerium herumgeführt, als sei ich fast der Papst. Überall wurde ich vorgestellt, und die Leute haben mich aufrichtig, fast mit einer überbetonten Höflichkeit begrüßt. Ich habe zuerst die Welt nicht verstanden. Wie komme ich zu diesem Empfang? Mein Gastgeber erklärte mir: »Sie müssen das verstehen. Hier kommen auch manchmal katholische Priester und evangelische Geistliche und ich wollte demonstrieren, dass Juden ebenso aufgeschlossen und zugänglich sein können.« Und später versicherte er mir, mein Besuch habe einen großen Eindruck hinterlassen. Nach einiger Zeit erneuerte er die Einladung. Ein hoher Amtsträger, ich erinnere mich nicht mehr wer es war, habe von dem Besuch gehört und wolle mich unbedingt kennenlernen. Eine solche Aufforderung konnte ich nicht ablehnen. Im Ministerium angekommen, ließ mein Gemeindemitglied die Katze aus dem Sack. »In dem Gespräch sollten Sie vielleicht ein Wort darüber verlieren, dass es für uns, die jüdische Gemeinschaft, für unser Gewicht, für unsere Möglichkeiten, für unsere demokratische Einflussnahme wichtig wäre, wenn ich einen höheren Posten bekäme.« – »Hören Sie, das sage ich bestimmt nicht. Wie komme ich dazu? Dafür werde ich sofort gefeuert.« – »Nein, das bleibt hier im Hause, und Sie werden sehen, dass das positiv aufgenommen wird.« Lange hat er mir zugeredet, und ich naive Seele habe mir am Ende auch eingebildet, er könne etwas für unsere Gemeinde tun. Und so habe ich ein leises Wort in dieser Richtung, sehr undeutlich und missmutig, fallen lassen. Erstaunt hörte ich die Antwort meines Gesprächspartners: »Ich freue mich, dass Sie das so sehen. Wir werden das selbstverständlich in Erwägung ziehen, gleich beraten und beantragen. Wir sind ganz Ihrer Meinung, dass es wichtig ist, dass Ihre Gemeinschaft hier wieder in würdigem Rahmen vertreten ist.« Ich ging nach Hause und sagte zu meiner Frau: »Die ganze Welt ist meschugge geworden. Da komme ich als kleiner Zweitrabbiner von Düsseldorf, und die nehmen das alles für bare Münze!« Jahre später in meiner Bremer Zeit, ich hatte schon einige Sachen hierzulande erlebt, berichtete der Generalsekretär des Zentralrats Alexander Ginsburg s.A. von einem Angebot der SPD-Führung, einen abgesicherten Listenplatz zur Wahl in den Bundestag für einen fähigen Vertreter der jüdischen Gemeinschaft bereitzustellen. Wir schätzten Ginsburg sehr für seine spontane Antwort: »Danke, dass Sie so über uns denken und uns fördern wollen. Wir werden dieses Angebot aber nicht annehmen.« Ich verdanke diesem vielseitigen, gebildeten Mann, seinem politischen Fingerspitzengefühl und seiner Klugheit viel. Es war immer wieder bewundernswert, wie er Streitigkeiten und Meinungsverschiedenheiten ausbalancieren konnte. Seine vielseitige Bildung, gepaart mit Bescheidenheit habe ich in einer bezeichnenden Situation erlebt. Zufällig sah ich einmal die russische, parteiamtliche, aber niveauvolle *Literaturnaja Gazeta* in seiner Tasche und sprach ihn darauf an: »Sie lesen diese Zeitschrift?« Seine Antwort: »Das ist nichts. Die habe ich nur zufällig gefunden.« Mit seinem Sohn, mit dem wir bis heute befreundet sind, kam ich einmal auf diese Episode zu sprechen. Wie erklärte er sich diese Szene? »So war eben mein Vater. Er wollte nicht prahlen, sich bescheiden zurückhalten und dazu alles von sich verdecken, was nicht unbedingt bekannt werden musste.«

Wenn ich an die Szene im Verteidigungsministerium zurückdenke, so beschleichen mich ambivalente Gefühle. Auf der einen Seite sprach diese Rücksicht auf jüdische Wünsche für eine wohltuende Abkehr vom Antisemitismus in Deutschland. Aber diese Drehung um 180 Grad hatte auch etwas Wetterwendisches und erzeugte Unbehagen. Eine ähnliche Erfahrung machte meine Frau, die vor der Geburt unseres Sohnes bei einer Bank arbeitete. Es war ihr richtig peinlich, mit welcher übertriebenen Zuvorkommenheit auf ihre Wünsche eingegangen wurde. »Selbstverständlich können Sie am Freitag früher nach Hause gehen, auch die jüdischen Feiertage sind kein Problem, und wenn Sie sonst noch etwas auf dem Herzen haben, so sagen Sie nur rechtzeitig Bescheid. Die Regelung wird sicher gar kein Problem.« Natürlich gab es auch für uns Juden bürokratische Schwierigkeiten. Im Zusammenhang mit meiner Einbürgerung und der Rentenprobleme meiner Eltern habe ich davon berichtet. Aber sie waren nicht größer als für andere Flüchtlinge auch. Wenn dennoch viele darüber jammerten, so sollten sie nicht vergessen, dass Deutschland nach dem Krieg bis in die Fünfzigerjahre eines der wenigen Länder war, das Juden aus aller Welt aufgenommen hat. Amerika und Großbritannien haben sich abgeschottet, Deutschland hat den Flüchtlingen aus Russland, Polen und anderswoher eine Chance gegeben.

Zu meinen Aufgaben im Landesverband gehörte, wie gesagt, die Betreuung der Gemeinden außerhalb Düsseldorfs. Die kleine Gemeinde in Aachen musste ich höchstens ein Mal im Jahr zu einem hohen Feiertag besuchen, denn sie hatten dort einen sehr guten Vorbeter, und ihr Vorsteher regelte alles bestens. Einmal bin ich zur Einweihung eines Jugendzentrums im Keller des Gemeindehauses gefahren und habe dabei die jungen Studenten von der Aachener Hochschule, darunter auch viele Israelis, kennengelernt. Zum Teil waren es faszinierende und schillernde Persönlichkeiten, und hauptsächlich ihretwegen bin ich dann doch häufig nach Aachen gereist. Heute hat Aachen eine schöne, neue Synagoge. Damals war sie in einer Jugendstilvilla in der Oppenhoffallee untergebracht, die zuvor einem SS-Bonzen gehört hatte. Im ehemaligen Wohnzimmer wurde klein, sehr klein, die Synagoge eingebaut. Der Vorsitzende der Gemeinde, Oswald Mehrer, stammte aus der Bukowina, und er ließ den Toraschrank so gestalten, wie er es aus der Synagoge seiner Kindheit kannte. Zum endlosen Ärger der Ostjuden wurde der Vorhang nicht mechanisch zur Seite geschoben, sondern wie ein Theatervorhang elektrisch betrieben nach oben geöffnet. Mir war das nicht unbekannt, denn im Tabaktempel in Budapest wurde das ähnlich gehandhabt. Es hat die Menschen tief beeindruckt, wenn der Vorhang majestätisch nach oben schwebte und der Toraschrein wie ein Altar hell erleuchtet vor ihnen stand. In Aachen hat diese majestätische Anlage in dem kleinen Raum ziemlich übertrieben gewirkt, aber Oswald Mehrer wollte es so. Das war für viele Gemeinden charakteristisch, dass die Mitglieder in die neuen Gemeinden als Erinnerung eine Besonderheit im Ritus mitbrachten.

Bei der Einweihung des Jugendzentrums habe ich mich gemeinsam mit den jungen Gemeindemitgliedern fast totgelacht. Ein würdiger Vertreter des Düsseldorfer Vorstandes hatte in seiner ebenso langen wie salbungsvollen Rede kurz vor deren Ende gesagt: »Meine lieben jungen Freunde, die Wände hier sind ja noch kahl. Wenn Sie etwas zum Aufhängen brauchen, so wenden Sie sich ruhig an mich, ich stehe zur Verfügung!« Und da er sichtlich nicht verstand, warum alle lachten, fachten seine ratlosen Gesichtszüge erneut Lachsalven an.

Der aktivste unter den jungen Studenten war zweifellos Tutti Katz. Ich glaube sein richtiger Vorname ist Jacob, aber alle nannten ihn nur »Tutti«. Seine Eltern kamen aus Rumänien wie viele Juden in Deutschland. In Rumänien war die Massenvernichtung zum Glück nicht vollständig in Gang gekommen, und so haben verhältnismäßig viele überlebt. Die Eltern Katz stammten aber aus dem sogenannten Regat, dem Gebiet im Süden und Osten des Landes, in dem Deutsche schon vor dem Ersten Weltkrieg als rumänische Staatsbürger gelebt hatten. Tutti Katz war Zionist und sprühte vor Ideen und Aktivitäten. Elie Wiesels Buch *Les Juifs du Silence* war 1966 unter dem Titel *Die Juden in der UdSSR – Antisemitismus im Sowjetreich* ins Deutsche übersetzt worden und erregte unter den jungen Juden großes Aufsehen. Tutti Katz erschien in Düsseldorf. »Hör mal«, – er duzte, wie in der zionistischen Bewegung üblich, jeden – »wir müssen in der Sache aktiv werden und auf das Schicksal der russischen Juden aufmerksam machen.« Er entwickelte auch sofort Ideen, wie die Aktion zu finanzieren und die russische Postsperre zu durchbrechen wäre. »Ich habe bei der Deutschen Post erfahren, dass man ein Päckchen mit Rückschein verschicken kann. Wenn es nicht ausgehändigt wird, kann man von der Deutschen Post eine Entschädigung verlangen. Wir haben damit Material für eine Pressekampagne und die deutsche Post wird auf die russische Post Druck ausüben, dass die Päckchen in Zukunft ihre Empfänger erreichen.« Tutti hat auch Adressen besorgt von Angehörigen der ersten oder zweiten Generation der ›Refuseniks‹, die damals in Gefängnissen saßen oder nach Sibirien verbannt worden waren. Der bekannteste Name darunter war Natan Scharanski, der später Minister in Israel wurde. »An diese Leute müssen wir schreiben und die Presse auf ihr Schicksal aufmerksam machen. Wir dürfen sie nicht vergessen!« So begann die Kampagne: »Richtet unsere Blicke auf das Judentum des Schweigens«. Tutti Katz war nicht zu bremsen, und ich bezweifle, dass er je Zeit zum Studieren hatte. Aber, wie sein späteres Leben zeigt, ein Studium war für ihn nicht nötig, hatte er doch – um mit Maxim Gorki zu sprechen – die »Schule des Lebens« absolviert.

Der Höhepunkt der Kampagne hat allerdings meine berufliche Position ins Wanken gebracht, und ein bewusstes Missverständnis hat mir dann letztendlich den Hals gebrochen. Tutti Katz organisierte einen Hungerstreik für diese verfolgten russischen Juden. »Und das in der Synagoge!« Auf Anhieb haben sich zehn, fünfzehn Jungs und Mädchen zum Mitmachen gemeldet. »Und dich brauchen wir in der Mitte! Ein Rabbi dabei macht sich gut für die Pressefotos!« Mein Landesrabbiner, Lazar Lippschitz, damals schon ein älterer Herr, hat mir die Mitwirkung an dieser Veranstaltung sehr übel genommen. »Ihr benützt die Synagoge für solche Show-Effekte. Das ist unmöglich!« Er argumentierte wie ältere, vernünftige Menschen so denken. Tutti Katz hat sich darum aber nicht geschert. Er besorgte Liegen und Schlafsäcke, und so haben wir vier, fünf Tage bei Wasser, aber ohne Brot in der Synagoge verbracht. Die Aktion war ein voller Erfolg, denn das Presseecho war überwältigend. In dem Trubel fiel uns eine Szene nicht weiter auf. Ein Journalist fragte: »Und wie steht Ihr Vorstand dazu?« Worauf er zur Antwort bekam: »Wissen Sie, unser Vorstand ist so etwas wie ein Judenrat. Die haben für so etwas kein Verständnis.« Ich bin mir sicher, dass nicht ich das gesagt habe, weiß aber wirklich nicht, ob es Tutti Katz oder ein anderer war. Von der Presse gedruckt war das jedenfalls für unseren Vorstand eine schlimme Provokation, und es war eine ausgemachte Sache, dass ich der Urheber des Zitats gewesen sei. Ich wurde vorgeladen, und man glaubte mir nicht, denn ich allein hätte Kenntnis von der Rolle der Judenräte in der NS-Zeit. Seitdem hat man mich genau beobachtet und im Zweifelsfall alles ungünstig ausgelegt. Tutti Katz sagte: »Kümmere dich nicht. Wir stehen alle hinter dir.« Bis ich mich aber umgedreht habe – da war schon keiner mehr vorhanden. Mit Rücksicht auf die bevorstehende Niederkunft meiner Frau habe ich mich dann aus der vordersten Front zurückgezogen.

Tutti Katz aber hat weitergemacht. Das Geld der Bundespost hat die weiteren Aktionen finanziert. Kam eine sowjetische Delegation nach Deutschland, so fuhr er mit seinen Freunden dorthin und sie demonstrierten mit Transparenten. »Lass mein Volk ziehen«, hatte einst Moses dem Pharao entgegengeschleudert. Das wurde auch das Motto ihrer Aktionen. Vor der Russischen Botschaft haben sich die Studenten angekettet, um auf das Schicksal der russischen Juden aufmerksam zu machen. So gelang es ihnen, ihr Thema öffentlich zu machen. Zwei Prominente, der Friedensnobelpreisträger Elie Wiesel und der Wiener Journalist Paul Lendvai, unterstützten sie mit Vorträgen, die ein breites Echo fanden. Paul Lendvai hat viele beeindruckt mit seiner Bewunderung für diese jungen Studenten, die so viel mehr als ihre Altersgenossen in Frankreich und anderswo für die russischen Juden auf die Beine gestellt hätten. Leider war mein Vorstand nicht darunter, und meine Situation ist in Düsseldorf von dieser Zeit an, gelinde gesagt, wackelig geworden. Spiegel hat sich von mir abgewendet, und von nun an blieb unser Verhältnis freundlich-distanziert.

Tutti Katz beendete eines Tages Aktionen und Studium, ging nach Israel, kam aber bald wieder zurück und heiratete später eine ehemalige Schülerin von mir. Sein Schwager heiratete die Schwester guter Stuttgarter Freunde, und so erfuhr ich von seinem weiteren Lebensweg. Mir blieb die Spucke weg, denn er wurde ein erfolgreicher Unternehmer. Damals kamen viele Ärzte aus Holland, Belgien, Ungarn, Rumänien und aus anderen Ländern nach Deutschland, und die beriet er bei allen Fragen der Niederlassung und Praxisgründung. In den Jahren dieses Booms verdiente er ein Vermögen, zog wieder zurück nach Israel und lebt dort gut mit seiner Familie. Auch heute noch sprüht er wie ehedem vor Gedanken und Ideen, und wenn er wieder eine spektakuläre Aktion startet, berichtet er mir per E-Mail davon. Wir haben uns seitdem nicht mehr gesehen, aber ich denke stets bewundernd an ihn. Er ist vielleicht der einzige unter den Jugendlichen, die hier in Deutschland aufgewachsen sind und sich sprachlich und kulturell integriert haben, der eine so schrille jüdische Intelligenz besitzt, wie es sie einst in Osteuropa gab.

Meine berufliche Situation spitzte sich immer mehr zu. Nach Düsseldorf geholt wurde ich, um den alten Rabbiner zu entlasten.

Als dies tatsächlich geschah, war es ihm aber auch nicht recht. Er wollte nicht in Pension gehen und machte Stimmung gegen mich. Vermutlich wollte er damit die Kräfte in der Gemeinde ablenken, die auf seine Pensionierung drängten. Ein erster Versuch, mich zu entlassen, war an einem kleinen Volksaufstand gescheitert. Da wurde ich ihm lästig. So blieb, was man heute Mobbing nennt. Damals haben mich die Intrigen und sein Verhalten sehr erbost. Heute urteile ich milder. Er lebte völlig abgeschottet, ohne Familie, und ein Leben ohne seine Funktion als Rabbiner hätte ihn vermutlich völlig vereinsamt. Obwohl wir vis-à-vis wohnten, vermied er auch zu uns jeden persönlichen Kontakt, was schade war, denn er war ein großer Gelehrter, und ich hätte viel von ihm lernen können. Aber er hat immer wieder verbreitet, ich wolle ihn aus dem Amt drängen, um sein Nachfolger zu werden. Das wurde von älteren Gemeindemitgliedern auch geglaubt, und sie haben es mir sehr übel genommen. Ich konnte mich nicht verteidigen. Um den Gerüchten nicht Nahrung zu geben, hat sich auch meine Frau völlig aus dem Gemeindeleben herausgehalten. Endlich beschloss man, mir nach dem bevorstehenden Ausscheiden des alten Rabbiners einen ganz liberalen Nachfolger zur Seite zu stellen. Ady Asabi sollte es werden. Ich schätzte ihn als einen mustergültigen Kollegen, der leider sehr jung an einer seltenen Krankheit gestorben ist. Aber ich konnte mir nicht vorstellen, wie wir zusammen an einer Stelle dienen könnten. Das konnte nicht gut gehen. Deshalb sagte ich dem Vorstand: »Wenn Ihr den holt, werde ich gehen.« Und wie es der Zufall will, die Gemeinde Göteborg in Schweden suchte per Inserat einen Rabbiner und hat meine Bewerbung auf Anhieb akzeptiert.

Insgesamt stellte die Düsseldorfer Zeit eine große Herausforderung für mich dar. Wir waren jung verheiratet, unser Sohn kam auf die Welt, und ich habe wirklich viel gearbeitet. Ein bis zwei Tage in der Woche war ich in Düsseldorf beschäftigt, montags fuhr ich nach Krefeld, dienstags nach Mönchengladbach, mittwochs arbeitete ich in Düsseldorf und donnerstags in Bonn. Der Fahrersitz im

Auto war mein hauptsächlicher Arbeitsplatz. Mein Name wurde allmählich bekannt, und ich wurde aufgefordert, für die *Allgemeine Jüdische Wochenzeitung* Beiträge zu verfassen. Ich hatte zum ersten Mal das Gefühl, angekommen zu sein. Schade, dass die Zeit so enden musste.

Kein Talent zum schwedischen Schweden

Als ich mich 1971 in Göteborg beworben habe, sah alles sehr gut aus. Mein Vorgänger war ein Neffe des Rabbiners Benjamin Fischer, den ich als Rabbiner der Rumbach-Synagoge kannte, einer namhaften Status-quo-ante-Synagoge in Budapest. Der Neffe war aus Nazideutschland geflohen und hieß mich jetzt als Nachfolger herzlich willkommen. Die Verhandlungen liefen reibungslos. Ein Gemeindemitglied stellte bei meiner Vorstellung Fragen, die eindeutig in die Richtung gingen, ob ich nicht als kommunistischer Spitzel eingeschleust werden sollte. Ich antwortete: »Wissen Sie, ich war in diesem Land im Gefängnis.« Die Antwort befriedigte ihn nicht: »Im Gefängnis hat man auch manche Leute umgedreht, das ist kein Beleg.« Das ging noch länger so weiter, bis andere Gemeindemitglieder den Mann zum Schweigen brachten. Noch heute amüsiert mich die Vorstellung, dass ausgerechnet ich für einen kommunistischen Spitzel gehalten wurde.

Wir warteten in Düsseldorf noch die Geburt unseres Sohnes ab, packten unseren Haushalt ein und schickten den zwei Monate alten Säugling, versehen mit detaillierten Pflegehinweisen, allein unter der Obhut der Fluggesellschaft zur Großmutter nach Wien. Wir besitzen diesen Aufschrieb noch heute: »Ich heiße Michael Berger, esse drei Mal täglich Milumil und habe zuletzt um 7 Uhr 30 gegessen.« Auf dieselbe Weise ist er später zu uns nach Göteborg expediert worden.

Schon unsere Ankunft lief unglücklich ab. Die Spedition lieferte am 21. Juni alles an, und vorab bestellte Schreiner sollten sofort die Möbel aufbauen. Aber da war weit und breit kein Handwerker, und die Transporteure verabschiedeten sich rasch, um ihre gebuchte Fähre nicht zu versäumen. Nach einigen Telefongesprächen kam ein Mann und begann an unseren Möbeln herumzubasteln. Er war ein Mitarbeiter der Spedition, der nur sehen sollte, warum wir angerufen hätten. »Und wo ist ein Schreiner?« – »Es ist *midsommar.*« Der »Mittsommer« ist in Schweden der wichtigste Tag nach Weihnachten. »Und wo sollen wir schlafen?« – »Regen Sie sich nicht auf, gehen Sie ins Hotel Opalen, bis hier alles fertig ist.« Da haben wir zum ersten Mal wahrgenommen: Skandinavien ist doch anders als Deutschland. Nichts hat die Menschen aus der Fassung gebracht, immer blieben sie ruhig. Die Spedition hatte übersehen, dass der 21. Juni, Mittsommertag, zwar kein offizieller Feiertag, aber dennoch ein arbeitsfreier Tag war, an dem nur gefeiert und kräftig getrunken wurde. Den Kasten Bier, den ich vorsichtshalber aus Deutschland mitgebracht hatte, haben die Schreiner später mit Freude ausgetrunken und sich höflich erkundigt, ob wir noch etwas mehr Alkoholisches im Haus hätten. Nach zwei Wochen Leben aus dem Koffer konnten wir dann endlich unsere Wohnung beziehen und sahen, wie schön sie war. Sie lag im ersten Stock eines Rundbaus, einen Garten mit Felsen im Inneren und einen schönen Blick auf den Hafen nach außen. Das Wohnzimmer ging durch das ganze Haus, die Küche war vollständig eingerichtet, und Nebenräume waren großzügig vorhanden. Zur Wohnung gehörte auch ein Gemeinschaftsraum für Fahrräder, Kinderwagen und ähnliches. Nach unseren Maßstäben bezogen wir eine richtige Luxuswohnung.

Wir waren noch am Einräumen, als sich ein Betrunkener in den Garten verirrte und dort seinen Rausch ausschlafen wollte. Er fing an zu toben, und wir hörten zum ersten Mal *»jävla utlänningar«*, »verdammte Ausländer«. Ich musste lernen, dass Betrunkene in Schweden einen anderen Status besitzen als anderswo. Mein Weg zur Synagoge führte mich zu Fuß in fünf Minuten durch einen Park. Man gab mir aber den Rat, frühmorgens nicht alleine zu laufen, sondern mit dem Auto auf Umwegen zur Synagoge zu fahren. »Warum, ist der Park nicht sicher?« – »Doch, doch, sicher ist er schon, aber es könnte sein, dass Sie dort Besoffene anpöbeln.« Ich weiter: »Und die Polizei?« – »Es ist in Schweden so: die Polizei schützt die Besoffenen, denn sie sind nicht ganz bei sich.« Der brave Schwede vermeidet also mögliche Konflikte und macht ruhig einen Umweg. Ich habe das nur halb geglaubt, bis ich Ähnliches selbst erlebt habe. Ein offensichtlich angetrunkener Mann haute mich im Hafenviertel an und lallte etwas von Zigaretten. Ich dachte, er wolle mir geschmuggelte Zigaretten verkaufen, und ging weiter. Er verfolgte mich und zupfte mich am Ärmel; ich schob ihn weg. In dem Augenblick bremste ein Polizeiauto, zwei baumlange Polizisten sprangen auf mich zu und verlangten meine Papiere. »Was wollen Sie von mir? Was habe ich gemacht?« – »Du hast diesen Menschen geschubst.« – »Entschuldigen Sie, er hat mich am Ärmel gezupft und mir etwas von Zigaretten erzählt.« – »Ja, Sie hätten aber sehen müssen, dass er etwas getrunken hat.« – »Na und? Bin ich da freie Beute?« – »Er wollte nur eine Zigarette schnorren, und jetzt zeigen Sie uns Ihre Papiere!«

Wenige Tage nach unserem Einzug fand ich unser Fahrrad im Gemeinschaftsraum, fein säuberlich in Einzelteile zerlegt. Der Hausmeister und später auch die Hausverwaltung befanden, da alles noch vorhanden wäre, sei uns kein Schaden entstanden. Wir haben dann ein überaus höfliches Schild auf Schwedisch formulieren lassen, auf dem wir unsere Mitbewohner herzlich baten, uns beim Zusammenbau des Fahrrads ihre sachkundige Hilfe zukommen zu lassen. Keine zwei Tage später war das Schild verschwunden. Ich wollte es durch ein weniger höflich formuliertes ersetzen, aber die halbe Gemeinde lief zusammen. »Das können Sie nicht machen. Was würde man von uns denken! Wir bezahlen Ihnen ein neues Fahrrad, nur hängen Sie das nicht an die große Glocke!« Meine

Frau, die größere Nehmerqualitäten besitzt als ich, hat mich dann davon abgehalten, den Mitbewohnern weiter meine Meinung zu sagen.

Jüdische Gemeinden gab es in den größeren Städten Schwedens. Stockholm besaß sogar mehrere Synagogen, liberale und orthodoxe, auch Malmö hatte eine ansehnliche Gemeinde. Unsere Synagoge in Göteborg war in maurischem Stil am Ufer eines Kanals gebaut worden, ganz wie in einer deutschen Kleinstadt. Der Ritus war streng deutsch-liberal. Man konnte das Gebetbuch als Ostjude nicht ohne Schmunzeln zur Hand nehmen. Die Texte waren einfach aus dem Deutschen übersetzt worden, und wie bei manchen liberalen deutschen Gemeinden waren alle Hinweise auf Israel und Jerusalem getilgt. Die Teile des Gottesdienstes, in denen es heißt »bauet die Mauern von Jerusalem« oder »der du in Deiner Güte nach Jerusalem zurückkehren wirst«, wurden einfach weggelassen. Von dem württembergischen Oberkirchenrat Rabbiner Dr. Joseph Maier wird der Spruch überliefert: »Stuttgart, du bist unser Jerusalem.« Das konnte auch für Göteborg gelten.

Hier erlebte ich zum ersten Mal, dass für Nichtjuden regelmäßig Führungen durch die Synagoge veranstaltet wurden. Es leuchtete mir ein, dass damit Kenntnisse über unsere Religion vermittelt werden können, und wer eine Religion kennt, wird sie nicht leicht hassen. Diese Praxis haben wir später in Deutschland gerne übernommen.

Die völlige Einbettung von Gemeinde und Liturgie ins Schwedische brachte mich manchmal zum Lachen, verursachte mir aber auch Bauchschmerzen und Probleme. Ich verstand: Man wollte nicht in einer Diaspora leben, sondern wie die vorherrschende evangelische Kirche auch als jüdische Gemeinde in die Gesellschaft integriert sein. Harmlos fand ich die altertümliche Gewohnheit, dass die Vorsteher am Schabbatabend in ihren Vorstandslogen in den vorderen Reihen der Synagoge saßen und dabei einen Zylinder trugen. Gewichtiger schienen mir die Elemente der Liturgie. Ungewohnt war, dass es am Schabbat neben der hebräischen Lesung aus der Tora auch noch eine prophetische Lesung auf Schwedisch gab. Ich habe nicht schlecht gestaunt, als mein Vorgänger diese Texte sehr pathetisch vorgetragen hat. »Nicht bei mir. Ich werde das nicht auf Schwedisch sagen. Ich kann es auch nicht.« Mit dieser guten Ausrede habe ich sie dann doch traditionell auf Hebräisch vorgetragen. Auf die Proteste reagierte ich mit dem Vorschlag, sie in deutscher Sprache vorzulesen. »Nein, bloß das nicht, kein deutsches Wort bei uns!« – »Wie dann?« – »Auf Englisch?« – »Mein Englisch ist nicht gut genug.« – »Dann halt doch auf Deutsch.« Jede Woche wurde ein genauer ›Fahrplan‹ für den Gottesdienst am Freitag festgelegt. Die Predigt durfte zehn Minuten dauern. Daneben gab es eine *betraktelse*, eine Kurzbetrachtung, nicht länger als fünf Minuten. Bei einer solchen Betrachtung ist mir einmal das Temperament durchgegangen, ich habe Deutsch gesprochen, und es wurde etwas dramatisch lauter. Nach dem Gottesdienst kam der Synagogenvorsteher, der »Gabbaj« mit seinem Zylinder auf dem Kopf zu mir und sagte: »Ich muss Ihnen leider mitteilen, dass unsere Gemeindemitglieder etwas befremdet sind.« – »Warum, an welchen Worten nehmen sie Anstoß?« – »Ja, Sie sprechen Deutsch, und Sie sprechen lautes Deutsch, und das laute Deutsch hat bei ihnen unangenehme Erinnerungen geweckt. Dieses laute Deutschsprechen sollten Sie vermeiden.«

Die Sprache im Gottesdienst war eigentlich Hebräisch. Aber es gab viele schwedische Beiträge und eine schwedische Liturgie. Ich stieß auf den Begriff »*söndaggutstjänst*«, unter dem ich mir nichts vorstellen konnte. Ich erfuhr, es handelte sich um einen Versuch, wie in Hamburg in den Reformgemeinden, den Schabbat auf den Sonntag zu verlegen, und als dies nicht gelang, wenigstens parallel zum Schabbat einen Sonntagsgottesdienst einzurichten. Zu meiner Beruhigung war das schon vor meiner Zeit gescheitert. Absolut üblich war aber an jedem Schabbat ein Gebet für den König. So, wie es in Deutschland und Österreich vor 1918 das Gebet für Kaiser und

König gab, so wurde in Schweden noch für König Gustav VI. Adolf gebetet. Ich kam nicht darum herum, dieses traditionelle Gebet nach der Tora-Lesung zu sprechen. Die ganze Gemeinde stand dazu ehrfürchtig auf. Ich fragte, was mit dem Gebet für Israel sei und erhielt zur Antwort, dass das nicht üblich wäre. Ich weigerte mich. »Wenn ich für Gustav Adolf beten muss, dann spreche ich auch das Gebet für Israel.« Dann war da noch die Geschichte mit dem Segen am Schluss des Gottesdienstes. Wie in der evangelischen Kirche segnete der Rabbiner mit erhobenen Händen die Gemeinde. Das war mir zu ›evangelisch‹. Außerdem kam ich mir komisch vor, als junger Mann die meist sehr viel älteren Gottesdienst- Besucher zu segnen. Ich bot an, an Jom Kippur in dieser Weise zu verfahren. »Nein, dafür werden Sie bezahlt und Sie müssen uns an jedem Schabbat segnen.«

Woher rührte diese Bereitschaft, sich bis in die Liturgie den schwedischen Gepflogenheiten anzupassen? Erst allmählich lernte ich die Struktur der jüdischen Gemeinde besser kennen. Die ersten Juden kamen in nachnapoleonischer Zeit als Flüchtlinge aus Russland nach Schweden. Vor dem Ersten Weltkrieg und danach folgten russische, polnische und litauische Juden, die den Pogromen und Exzessen in ihren Heimatländern entflohen waren, alles aschkenasische Juden. Deren Abkömmlinge wurden *»äkta svenska«*, »echte Schweden« genannt. Im Vorfeld der Machtergreifung Hitlers kam dann ein Schub deutscher Juden ins Land. Deren Kinder sprachen noch alle deutsch und besuchten den »Club Frankonia«, der diesen Namen trug, weil sein Gründer aus dem Fränkischen stammte. Mitte der Dreißigerjahre hat Schweden insgesamt eine sehr regressive Einwanderungspolitik betrieben, die sich speziell gegen Juden richtete. In den Universitätsstädten gab es Demonstrationen gegen die Zuwanderung von jüdischen Anwälten, Ärzten und anderen möglichen Konkurrenten. Es war nicht nur die Schweiz, sondern auch Schweden, die vom deutschen Außenministerium verlangten, die Pässe von Juden mit einem großen »J« zu stempeln und »Sarah« und »Abraham« als Zwangsvornamen einzutragen. Eine Aufforderung, die in Deutschland hochwillkommen war und bereitwillig umgesetzt wurde. Selbst die jüdischen Gemeinden in Schweden haben sich öffentlich gegen die Aufnahme von Ostjuden und jüdischen Flüchtlingen ausgesprochen, weil sie wegen dieser Zuzügler ein »Anwachsen des Antisemitismus« befürchteten.

Die tragischen Folgen dieser Politik in der Zeit des Nationalsozialismus habe ich an einem persönlichen Schicksal kennengelernt. Albert Jonas war Lehrer am bekannten Rothschild-Waisenhaus in Esslingen am Neckar gewesen. Er erhielt eine Einladung der Göteborger Gemeinde, als Kantor zu ihr zu kommen und konnte deshalb nach Schweden ausreisen. Er bat die Gemeinde: »Ich möchte meine Eltern aus Deutschland retten. Sie sind in einem schrecklichen Zustand und werden womöglich deportiert!«. Die Gemeinde galt allgemein als loyal-schwedisch und hat ihren Kantor an die Wand laufen lassen und seinen Eltern die Einreise verweigert. Albert Jonas hat sich sein Leben lang Vorwürfe gemacht, dass er in der Gemeinde vielleicht doch nicht genug auf die Barrikaden gegangen war, und er hat die Ermordung seiner Eltern nie überwunden. Er wurde später noch Lehrer der Gemeinde, litt aber unter schlimmen Depressionen und wurde regelmäßig im Winter arbeitsunfähig. Die Gemeinde stellte noch weitere Lehrer ein und hat ihn finanziell gehalten, aber er wurde wegen seiner Schwäche nicht mehr geachtet. Mir tat dieser außergewöhnlich nette, korrekte und freundliche Mann, ein Gentleman im wahrsten Sinne des Wortes, überaus leid.

Nach dem Zweiten Weltkrieg regte sich auch in Schweden das schlechte Gewissen und das Land nahm eine größere Zahl von überlebenden Juden auf, die Graf Folke Bernadotte, der Vizepräsident des Schwedischen Roten Kreuzes aus den Lagern von Theresienstadt und Ravensbrück geholt hatte, um sie in Schweden wieder aufzupäppeln. Auch sie hatten große Schwierigkeiten in der Gemeinde. Als Kinder und Jugendliche aus dem KZ gerettet, wurden sie jahrelang nicht als Mitglieder der Gemeinde geführt. Sie seien Ostjuden und sollten erst einmal Fuß fassen. Dennoch blieben viele dieser sogenannten »Bernadotteflüchtlinge« in Schweden. Jüdische Gemeinden bestehen sehr häufig aus Gruppen unterschiedlicher Herkunft. Aber nur in Göteborg habe ich erlebt, dass bei allen Versammlungen die Cliquen getrennt an kleinen Tischen saßen und nicht an einem langen Tisch gemeinsam Platz nahmen. Es ist in gewisser Weise verständlich, dass sich Flüchtlinge aus Dankbarkeit dem Aufnahmeland anpassen. Aber musste die Anpassung dieser ›Freudenschweden‹ so weit gehen, dass Rabbiner Fischer, mein Vorgänger, selbstverständlich die schwedische Flagge vor seinem Wochenendhaus aufzog?

Ich hatte schon meine Kündigung ausgesprochen, als ein »Flaggenstreit« meinen Entschluss endgültig bestätigte. Zur schwedischen Olympiamannschaft von 1972 gehörten auch drei oder vier Mitglieder unserer Gemeinde. Nach der Ermordung der Israelis forderte ich vehement ihre Abreise aus München, nicht nur, weil sie ebenfalls gefährdet waren, sondern aus schlichter Solidarität. Heftig wurde ich kritisiert. »Unsere Jungs und Mädchen dürfen ihre Mannschaft nicht im Stich lassen.« »Die schwedische Mannschaft kommt auch ohne sie zurecht.« – »Das kann man nicht machen, das ist ein unpatriotischer Akt.« – »Eure Aufregung zeigt mir, dass ihr von Auschwitz nichts gelernt habt. Ihr seid nicht bereit, mit der eigenen jüdischen Sache solidarisch zu sein.« Bei dieser Debatte haben sich die Gemeindemitglieder über meinen Standpunkt ganz furchtbar aufgeregt. Einige Wochen später wollte die schwedische Mannschaft in unserer Synagoge eine Gedenkstunde veranstalten. Ich hatte nichts dagegen. Aber dann kam: »Es wird so vor sich gehen, dass sie mit der schwedischen und israelischen Fahne in die Synagoge einmarschieren.« Ich dagegen: »Die schwedische und auch die israelische Fahne kommen mir nicht in die Synagoge. Überhaupt keine Nationalfahne. Keine politische Demonstration in der Synagoge. Sie können meinetwegen in ihrem blaugelben

Trikot einmarschieren, die Jungs können auch ein Käppchen aufsetzen, meinetwegen auch in blaugelb, aber keine Fahnen. Wenn sie mit Fahnen einmarschieren, gehe ich demonstrativ hinaus.« Ein langes hin und her und ein riesiger Zirkus. Schließlich sagte ich: »Gut, ich bin hier schon ein gekündigter Mann, weil ich selbst gekündigt habe. Ich muss bei diesem Requiem nicht dabei sein, macht es alleine.« – »Aber das kann man doch nicht machen. Die ganze Stadtverwaltung ist da.« – »Das ist Euer Problem.« Und dabei blieb es. Was mich an den vielen Flaggen in Schweden störte, war nicht, dass durch sie der Patriotismus Ausdruck fand. Gegen den Strich ging mir der Konformitätsdruck, dem jeder ausgesetzt war. Im Sommer waren wir einmal eingeladen, Ferientage in einer »*stuga*« von Bekannten zu verleben. So luxuriös Stadt-Wohnungen eingerichtet sind, so einfach sind die Holzhäuser ausgestattet, in die sich die Schweden liebend gerne im Urlaub zurückziehen. Aber der Fahnenmast gehört dazu. Nach wenigen Tagen kam ein Nachbar zu uns mit der Frage, wo die Flagge sei. »Was für eine Flagge?« – »Wenn ihr hier seid, müsst ihr die Fahne aufziehen. Wusstet Ihr das nicht?« – »Nein, wir sind Ausländer.« – »Aber das ist hier so üblich. Alle Schweden pflegen es zu tun.« Diesem Konformitätsdruck entspricht ein Liberalismus gegenüber nichtschwedischen Problemen, der bis zur Gleichgültigkeit reicht. So wird heute ein massiver öffentlicher Antisemitismus im Lande geduldet, weil man ihn als Zwist zwischen Ausländern, den in großer Zahl eingewanderten Moslems und den Juden versteht. Und in ausländische Händel mischt man sich als anständiger Schwede nicht ein.

Dieser Zwang zur Konformität hatte damals überhaupt nichts mit Antisemitismus zu tun; man konnte ihn auch nicht als Ergebnis einer Ausländerfeindlichkeit bezeichnen. Aber das Fremde mag man nicht, und die Fremden sind »*invandrare*«, Einwanderer, die möglichst schnell und gründlich ›schwedische Schweden‹ werden sollen. Und solange ihre Herkunft bemerkbar ist, müssen sie sich besonders konform verhalten. »Oh, aus dem wird auch ein Schwede«, sagte eine Frau aus unserer Gemeinde, als sie unseren kleinen Sohn sah. Ich begann zu ahnen, dass es innerhalb und außerhalb der Gemeinde darum ging, ob wir uns ganz und gar in diese Lebensform hineinpressen lassen und uns alles Vorhandene unkritisch zu eigen machen. Und das konnte mit meinem Temperament und meiner Lebenserfahrung unter der kommunistischen Diktatur nicht gut gehen.

Mein Sprachlehrer im staatlichen Sprachkurs, ein junger Student, hat mir das Verhältnis zu Ausländern so erklärt. »Weißt du, wir Schweden mögen nicht, wenn Ausländer tagsüber sichtbar im Cafe sitzen. Da kommt der einfache Schwede und sieht, aha, die Ausländer arbeiten nicht, die kassieren unsere Beiträge und arbeiten nicht. Dann ist der Schwede sehr erbost.« – »Entschuldigung, aber vielleicht arbeitet er nachts.« – »Das weiß der Schwede nicht, deshalb soll man nicht auffällig sein.« – »Hör mal, das erinnert mich an die Sprüche der Nazis: die Juden sollen nicht so auffällig sein. Statt Jude muss man nur Ausländer sagen.« – »Bitte verstehe das nicht so, wir Schweden sind sehr aufgeschlossen. Aber wenn ein Ausländer zum Beispiel mit dem Taxi fährt oder in einer Gaststätte sitzt, soll er ein größeres Trinkgeld geben.« – »Warum?« – »Na, ja, damit der Schwede gut gestimmt wird. Das fördert die Integration.«

Diese Ablehnung des Fremden habe ich noch zehn Jahre später in einer Synagoge erfahren. Mein Vater und ich sind während einer Reise in Malmö frühmorgens in die noch leere Synagoge gegangen, legten unsere Gebetsriemen an und warteten. Ein Mann betrat die Synagoge, sah uns beten und ging schnurstracks auf uns zu. »Ihr seid Fremde?« – »Ja«, und auf meine Antwort erwartete ich die übliche Replik ›schalom alechem‹ und die Frage nach woher und wohin. Stattdessen hörten wir: »Ihr seid Fremde, Ihr müsst nach hinten.« Ich habe ihn dann auf Schwedisch gefragt: »Wie weit nach hinten meinst du? Meinst du die letzte Reihe, hinten vor der Tür oder hinten ganz auf die Straße?« Wie in Schweden üblich ruhig, aber bestimmt seine Reaktion: »Nein, wie ich gesagt habe, nach hinten. Vorn und in der Mitte sind die Plätze der örtlichen Notabilitäten.«

Mein Vater wollte mich beruhigen: »Lass ihn doch, das ist ein Narr.« »Nein, das ist ein echter Skandinavier.« Wir gingen ganz nach hinten. Vor uns verloren sich vielleicht zehn oder zwölf Einheimische. Nach dem Gottesdienst konnte ich nicht anders als mich beim Gemeindevorstand mit triefender Ironie für die ›rührende Gastfreundschaft‹ zu bedanken. »Wieso?« – »Siehst du, du bist so sehr Skandinavier, dass du vergessen hast, wie man sich fremden Juden gegenüber verhält. Man schickt sie nämlich nicht in die letzte Reihe.« Andere bemerkten unseren Wortwechsel und erkundigten sich nach dem Grund. »Ja, ach so, ein Fremder regt sich auf.«

Warum kam ich mit den Verhältnissen in Schweden nicht klar? Das war zum einen mein Temperament, das immer weniger mit dieser unpersönlichen Distanz zurechtkam. Außerdem: Jede Woche hatte der Synagogenvorsteher nach dem Gottesdienst etwas zu bemängeln. Selbstverständlich sprach er nicht von einem Fehler, sondern er wolle mich nur darauf aufmerksam machen, dass Herr X oder Y ihm das oder jenes gesagt hätte. »Dann schicken Sie doch diese Herren zu mir.« – »Nein, das soll so nicht sein. Ich bin der Synagogenvorsteher und gebeten worden, das mit Ihnen zu besprechen.« Ging es mir allein so und lag es deshalb an mir? Meine beiden Vorgänger waren dankbar, als Flüchtlinge aufgenommen zu werden, aber mir war es im Nachhinein eine Beruhigung, dass auch meine Nachfolger – ob Liberale oder Orthodoxe – nicht länger als ein Jahr in Göteborg geblieben sind. Und schwedische Rabbiner, die in London ausgebildet wurden, kamen nicht in ihre Heimat zurück.

Der unmittelbare Anlass meiner Kündigung ergab sich vor Pessach. In der Gemeinde war alles sehr gründlich vorbereitet worden, auch die Versorgung mit koscheren Lebensmitteln. Ich stellte aber fest, dass die Matzen aus einer englischen Fabrik stammten, die nicht auf der Liste der vom englischen Rabbinat approbierten Lieferanten stand. Ein Gemeindemitglied war Alleinimporteur des Gebäcks aus dieser englischen Fabrik. »Warum beziehen wir wie andere Gemeinden die Matzen nicht aus Israel? Diese Matzen sind nicht koscher für Pessach.« – »Ja, aber er sagt, seine Matzen sind koscher.« – »Nein, hier ist die Liste vom Rabbinat von England, und die ist verbindlich.« – »Ja, aber er hat eine andere Liste.« – »Seine Liste interessiert mich nicht.« Am Ende war klar, dass der Importeur vom Vorstand gedeckt wurde, weil er Gemeindemitglied war, und man auf seine finanziellen Zuwendungen nicht verzichtet wollte. Ich kündigte und nahm ein Angebot aus Bremen an. Die Gemeinde der Hansestadt suchte einen Rabbiner. Die Kündigung fiel mir nicht schwer, weil mir auch die Lebensverhältnisse außerhalb der Gemeinde immer größere Schwierigkeiten machten. Dazu muss ich allerdings sagen, dass sich die Verhältnisse seit unserem schwedischen Abenteuer innerhalb von zehn bis fünfzehn Jahren dramatisch verändert, sprich verbessert haben. Wir erlebten leider den Höhepunkt der schwedischen Selbstgenügsamkeit. Über die Europäische Union wurde damals nur gelacht. »Was soll das? Die wollen Schweden haben. Schweden braucht das nicht. Die brauchen uns.« Dabei sind während unseres einen Jahres 100 Kronen im Wert von 70,– auf 20,– DM gefallen! Die Sozialdemokraten wurden dann abgewählt, der Wirtschaft ging es ziemlich miserabel, anschließend ging es wieder bergauf, Schweden ist inzwischen selbstverständlich Mitglied in der EU und das Land ist sehr viel offener geworden.

Anders zu unserer Zeit. Einige Erlebnisse sind mir unvergesslich. Meine Frau war schon kurz nach der Geburt unseres Sohnes wieder schwanger. Die »*mödrarwardazentrale*«, eine Art TÜV für Schwangere, musste eingeschaltet werden. Auf der einen Seite sorgte der Staat für die werdende Mutter, auf der anderen Seite wurde die Frau wie ein Ding behandelt. Auf Kosten der Krankenkasse wurde uns eine Hilfskraft zur Verfügung gestellt. Das war wenig hilfreich, weil die Hilfskraft selbst schwanger war. Im Verlauf dieser Schwangerschaft machten wir unsere Erfahrungen mit dem schwedischen Gesundheitssystem. Diese erinnern an Entwicklungen, wie wir sie heute hier aus Deutschland kennen bzw. wie sie sich bei uns abzeichnen. Beispielsweise kostete die Behandlung bei den Volkszahnärzten nichts. Aber bei diesen musste man sich lange vorher anmelden, doch wie konnte man Wochen zuvor wissen, dass man an dem Behandlungstermin Schmerzen bekommen würde. Dazu zogen die nur Zähne; für eine konservierende Behandlung musste man doch zu anderen Zahnärzten gehen und privat bezahlen. In Schweden herrschte damals generell Ärztemangel. Die jungen schwedischen Ärzte mussten ihre Ausbildungskosten kurz nach dem Abschluss mit Zinsen zurückzahlen. Vor allem die Besseren gingen deshalb ins Ausland, weil sie dort das Geld für die Rückzahlung leichter und schneller verdienen konnten. In den Krankenhäusern herrschte überdies häufig Dienst nach Vorschrift. Ein groteskes Beispiel haben wir erlebt, als wir meine Frau während der Schwangerschaft in ein Krankenhaus bringen mussten. Sie litt unter schlimmen Beckenschmerzen. »Aber heute gibt es für euch nach Plan nur Blutdruckmessen,« sagte die Schwester. Ich dachte, ich höre schlecht. Und im riesigen Wartezimmer saßen lauter Frauen und sagten nichts dazu. Dazu das schmerzverzerrte Gesicht meiner Frau. Ich explodierte: »Hör zu, ich gebe dir fünf Minuten. Du rufst jetzt den Arzt, sonst garantiere ich für nichts.« Dazu griff ich demonstrativ in meine Tasche. In unserer Zeit kannte man in Schweden als Fremde nur Jugoslawen, die kurze Zeit vorher in großer Zahl eingewandert waren und im Ruf standen, rasch mit dem Messer zur Hand zu sein. Wie alle Schweden fürchtete sich auch die Schwester vor messerstechenden Jugoslawen und wegen meiner dunklen Haare hielt sie mich für einen solchen. Nach wenigen Minuten kamen zwei Sanitäter mit einer fahrbaren Liege. Die Frauen im Wartezimmer machten keinen Mucks. Der Arzt erklärte uns dann, es sei nicht vorgesehen, dass eine Frau in so kurzer Zeit zweimal schwanger werde. Das sei in Schweden normal nicht der Fall. Und dass ich diese Behandlung mit Krach durchgesetzt habe, das müsse er meinem Arbeitgeber melden. In der Tat empfing mich unsere Präsidentin, sie war von Beruf Justitiarin der größten schwedischen Reederei, mit den Worten: »Was haben Sie angestellt?« – »Was soll ich angestellt haben, ich habe dafür gesorgt, dass meine Frau ärztlich versorgt wird.« – »Warum haben Sie mir nichts gesagt? Ich wäre mitgegangen.« – »Liebe Frau Präsidentin, ich kann Sie nicht jedes Mal holen, wenn meine Frau Schmerzen hat.« – »Ja, aber so kann man mit Schweden nicht umgehen!« – »Nein, Sie irren sich, nur so kann man mit Schweden umgehen.« – »Aber was werden die Schweden über uns Juden denken.« – »Wenn Sie nächtelang nur Schmerzenslaute hören, sich um Mutter und Kind sorgen, dann ist Ihnen herzlich egal, was die Schweden denken.« Auch als ich dann Krach mit der Krankenkasse wegen der Bezahlung dieser Behandlung bekam, beschwerten die sich bei meiner Präsidentin. Auch in diesem Fall bot sie mir an, die Sache für mich in die Hand zu nehmen. »Ich möchte aber nicht unter Kuratel gestellt werden. Ich möchte Sie nicht als Vormund benutzen.« – »Das würde ich aber gerne machen.« Das Schlimme an der Geschichte war: Sie meinte es wirklich so und sie meinte es gut.

Nach mehreren Monaten unseres Aufenthalts war uns noch kein Kindergeld ausbezahlt worden. Meine Präsidentin erfuhr als Grund, ich hätte mich noch nicht bei der Kirche angemeldet. Die polizeiliche Anmeldung reiche nicht aus. Was ich nicht wusste: Der schwedische Staat überließ damals noch der Kirche das Meldewesen, eine Einrichtung, die in Ungarn schon 1903 abgeschafft worden war. Das war noch ein Rest des Staatskirchentums, als die Kirchenbücher die einzigen schriftlichen und amtlichen Aufzeichnungen darstellten. Der zuständige Pfarrer empfing mich höflich. »Schreiben Sie bitte, dass ich Jude bin.« – »Macht nichts, ich schreibe dich in die Kirche ein.« – »Nein, dann muss ich womöglich auch noch Kirchensteuer zahlen.« – »Du wirst doch nicht ohne Kirche leben?« – »Kannst du mich nicht verstehen oder willst du nicht? Ich bin Rabbiner.« – »Ja, schon. Aber deshalb kannst du ja auch in der

Kirche sein. Das ist doch normal.« – »Ich will aber nicht in der Kirche sein. Schreib mich ein, wie es deine Pflicht ist, und lass mich in Frieden. Schreib hin: Mosaisch, keine Kirche.« – »So was macht man in Schweden nicht.« – »Ich mache es. Soll ich den Vorsitzenden rufen?« Das Kindergeld ist dann schnell ausbezahlt worden.

Warum war ich letztendlich an den schwedischen Verhältnissen gescheitert? Ich denke, zwei Dinge waren unvereinbar. Zum Einen, wie gesagt, das Temperament. Immer ruhig, distanziert und kühl zu bleiben, ist meine Sache nicht. Diese Haltung verbindet sich mir zu oft mit einer zwar höflichen, letztlich aber bequemen Unentschiedenheit. Zum Zweiten der Zwang zur Konformität. Schwedischer Patriotismus und soziale Gleichmacherei standen von vornherein als Werte fest, die einfach nicht hinterfragt wurden. Für mich stecken in ihnen ein Aufgehen in der Anonymität und ein Zuviel an Borniertheit. Wir waren nicht als Flüchtlinge nach Schweden gekommen, die dankbar in einer Normalität – eben der schwedischen – Zuflucht fanden. Ich war noch jünger als heute, und die ungarischen Erfahrungen mit dem kommunistischen Konformitätszwang frischer. Ich hatte einen großen Nachholbedarf an Renitenz. In Skandinavien war ich so aufmüpfig, wie ich es in Ungarn nie hätte sein dürfen. Ich wollte mich auch für die Erniedrigungen der anderen Flüchtlinge und Emigranten, der Rabbiner und Gelehrten revanchieren. Deshalb habe ich kein Fettnäpfchen ausgelassen, in das ich mit voller Wucht und Genugtuung hineintrampeln konnte. Heute sehe ich, dass ich Lappalien viel zu ernst genommen und mich oft wie ein Elefant im Porzellanladen benommen habe.

Das Bremer Modell

Im Sommer 1973 kamen wir nach Bremen. Zunächst hatten wir in einem kleinen idyllischen Nest am Zwischenahner Meer ein schönes Feriendomizil gefunden. Im Herbst begann mein Dienst in der Gemeinde, die mich bereits sehnsüchtig erwartete. Sie umfasste nur etwa 120 Mitglieder, aber alle waren aktiv, freuten sich an ihrer Gemeinsamkeit und hielten gut zusammen.

Die meisten deutschen Gemeinden wurden nach dem Krieg von Persönlichkeiten aufgebaut, die schon vor dem Krieg irgendwo eine aktive Rolle gespielt hatten. Es war aber eine Seltenheit, dass sich die Rückkehrer wieder in der alten Heimat, in derselben Stadt, derselben Gemeinde niedergelassen haben und in der Muttergemeinde weiter wirken konnten. Carl Katz s.A. war so ein Bremer Urgestein. Auch sein Schwiegersohn, Samuel Berger, den er aus einem Lager mitgebracht hatte, wurde ein engagiertes Gemeindemitglied. Er stammte aus der Slowakei und hatte ebenfalls umfassende jüdische Kenntnisse. Carl Katz hat die Gemeinde nach bestem Wissen und Gewissen geleitet. Er sorgte dafür, dass die neue Gemeinde als Rechtsnachfolgerin der Vorkriegsgemeinde anerkannt wurde, den alten Besitz erstattet bekam und auch zur Erbin der verschollenen Mitglieder eingesetzt wurde. Er tauschte das Ruinengrundstück der alten Synagoge im Schnoorviertel mit der Caritas und baute im vornehmsten Patrizierviertel Bremens, in Schwachhausen, eine neue Synagoge. Sie wurde nach den Plänen des Tempels im »Heichal Shlomo«, dem Jerusalemer Rabbinatszentrum, gestaltet und ist für mich eine unserer schönsten Synagogen. Ein riesiger Garten, ein Gemeindesaal und einige Nebenräume gehören zu ihr. Kein Wunder, dass Carl Katz seine Leute – so erzählte man mir – wie ›per Knopfdruck‹, mit einer Handbewegung dirigiert hat und alle Einzelheiten vom Gemeindeleben bis zum Gottesdienst bestimmte. Man kann aber nicht sagen, dies sei der Gemeinde schlecht bekommen, denn wir trafen sie aktiv und gut geführt an, als man nach seinem Tode sah, dass man einen hauptamtlichen Rabbiner brauche und mich holte.

Was die Bremer nicht wussten: Sie bekamen eigentlich zwei Kräfte. Denn während meine Frau sich in Dortmund und in Göteborg noch fast ausschließlich um unsere kleinen Kinder kümmern musste, brachte sie sich jetzt voll in das Gemeindeleben ein. Sie hat Judaistik studiert und ist diplomierte Lehrerin der jüdischen Religion, wichtiger aber noch, sie ist ein Organisationstalent. Viel schneller als ich hat sie das Gemeindeleben stark gemacht. Sie plante Kinderfeste, wusste über alles Bescheid, was Schulen und Kindergärten betraf, und kümmerte sich überhaupt um alle Dinge des jüdischen Lebens. So wurde für den Sederabend ein Koch engagiert, aber meine Frau überwachte ihn und sorgte dafür, dass diese Feier wie alle Festivitäten und Veranstaltungen der Gemeinde nach den Religionsgesetzen ablief. Dieses harmonische Gemeindeleben schuf auch die Voraussetzung dafür, dass die kleine Gemeinde menschliche Kontakte nach außen gewann und sich eine Stellung in die Gesellschaft erarbeitet hat. Bald sprach man in Deutschlands Gemeinden vom »Bremer Modell«.

Wir erlebten in Bremen eine glückliche Zeit. Das lag an einzelnen Personen, denen wir begegneten, aber auch am aufgeschlossenen, objektiven, korrekten Klima der Stadt. Ich erkläre mir das so: Diese Tugenden der hanseatischen Kaufleute prägten auch und gerade führende Sozialdemokraten wie den Bremer Ehrenbürger Wilhelm Kaisen, den ich leider nur einmal als schon sehr alten Mann kennenlernte, oder den Bürgermeister Hans Koschnick, der mir zum Freund wurde. Die überschaubaren Verhältnisse eines Stadtstaates haben bewirkt, dass dieses humane Klima selbst im Dritten Reich nicht ganz verloren ging. Augenzeugen haben Beispiele erzählt, die mir im Gedächtnis haften geblieben sind, weil Vergleichbares in Ungarn unmöglich gewesen wäre.

Da war die Schwiegermutter eines sozialdemokratischen Bürgerschaftsabgeordneten, die in einem Haus außerhalb Bremens fünf Juden versteckt hielt. Der israelische Botschafter in Bonn überreichte ihr dafür die Yad Vashem-Medaille. Bei dieser Gelegenheit sprach sie zum ersten Mal über ihre Erlebnisse, und mir wurde bewusst, welches Netzwerk zur Rettung der Verfolgten notwendig gewesen war. Fünf Personen in einem Keller unterbringen, das ist das eine. Aber sie jahrelang zu ernähren, als es Lebensmittel doch nur auf Marken gab, das war die viel größere Leistung.

In unserer Gemeinde wurde jedes Mal nach dem Gottesdienst in einem Nebenraum ein kleiner Imbiss gereicht, und man unterhielt sich dabei über dies und das. Natürlich fiel jeder Gast in dieser kleinen Gemeinschaft sofort auf, und so begrüßte ich eines Tages eine Besucherin, die aus Israel gekommen war und ursprünglich aus Klausenburg stammte. Nach einigem Hin und Her fragte ich, was sie nach Bremen führe. »Ich war hier in Oslebshausen, einem Außenlager von Bergen-Belsen.« – »Da wollen Sie noch einmal hin?« Ich konnte das nicht glauben. »Sie sind anscheinend zu neu hier und kennen die Bremer noch nicht«, fuhr sie fort und schilderte dann, wie sie und andere Häftlinge nach Oslebshausen gebracht worden waren und in der Bismarckstraße die Trümmer der bombardierten Häuser räumen mussten. Da haben ihnen die Bewohner hinter dem Rücken der SS belegte Brote zugesteckt. Manche forderten bei den SS-Leuten Häftlinge zum Räumen der Trümmer innerhalb der Wohnung an. Dort angekommen gab es keine Trümmer, dafür eine halbe Stunde Pause mit Kaffee und Essen. Und die Frau vom Milchladen ließ ausrichten: »Wenn morgens vor dem Laden eine Kanne Milch mit der Aufschrift ›verdorben‹ steht, dann ist die für euch. Schaut zu, dass ihr sie holen könnt.«

Noch eine für Bremen so typische Geschichte: Die Familie Hirschfeld, eine sehr angesehene jüdische Familie, Besitzer eines großen Kaufhauses, feierte 1938 ausgerechnet am Abend der Pogromnacht im Columbus Hotel Hochzeit. Die ganze Hochzeitsgesellschaft wurde von der Tafel weg, in Frack, Zylinder und großer Robe, verhaftet und, bewacht von Polizei und Gestapo, durch die Stadt hinaus in das Gefängnis nach Gröpelingen getrieben. Unterwegs scherzte die Braut noch mit ihrem frisch angetrauten Mann, sie werden sicher eine unvergessliche Hochzeitsnacht erleben. Ich fragte, wie die Bevölkerung entlang des langen Weges, es ging vor allem durch eine Arbeitervorstadt, reagiert hätte. »Hat jemand eingegriffen, wurden Sie beschimpft?« – »Nein, eingegriffen hat niemand, das ging angesichts der Gestapo auch nicht, aber beschimpft wurden wir nicht. Die Leute standen wortlos und mit Entsetzen auf ihren Gesichtern da und haben nur den Kopf geschüttelt.«

Eine vergleichbare Situation hatte ich in Budapest 1944 durchlebt, nicht in einem Arbeiterviertel, sondern in der gutbürgerlichen Neu-Leopoldstadt. Wir wurden ins Ghetto abgeführt und dabei von gut gekleideten Bürgern beschimpft, verhöhnt, sogar mit Gegenständen beworfen. In Ungarn hatte die Ausplünderung und Diskriminierung der Juden schon mit Beginn des selbständigen, noch ›königlichen‹ Staates im Jahre 1920 begonnen. Und Eichmann soll bei seinem Prozess ausgesagt haben, schon beim Einmarsch am 19. März 1944 zigtausend schriftliche Denunziationen vorgefunden zu haben, in denen Verstecke von Juden und jüdischem Vermögen verraten wurden. Hilfe gab es für Juden in Ungarn höchstens gegen Bezahlung.

Sicher, die Beispiele von Sympathie und selbstloser Hilfe waren auch in Bremen vereinzelt und konnten den Holocaust nicht verhindern. Aber für den, der sie erfahren hat, mussten sie eine ungeheure Ermutigung bedeuten.

Ich werde öfter gefragt, wie ich meine positive Einstellung zu Deutschland gewinnen konnte, warum ich mich ausgerechnet in Deutschland als Mensch und als Jude auch als gleichberechtigten Bürger in einer Demokratie wahrnahm. Die Erfahrungen in Bremen legten das Fundament dazu. Zum ersten Mal in meinem Leben empfand ich, dass ich und meine Familie mit dem, was wir taten und wie wir lebten, anerkannt und angenommen wurden und Verständnis erfuhren. Die Aufarbeitung des Holocaust infolge der 68er-Ereignisse festigte dann dieses Vertrauen.

Außerhalb der Gemeinde führten mich zwei Gremien, der Sozialausschuss der Stadt und der Rundfunkrat von Radio Bremen, über die sachliche Diskussion hinaus mit Menschen zusammen, an die ich mich dankbar erinnere. Bei der Arbeit im Sozialausschuss traf ich mit Pfarrern, Sozialarbeitern und Menschen ähnlicher Profession zusammen. Die katholische Gemeinde Bremens war in der ganz überwiegend protestantischen Umgebung ein kleiner Sprengel des Bistums Osnabrück. Gleich nach meiner Ankunft bekam ich von ihrem Bischof, Helmut Hermann Wittler, einen Begrüßungsbrief, in dem er unter anderem schrieb, er hoffe, dass wir hier als Vertreter von zwei unterdrückten Religionsgemeinschaften für die Sache Gottes in dieser unchristlichen Stadt eintreten würden. Ich finde es bis heute wahnsinnig komisch, dass ausgerechnet ich mit meiner kleinen Gemeinde zusammen mit der katholischen Kirche allein die Sache Gottes vertreten sollte.

In Bremen sah ich auch zum ersten Mal in meinem Leben einen katholischen Bischof aus nächster Nähe. Und das kam so: Der Beauftragte der katholischen Kirche für Rundfunk und Medien war Clemens Kaminski, ein jovialer, älterer, erzkatholischer Herr. »Pater Clemens«, wie er genannt wurde, hat jedes Mal, wenn etwas, wie er meinte, »Verletzendes« über seine Kirche gesagt wurde, ein riesengroßes Tamtam gemacht. Als zum Beispiel einmal ein Kommentator den Papst als »eiligen Vater« bezeichnete, war er außer sich. Aber in Journalistenkreisen wusste man schon vor jeder einschlägigen Veröffentlichung, dass sich Pater Clemens furchtbar aufregen werde. Denn Pater Clemens hat sich immer furchtbar aufgeregt. Abgesehen davon war er ein lieber Herr, mit dem wir uns eng befreundet haben. Eines Tages übermittelte er den Wunsch seines Bischofs, mich zu besuchen. Meine Frau und ich sind beinahe in Ohnmacht gefallen. Ein Bischofsbesuch bei uns? Wie verhält man sich da? Was macht man, was macht man nicht? Natürlich wurden die Kinder ermahnt: »Hört mal, der Bischof von Osnabrück kommt zu Besuch. Benehmt euch! Ihr kommt herein, begrüßt den Bischof und dann verschwindet ihr wieder.« Der Bischof kam und brachte sogar Geschenke für die Kinder mit. Mein Sohn Michael bedankte sich artig und sagte zu ihm: »Du siehst ja ganz normal aus. Mein Vater hat gesagt, wir müssen ganz brav sein, da kommt ein ganz großes Tier zu uns zu Besuch.« Der Bischof hat laut gelacht und das »große Tier« bei späteren Treffen immer wieder gern zitiert.

An die Mitgliedschaft im Rundfunkrat von Radio Bremen erinnere ich mich mit großem Vergnügen, traf ich dort doch in sympathischer Atmosphäre mit interessanten Menschen zusammen und lernte viel über den Rundfunk und die gesellschaftlichen Verhältnisse Bremens und der Bundesrepublik. Schon kurz nach meiner Ankunft wurde ich eingeladen, vorerst als stellvertretendes Mitglied. Ich dachte, damit eine Türe für die Gemeinde öffnen zu können, und erlebte, dass eine Türe für mich geöffnet wurde. Radio Bremen war und ist zwar die kleinste Anstalt in der ARD, aber damals war sie doch sehr prägend, weil kreative und interessante Leute gerne für diesen Sender arbeiteten. Hans Abich war kurz vor meiner Zeit als Intendant ausgeschieden, er hatte Maßstäbe gesetzt und sie prägten noch immer den Geist des Hauses. Gert von Paczensky war Chefredakteur für Hörfunk und Fernsehen, Ulrich Kienzle, Dieter Ertel und andere waren Persönlichkeiten, mit denen man nach den Sitzungen noch gerne zusammensaß und sich austauschte. Auch der Bremerhavener Bürgermeister Tallert, der so ganz unbremisch, nämlich lustig, geistreich und humorvoll war, gehörte dazu.

Bei der Vertretung der CDU war damals gerade ein Generationenwechsel im Gange. Ernst Müller-Hermann, der von Mutterseite her Jude war und daraus auch nie einen Hehl gemacht hatte, war von Bernd Neumann, dem späteren Kulturstaatssekretär, abgelöst worden. Die Versuche dieser jungen Garde, lautstark Opposition zu machen, wurde distanziert betrachtet. Denn worüber auch immer man sprach, was auch immer kritisiert wurde, es wurde in sachlicher, nüchterner Gelassenheit vorgetragen. Ich habe das bewundert, schon deshalb, weil es zu meinem Temperament überhaupt nicht passte. Die Gespräche außerhalb der eigentlichen Sitzung wurden durch einen kleinen Imbiss befördert, von dem ich anfangs nichts essen konnte. Das fiel in der Küche auf, man fragte mich nach dem Grund, und richtete fortan einen koscheren Teller für mich. In den Gesprächen mit anderen Mitgliedern des Rundfunkrates lernte ich viel über die Bremer Verhältnisse kennen. Die frühere Bürgermeisterin Annemarie Mevissen, eine Bremer Sozialdemokratin im besten Sinne des Wortes, eine typische Patrizierin, ehrlich, korrekt, fair, kurz angebunden und dennoch freundlich, habe ich sehr geschätzt. Mit ihr und ihrem Mann, der als Vertreter der Volkshochschulen ebenfalls im Rundfunkrat saß, habe ich mich gerne unterhalten.

Nach einiger Zeit hat man mich gebeten, vor den hohen jüdischen Feiertagen Verkündigungssendungen im Hörfunk zu machen, die später zu einer monatlichen »Schabbat-Schalom-Reihe« ausgebaut wurden. Dankbar erinnere ich mich an den zuständigen Kirchenfunk-Redakteur, Hans-Christian Rudolphi, bei dem ich das Radio-Handwerk gelernt habe. Eigentlich war er ein Musikfan, ein führender Mann in der Bremer Bachgesellschaft. Nach dem Krieg ist er irgendwie zu dieser Stelle als Redakteur gekommen. Jedes Mal, wenn ich eine Sendung aufnahm, saß er dabei und gab mir gute Ratschläge. »Machen Sie das so … Sagen Sie das nicht so … Drücken Sie das vielleicht besser so aus.« So hat er mir unkompliziert viel beigebracht, beinahe in demütiger Haltung, die mir bei diesem viel älteren Mann schon peinlich war.

Lange habe ich im Rundfunkrat nur zugehört und sah mich als Lernenden, waren mir doch Rundfunkpolitik im Allgemeinen und die Bremer Spezialitäten im Besonderen noch fremd. Meine erste Wortmeldung hatte mit dem, wie mir schien, einzigen Manko Norddeutschlands zu tun, dem Mangel an Humor. In der Silvesternacht hatte eine Kabarettsendung die Zeit überzogen, und der Jahreswechsel fand deshalb bei Radio Bremen zwanzig Sekunden nach Mitternacht statt. Große Aufregung. Und überhaupt, was soll das: Kabarett? Da meldete ich mich: »Entschuldigung Frau Mevissen, wenn ich es mir recht überlege, so war Kabarett nie eine gängige

Gattung im Bremer Kulturleben. Kabarett ist eine Gattung der Monarchie, Prag, Budapest, Wien waren seine Hochburgen und – für das politische Kabarett – das Berlin der Zwanzigerjahre.« Ich schilderte einige Merkmale dieser Gattung und zog daraus den Schluss, dass man in Bremen Kabarett nicht kompetent bewerten könne. Ich dachte, man werde mich für diesen Beitrag niederbrüllen. Zu meiner Überraschung gab mir Annemarie Mevissen aber recht und schlug vor, die Debatte einfach zu beenden.

Nachträglich habe ich mich gefragt, ob ich in diesem Gremium viel bewirkt habe? Meistens musste ich gar nichts bewirken. Allein meine Anwesenheit hat viel an Auseinandersetzungen verhindert. In den Problemen des Nahen Ostens war ich meist mit der CDU – also einer Minderheit – einer Meinung. Ich sagte deshalb einmal zu Bernd Neumann, er solle mir nicht immer recht geben, denn »dann haut uns die Mehrheit immer in die Pfanne. Greifen Sie mich lieber an. So haben wir mehr Chancen, in der Sache durchzukommen.« Ich geriet in Verdacht, mit der CDU und Neumann auf Du und Du zu stehen. Das war in Bremen nicht ratsam und entsprach auch nicht meiner Haltung. Verstärkt wurde dieser Eindruck, als während eines Wahlkampfs die CDU eine Aktion gestartet hatte, in der Probleme der Stadt, angebliche oder tatsächliche, aufgegriffen wurden. In diesem Rahmen hatte unser kurzsichtiger Gemeindevorsitzender, Gott habe ihn selig, ein aus Aurich stammender, waschechter ostfriesischer Jude, die CDU über Interna der jüdischen Gemeinde informiert. Ein Revolverjournalist hat die Sache im Weser-Kurier hochgespielt. (Es war übrigens jener Reiner Pfeiffer, der später als Pressesprecher von Barschel eine dubiose Rolle gespielt hat.) Hans Koschnick fragte mich damals: »Seid Ihr meschugge? Was versprecht Ihr Euch von der Unterstützung dieser CDU-Kampagne?« Ich sagte ihm, dass ich dem Vorsitzenden nicht den Mund stopfen könne. Koschnick darauf: »Dann erkläre ihm das!« Also, ob ich etwas bewirkt habe? Viel wohl nicht, aber es war eine schöne, eine befriedigende Arbeit.

Wenn ich so ausführlich von Radio Bremen berichte, so deshalb, weil ich diesem Sender und der Stadt für meine eigene Integration und Beständigkeit viel verdanke. Es ist bis heute eine enge Verbindung, fast hätte ich gesagt, eine Liebesbeziehung, geblieben.

Auch außerhalb des Rundfunks erinnere ich mich an viele schöne Begegnungen. Zum 1. Mai fand jedes Jahr im alten Rathaus das »Mahl der Arbeit« statt. Ein riesiger Berg Labskaus wurde hereingetragen – dieses konnte ich ebenso wenig essen wie die sonstige Bremer Küche mit ihren Kohl- und Pinkelgerichten. Ein Gräuel für einen anständigen südeuropäischen Magen. Also beschränkte ich mich auf das Spiegelei, die Rote Grütze und vor allem auf die vielen freundschaftlichen Gespräche.

Weniger freundschaftlich als zeremoniös-steif habe ich ein Staatsbankett in Erinnerung. Königin Elisabeth II. und Prinz Philipp kamen zu einem offiziellen Besuch nach Bremen. Hans Koschnick bestand auf meiner Anwesenheit und sorgte dafür, dass für mich koscher gekocht wurde. Von einem Zeremonienmeister wurden wir genau ins Protokoll eingewiesen. Bernd Neumann stand im Defilee direkt hinter mir. Hans Koschnick hat uns den Staatsgästen vorgestellt und die Königin sagte zu jedem: »Oh, sehr erfreut.« Meine republikanischen Bremer waren überwiegend sehr ergriffen. Bernd Neumann und mir war mehr zum Lachen und Schmunzeln zumute und später beim Essen witzelten wir, ob wohl das grüne Kostüm der Königin der Sympathie für Werder Bremen Ausdruck geben soll.

Auch den späteren Bürgermeister Dr. Henning Scherf habe ich damals kennengelernt. Er war strammer Juso-Chef und, wie es sich gehörte, links von der Mitte. Aber im Grunde war er ein netter, begabter Drogistensohn. Hans Koschnick rief mich eines Vormittags an und fragte: »Hör mal zu, es kommt eine israelische Delegation von der ›Mishmeret Hatzeira‹ (das sind die ›Jusos‹ der israelitischen Arbeitergesellschaft) nach Bremen. Wir haben sie eingeladen, und der Besuch fällt auf Jom Kippur. Was machen wir da mit ihnen?« Ich antwortete: »Für diesen Tag gibt es kein Programm. Ihr kommt in die Synagoge. Auf Wiedersehen!« Jungsozialisten in die Synagoge schicken! Alle, voran die Besucher, waren baff. Henning Scherf begleitete sie. Ich erinnere mich gut an die gelangweilten Gesichter, mit denen die jungen Leute eingetrudelt sind und am Anfang des Gottesdienstes herumsaßen. Aber dann sangen und beteten sie doch mit. Am Ende sagten viele, sie hätten Jom Kippur erst jetzt verstanden und erzählten es auch Hans Koschnick, der mich verwundert fragte, wie ich es angestellt hätte, die Jungs inklusive Henning Scherf so zu beeindrucken. Ich konnte ihm die Frage nicht beantworten. Henning Scherf, der Stipendiat des evangelischen Studienwerkes Villigst gewesen war, kam danach öfters aus echtem Interesse zu unseren Veranstaltungen, auch später, als er schon das Amt des Bürgermeisters bekleidete. Wenn wir uns bei Kirchentagen trafen, hat er mich jedes Mal umarmt, und ich verschwand immer wieder lachend zwischen seinen langen Armen.

Hauptsache zu! Eine Promi-Hochzeit

Trotz allen Bremer Glücks – es war eine Bremer Hochzeit im Jahre 1978, die mir die ersten grauen Haare hat wachsen lassen. So behauptet jedenfalls meine Frau. Das Brautpaar ... – aber dazu muss ich erst ausholen; Ende der Fünfzigerjahre konnten sich einige jüdische Ärzte die Ausreise aus dem kommunistischen Rumänien mit Bakschisch erkaufen. Drei oder vier dieser Ärzte ließen sich in Bremen nieder. Sie wirkten in der Gesellschaft für christlich-jüdische Zusammenarbeit mit und waren auf dem Weg zur Anerkennung in der bremischen Gesellschaft. Obwohl Mitglieder unserer Gemeinde, waren sie ihr gegenüber, die von einem ostfriesischen Juden, also einem ostfriesischen Dickschädel, geleitet wurde, sehr negativ eingestellt. Mit meiner Ankunft hoffte man, dass ich zu diesen Leuten Kontakt aufnehmen könne. Das ist auch gelungen, und besonders guten Kontakt gewann ich zu einem Zahnarzt, der eine riesige Praxis führte. Bei ihm arbeiteten zwanzig Techniker und noch drei angestellte Zahnärzte. Er hatte wohl als erster in Bremen Implantate eingeführt und damit riesigen Erfolg. Sein Auftreten war für Bremen ungewöhnlich, denn er war, man kann es nicht anders sagen, ausgesprochen forsch. Bei einem Empfang sprach er zum Beispiel einen prominenten Politiker der Stadt einfach in aller Öffentlichkeit an: »Herr X, Ihre Zähne sind schlecht. Das kann nicht gut für Sie sein, denn es lässt Sie unvorteilhaft aussehen. Kommen Sie einfach in meine Praxis.« Im zurückhaltenden Bremen hatte man eine solche Sprache sicher noch nie gehört. Aber der Politiker hat den Vorschlag angenommen und seine Zähne richten lassen. Sein Sohn hat ebenfalls in Bukarest Zahnmedizin studiert und führt heute die Praxis fort. Seine Tochter war sehr nett, liebenswürdig und hübsch.

Eines Tages kam ihre Mutter zu mir. Ihre Tochter werde den – damals schon berühmten – Pantomimen Samy Molcho heiraten und sie wünsche an dem und dem Tag eine Hochzeitsfeier in der Synagoge. Ich sagte: »Entschuldigen Sie, zu diesem Termin kann man keine Hochzeit feiern, er liegt in den drei Trauerwochen im Sommer.« – »Wieso, das kann man!« – »Nein, schauen Sie, an jenem Sonntag beginnt diese Periode. Sie können noch am Freitagmittag davor heiraten, das ist der späteste Zeitpunkt.« – »Gut, dann buchen wir diesen Termin. Die Kinder werden Sie aufsuchen.« Samy Molchos Unterlagen bewiesen problemlos seine alte spaniolisch-jüdische Abkunft, und wir sprachen über die Einzelheiten der Feier. Dabei fiel dem Paar plötzlich auf: »Da stehen wir ja mit dem Rücken zum Publikum. Das geht nicht!« Ich antwortete: »Hören Sie, die Synagoge ist keine Bühne, das hier ist kein Theater, und es geht nicht um Publikum, es geht um eine religiöse Zeremonie. Wenn Sie möchten, kann ich die Trauung auch im Hof abhalten, aber es kann dann auch regnen. Im Hof können Sie meinetwegen auch einen Kopfstand machen, aber in der Synagoge können Sie nicht mit dem Rücken zur Tora stehen.« – »Wenn das nicht geht, dann müssen wir uns eine andere Synagoge suchen. Danke schön, auf Wiedersehen.« Samy Molcho war sehr resolut in der Sache. Ich habe ihm die Gemeinden in Hamburg und Osnabrück empfohlen, sagte ihm aber gleich, er werde dort keine andere Auskunft erhalten. Dem war auch so, und nach kurzer Zeit kam der Zahnarzt nach dem Gottesdienst zu mir, um zu verhandeln. Ich fragte ihn, was ihn daran störe, ob das Brautpaar da so oder anderes steht. »Wir müssen Rücksicht auf die Fotografen und Kameraleute nehmen, die Hochzeit wird ein Medienereignis.« Wir einigten uns dann darauf, dass die Chuppa, der Traubaldachin, so aufgestellt wird, dass Samy Molcho schräg steht, zwar zum Toraschrein blickt, aber auch von den Fotografen und Kameraleuten gut abgelichtet werden kann.

Kurz vor der Zeremonie kam noch einmal die Mutter der Braut zu mir: Die Braut trägt selbstverständlich weiß. »Ja, das bleibt ihr unbenommen.« – »Das ist aber ein Kleid von Dior, tief ausgeschnitten.« – »Tief ausgeschnitten! Das kommt nicht in Frage, nicht in diesem Haus. Zur Trauung in der Synagoge vor dem Toraschrank wird die Braut ein anständig geschlossenes Kleid mit Ärmellängen bis zum Ellbogen tragen.« – »Das gibt es doch nicht!« – »Hören Sie, suchen Sie sich eine andere Synagoge, gehen Sie nach Amerika, da kann man sich nackt trauen lassen. Das interessiert mich nicht.« Dann kam wieder der Brautvater: »Das können Sie nicht machen. In der Stadt gibt das einen Aufruhr, wenn Sie die Zeremonie nicht vollziehen. Das ist nicht gut für Sie.« – »Was in der Stadt gut für mich ist, weiß ich besser als Sie. Sie sorgen sich um Ihre Praxis und ich mich um meine. Ein Dekolleté kommt nicht in Frage.« – »Eine Jacke über ein Kleid von Dior! Unmöglich!« Schließlich einigten wir uns auf ein Tuch oder eine Stola. »Hauptsache, zu! Auch wenn es warm ist, so ist es zu.« – »Und Samy Molcho?« Er wolle einen weißen Frack tragen. »Wenn der Frack aus Hose und Oberteil besteht, ist mir die Farbe egal.« – »Muss er einen Tallit umlegen?« Schlussendlich trug er einen kleinen Tallit, einen Gebetsmantel, zu seinem weißen Frack und ließ sich eigens eine weiße Kippa bedrucken.

Der Tag der Hochzeit kam. Halb Bremen war auf den Beinen, Radio Bremen samt Fernsehen und viele Fotografen wuselten herum, und auch einige Senatoren blitzten mit ihren neuen Zähnen. Die Zeremonie begann um vierzehn Uhr, und ich hatte angekündigt, dass sie um sechzehn Uhr beendet sein müsste. Wir wollten pünktlich beginnen, aber da gab es an der Türe einen Stau. Man sagte mir, da sei ein vom Fernsehen her sehr bekannter Typ, der sich weigere, eine Kopfbedeckung zu tragen. Ich ging zur Türe, und da stand der Showmaster Rudi Carrell. Ich sagte ihm, er könne ohne Kippa wieder heimgehen. Er wolle aber so ein »lustiges Ding« nicht auf seinen Kopf setzen. »Dann muss er eben draußen bleiben, ich habe damit kein Problem.« Trotz aller Proteste blieb ich selbstverständlich bei meinem Standpunkt. Letztendlich hat er sich doch eine Kopfbedeckung aufgesetzt. Für die Presse war der Auftritt Rudi Carrells eine Sensation, und die Hochzeit war noch lange Gesprächsthema in Bremen. Ich war nach der Zeremonie und dem ganzen Hickhack so fertig, dass ich nur mit Mühe zum obligatorischen Gruppenfoto geschleppt werden konnte. Noch Monate später wurde ich darauf angesprochen: »Es war für Sie bestimmt nicht leicht, so viele übergeschnappte Typen zur Räson zu bringen.« Ich konnte nur antworten: »Da haben Sie recht. Noch ein paar solche Hochzeiten und ich überlebe es nicht.« Aber ein Wunder ist geschehen: Die Ehe ist mit vier Söhnen gesegnet und besteht heute noch!

Gottes koschere Ambrosia

Der Blick zurück an die Weser ist immer verbunden mit der Erinnerung an viele Persönlichkeiten von Format, besonders an Hermann Lehmann, Gert von Paczensky, Klaus Bölling und vor allem an Hans Koschnick. Vier Männer, die mir wichtig sind.

Dr. Hermann Lehmann stammte aus einer alten deutsch-jüdischen Familie. Er hat mir einmal den Schutzbrief gezeigt, den einer seiner Ahnen im Fürstentum Oldenburg erworben hatte. Bremen hatte seit dem Mittelalter keine jüdische Ansiedlung geduldet, erst 1803 konnte sich eine jüdische Gemeinde konstituieren, aber im benachbarten Oldenburg wurden Juden regelmäßig aufgenommen. Hermann Lehmann konnte mir viel über die Geschichte der Bremer Gemeinde vor dem Zweiten Weltkrieg erzählen. Sein Religionslehrer war der erste Rabbiner Bremens, Dr. Leopold Rosenak s.A., der übrigens auch aus Ungarn stammte. Er war im Ersten Weltkrieg Feldrabbiner im Stab von General Erich Ludendorff gewesen und mit ihm eng befreundet. Dass Ludendorff später unter dem Einfluss seiner zweiten Frau zum wüsten Antisemiten wurde … Wie das Leben so spielt.

In der Zeit zwischen den Weltkriegen wanderten viele Osteuropäer über Bremen nach Amerika aus, darunter viele Juden. Hapag-Lloyd hatte Rosenak beauftragt, für die Zertifizierung der koscheren Schiffsverpflegung zu sorgen. Der Rabbiner hatte deshalb sein Büro in die Räume der Reederei verlegt, und auch der Religionsunterricht fand dort statt. Leopold Rosenak hat vielen sogenannten Ostjuden, die in Bremen gestrandet waren, geholfen. Damit hängt auch zusammen, dass es in Bremen neben der Synagoge im »Schnoor« noch eine zweite in Oslebshausen gab, die vor allem von diesen Ostjuden besucht wurde.

Dr. Lehmann arbeitete als junger Anwalt in Bremen und war natürlich schockiert, als 1934 unangemeldet die Gestapo vor seiner Türe stand. Umso größer seine Verwunderung, dass die Beamten mit einer höflichen Bitte zu ihm kamen. Er solle mit ihrer, also der Gestapo Hilfe ermitteln, welche Länder unter welchen Umständen Juden aus Bremen aufnähmen, und dann in der Gemeinde Vorträge über diese Länder halten und die Leute zur Auswanderung überreden. Das ist auch geschehen. Durch diese indirekte Zusammenarbeit von Gestapo und jüdischer Gemeinde sind viele Juden aus Bremen vor allem nach Südamerika geflohen. Hermann Lehmann selbst wanderte nach Chile aus und war dort an der Gründung und Leitung neuer jüdischer Gemeinden beteiligt. Mit der Machtübernahme Allendes kehrte er nach Bremen zurück und wurde Justitiar der Ibero-Amerika Bank. Als ich ihn kennenlernte, war er ein aktives Mitglied unserer kleinen Gemeinde und wirkte in ihr äußerst positiv. Er war nach dem Tode von Carl Katz unser Senior und mir ein guter, väterlicher Freund. Es ehrt und freut mich, dass er dieses Gefühl erwiderte und mich in seiner 1990 von der Bremer Rechtsanwaltskammer veröffentlichten Autobiographie *Wanderer in drei Kontinenten* als engen Freund bezeichnete.

Als der Bremer Karl Carstens 1979 zum Bundespräsidenten gewählt wurde, hat das in weiten Kreisen, auch in jüdischen, Kritik hervorgerufen, war er doch Mitglied der NSDAP gewesen. Sein Antrittsbesuch beim Zentralrat der Juden war also eine heikle Mission. Unsere Gemeinde vertrat bei dieser Gelegenheit Hermann Lehmann. Größtes Erstaunen als der Bundespräsident mit den Worten auf ihn zutrat: »Hermann Lehmann, wie ich mich freue, Sie wieder in Deutschland, in Bremen und für die jüdische Gemeinde aktiv zu sehen«, und als sich die beiden Herren herzlich umarmten. Das war eine für Hanseaten außergewöhnlich große Geste. Was war geschehen?

In der erwähnten Autobiographie schildert Hermann Lehmann, wie er in der Nazizeit auf dem Marktplatz mit dem Landgerichtsdirektor, der ihn ausgebildet und vor dessen Kammer er manches Mal plädiert hatte, zusammentraf. »Ich grüßte ihn, den älteren, ehrerbietig. Er erkannte mich sofort, sah durch mich hindurch und erwiderte meinen Gruß nicht. Ich war offenbar unwürdig geworden, von ihm beachtet zu werden.« So oder ähnlich erging es vielen Juden mit manchen alten Bekannten. Anders dagegen die Begegnung mit dem jungen Anwaltskollegen Karl Carstens. Dieser kam, als sie sich in der Obernstraße, einer der Hauptstraßen Bremens, begegneten, eigens über die Straße auf ihn zu und sagte: »Herr Kollege Lehmann, was auch geschehen mag, Sie können immer mit mir rechnen. Bitte lassen Sie es mich wissen, wann, wie und wo ich Ihnen helfen kann und halten Sie mich in guter Erinnerung wie ehedem.« Ich kann ermessen, was dieses Verhalten – Parteimitgliedschaft hin oder her – für Hermann Lehmann bedeutet hat. Ich hätte in Ungarn solchen Zuspruch öfters bitter nötig gehabt, aber weder unter dem Nationalsozialismus noch unter dem Kommunismus habe ich ihn von einem meiner Landsleute vernommen.

Gert von Paczensky, ein Vollblutjournalist, unter anderem der erste Leiter des Fernsehmagazins *Panorama*, war in den Siebzigerjahren Chefredakteur bei Radio Bremen für Hörfunk und Fernsehen. Damals trat er vehement für die Rückgabe von Kulturgütern an die heutigen Länder ein, auf deren Territorium sie ausgegraben worden waren, beispielsweise an Ägypten oder die Türkei. Er plädierte dafür, restlos alles zurückzugeben. Im Fall der Nofretete stimmte ich ihm noch zu, im Fall Schliemann und dem Hügel von Hisarlik aber nicht mehr. Sollten Funde aus den Schichten bis zu Troja an Griechenland, die aus römischer Zeit an Italien und die leere Grube an die Türkei gegeben werden? Erst Schliemann und die nachfolgenden Ausgräber haben die Frage entschieden, ob Homers Epos bloßer Mythos war oder auf geschichtlichen Realitäten beruht. Sie haben dabei die moderne Archäologie begründet und uns damit auch die biblische Welt genauer erschlossen. Diese kulturgeschichtliche Leistung gehört der ganzen Welt und nicht einem Land. »Was wollen Sie da wem zurückgeben?« Oder selbst in unserer Gegenwart: die Handschriftenfunde vom Toten Meer sind großteils in die USA gelangt. Ich provozierte ihn: »Bitte setzen Sie sich dafür ein, dass sie alle zurück nach Israel kommen.« Paczensky hat natürlich sehr gewandt geantwortet. Man sagt ja »Streiten verbindet«, und im Fall Paczensky stimmte das wirklich. Wir haben uns regelmäßig ironisch beharkt, mit einer Ausnahme. Er hat damals *Unser Volk am Jordan?*, ein kenntnisreiches Buch über Israel herausgegeben, mit dessen kritischer Tendenz ich überhaupt nicht einverstanden sein konnte. Er wusste das, und weil er mich nicht verletzen wollte, haben wir dieses Thema ausgespart.

»Patsch«, so nannte ihn nicht nur seine Frau, sondern halb Bremen, ging gerne sehr gut essen und er entwickelte eine Sendereihe »Restaurantbesuch mit Paczensky«. In einem Beitrag lobte er eine Vorspeise aus Entenleber. Bei uns zu Hause hieß es: »Entenleber kann man doch nicht essen. Gänseleber, ja das ist etwas ganz anderes.« In einer Sitzung des Rundfunkrats bin ich ihn, der sich auch als Gastrokritiker und Feinschmecker in Zeitschriften und Büchern einen Namen gemacht hatte, angegangen. »Lieber Herr von Paczensky, ich schaue Ihnen mit größter Bewunderung zu, aber ich kann nicht sagen, dass mir bei Entenleber das Wasser im Mund zusammenläuft. Gott soll einen anständigen Juden nicht bei solch einer Mahlzeit treffen.« Er beharrte darauf, in dem Feinschmeckerlokal die vorzügliche Entenleber verspeist zu haben, und provozierte: Wer den Tscholent schmackhaft findet …!?« Darauf ich: »Zum Einen, ich darf doch sehr bitten! Ich bin, glaube ich, hier der größte Fachmann für Gänse und Gänseleber, denn ich habe noch als Kind mit eigenen Händen Gänse gestopft. Gänseleber ist eine Delikatesse sondergleichen, die nicht ohne Grund von ungarischen Juden bis nach Straßburg geliefert wurde. Zum anderen: Sie glauben, Tscholent sei kein Feinschmeckeressen? Ich kann es Ihnen beweisen. Ich lade Sie und Ihre liebe Frau auf nächsten Samstagnachmittag ein. Sie werden den besten Tscholent Nordeuropas bekommen.« Der ganze Fernsehausschuss hat laut gelacht, und sein Vorsitzender, der Bremerhavener Bürgermeister Tallert, hat dafür gesorgt, dass die Diskussion in das offizielle Protokoll aufgenommen wurde.

Was ist Tscholent? Nach Heinrich Heine: »Gottes koschere Ambrosia«. Auf gut Deutsch gesagt ist es – wie bereits erklärt – ein Eintopf, den man je nach Region aus den billigsten Volksnahrungsmitteln zusammenbraut und Freitagnachmittag in den Ofen stellt, damit er bis Samstagmittag warm bleibt. Kulturgeschichtlich ist das eine Apotheose der Gleichberechtigung der jüdischen Frau, damit sie am Schabbat frei hat, am Tisch isst und nicht etwa in die Küche verbannt ist. Seine Zusammensetzung ist fast eine weltanschauliche Frage. Nördlich der Karpaten, in Polen und im Osten Deutschlands hat man ihn vorwiegend aus Kartoffeln und Zwiebeln gekocht. Es wurde auch Gerste und Bohnen beigemischt, und das Ganze garte mit Geräuchertem, bei Bessergestellten auch mit anderen Fleischsorten, über Nacht bei niedriger Temperatur im Backofen. Also: Zwiebeln, Kartoffeln, Bohnen, Gerste, Fleisch und selbstverständlich »Hälsel«. So hieß auf Jiddisch ein fetter Gänsehals, gefüllt mit einer Mischung aus Gänseschmalz, Mehl und Paprika – herrlich! Wenn man keinen geeigneten Ofen hatte, brachte man den Tscholent am Vortag zum Bäcker, und er garte in der Restwärme des Ofens. Diese Art Eintöpfe, die stundenlang im Ofen stehen und köstlich schmecken, gibt es ja in allen Kulturen. Paczensky erbat sich noch als Vorspeise Eier mit Zwiebeln, die meine Frau mit Hühnerleber zubereitet hat. Das Essen hat ihm großartig geschmeckt, und als *Das koschere Kochbuch* meiner Frau erschien, hat er es in einer Sendung in den höchsten Tönen gepriesen. Die Gegeneinladung folgte unverzüglich. Eine Kollegin meiner Frau warnte uns: »Du, die können nicht kochen. Die gehen zum Essen aus und leben zu Hause aus der Dose.« Wir waren also gespannt. Sie hatten sich kolossale Mühe gegeben, Hochachtung vor den beiden. Ein Zander wurde in Folie in den Ofen gesteckt und dann serviert. Aber der war leider noch halb roh. Meine Frau gab mir unter dem Tisch einen Stups, und wir haben keinen Mucks gesagt, sondern heldenhaft geschluckt und den Fisch begeistert gelobt. Dazu gab es Spargel, den ich leider noch nie mochte. Patsch erzählte ausführlich, es handele sich um ausgesuchten französischen Spargel, den man in ganz Bremen nicht kaufen könne. Ich atmete tief vor jedem Spargel und lobte: »Patsch, so was haben wir wirklich noch nie gegessen.« Meine Frau unterdrückte ihr Lachen mühsam und bestätigte: »Das ist wahr, so was hat er noch nie gegessen.« Auch in Stuttgart hat uns Patsch immer wieder besucht, und zum Essen gab es dann meist – Tscholent. Nach seinem Ausscheiden bei Radio Bremen hat Paczensky ein überaus kritisches Buch *Über das Fernsehen* geschrieben. Er hat alles aufs Korn genommen, von den langwierigen Programmentscheidungen bis zur politischen Gängelung. Dazu gehörten auch die Etatberatungen. »Da sitzen Krethi und Plethi zusammen« meinte er, und »was versteht ein armer Rabbiner, der Vertreter der jüdischen Gemeinde, wie ein Etat auszusehen hat?« Ich habe ihm diesen Satz nicht übel genommen und sagte ihm: »Sie haben vollkommen Recht. Was kann ich dafür? Das ist das System.« – »Stimmt, ich wollte das System treffen«.

Der Name Klaus Bölling sagte mir nichts, als dieser 1973 Intendant von Radio Bremen wurde. Im Rundfunkrat, dem ich angehörte, empfingen ihn alle Parteien mehr als reserviert. Für die CDU war er als Nachfolger eines Hans Abich nicht markant und prominent genug. Er, der gerade von seinem Posten als USA-Korrespondent der ARD zurückgekehrt war, galt ihnen als Versorgungsfall. Die Sozialdemokraten waren insgeheim verärgert, weil Herbert Wehner ihnen Bölling über ihren Kopf hinweg eingesetzt hatte. Mich begrüßte er ausgesprochen liebenswürdig vor dem ganzen Gremium und meinte, unsere Nachbarschaft, er wohnte in einem Penthouse neben unserer Wohnung, werde für uns beide eine günstige Entwicklung nehmen. Für mich waren seine rundfunkpolitischen Ausführungen jedes Mal eine Lehrstunde, denn er sprach immer ruhig, sachlich und nüchtern. Dennoch wurde er im Rundfunkrat stets von allen Seiten scharf angegangen. So tat es mir eigentlich leid, als ich ihn einmal kritisieren musste. In einer Wunschmelodiesendung hatte ein Hörer den Badenweiler-Marsch, den Lieblingsmarsch Adolf Hitlers, verlangt. Der Moderator hatte flapsig geantwortet: »Ach, das haben wir nicht, da wenden Sie sich bitte an Gerhard Löwenthal.« Gerhard Löwenthal war damals auf dem Zenith seines journalistischen Wirkens mit seinem eindeutig antikommunistischen *ZDF Magazin*. Es war eine Frechheit, ihm, der zusammen mit seinem jüdischen Vater im KZ Sachsenhausen eingesperrt war und der in der Illegalität in Berlin knapp überlebt hatte, Nähe zum Nationalsozialismus zu unterstellen. Große Aufregung im Rundfunkrat. Bölling verurteilte die Äußerung des Moderators. Sie tue ihm besonders leid, weil er Gerhard Löwenthal aus gemeinsamen Jahren als Kollegen in Berlin kenne und besonders, weil Löwenthal ja, wie bekannt, »Halbjude« sei. Damit war die Debatte zu diesem Fall erledigt. Da meldete ich mich zu Wort. Es wurde mucksmäuschenstill. Warum wollte der Rabbiner die Debatte noch einmal eröffnen? Ich sagte einfach: »Herr Bölling, ich muss mich sehr wundern, dass gerade Sie hier die Naziterminologie benutzen. ›Halbjuden‹ gibt es nach dem jüdischen Gesetz nicht; jemand ist Jude oder Nichtjude. Den Begriff ›Halbjude‹ haben die Nazis mit der Nürnberger Gesetzgebung eingeführt, und dies ist eine rassistische, judenfeindliche Terminologie. Ich bitte, diesen Begriff nicht auf Herrn Gerhard Löwenthal anzuwenden.« Für Bölling war das peinlich. Plötzlich haben sich viele Mitglieder noch einmal zu Wort gemeldet, stimmten mir zu und kritisierten Bölling. Mir war ein Bleistift auf den Boden gefallen und beim Aufheben sah ich unter den Tischen hindurch, wie Böllings Beine zitterten. Ich wollte die Situation entschärfen und meldete mich noch einmal: Herr Bölling habe diesen Begriff sicher ohne Überlegung verwandt, er sei ihm herausgerutscht. »Außerdem muss ich Ihnen unter uns gestehen, auch wir haben über einen gesagt, er sei ›Halbjude‹, aber der war unter 150 cm groß.« Unter allgemeinem Gelächter war der Fall damit erledigt.

In dieser Zeit wollte Radio Bremen mit dem Budapester Radio kooperieren und bereitete einen Schwerpunkt über Ungarn vor. Zur Vorbereitung kamen drei Herren aus Budapest nach Bremen, und der zuständige Redakteur bat mich, zu diesem Gespräch mitzukommen, und fragte, ob mir einer der Gäste bekannt sei. Von den beiden Autoren kannte ich Támas Ungvári auch persönlich, und der dritte, das war klar, war mit Vorsicht zu genießen. Wenn nämlich zwei Schriftsteller ins westliche Ausland fahren dürfen, dann muss ein Aufpasser dabei sein, der einen Bericht an den Geheimdienst zu schreiben hat. So wusste man in Bremen, dass in den Gesprächen, an denen der Aufpasser teilnahm, nicht frei gesprochen werden konnte.

Támas Ungvári war ein gescheiter, damals noch junger Professor für Anglistik und Amerikanistik, der auch journalistisch viel publizierte. Ein intellektueller Hansdampf in allen Gassen. Als Rabbiner war ich Zeuge seiner ersten Eheschließung gewesen. Darüber hinaus war er einer der typischen ungarischen Spaßvögel. Während meiner Regensburger Zeit trafen wir uns auf der Frankfurter Buchmesse. Dort stellte er mich unvermittelt einem Verleger vor, mit der Bitte, mich mit diesem Herrn zu unterhalten. Nach kurzer Zeit winkte er mir zu und wir gingen weiter. »Hör mal, dort am Stand bei deinem Gesprächspartner waren einige Bücher, die ich unbedingt brauchte.« Er habe irgendwo gehört, sagte er, nach jüdischem Gesetz sei Bücherklau erlaubt. Da musste ich ihm zwar widersprechen, aber ungewollt habe ich ihm trotzdem beim Klauen geholfen.

Solche Streiche werden in Ungarn gerne angezettelt. Ungváris Freund Ferenc Karinthy, genannt Cini, Sohn des berühmten Schriftstellers Frigyes Karinthy und selbst ein guter Autor, zog einige Abende durch Budapester Kneipen. In jedes der dort aufliegenden Beschwerdebücher schrieb er: »Das Schnapsglas war nicht voll eingeschenkt, das ist unverschämt. Professor István Király, Universität Budapest.« Die Besitzer der Kneipen hörten voneinander und gingen zusammen zu Professor Király, um sich zu beschweren. Der wusste natürlich von nichts, und es gab einen Mordszirkus. Oder eine andere Szene: Am Künstlereingang des Kammertheaters Madách warteten wir auf seine damalige Frau, die wunderbare Schauspielerin Irén Psota. Er sah zwei Polizisten auf uns zukommen – ich stand mit dem Rücken zu ihnen – und sagte laut: »Sag mal, willst du jetzt in diesem Geschäft noch einen Einbruch riskieren?« Und amüsierte sich über deren und mein dummes Gesicht.

Das literarische Vorbild für solche Streiche, die wir als Jugendliche begeistert übernahmen und auch selbst erfanden, lieferte uns Cinis Vater. Die Geschichten von Frigyes Karinthy sind in Deutschland leider wenig bekannt, weil sein Humor kaum zu übersetzen ist. Er hat eine Figur erdichtet, die eine »Blablasprache« erfunden hat. Sie geht in ein Kaffeehaus und sabbelt einem Gast etwas vor. Der fragt zurück »Wie bitte?« Darauf sagt die Figur in verständlichen Worten, er solle ihm dafür die fünf Kronen geben. Der Gast hat zwar nicht verstanden, für was er das Geld hergeben soll, will das aber nicht zugeben und zahlt. Wir haben uns als Jugendliche über solche Geschichten ›wie Bolle‹ amüsiert.

Nun kam also Tamas Ungváry nach Bremen, und ich erschrak, wie alt er geworden war. Klaus Bölling wollte ihn kennenlernen, und so haben wir beide auf einen Abend zu uns nach Hause eingeladen. Im Vorfeld hatte ich Bölling erzählt, dass Ungváry als seriöser Professor an der Universität arbeite, aber auch aus finanziellen Gründen umfangreich als Journalist publiziere. Bölling fragte ihn im Gespräch nach seinen aktuellen journalistischen Themen. »Keine« erhielt er zur Antwort, »denn ich habe zur Zeit Moratorium.« Ich erläuterte Bölling die Bedeutung: »Er darf zur Zeit nicht publizieren.« Der Grund? Die Antwort Ungvárys: »Ich habe über einen von den Nazis ermordeten kommunistischen Schriftsteller gesagt, er sei bar jeglichen Talents. Das stimmt zwar, aber von einem kommunistischen Märtyrer darf man das natürlich nicht sagen.« Mit zwei Jahren Moratorium ist Ungváry noch gut weggekommen; die Konsequenz hätte auch ›ewige Verdammnis‹ sein können. Im Verlauf des Gesprächs stellte sich heraus, dass Ungváry fünf Jahre jünger war als Bölling. Höflich bemerkte Bölling, er hätte gedacht, sie seien mindestens gleichaltrig. Darauf Ungváry: »Wissen Sie, Herr Bölling, ich lebe im kommunistischen Ungarn und das macht sich bei mir auch beim Aussehen bemerkbar.« Diese Begegnung muss Bölling, der gerade aus dem offenen Amerika gekommen war und noch wenig Erfahrung mit der kommunistischen Diktatur besaß, beeindruckt haben. Tage später sprach er mich noch einmal auf Tamás Ungváry an und bemerkte »Wie diese Länder doch mit ihren Menschen umgehen.«

Leider ist Klaus Bölling dann schon 1974 aus Bremen abberufen worden. Sein Abschied hat die meisten Rundfunkräte verärgert. Bölling hat nämlich nur eine kurze Erklärung abgegeben: »Meine Damen und Herren, die Bundesregierung und der Bundeskanzler Helmut Schmidt haben mich gebeten, die Leitung des Bundespresseamtes zu übernehmen. Bitte haben Sie Verständnis dafür, dass ich Sie bitte, meinen Vertrag als Intendant von Radio Bremen aufzulösen.« Die Bremer Patrizier um den CDU-Vorsitzenden Jules Eberhard Noltenius waren pikiert. Ich habe mehrfach gehört: »Wir haben es immer gewusst, wir waren für ihn nur eine Zwischenstation; wenn die Partei pfeift, dann folgt er.«

Ich glaube nicht, dass der Wechsel für Bölling eine glückliche Wendung bedeutete. In Bremen war er ein Kaiser. Bei Helmut Schmidt war er ein Gehilfe, der Tag und Nacht funktionieren musste. Nach kurzer Zeit erlitt Bölling einen Hörsturz, und der Stress unter Schmidt war sicher schuld daran. Ich habe selbst einmal miterlebt, wie dieser Klaus Bölling, damals immerhin Intendant von Radio Bremen, zusammengestaucht hat. Vor einem Wahlkampfauftritt gab es ein Journalistengespräch, und da ich Mitglied im Presseclub war ging ich – wie immer etwas zu spät – dorthin. Der einzige freie Platz war der neben Helmut Schmidt. So konnte ich den Kanzler genau beobachten. In dem Gespräch wurde er von den Bremer Journalisten mit unangenehmen Fragen gelöchert. Einer sagte, wie das in Bremen üblich ist: »Aber Herr Schmidt, die Sache ist…« Helmut Schmidt flippte aus: »Hören Sie mal, was heißt das hier? Flapsen wir oder was. Sie reden mit dem deutschen Bundeskanzler, also benehmen Sie sich.« So etwas hatte man in Bremen noch nie gehört. Und er fuhr weiter: »Bölling, was sind das hier für Leute? Ich dachte, Sie bringen mich in eine kultivierte Gegend.« So putzte er den Intendanten vor der ganzen Bremer Presse nieder.

Ich dachte mir bei der Nachricht vom Wechsel: »Du hast auch kein leichtes Leben.« Ich habe Klaus Bölling, den ich dafür bewundere, wie korrekt, sachlich und beherrscht er selbst bei großem äußeren Druck reagieren kann, immer als imposante Persönlichkeit in Erinnerung.

Hans Koschnick, der Freund

Wenn ein Freund jemand ist, an den man auch nach langer äußerer Trennung nicht ohne innere Regung und das Gefühl einer weiter intakten Verbindung denken kann, dann war und ist mir Hans Koschnick Freund.

Kurz nach meinem Einstand in Bremen veranstaltete die Gemeinde ihre alljährliche Gedenkfeier für die Opfer der Shoah. Zu meinem Erstaunen kam dazu auch der Erste Bürgermeister der Stadt, also der Regierungschef des Landes. Er freue sich, dass Bremen jetzt einen Rabbiner habe, und er hoffe, uns auch bald privat zu begegnen. Koschnick sprach sehr schnell, so dass ich Mühe hatte, ihn zu verstehen. Seine Rede war sehr persönlich und frei von konventionellen Floskeln. Er erwähnte, dass sein Vater als Sozialdemokrat und Gewerkschafter in Bergen-Belsen eingesperrt war, und als ich ihm erzählte, dass auch mein Vater unter anderem dort gewesen war, war der Grundstein zu unserer Gemeinsamkeit gelegt. Von Anfang an hat Hans Koschnick alles daran gesetzt, meine Frau und mich in die Gesellschaft Bremens einzuführen, uns die Besonderheiten des Stadtstaates zu erklären, damit wir dort heimisch würden. Eine Führung durch den Ratskeller durften wir aus Höflichkeit nicht abschlagen und wir wagten damals noch nicht zu offenbaren, dass wir praktisch keinen Wein trinken. Der älteste Wein im Keller stammte aus dem Jahr 1600. Er war natürlich nicht mehr trinkbar, aber sein Aroma konnte man noch gut riechen. Wir beschränkten uns dann auch bei den anderen edlen Tropfen auf eine Riechprobe.

Später kamen wir uns über den »Fall Kurt Becher« nahe. In Bremen war und ist das wichtigste gesellschaftliche Ereignis des Jahres die Schaffermahlzeit. Das war ursprünglich ein Essen, das die Bremer Kaufleute ihren Schiffsführern am Ende der winterlichen Ruhezeit, also vor dem Auslaufen der Schiffe, gaben. An der Spitze der heute gastgebenden Schaffer steht der Erste Bürgermeister. Zu dieser Schaffermahlzeit eingeladen zu werden, ist eine ganz besondere Ehre, die man auch nur ein Mal im Leben erfahren kann. Hans Koschnick nahm mich eines Tags zur Seite. »Du kennst Dr. Kurt A. Becher?« – »Zum Glück nicht persönlich, aber natürlich weiß ich von seinen Untaten in Budapest.« – »Dieser Becher wohnt in einer schönen Villa weiter oben in der Schwachhauser Heerstraße, in der auch die Synagoge und eure Wohnung stehen. Er ist ein reicher Getreidehändler und will zur Schaffermahlzeit eingeladen werden. Wir, die Kaufleute und selbstverständlich auch meine SPD wollen ihn auf keinen Fall als Gast, aber ich brauche Unterlagen, um die Einladung zu verhindern. Du kannst auch ungarische Quellen auswerten. Bitte mache mir eine kleine Dokumentation, damit ich fundiert argumentieren kann.« Damals hatte Götz Aly *Das letzte Kapitel*, seine Untersuchungen über den Holocaust in Ungarn, noch nicht veröffentlicht, in denen Bechers Treiben beschrieben wird. Aus Ungarn bekam ich kaum Unterlagen, aber aus den Büchern und Schriften, die meine Eltern und ich besaßen, konnte ich genug zusammentragen. Kurt Becher war als Leiter des »Sonderstab Budapest des SS-Führungshauptamts« bzw. des »SS-Ausrüstungsstab Budapest« nach Ungarn gekommen. Seine offizielle Aufgabe war, die Waffen-SS mit Pferden und anderem Material zu versorgen. In Wirklichkeit kam er, um die ungarische Wirtschaft auszuplündern, besonders interessierten ihn natürlich die jüdischen Vermögen. Die Deportation, Ausbeutung und Ausplünderung der großen Magnaten und Industriekapitäne, der Kornfelds, Chorins, Goldberger und vieler anderer, war sein Werk. Sein größter Coup: Der Familie Chorin-Weiss presste er ihre

Manfréd-Weiss-Werke ab. Zu diesem führenden Konzern der ungarischen Stahl- und Rüstungsindustrie kam er billig. Denn seine Geschäftspartner saßen zum größten Teil in Gefängnissen oder im KZ Mauthausen, und die einzige Gegenleistung waren die Ausreisepapiere für 42 Familienangehörige, die ihnen das Leben retteten. Man kann sagen, »Reichsführers gehorsamster Becher« – so unterschrieb er seine Briefe an Himmler – war in wirtschaftlichen Dingen die rechte Hand Adolf Eichmanns.

Wie konnte ein solcher Mann unbehelligt in Bremen seinen Geschäften nachgehen, in der Straße wohnen, in der auch die Synagoge steht, in der ich und meine Familie zu Hause waren und spazieren gingen (zum Glück bin ich nie in die Verlegenheit gekommen, ihm bewusst zu begegnen)? Dafür gibt es zwei Gründe. Zum einen war damals nicht bekannt, was er vor seiner Zeit in Ungarn getan hatte. Auf meine Anregung hin ist eine Bremer Journalistin, Karla Müller-Tupath, dieser Frage nachgegangen. Er war eben nicht nur ein Wirtschaftsfachmann, sondern als Mitglied der Brigade Fegelein im Russlandfeldzug auch aktiv an Massenhinrichtungen beteiligt. Karla Müller-Tupath hat das Ergebnis ihrer Recherchen veröffentlicht und dagegen gerichtete Klagen Bechers erwartet. Er hat diese Veröffentlichung aber auf sich beruhen lassen. Das spricht für sich – und die Qualität der Veröffentlichung.

Wichtiger war der zweite Grund. Nach dem Krieg hat Becher ein Persilschein von Rudolf Kasztner gerettet, der ihm im Nürnberger Prozess bescheinigte, wie viel er persönlich bei seiner Rettung und der Rettung von Zionisten und anderen geholfen hätte. In der Diskussion um Rudolf, auf Ungarisch Rezsö, Kasztner, hat auch dieser Persilschein eine Rolle gespielt. Immer wieder hatten jüdische Vertreter versucht, durch Bestechung das Schicksal von Leidensgenossen abzuwenden. In der Notlage des letzten Kriegsjahres machte Eichmann am 25. April 1944 im Namen der SS-Führung der zionistischen Va'adah das Angebot, die ungarischen Juden – angeblich eine Million – freizulassen gegen 10 000 Lastwagen, die nur an der

Ostfront eingesetzt werden sollten. Joel Brand, ein Mitglied des Rettungskomitees, wurde nach Istanbul geschickt, um mit dem ›Weltjudentum‹, sprich mit den Alliierten den Handel »Blut gegen Waren« abzuschließen. Die Alliierten aber dachten nicht daran, das deutsche Militär materiell zu stärken. Den beiden Emissären Joel Brand und Rudolf Kasztner blieb nur übrig, auf Zeit zu spielen und die Deutschen mit immer vageren Versprechungen hinzuhalten. Das gelang einige Zeit, vertrauten die SS-Führer doch ihrem eigenen Wahn vom allmächtigen Einfluss des ›Weltjudentums‹. In dieser immer verzweifelter werdenden Situation handelte Kasztner mit Becher eine ›Probelieferung‹ aus. Im Juni 1944 wurden 1648 ungarische Juden in das sogenannte Austauschlager in Bergen-Belsen deportiert und gelangten von dort aus tatsächlich im August und September in die rettende Schweiz. Alle weiteren Rettungsversuche scheiterten.

Bis heute ist diese Aktion Gegenstand vieler Bücher, Dramen und Filme. In Israel wurde Kasztner vorgeworfen, seine Seele dem Teufel verkauft zu haben. Besonders umstritten sind die Umstände, unter denen die Listen der zu Rettenden – und damit die Aussonderung der Anderen – erstellt wurden. Wurden Familienmitglieder und Freunde der jüdischen Vertreter, Zionisten und für die Zukunft ›Wertvolle‹ wie Gelehrte, Ärzte, Rechtsanwälte und ähnliche bevorzugt? Einfache Juden durften also geopfert werden? Die Beteiligten mussten Entscheidungen fällen, die von jeder menschlichen Ethik, auch der jüdischen, letztlich nicht beantwortet werden können.

Rudolf Kasztner, dessen ganze Familie umgebracht wurde, hat ein tragisches Schicksal in Israel erlitten. Im aufgeheizten Klima der Nachkriegszeit wurde er verklagt, in erster Instanz verurteilt, und kurz bevor seine Revision entschieden war von einem Radikalen ermordet. Die rabbinische Lehre sagt: Ihr sollt niemand beurteilen oder verurteilen, bis ihr nicht in seiner Lage wart. Das Christentum lehrt: Richtet nicht, auf dass ihr nicht gerichtet werdet.

Kurt Becher wurde also nicht zur Schaffermahlzeit eingeladen. Zwei Jahre später nahm mich Hans Koschnick wieder zur Seite.

»Willst du wissen, was für ein Land dein Ungarn ist?« – »Das brauchst du nicht, ich weiß Bescheid, aber was ist jetzt vorgefallen?« Ein neuer ungarischer Botschafter machte seine üblichen Antrittsbesuche in den Bundesländern. Bremen erhielt von der Botschaft, auch das ist üblich, eine Liste der Gäste, die der Botschafter zum Empfang einzuladen bittet. »Was glaubst du, wer auf seiner Gästeliste steht?« – »Ich bestimmt nicht.« – »Das stimmt, aber dafür Kurt Becher.« Ich hielt das für unmöglich. Becher galt in Ungarn als Kriegsverbrecher, sollte von Deutschland ausgeliefert werden. Ganz Ungarn war empört, als ihm für eine notwendige Zeugenaussage freies Geleit zugesichert worden war und er unbehelligt wieder nach Deutschland zurückkehren konnte. Koschnick klärte mich auf: Ungarn hatte zunehmend Schwierigkeiten, in die Europäische Union, also auch nach Deutschland zu exportieren. Um diese zu überwinden, vergaßen die regierenden Kommunisten ihre Lehre und gründeten mit westlichen Partnern mehrere Import-Export-Firmen. Für Getreide und andere landwirtschaftliche Produkte war dies eine Firma Mon-impex und als Partner verband man sich ausgerechnet mit dem Getreidehändler Dr. Kurt Becher. Gestern Kriegsverbrecher, heute geschätzter Geschäftspartner. Meine Gefühle Ungarn gegenüber sind dadurch nicht besser geworden. Ich weiß nicht, wie es Hans Koschnick geschafft hat, aber er hat sein Versprechen wahr gemacht: »Wo ich residiere, setzt ein Kurt Becher keinen Fuß herein.«

Diese Gradlinigkeit zeichnet Hans Koschnick aus, faule Kompromisse sind seine Sache nicht. Bei einem Jubiläum musste er eine Rede auf einen seiner Vorgänger Johann Smidt halten. Der war für Bremens wirtschaftliche Entwicklung ungeheuer bedeutend, konnten doch im 19. Jahrhundert die immer größer werdenden Schiffe Bremen nicht mehr anlaufen. Das benachbarte Oldenburg wollte Brake zum Seehafen ausbauen und schikanierte Bremen mit Zöllen. Dagegen betrieb Smidt 1827 den Ankauf und Ausbau Bremerhavens. Die Entwicklung bis zum heutigen Containerterminal wäre ohne diese weitsichtige Tat unmöglich gewesen. Aber Smidt war auch ein erklärter Antisemit, nicht nur mit Worten. Er arbeitete seit 1821 an der Ausweisung der erst seit achtzehn Jahren in Bremen geduldeten Juden und erreichte sein Ziel schon 1826. Die »völlige Austreibung der Kinder Israels« galt ihm als eine »angelegentliche Staatsfrage« und zur Begründung soll er schlicht gesagt haben: »Wir sind selbst Kaufleute, wir brauchen dazu nicht die Juden und jüdische Tuchhändler.« Erst infolge der Revolution konnten sich 1849 wieder Juden in Bremen niederlassen. Hans Koschnick hat in seiner Festrede diese Seite Smidts nicht unterschlagen, sondern klar und deutlich gesagt, dass der bedeutende Bremer Kaufmann, Hanseat, Bürgermeister und Politiker als Christ versagt hat. Mich hat dies tief beeindruckt.

Mitten im Festtagsgottesdienst erreichte uns an Jom Kippur 1973 die Nachricht vom Überfall Ägyptens und Syriens auf Israel. Ein junges Gemeindemitglied wurde noch in der Nacht zu seinem Militäreinsatz nach Israel gebracht. Nach seiner glücklichen Rückkehr erzählte er uns von seinem Einsatz als Mitglied der Gruppe Scharon, die nach Ägypten übergesetzt hatte. Israel fehlte es in dem kurzen Krieg vor allem an Nachschub. Amerika half, aber Willy Brandt verhinderte, dass die Hilfslieferungen aus den amerikanischen Depots in Deutschland genommen wurden. Das hat man ihm in Israel nie verziehen. Als wir einmal in Ruhe darüber sprachen, hat mir Hans Koschnick versichert, er und die Bremer SPD hätten den Weg über Bremerhaven freigemacht. Ich glaube ihm. Israel hat aus dieser Erfahrung die Konsequenz gezogen, eine eigene Rüstungsindustrie aufgebaut und sich damit unabhängiger gemacht.

Hans Koschnick war ein richtiger Bremer Temperamentsbolzen, seine Frau ebenso tüchtig, resolut, aber stiller. Ein privater Abend steht mir lebendig vor Augen. Fürsorglich schon die Einladung: »Bringt Euer Geschirr mit und ihr bekommt nichts, was ihr nicht essen dürft.« Natürlich wurden religiöse Fragen diskutiert, und da das Ehepaar Koschnick verschiedenen Konfessionen angehört gab es auch an diesem Abend ›Religionskrieg‹. Frau Koschnick nannte ihren Mann einen »hartnäckigen Calvinisten« und musste sich dafür als »Papistin« bezeichnen lassen. Als der Streit hitzig zu werden drohte, intervenierte der Rabbiner leise: »Können Sie denn nicht christlicher miteinander umgehen?« Schallendes Gelächter beendete den Streit.

Zu den Dingen, die uns verbinden, gehört auch unser ›Schnapsverhältnis‹. Koschnick war intensiv am deutsch-polnischen Dialog beteiligt, hatte in Polen koscheren Sliwowitz gesehen und mir spontan eine Flasche mitgebracht. Zu meinem Abschied hat die Gemeinde einen großen Empfang gegeben, und Koschnick ließ es sich nicht nehmen, mir ein Geschenk zu machen. Es waren silberne Schnapsbecher zur Ergänzung der erwähnten Flasche. Als wir uns Jahre später in Stuttgart bei einer Tagung der katholischen Akademie trafen, brachte nun ich ihm einen Liter koscheren Schnaps mit. Teile davon haben wir unter Erinnerungen an die gemeinsamen Jahre in Bremen auf der Stelle geleert. Ich erzählte ihm bei dieser Gelegenheit von einem Empfang des damaligen Bundespräsidenten, dem Bremer Karl Carstens, der mich nach meinem Ergehen in Stuttgart fragte. »Herr Bundespräsident«, antworte ich, »es geht mir so, wie es einem Bremer in der schwäbischen Verbannung gehen kann.« Lothar Späth, der baden-württembergische Ministerpräsident stand dabei und war ›not amused‹.

Nachbarskinder. Der Papst in Mainz

Papst Johannes Paul II. machte im November 1980 seinen ersten offiziellen Deutschlandbesuch und er wollte bei dieser Gelegenheit auch die Vertreter der jüdischen Gemeinschaft treffen. Rabbiner und Gemeindevorsteher sollten in möglichst großer Zahl erscheinen. Mein Bremer Vorsitzender, Dr. Hermann Cornea, und ich fuhren nach Mainz. Die Stadt war in heller Aufregung, und unser Treffen wurde als großer Staatsakt inszeniert. Wir wurden mit einem Bus, der mit »Papstbesuch« als Zielort bezeichnet war, langsam durch das Spalier der wartenden Mainzer gefahren. Viele winkten uns zu, und so begann ich zurückzuwinken. Beim Aussteigen kam der Vertreter der Berliner Gemeinde, den ich damals noch nicht persönlich kannte, auf mich zu. »Herr Rabbiner Berger, das war sehr liebenswürdig von Ihnen, mir meine Arbeit abzunehmen. Ich saß direkt hinter Ihnen.« Es war der damals sehr populäre Showmaster Hans Rosenthal, der wohl mit Recht annahm, er sei mit dieser Geste gemeint gewesen. Ob die Mainzer aber nicht doch mir zugewinkt haben?

Nach diesem humoristischen Vorspiel nahmen wir in einem schönen Saal Platz, die katholischen Bischöfe saßen uns gegenüber. Presse und Öffentlichkeit waren ausgeschlossen. Der Sekretär der Deutschen Bischofskonferenz, der spätere Hildesheimer Bischof Josef Hohmeyer, noch jung an Jahren, aber schon mit weißem Haar, erläuterte das Zeremoniell. Unser Vorsitzender des Zentralrats, Werner Nachmann, werde von seiner Rede nur die ersten Seiten vortragen und den Rest dem Papst als Manuskript überreichen. Dieser werde antworten und dann einen Circle halten. Wir hätten uns in Reih und Glied aufzustellen, und der Papst werde vorbeidefilieren. Nur wenn er uns anspreche, sollten wir – aber bitte nur kurz – antworten. Wir schmunzelten über diese protokollarischen Faxen, stellten uns aber brav auf.

Der Papst kam herein, weiß gekleidet, jugendlich, direkt und ungebunden. »Schalom sagt man bei Ihnen, nicht wahr? Ich freue mich, dass wir uns hier treffen können.« Auf uns alle wirkte er gewinnend vom ersten Augenblick an. Er ließ die Reden über sich ergehen und marschierte dann an uns vorbei. Neben mir in der Reihe stand der Vorsitzende der Augsburger Gemeinde, Senator Julius Spokojny, ein tief religiöser Mann, der, was wir nicht wussten, wie der Papst aus Wadowice in Polen stammte. Nach einem Martyrium in sechzehn verschiedenen Konzentrationslagern war er im April

1945 in Buchenwald befreit worden. Als nun der Papst vor ihm Halt machte, trat Spokojny aus der Reihe, ging auf Johannes Paul zu, sagte »Karol« zu ihm und haute ihm freundschaftlich auf den Rücken. Er: »Julius? Julius, mein Gott, du lebst!« Die beiden fielen sich in die Arme und sprachen polnisch aufeinander ein. Die Bischöfe erstarrten, Hohmeyer hat fast das Zeichen des Kreuzes geschlagen. Das ist das Ende der Kirche, die Juden vereinnahmen den Papst! Ich stand direkt dabei und hörte die beiden reden und reden. Familiennamen fielen und die beiden umarmten sich immer wieder und wieder. Nach längerer Zeit schrak der Papst zusammen und sagte: »Julius, ich muss weiter.« Julius Spokojny und Karol Wojtyla waren in Wadowice direkte Nachbarn gewesen, waren zusammen in die Schule gegangen, und die Familien kannten sich gut. Sie verabschiedeten sich herzlich voneinander und der Papst fand im Nu wieder zu seiner Rolle.

Werner Nachmann stellte als Nächsten mich vor. In seinem badischen Dialekt klang Bremen wie Böhmen und das Gespräch mit dem Papst beschränkte sich darauf, dieses Missverständnis richtig zustellen. Jeder von uns Teilnehmern hat noch ein schönes Etui mit einer Gedenkmünze erhalten, und beim anschließenden Imbiss war das anrührende Wiedersehen natürlich allgemeines Gesprächsthema. Es hatte zwar den minutiösen Zeitplan des Papstbesuchs kräftig durcheinandergewirbelt, aber auch den steifen Staatsakt aufgebrochen.

Auf der Heimreise wurden wir im Zug von Mitreisenden gefragt, ob wir auch den Papst gesehen hätten. »Sie werden lachen, wir haben ihm sogar die Hände geschüttelt«, sagte mein Vorsitzender. Wir mussten unsere Gedenkmünzen vorzeigen und dann unsere Erlebnisse haargenau erzählen. Wir wurden angestaunt, so als kämen wir von einem anderen Planeten.

Vom warmen Norden in den kühlen Süden

Bremen war für uns eine glückliche Zeit. Doch warum dachten wir immer häufiger an einen Ortswechsel? Unsere beiden Kinder waren nun sieben und acht Jahre alt, und die Gemeinde bestand fast ausschließlich aus Erwachsenen und alten Leuten. Es gab keine jüdische Schule mit den entsprechenden Klassengemeinschaften für sie. Deshalb suchten wir nach einer größeren Gemeinde, die für Michael Zwi und Margalit ein passendes Umfeld mit den nötigen Anregungen bieten konnte.

Zu dieser Zeit waren gerade einige Rabbinerstellen vakant, so auch die in Bern. Rabbiner Roland Gradwohl s.A. war nach seiner Pensionierung nach Israel ausgewandert, und Verwandte meiner Frau meinten, ich solle mich dort bewerben. Ich habe mich in der Gemeinde umgeschaut, einen Vortrag gehalten und mich mit meinem Kollegen Emmerich Schmelzer aus St. Gallen beraten. Aber Bern war nichts für mich, und auch der Kollege, der diese Stelle antrat, hat nach ein paar Jahren wieder gewechselt. In die Schweiz muss man hineingeboren werden.

Ich war eines der jüngsten Mitglieder der Deutschen Rabbinerkonferenz, die damals von älteren, wirklich noblen und gelehrten Kollegen geleitet wurde. Dazu zählten der hessische Landesrabbiner Dr. Ernst Roth, der vor seiner Flucht im Jahre 1956, wie schon erwähnt, Rektor der Rabbinerschule in Budapest gewesen war. Führend war auch Rabbiner Nathan Peter Levinson aus Heidelberg und natürlich gehörten auch Dr. Fritz Bloch aus Stuttgart und Rabbiner Davidovicz aus Dortmund zu den älteren, wirklich berufenen Kollegen. Ich war schon froh, dass ich in diesem Gremium sitzen und mitarbeiten konnte. Aber auch als junger Dachs unter diesen ehrwürdigen Männern wurde ich bekannt, und wir haben mehrere Angebote aus den Gemeinden bekommen, die wir nach reiflicher Überlegung aus verschiedenen Gründen nicht angenommen haben. Ich höre es noch genau, wie meine Frau damals sagte:

»Du, das ist ja interessant. Alle vakanten Gemeinden haben bei dir angefragt außer einer, und ihr Rabbiner Dr. Bloch ist doch schon vor einem Jahr gestorben. Stuttgart hat sich nicht gemeldet.«

Und siehe da, in Mainz beim Empfang anlässlich des Besuchs von Johannes Paul II. kam der Vorsitzende der Stuttgarter Gemeinde Senator Henry Ehrenberg auf mich zu und fragte mich, ob ich nicht Lust hätte, als Rabbiner zu ihnen zu kommen. Ich hätte sehr günstige Referenzen und eine offizielle Bewerbung wäre unnötig. Ich solle ihm einfach meine Unterlagen, Diplome usw. schicken und wenn ich zusage, wäre die Sache beschlossen. Auf diese patriarchalische Art war meine Zukunft besiegelt. Natürlich haben wir noch einen Besuch in Stuttgart gemacht, lernten dort einige Leute kennen, legten die Vertragsbedingungen fest und leiteten die Wohnungssuche ein. Stuttgart war eigentlich nicht die Wunschstation für mich, der Ruf aber doch eine innere Genugtuung – war ich doch 1968 als armer osteuropäischer Zuwanderer chancenlos durchgefallen, und jetzt wurde ich gebeten zu kommen. Hermann Wollach lebte noch und hat mir bei den Vertragsverhandlungen sehr geholfen.

Eines meiner ersten Erlebnisse in der Gemeinde war allerdings etwas schockierend. Ich kam mittags in die jüdische Gaststätte im Gemeindehaus, jemand erkannte mich, und auf einmal hieß es von einem Tisch: »Rebb Jid, wir brauchen einen Vierten zum Kartenspiel.« Ich antwortete: »Bei Ihnen nicht einmal den Ersten!« Das traf auf allgemeine Verwunderung. Ich meinerseits wunderte mich freilich über den Zeitvertreib der Männer in dieser öden Atmosphäre. Man sagte mir, der Raum sei eben für Leute, die sonst kein richtiges Zuhause haben.

Auch sonst empfand ich den Wechsel von Bremen nach Stuttgart so, als ob man zwei Welten vertauscht hätte. Der kühle Norden hatte mich warm empfangen, der warme Süden aber sehr kühl. In Bremen hatte die Gemeinde für mich zu Beginn einen Empfang gegeben, bei dem ich alle ihre wichtigen Leute und viele Persönlichkeiten aus der Bürgerschaft und der Stadt kennenlernte. In

Stuttgart fand Senator Ehrenberg immer wieder eine andere Ausrede, um einer solche Einführung aus dem Weg zu gehen. Das hat meine Arbeit sehr behindert. Nicht nur, weil ich die wichtigen Leute nicht kannte, sondern weil außerhalb der Gemeinde kaum jemand wusste, dass Stuttgart jetzt wieder einen Rabbiner hat.

Warum das so war? Zunächst der Faktor »Menschliches, allzu Menschliches«. Ehrenberg war ein Selfmademan, der die Gemeinde patriarchalisch, ja autoritär regierte. Einen Rabbiner musste man wohl haben, aber der sollte neben dem Vorsitzenden keine Rolle spielen. Dass die Reputation eines Rabbiners auch für die Gemeinde nützlich sein konnte, das konnte oder wollte er nicht verstehen. Henry Ehrenberg stammte aus Kongresspolen. Er hatte sein Ingenieurstudium gerade abgeschlossen, da wurde er verschleppt. Im Konzentrationslager Bisingen am Rand der Schwäbischen Alb wurde sein Bruder ermordet, er selbst überlebte Auschwitz mit knapper Not. Nach kurzer Zeit in Stuttgart kaufte er in Knittlingen, zwanzig Kilometer nördlich von Pforzheim, einen metallverarbeitenden Betrieb und baute von dort den Industrie-Komplex Neumo auf. Er entwickelte einen Melkapparat, für dessen speziell geknickte Stahlrohre, die lebensmittelechte Konstruktion und die Kühleinrichtung er die Patente erwerben konnte. Das mühsame Melken von Hand entfiel ab sofort, und Ehrenberg konnte seine Apparate in etwa fünfzig Staaten weltweit verkaufen. Die Umstände der Nachkriegszeit haben solche Karrieren möglich gemacht, dennoch gelangen sie nicht ohne unternehmerisches Genie. Ich kann Henry Ehrenberg nur mit Gyula Trebitsch vergleichen, der nach der Befreiung aus dem Konzentrationslager zum Filmbaron in Hamburg aufstieg.

Henry Ehrenberg dominierte die Stuttgarter Gemeinde, auch wenn er, abgesehen von den Sitzungen, nur vielleicht sechs oder sieben Mal im Jahr auftauchte, und da sind Synagogenbesuche am Schabbat und den Feiertagen schon eingeschlossen. Erst allmählich verstand ich sein System. Er hatte seine Statthalter, die ihm, treu ergeben, minutiös berichtet haben. An sie, die seinen Willen, auch den geahnten, strikt befolgten, delegierte er die Aufgaben. Das führte zu eigenartigen Zuständen. So ließ sich Ehrenberg bei der Gemeindeversammlung selbst zum Leiter der Versammlung wählen, die dann den Vorstand, also ihn selbst, entlastete. Das störte in Stuttgart lange niemand. Die patriarchalisch-dominante Herrschaft war ja auch sehr bequem. Tauchte ein Problem auf, gar ein Geldproblem: Herr Ehrenberg kümmerte sich darum. Vielen Leuten ermöglichte das ein ruhiges Leben. »Der Papa wird's schon richten.« Das war eine Struktur, die unseren Gemeindemitgliedern ja auch aus der Friedenszeit in ihrer Heimat, in Polen, Galizien und der Ukraine, vertraut war. In diesem Punkt lebte die Struktur des alten jüdischen »Stetl« in der Funktion des »Schtadlen« fort: Er war der Fürsprecher, der Baron, der Patriarch, der Krösus oder Magnat der Juden. Auch mir war dieses System aus meiner Heimat bekannt. In Ungarn hatten die Juden in jeder Stadt, in jeder besseren Gemeinde einen Herrn Ehrenberg, der als Mäzen, Geldgeber, Spender auch für die Kultur-, Wissenschafts- und Sozialeinrichtungen, beispielsweise die Krankenhäuser auftrat. So wurde die Pester Gemeinde jahrzehntelang von Hofrat Samuel Stern geleitet, der Großindustrieller und ein Freund von Reichsverweser Horthy war.

So habe ich mich zwar oft geärgert, aber doch über die damals bestehenden Verhältnisse eher gelacht als dass ich sie hätte bekämpfen können. Nur ab und zu schlug mein Budapester Pflasterhumor inklusive meines losen Mundwerks durch. So musste ich einmal bei einer Feierlichkeit in Knittlingen sprechen. Der Platz vor dem Haus unseres Vorstehers wurde nämlich umbenannt in »Henry-Ehrenberg-Platz«. Dass diese Ehre der Namensgebung einem lebenden Menschen erwiesen wird, das kannte ich nur aus dem Personenkult um Stalin. Ich sagte also, Henry Ehrenberg passe voll und ganz in das bergige Stuttgart. Wir hätten den Killesberg, aber an den denken wir ungern, hätten doch die Deportationen in die Konzentrationslager von dort ihren Ausgang genommen. In der Gemeinde hätten wir auch einen Goldberg (ein Gemeindemitglied hieß so), der sei zwar Gold wert, aber unser höchster Berg sei doch der voll Ehren, also der Ehrenberg. Und als der Minister in seiner Rede rühmend fragte, wie es der Ehrensenator der Universität Tübingen neben seiner vielen Arbeit auch noch schaffe, von Knittlingen aus eine Gemeinde in Stuttgart für ganz Württemberg zu leiten, fiel ich ein: »Die Gemeinde wird fern-gesteuert.« Über meine Bemerkung haben sich einige der Anwesenden köstlich amüsiert, weil sie wussten, dass Arno Fern der Geschäftsführer der Gemeinde von Ehrenbergs Gnaden war. Werner Nachmann, der Vorsitzende des Zentralrats, war wütend, Henry Ehrenberg war klug genug, nichts dazu zu sagen. Gefallen hat es ihm sicher nicht.

Bezeichnend ist eine Geschichte, die sich in Stuttgart zu einer Zeit zugetragen hat, als die Gemeinde wegen der Terroristengefahr besonders streng bewacht wurde. Ehrenberg wurde während des Gottesdienstes bei der Seelenfeier herausgerufen. Besorgt ging ich sofort nach dem Gottesdienst in den Vorraum, sah dort unseren Hausmeister, Herrn Ehrenberg und zwei Polizisten und hörte noch die Worte »ist nichts passiert … Tiefgarage … Senator« und »ist weggefahren«. Ich verstand, ein Opel Senator sei weggefahren und mir rutschte, zu unserem Hausmeister gewandt, der damals bekannte Werbespruch der Autofirma heraus: »Einen Senator kaufen, dann fahren wir gut, Herr Dominic.« Ich war zielsicher ins Fettnäpfchen getreten. Geschehen war folgendes: Senator Ehrenberg hatte in der Garage einen fremden Mieter zugeparkt, dieser hatte Theater gemacht, Ehrenberg hatte ihm seine Visitenkarte gegeben, und im Gespräch mit den Polizisten hatte ich den Herrn Senator mit einem Auto verwechselt. Ehrenberg wurde rot und blaffte mich an: »Was wäre aus Ihnen geworden, wenn Sie manchmal den Mund halten könnten!« Ich konterte: »Dann wäre ich heute noch in Budapest und bestimmt nicht in Stuttgart. Ich bin nur deshalb hier, weil ich schon dort den Mund nicht halten konnte.« Später habe ich versucht, dem Senator meine Antwort zu erklären. Sie war die Variation des alten jüdischen Wanderwitzes, den Somerset Maugham verarbeitet hat. Sie handelt von einem Mann, den man als Schammes, also als Synagogendiener, nicht anstellen wollte, weil er nicht schreiben konnte. Darauf wanderte er nach Amerika aus und brachte es zum Chef eines großen Konzerns. Als er wieder einmal seine Unterschrift nicht leisten konnte, hörte er einen in seiner Umgebung sagen: »Was wäre aus dem Mann geworden, wenn er schreiben gelernt hätte.« Er drehte sich um. »Das kann ich Ihnen sagen: Schammes in Zablotow.« Lachen konnte Ehrenberg auch darüber leider nicht.

Mit den Gemeindemitgliedern selbst hatte ich anfangs zwei Probleme. Das eine war der bekannte Gegensatz zwischen den Ostjuden und den deutschen Juden, für die östlich von Passau Terra incognita lag. In Düsseldorf und auch in Bremen hatte ich es meist mit Remigranten zu tun. Die Stuttgarter Gemeinde bestand dagegen vor allem aus Ostjuden, die in verschiedenen Lagern überlebt hatten und hier hängengeblieben waren. Außerhalb der Gottesdienste sprach man vor allem Jiddisch, eine Sprache, die ich in Stuttgart überhaupt erst lernen musste.

Am Anfang aber war ein zweiter innerjüdischer Gegensatz, den man in Deutschland wenig kennt, für mich noch bedeutsamer: Der Gegensatz von Juden aus Polen, Galizien und anderen osteuropäischen Gebieten zu denen aus Ungarn, der Slowakei und Rumänien. Ihm lag ein psychologisches Problem zu Grunde, vielleicht vergleichbar dem zwischen den deutschen Remigranten und den Angehörigen der sogenannten inneren Emigration nach 1945: Für die polnischen Juden war mit dem Überfall der Deutschen Wehrmacht am 1. September 1939 auf einen Schlag das normale Leben vorbei. Das jüdische Leben, ja die menschlichen Existenzmöglichkeiten, gab es plötzlich für etwa drei Millionen Menschen nicht mehr; sie waren zur freien Beute geworden. Ghetto, Deportierung, Erniedrigung, Totschlag und Mord bestimmten den Alltag. Und da waren auf der anderen Seite der Karpaten Juden, die in Ungarn ganz normal lebten, ihre Geschäfte betrieben, ihren Urlaub genossen. Es ist verständlich, dass man Juden aus Ungarn, Rumänien oder Siebenbürgen, kurz: überall, wo der Holocaust erst später einsetzte, vorwarf, sie hätten keine Solidarität bewiesen und seien dadurch schuldig geworden. Es ist richtig, dass Anfang der Vierzigerjahre, als Eichmanns Garde die Deportierungen in der Slowakei begonnen hat, Hofrat Stern, der Vorstand der jüdischen Gemeinden in Budapest, vergebens um Hilfe angegangen wurde. Stern hat geantwortet: »Wir sind ungarische Juden und wir kümmern uns im Rahmen unserer nationalen Interessen nur um ungarische Juden.« Das hat man ihm 1942 in Pressburg zurecht sehr übel genommen, denn damals hätte man vielleicht noch etwas gegen die Nazischergen unternehmen können. Aber für die Jahre unmittelbar nach 1939 traf dieser Vorwurf der mangelnden Solidarität nicht zu. Nach dem Überfall auf Polen flohen etwa 100 000 polnische Militärs in voller Montur über die ungarische Grenze. Davon waren etwa 40 000 Juden, auch Zivilisten, die von den jüdischen Gemeinden aufgenommen wurden, und denen man weitergeholfen hat. Wie ich schon erzählt habe, hat mich mein Vater öfters mit zum Bahnhof genommen, um dort irgendwelche ›Verwandten‹ abzuholen. Mit einem Kleinkind an der Hand schien das glaubwürdiger. Diese Leute wohnten, wie gesagt, bei uns einige Tage und zogen dann weiter. Viele ließen sich aber auch von den noch ruhigen Verhältnissen einlullen und blieben in Ungarn. Anfangs konnten die jüdischen Gemeinden erreichen, dass der Staat ihren Aufenthalt duldete. Mit der zunehmenden Faschisierung wurde das unmöglich, sie wurden verhaftet und in einer Nacht- und Nebelaktion über die Karpaten nach Kamenz-Podolsk transportiert, wo sie dann Ende August 1941 von deutschen und ukrainischen Kommandos mit Hilfe der ungarischen Feldgendarmerie ermordet wurden. Nur wenige polnische Familien konnten im Untergrund in Ungarn überleben. Es ist zwar ungerecht, aber verständlich, dass in der Erinnerung an die Ermordeten die Hilfen und Rettungen leicht übersehen wurden, und so eine Abneigung gegen die ungarischen Juden entstanden ist.

Als ungarische Juden mit den Deportationszügen 1944 in den

Lagern ankamen, wurden sie von den ›Alteingesessenen‹ mit Häme und Spott empfangen: »Ah, ihr habt lange in der Sonne gesessen, euch gesonnt und Urlaub gemacht, als wir hier schon zu verrecken drohten.« József Gáli, ein Schriftsteller aus dem Freundeskreis um István Eörsi, der später im Ungarnaufstand sehr aktiv war, hat dies nach dem Krieg erzählt. Zusammen mit seinem Vater wurde er deportiert. Weil er ein assimilierter Jude, ohne jüdische Kenntnisse und nicht einmal beschnitten war, wurde er von den polnischen Mithäftlingen geschlagen und misshandelt. Diese anti-ungarische Stimmung war auch in die Stuttgarter Gemeinde hineingetragen worden und hat uns öfter gekränkt.

Meine Schwierigkeiten beim Wechsel nach Stuttgart haben mich anfangs nicht so sehr gestört, weil ich mein Hauptaugenmerk zunächst auf die Arbeit in der Gemeinde richtete. Als junger Mensch neigt man ja dazu, mit Elan alles so verändern zu wollen, wie es einem richtig erscheint. Ich war nun nicht mehr ganz so jung und habe die Weisheit erfahrener Rabbiner zu leben versucht und an den bestehenden Riten nichts geändert. Denn es gibt im jüdischen Gottesdienst kein richtig oder falsch. Jede Gemeinde ist autark, und schon der Respekt vor den Verstorbenen gebietet, die überkommenen Sitten und Gebräuche zu achten, solange sie nicht gegen elementare Religionsgesetze verstoßen. Wenn ich etwas für falsch hielt, dann habe ich es mit den Anhängern dieser Riten besprochen und meine Meinung begründet. Erst wenn sie überzeugt waren, haben wir die Änderung vorgenommen. So habe ich mir allmählich die Sachautorität erworben, mit der ich mein Amt ausfüllen konnte.

Bei meinem Amtsantritt 1980 umfasste die Gemeinde etwa 600 Stammmitglieder, die zum Teil in ganz Württemberg verstreut lebten, bei meiner Pensionierung waren es fast 2 000. Nicht diese Expansion aber war das Aufregende, sondern die Positionskämpfe, die durch den Strukturwandel innerhalb der Gemeinde und ihrer Stellung in der jüdischen Welt ausgelöst wurden. Sie nahmen einen großen Teil meiner Zeit und Kraft in Anspruch.

Nach dem Krieg war die Mehrheit derjenigen, die unsere Gemeinde gegründet und sie systematisch und ordentlich auch den Behörden gegenüber organisiert haben, sogenannte »deutsche Juden«. Ich sage »sogenannte«, denn wenn man sich bei den meisten »alten Stuttgarter jüdischen Familien« den Stammbaum ein wenig näher anschaut, dann entdeckt man, anders als in Frankfurt oder Köln, spätesten bei der dritten Generation eine ostjüdische Herkunft. Nur ganz wenige Familien, wie die des Gerichtspräsidenten Alfred Marx aus Cannstatt, lebten wirklich schon lange hier. Auch Josef Warscher, der die einmalige Leistung vollbracht hat, die Gemeinde nach dem Krieg organisatorisch und verwaltungstechnisch aufzubauen, und der sich immer als »deutscher Jude« verstanden hat, war als Kind während des Ersten Weltkriegs an der Hand seiner Mutter aus Polen nach Stuttgart gekommen. Bemerkenswert ist diese Tatsache, weil schon mit dieser Immigration während und nach dem Ersten Weltkrieg eine religiöse Umprägung dieser Menschen verbunden war. Anfangs gab es in der Marienstraße, dort, wo heute das Hotel Ketterer steht, noch eine eigene ostjüdische Betstube. Aber schon die Kinder dieser Ostjuden schlossen sich religiös und sozial der Stuttgarter Gemeinde an und teilten deren Schicksal. Das wiederholte sich quasi nach den Zweiten Weltkrieg.

Wenn ich in Gesprächen den Begriff »orthodoxe Gemeinde« benutzte, dann lachten die aus Polen stammenden Juden. Die Bezeichnung allein war für sie schon witzig, denn für sie gab es nur diese Gemeindeform. Ja, sie wussten, da soll es in Krakau eine Synagoge mit einem modernen Ritus geben. Die sah auch anders aus, war in einem prachtvollen maurischen Stil an einer Hauptstraße gebaut und wurde von Akademikern und Leuten besucht, die sich als aufgeklärt bezeichneten. Aber alle anderen Synagogen und Gemeinden waren selbstverständlich chassidisch geprägt, und etwas anderes kannte man nicht.

Was ist Chassidismus? Keine Glaubenshaltung, sondern eine Einstellung zum Glauben. Sie basiert auf Psalm 100: »Dienet dem

Herrn«, »in« oder »mit Freude«. Beide Übersetzungen sind korrekt, denn der barmherzige Gott, wie der Talmud das ausdrückt, benötigt das Herz, die Gefühle mit Fröhlichkeit, Gesang und Tanz. Der Chassidismus war, außer in Litauen, in vielerlei Gebieten Osteuropas verbreitet, vor allem in Polen, Galizien und der Ukraine. Der Fröhlichkeit durfte auch gerne mit »Brompfen«, also Branntwein, nachgeholfen werden, denn die Chassiden waren meist arme Leute und man sagte, ein Pelzmantel sei asozial, denn er wärmt nur einen – eine Flasche Schnaps aber wärmt eine ganze Gruppe.

Meine Geburtsland war streng anti-chassidisch. Ich erinnere mich noch an eine Inschrift über dem Vorbeterpult einer kleinen orthodoxen Synagoge im Lehrhaus (Bethhamidrasch) in der Kazinczygasse: »An dieser Stelle wird ausschließlich und unbedingt nur nach askenasischem Ritus vorgebetet.« Während des Ersten Weltkriegs waren Chassidim mit Kaftan und Schtreimel, der typisch chassidischen Pelzmütze, auch nach Budapest gekommen. Sie wurden zwar Mitglied der orthodoxen Gemeinde, richteten sich aber ein oder zwei eigene kleine Betstuben ein und feierten dort ihren Ritus, den sie »sephardisch« nannten. Einmal im Jahr, zum Torafest am Ende der Feiertage, haben wir sie aufgesucht, denn dort hat man richtig lustig getanzt und gefeiert.

Die an Zahl geringen deutsche Juden haben, wie gesagt, die Gemeinde in Stuttgart neu begründet. Sie hatten, auch wenn sie aus Polen stammten, schon vor 1933 den hiesigen aschkenasischen Ritus erlebt. Die sehr viel zahlreicheren Immigranten, die nach 1945 als Displaced Persons hier hängengeblieben oder vor den Pogromen der Nachkriegszeit aus Polen geflohen waren, spielten zunächst in der Gemeindeführung keine Rolle. Sie sprachen kaum Deutsch, kannten sich mit den bürokratischen und sonstigen Verhältnissen in Deutschland nicht aus und brauchten die Hilfe der Gemeinde für viele praktische Dinge des täglichen Lebens. Wenn es um eine Aufenthaltsgenehmigung ging, um geschäftliche oder gewerbsmäßige Probleme, so stellte meist die Gemeinde die Kontakte zu den Behörden her und half auch sprachlich, den das Jiddisch oder jiddisch gefärbte Deutsch der neuen Mitglieder machte den Umgang mit den Behörden oft schwer. Die jetzt deutschen Juden hatten noch Erinnerungen an ihre chassidischen Wurzeln, verstanden die Neuankömmlinge auch emotional und konnten diese Generation an die ›hiesige Frömmigkeit‹ heranführen. Dagegen gab es in Frankfurt Synagogen, die dem sephardisch-chassidischen Ritus gefolgt sind, und in Düsseldorf existierte bis in die Siebzigerjahre die früher unvorstellbare Situation, dass in der großen Synagoge wochentags nach chassidischer Sitte, am Schabbat und an den Feiertagen nach aschkenasischem Ritus gebetet wurde. Im aschkenasisch-orthodoxen Ritus wird die Liturgie mit Pijutim, mit Gebetsdichtungen für alle möglichen Wochentage, erweitert. Die chassidisch geprägten Gemeindemitglieder haben in Stuttgart ihren Grundsatz »je weniger Pijutim, desto besser« durchgesetzt. Ich habe selbstverständlich übernommen, dass in Stuttgart keine Sondergebetsdichtungen, sondern nur das Stammgebet gebetet wurde.

In den Sechzigerjahren trat auch in der Stuttgarter Gemeinde ein Generationenwechsel ein. Die deutschen Juden der Nachkriegszeit waren alt geworden, und die Mehrheit der Ostjuden eroberte die führenden Positionen in den Leitungsgremien. Das ging nicht reibungslos vonstatten. Man kann von regelrechten Nationalitätenkämpfen sprechen, denn manche der ehemals hilfsbedürftigen Gemeindemitglieder hatten Firmen gegründet, kannten sich in den deutschen Verhältnissen jetzt aus und sprachen außerhalb der Gemeinde hinreichend Deutsch. Also war es nur recht und billig, dass sie auch in der Gemeindeleitung Spitzenpositionen übernahmen. Als ich 1980 nach Stuttgart kam, waren sie auf dem Zenit ihres Wirkens, standen mitten im Geschäftsleben und leiteten aktiv die Gemeinde. Von ihrer Heimat her verstanden sie alle, was eine jüdische Gemeinde ist, was sie darf und soll – und was sie nicht darf. Sie hatten sich in das hiesige Gemeindeleben eingefügt und führten die Gemeinde in eine traditionelle, konservative Richtung. Dazu gehört eine entsprechende Liturgie am Schabbat und an den Feiertagen sowie eine koschere Gaststätte neben der Synagoge als Ort der Kommunikation. Die Gemeinde nannte sich »orthodox«, aber das halte ich für eine Selbsttäuschung. Sie war nicht orthodox im klassischen Sinn, aber man kann vielleicht sagen: konservativ.

Vor meiner Berufung hatte man sich sicher über mich und meine Einstellungen erkundigt, und ich denke, man hat mich als ›notwendiges Übel‹ angenommen. Chassidische Rabbiner gab es nicht, sie passten auch nicht in die Stuttgarter Umgebung. Ich stammte zwar nicht aus Polen, aber mit Ungarn doch irgendwie auch aus dem Osten Europas. Die aktiven Synagogenbesucher haben mir am Anfang auch ausführlich die hiesigen liturgischen Gepflogenheiten erklärt und mir sehr deutlich vermittelt, dass sie daran keine Änderungen wünschten. Dem zu folgen fiel mir nicht sehr schwer, denn zum einen hatte ich mir zum Grundsatz gemacht, nichts an dem zu ändern, was mein Vorgänger Rabbiner Dr. Fritz Eliser Bloch s.A. getan hatte. Zudem empfand ich von Anfang an Respekt vor meinen Mitgliedern, die aus ihrem früheren Leben in Polen und anderswo im jüdischen Leben, im jüdischen Wissen und jüdischen Lernen absolut zuhause waren. Dazu stand mir vor Augen, dass diese Menschen von 1939 bis 1945 oder 1946 kein normales jüdisches Leben kannten. Das konnte es auf der Flucht, im Ghetto oder KZ nicht geben. Im Talmud gibt es einen Spruch: »Wenn du das Studium für einen Tag unterlässt, verlässt dich der Talmud für zwei Tage.« Das meint, wenn jüdisches Leben nicht mehr in täglicher Praxis geführt, geübt und in allen Einzelheiten durchdacht wird, dann schwindet es. Der in ihrem Leben erzwungene Verlust war meinen aktiven Mitgliedern bewusst, und dieses Bewusstsein prägte auch ihre Einstellung zu mir. Sie dachten: Dieser Rabbiner ist zwar jünger als wir und er stammt aus einem anderen Milieu als wir Polen, aber er hat das Glück gehabt, dass sein jüdisches Leben und sein Bildungsweg nur für etwas mehr als ein halbes Jahr unterbrochen wurde. In den Stoffen, die für uns alle maßgebend und entscheidend sind, dem Studium und dem Lernen, ist auch er zuhause; und so hörten sie auf mich, wenn ich andere Talmudstellen, Deutungen und Interpretationen anführte. Selbstverständlich hielt ich die Gottesdienste auf Hebräisch, sprach in der Öffentlichkeit Deutsch, aber ich erlernte rasch Jiddisch, das ich bis dahin nicht völlig beherrschte. Es war mir aber auch nicht ganz fremd, denn es war in Siebenbürgen, der Heimat meines Vaters, weit verbreitet. Die Verständigung in dieser Umgangssprache meiner Mitglieder schuf zusätzlich Vertrauen, und bald kamen viele auch mit persönlichen Problemen zu mir. Ich durfte ihre Kinder trauen, oder ich wurde gebeten, in Israel Hochzeiten für hiesige Leute zu ermöglichen. Wenn eine Registrierung oder Anerkennung in Israel problematisch war, klemmte ich mich ans Telefon und versuchte, die Sache einzurenken. So war mein Verhältnis zu den regelmäßigen Synagogenbesuchern bald fruchtbar, weil von gegenseitigem Vertrauen getragen.

Schwieriger war es, die notwendige Autorität und Stellung bei den Mitgliedern der Leitungsgremien zu gewinnen. Ein Verhältnis zwischen meinem Vorgänger und dem Vorsitzenden war praktisch nicht existent. Ich habe das bereits geschildert. Wie kam es dazu? Ich sehe zwei Gründe: Zum einen besaßen Rabbiner in Deutschland noch nie eine so uneingeschränkte Autorität, wie das in osteuropäischen Gemeinden der Fall war. Die musste ein Rabbiner sich jeweils erst hart erarbeiten. Zum zweiten erlebten meine Vorstandsmitglieder bei meinem Amtsantritt in der Regel ihr eigenes Wirtschaftswunder, waren selbständige Fabrikanten, Kauf- und Geschäftsleute geworden. Wie viele erfolgreiche Selfmademen dieser Jahre ließ sie ihr Erfolg der Meinung zuneigen, »Gott und die Welt« gehöre ihnen. Im Falle meiner führenden Mitglieder, mindestens der jüdische Gott und die jüdische Welt. Von dieser Warte aus gesehen war ein Rabbiner für sie ein gewöhnlicher Angestellter. Zwar für spezielle Aufgaben prädestiniert, aber doch ein Angestellter, den man kommen und gehen lassen konnte, wie man es mit meinem Vorgänger ja auch praktiziert hatte. In dieser extremen Ausprägung lag das nicht nur an den grundverschiedenen Persönlichkeiten und auch nicht nur an dem Unverständnis des hochgebildeten deutschen Rabbiners zu dem chassidisch beeinflussten Judentum seiner Gemeinde. Einen tieferen Grund sehe ich in der unsicheren Stellung der Gemeinde in der jüdischen Welt.

Als ich nach Stuttgart kam, lebte die Gemeinde in einem geschlossenen Reservat. Kaum ein Stuttgarter tat einen Schritt in das Gemeindezentrum, und auch die Gemeinde oder einzelne Mitglieder traten nach außen nicht auf. Es war eine Art ›freiwilliges Ghetto‹ im Gemeindezentrum mit Kindergarten, Restaurant, Kartenspiel und Synagoge. Viele Mitglieder haben ihre Geschäfte mit Kompagnons geführt und lebten immer nur zeitweise in Stuttgart. Die meisten hatten einen zweiten Wohnsitz in Israel, der Schweiz oder in Amerika. Außerhalb Stuttgarts haben sie diesen zweiten Wohnsitz als Herkunftsort angegeben, denn von manch anderen Überlebenden mit DP- oder KZ- Vergangenheit wurde sehr schief angesehen, wer in Deutschland geblieben war. In Deutschland sollte man als Jude möglichst nur auf der Durchreise, auf gepackten Koffern, leben. Die jüdische Außenwelt konnte nur schwer tolerieren, dass in Stuttgart oder München wieder jüdische Gemeinden entstehen und florieren. Für mich ist diese Haltung eine der größten Ungerechtigkeiten der jüdischen Welt, unter der Juden in Deutschland bis zum heutigen Tag leiden. Dadurch wurde nämlich systematisch verhindert, dass in Deutschland Ausbildungsstätten, jüdische Schulen, Gymnasien und Lehrer- oder Rabbinerseminare wieder aufgebaut wurden, eine Infrastruktur, für die Deutschland einst berühmt war. Jüdisches Leben sollte ein Provisorium bleiben, als es schon lange keines mehr war. Als ich in den Achtzigerjahren händeringend in Israel und anderswo Lehrer mit religiöser Einstellung, Diplom und deutschen Sprachkenntnissen suchte – und die Hälfte meiner Zeit habe ich in all den Jahren mit dieser Suche verbracht – habe ich oft die peinliche, ja für mich beleidigende Antwort bekommen: »Nein, nach Deutschland nicht.« – »Was heißt nach Deutschland nicht?« – »Nach Deutschland nicht.« Ich sagte: »Hören Sie, hier leben Juden, die das nötig haben und die sind von Ihrer Einstellung direkt betroffen.« Das hat keinen interessiert. Offizielle Stellen in Israel und anderswo haben mich und andere mit einer solch kategorischen, beleidigenden Ablehnung abfahren lassen. Wir mussten uns irgendwie ›durchwursteln‹, weil uns eine vernünftige Personalentwicklung unmöglich gemacht wurde. Wie viel leichter könnte zum Beispiel heute die Integration der neuen russischen Mitglieder gelingen, verfügten wir über ausreichend viele und qualifizierte Ausbildungsstätten. Dieser religiöse israelische Zentralismus ist zwar heute auf dem Weg der Normalisierung, aber anders als etwa gegen England, Frankreich oder sogar Österreich hat er sich gegenüber Deutschland nicht grundsätzlich geändert.

Mir wird oft kritiklose Loyalität zu Israel vorgeworfen, und ich halte diese auch nicht für einen Fehler, solange das Land immer wieder und immer noch in seiner Existenz bedroht ist. Aber diese Loyalität geht nicht so weit, dass ich daraus eine religiöse Autorität, eine Abhängigkeit vom israelischen Oberrabbinat ableite. Das wäre unjüdisch. Wir haben keinen Vatikan und sollten auch keinen über uns einrichten. Das israelische Rabbinat ist nur für Israel zuständig, und wir, die wir hier leben, wohnen und arbeiten, sind für das jüdische Leben in Deutschland verantwortlich. Ich halte es für ein Unding, wenn sich der jetzige israelische Oberrabbiner in unsere Angelegenheiten einmischt.

Doch nochmals zurück zu dem Problem der Integration der russischen Emigranten. Während meiner Amtszeit vergrößerte sich die Gemeinde zunächst noch wenig. Vereinzelt nur kamen russische Juden, meist über Israel, zu uns. Da erhielt ich eines Tages, es muss gegen Ende der Achtzigerjahre gewesen sein, einen Anruf von Erwin Teufel, damals Ministerpräsident Baden-Württembergs. In die Politik Russlands sei ja einige Bewegung gekommen, und er wolle mich fragen, wie wir zu einer eventuellen Aufnahme jüdischer Emigranten aus Russland stehen, ob wir sie für erforderlich und wenn ja für unsere Gemeinden wünschenswert halten. Ich antwortete spontan, selbstverständlich werden wir alles irgend Mögliche tun. Zeiten des Umbruchs beschwören in Russland immer unsichere Verhältnisse, in denen Racheakte, ja Pogrome gegen Juden immer möglich sind, und es gilt, diese Menschen vor möglichen Gefahren zu bewahren. Auch die christliche Nächstenliebe möge ihn zur Hilfe bewegen. Er wollte dann noch wissen, welche Anzahl zur Aufnahme für uns denkbar wäre. Spontan antwortete ich, wenn Menschen in Gefahr sind, ist es unverantwortlich über Zahlen zu sprechen. Man muss das Menschenmögliche tun, sie zu retten. Ich bat ihn, alles in seiner Macht Stehende zu tun, um zu helfen. Er erklärte mir, dass die Entscheidung Sache des Bundes sei. Aber via Bundesrat solle er Stellung nehmen und er freue sich, dass ich die Sache genau so sehe wie er. Ob die Aufnahme für die Gemeinden wünschenswert sei? Auch diese Frage bejahte ich aus voller Überzeugung. Unsere Gemeinden waren überaltert und daher in ihrer Existenz gefährdet.

Die Emigranten kamen nach dem Zusammenbruch des Sowjetsystems aus allen GUS-Ländern und wurden zunächst in Durchgangslagern untergebracht. Das waren in unserer Gegend verlassene Hotels oder Siedlungen auf dem Lande. Wir fuhren regelmäßig in diese Lager, stellten uns vor und fragten nach den Wünschen der Menschen. Meine verschütteten Russisch-Kenntnisse und meine Erfahrungen mit Ostblock-Verhältnissen kamen mir zu Gute. Den Beamten des Außenministeriums genügte es, wenn ein Bewerber glaubhaft machte, Jude zu sein, aber es war nicht immer einfach und sehr heikel, die Zugehörigkeit der Einzelnen zum Judentum zu klären. In einem Punkt unterschieden sich unsere russischen Emigranten von den jüdischen des 19. Jahrhunderts. Die früheren wollten so rasch wie möglich Deutsche werden, lernten schnell die Sprache, und aus ihren Reihen gingen nach kurzer Zeit namhafte Gelehrte, Künstler und Journalisten hervor. Solche Leistungen gibt es auch heute. Ich denke unter anderem an eine Abiturientenstunde. Wir sprachen über die Adaptierung der biblischen Geschichten in der Literatur. Ein russischer Junge nannte als Autor Lion Feuchtwanger. Keiner der hiesigen Schüler kannte den Namen. Durch diese Zuwanderer ist uns eine Potenz an Intelligenz und Bildung und vor allem an Bildungshunger zugeflossen, die wir in Deutschland dringend benötigen. Aber ein anderer, nicht geringer Teil kommt nicht mit dieser vorwärtsgewandten Einstellung, sondern lebt weiter in der russischen Vergangenheit, und hier steckt das Problem. In der ersten Versammlung, in der wir mit einer größeren Zahl von Neueinwanderern in unserer Gemeinde sprachen, war die vordringlichste Forderung, die Gemeinde müsse einen Satellitenempfang für das Fernsehen einrichten. »Welches Fernsehen?« – »Moskauer Fernsehen selbstverständlich.«

Wenn wir von gelungener oder nicht gelungener Integration sprechen dann ist zunächst richtig, dass die Zahl der Immigranten alle unsere Gemeinden, vor allem die Verwaltung, überfordert hat. Es ging ja jenseits der materiellen Dinge um eine Hinführung zum Judentum. Häufig waren kaum rudimentäre Kenntnisse vorhanden. Wir haben in vielen Gesprächskreisen ganz praktisch über jüdisches Leben erzählt. Was passiert dann und dann, wie heißt das, und warum tun wir das. Zwischendurch musste ich auch immer jüdische Witze erzählen. Dabei kamen oft verschüttete Erinnerungen hoch. »Ich habe von meiner Großmutter gehört …, was bedeutet das?« Die Menschen fühlten sich ernst genommen, weil wir sie bei dem wenigen, das sie mit dem Judentum verband, abgeholt haben. In Bad Kissingen unterhält die Zentralwohlfahrtsstelle der Juden in Deutschland ein Hotel, in dem aus allen möglichen Gemeinden Deutschlands jede zweite Woche Gruppen zusammenkommen. Meine Frau und ich sind dort regelmäßig zu Gast und führen die Menschen durch unser Zusammenleben an Schabbat und Feiertagen in das jüdische Leben ein. Durch diese Gespräche erhalte ich ein recht gutes Bild von den Verhältnissen in ganz Deutschland.

Gab es in intakten, festen Gemeinden einige Menschen, die sich nicht nur professionell, sondern mit Herz und Gefühl diesen Zuwanderern genähert haben, dann haben sie dies hundertfach zurückbekommen mit Liebenswürdigkeit, Zuneigung und Gefühlen. Wenn man versucht, auch emotional zu wirken, dann – so erlebe ich das immer wieder – gelingt die Integration. Aber leider Gottes sind einige jüdische Gemeinden in Deutschland nicht darauf eingerichtet. In Bad Kissingen erfuhr ich von manchmal haarsträubenden Zuständen, bei denen die Zuwanderer schlecht behandelt und sogar abgestoßen wurden. Unter dieser Unfähigkeit, dem reinen Dilettantismus in manchen Gemeinden, litten besonders diejenigen, die voll guten Willens zu uns gekommen waren.

Das heißt, die nicht gelungenen Teile der Integration lassen sich größtenteils auf uns selbst zurückführen. Zum einen, ich habe es schon mehrfach erwähnt, bestand und besteht noch die von der jüdischen Welt zu verantwortende Unterversorgung mit geeigneten jüdischen Lehrern, Rabbinern und Kantoren. Nur ein Beispiel: Wir hatten es uns zum Prinzip gemacht, wenigstens ein Mal pro Woche jeden jüdischen Schüler in Württemberg zu besuchen, damit der Kontakt zur Gemeinde nicht abreißen konnte. Es handelte sich am Anfang um etwa fünfundvierzig Schüler in und um Stuttgart, Heilbronn und Ulm. Am Ende meiner Amtszeit mussten schon fast 200 Schüler betreut werden. Von wem? Anfangs konnten wir immer für einige Jahre israelische Lehrer gewinnen, die als Kinder von deutschen Juden die Sprache noch beherrschten. Diese Generation schied allmählich aus. Die Zahl der Lehrer, die ein von den Behörden akzeptiertes Lehrer-Diplom, deutschsprachige Kenntnisse und eine traditionelle jüdische Einstellung besaßen, wurde denkbar klein. Um sie rissen sich schon die großen Gemeinden in Frankfurt, München, Wien oder Basel. Bei ihrer Bezahlung und sonstigen Versorgung gab es Verhandlungen, die nur mit den Praktiken in der Fußball-Bundesliga zu vergleichen sind. An anderer Stelle habe ich schon gesagt, dass diese Bemühungen um Lehrer gut die Hälfte meiner Zeit gekostet haben. Zum anderen haben wir in einer wichtigen Frage zu viel Rücksicht auf das Rabbinat in Israel genommen. Unter den Zuwanderern gab es Menschen, die in der Sowjetunion aufgrund der stalinistischen Definition der Nationalitäten als Juden galten, weil der Vater Jude war. Jetzt waren sie der Diskriminierung als Juden entronnen und sollten plötzlich nicht mehr Juden sein, weil die Mutter keine Jüdin war. Das war für die Betroffenen ein richtiger Schock. Wir hätten auf die Autonomie der Gemeinden pochen und für solche Fälle, in denen die Einstellung gegeben war, eine vereinfachte Konversion ermöglichen müssen.

Die Integration dieser Zuwanderer hat in den letzten zwanzig Jahren einen großen Teil meiner Arbeit und Kraft und auch der Arbeit und Kraft meiner Frau gekostet. Niemand konnte uns darauf vorbereiten. Bei allem Negativen, von dem ich gesprochen habe, überwiegt doch eine Freude: Wir konnten helfen, dass die überalterten Gemeinden in Deutschland wieder eine Zukunft haben. Vor einiger Zeit veranstalteten wir mit fünfundzwanzig jungen Zuwanderern eine Konferenz zum Thema »Wesen und Organisation der jüdischen Gemeinden«. Um richtig verstanden zu werden, organisierten wir einen Dolmetscher. Frohen Herzens habe ich ihn nach Hause geschickt.

Die Quarantäne, die Henry Ehrenberg über mich in Stuttgart verhängt hatte, lockerte sich am Ende der Achtzigerjahre. Das lag zum einen daran, dass unser Vorstand aus geschäftlichen und gesundheitlichen Gründen nicht mehr so häufig präsent sein konnte, und ich also nach außen in Erscheinung treten musste. So nahm ich – zunächst mehr aus der Ferne – zu Oberbürgermeister Manfred Rommel, dem Sohn von Generalfeldmarschall Erwin Rommel, Kontakt auf, und er trug sicher am meisten dazu bei, dass ich auch außerhalb der Gemeinde bekannter wurde. Kennengelernt haben wir uns zum ersten Mal bei einer Gedenkfeier zum Jahrestag der Deportation der Stuttgarter Juden. Sie fand im großen Rathaussaal statt, und mir sagte Rommels so halbwegs abwesende Art nicht besonders zu. Ich war emotional vom Gegensatz der Konsumwelt, deren Treiben uns beim Blick aus den Fenstern hinunter zum Marktplatz vor Augen stand, zum Anlass unserer Zusammenkunft gepackt. Wir sollten, so führte ich in meiner Rede mit Theodor Adorno aus, das Andenken an die Ermordeten bewahren, damit ihnen wenigstens dieses nicht geraubt werde. »Wenn ich aber den Konsumrausch wenige Meter entfernt und die Versammlung hier, – unter Ihnen auch Überlebende des Holocaust –, betrachte, so erlaubt dieser Kontrast keine Einkehr und stilles Gedenken. Der Kontrast ist zu groß.« Rommel und ich haben im Anschluss an diese Veranstaltung nur einige Worte miteinander gewechselt. Richtig in Kontakt kamen wir dann über die WIZO-Aktivitäten meiner Frau. Manfred Rommel hat immer wieder gerne geholfen. Genauer kennengelernt haben wir uns dann im Zusammenhang mit der Einladungen der Stadt Stuttgart an die Holocaust-Überlebenden unter ihren ehemaligen Bewohnern. Diese Veranstaltungen sind auch für mich wichtig geworden.

Federführend für diese Einladungen war das Kulturamt der Stadt, und der Erste Bürgermeister Dr. Rolf Thieringer koordinierte alle Vorbereitungen. Ich konnte mich bald überzeugen, dass hier nicht eine Veranstaltung zur politischen Selbstdarstellung beabsichtigt war, sondern dass die Stadt sich ernsthaft bemühte, den Menschen ein Stück ihrer Vergangenheit, die sie selbst vielleicht verdrängen wollten, zurückzubringen. Ihre Heimatstadt meldete sich aus der geographischen Ferne und wollte Nähe, auch emotionale, herstellen. Die Vergangenheit sollte dabei nicht vergessen sein. In dem Alter, in dem diese Menschen auf ihr Leben zurückschauen, sollten sie nicht allein die Umstände ihrer Vertreibung, die Kämpfe ihrer Emigration und ihrer Etablierung in einer neuen Heimat an Deutschland erinnern. Es sollte durch die Zeit hindurch auch noch einmal ihre schwäbische Heimat in den Mittelpunkt ihrer Gedanken und Gefühle gerückt werden. Anders als in manchen anderen Städten hat man sich in Stuttgart bei der Vorbereitung sehr viel Mühe gegeben. Das lag an der unermüdlichen Arbeit von Georg von Pentz vom Kulturamt der Stadt und dem Engagement Dr. Thieringers, der so oft es nur ging die Gäste selbst begleitete. In aufwändigen Recherchen wurden Adressen beschafft und aus den gewonnenen Listen etwa zehn Gruppen gebildet. Zunächst hat man die Älteren eingeladen, Menschen, die schon in ihrer Stuttgarter Zeit eine Position innehatten. Sie waren für zwei Wochen Gast in einem Hotel in der Nähe der Synagoge. Ein umfangreiches Programm war minutiös vorbereitet. Der erste Abend diente dem gegenseitigen Kennenlernen. Am zweiten Tag gab die Stadt einen Empfang im Rathaus, und nie ließ es sich Manfred Rommel nehmen, selbst zu begrüßen und beim anschließenden Kaffee und Kuchen dabei zu sein. Die Stadt hatte auch für Musik gesorgt, und bald fielen unsere Gäste in den Gesang der alten schwäbischen Volkslieder ein. Ich habe viele dabei zum ersten Mal gehört. Die Besucher der ersten Gruppen waren in der Regel noch frühzeitig aus Deutschland weggekommen und hatten die Brutalität der späteren Verfolgung nicht selbst erlebt. Sie waren eher ausgewandert als geflüchtet und hatten deshalb Stuttgart in verhältnismäßig unbeschwerter Erinnerung. Am Freitag standen Besuche auf den Friedhöfen auf dem Programm. Auf dem Pragfriedhof trafen wir uns am Denkmal, das aus den Steinen der alten Synagoge errichtet war. Die Mitarbeiter des Friedhofamtes hatten sorgfältig recherchiert und führten jeden Besucher zu den Gräbern seiner Vorfahren. Der Abend und Schabbat wurden in der Synagoge gefeiert. Die älteren Besucher der ersten Gruppen kannten noch die zerstörte Synagoge aus eigenem Erleben und waren sehr berührt, am alten Platz in einer neuen Synagoge Schabbat zu feiern. Am Sonntag veranstaltete die Gesellschaft für christlich-jüdische Zusammenarbeit einen »Ehrennachmittag«, bei dem Angehörige dieses Vereins die Gäste interviewten und ihre Erlebnisberichte aufzeichneten. Die weiteren Tage vergingen mit Ausflügen, Besichtigungen und Besuchen im Theater und der Oper. Mir sind die Besucher der ersten Gruppen in lebhafter in Erinnerung, weil sie über das ehemalige jüdische Leben, meist in ungebrochenem Schwäbisch, berichten konnten.

Dazu gehörte zum Beispiel Rabbiner Hermann Dicker. Er stammte wie Elie Wiesel aus der Gegend von Sziget in der Karpato-Ukraine, die damals zu Ungarn gehörte. Nach dem Ersten Weltkrieg sind seine Eltern mit dem kleinen Sohn nach Stuttgart emigriert. Später wurde Hermann Dicker in Amerika Rabbiner einer liberalen Gemeinde. Er erzählte, wie er als Kind die Stuttgarter Synagoge erlebt hat: Wie die Menschen feierlich gekleidet, die Vorsteher mit Zylinder, am Schabbat zur Synagoge schritten, und auch dass Kinder unter acht Jahren sie nicht betreten, und nur der Kantor und der Chor singen durften. Wenn jemand mitsang, so trat der Synagogendiener zu ihm und sagte vernehmlich: »Sie haben hier zu schweigen.« Hermann Dicker hat bei dem Besuch auch sein Buch *Aus Württembergs jüdischer Vergangenheit und Gegenwart* vorgestellt.

Die Besucher der letzten Gruppen hatten meist keine eigenen Erinnerungen mehr. Sie hatten als Babys oder Kleinkinder Stuttgart verlassen, sprachen häufig kein Deutsch und hatten keine Beziehung zu Stuttgart. Die Erlebnisse, von denen die Gäste der ersten Gruppen erzählten, waren durchweg ungetrübt. Sie berichteten von einer schönen Jugend, von der freien jüdischen Schule, dem jüdischen Lehrhaus, das sich am Frankfurter Lehrhaus orientierte, und bei dessen Gründung Martin Buber und Theodor Bäuerle beratend zur Seite gestanden hatten, überhaupt vom damaligen Kulturleben und ihrem tiefen Gefühl der Zugehörigkeit. Ihre Umgebung hat beim Aufkommen der Nazis versichert: »Ach, das kann man nicht für voll nehmen. Das wird sich nicht lange halten. Das ist nur ein Intermezzo.« Schorsch Hirsch hat mir viel, auch vom schrecklichen Schicksal seines Vaters Otto Hirsch, erzählt. Dieser »Vater des Neckarkanals« und Mitbegründer des jüdischen Lehrhauses in Stuttgart hat immer mutig gegen die antijüdischen Maßnahmen protestiert. Schon als Präsident der israelitischen Religionsgemeinschaft in Württemberg und später unter Leo Baeck als leitender Vorsitzender der Reichsvertretung der Deutschen Juden hat er für die Interessen seiner Glaubensgenossen gekämpft. Im Sommer 1941 ist er im KZ Mauthausen umgekommen. Der Sohn konnte emigrieren, hat vieles überwunden und Stuttgart sozusagen wieder in sein Herz aufgenommen.

Es war für mich ergreifend, wie bei den ersten Gruppen die gutbürgerliche Vergangenheit auferstanden ist, z.B. wenn mir im Stuttgarter Honoratiorenschwäbisch gesagt wurde: »Oh, Sie läbet en dr Azenbergstroass? Da hent Sie's gut troffa. Familie Sowieso hoat en dr Nommer xy gwohnt. Kennet Sie des Haus?« Der Atem stockte mir allerdings, als ein älterer Herr in derselben Diktion Manfred Rommel ansprach: »Herr Oberbürgermeister, mein Vater war immer stolz darauf, dass er als alter Frontsoldat zusammen mit Ihrem seligen Vater nach der Revolution von 1918 begann, ein Korps aufzubauen, das uns von den kommunistischen Weltverbesserern befreien sollte.« Die bürgerliche Frontsoldaten-Erinnerung überbrückte mühelos die Kluft, die den einen lange Zeit zum begeisterten »General des Teufels« und den anderen zum glücklich Überlebenden des Holocaust gemacht hatte. Eine kleine Szene, gewiss, aber eine Szene, die langes Nachdenken über Erinnerung und Bewältigung von Vergangenheit auslöst.

Höhepunkt dieser Besuche waren immer die Abschiedsabende. Sie wurden in den ersten Hotels, dem Schlossgarten-Hotel oder dem Steigenberger Hotel Zeppelin gefeiert, und sie waren für meine Frau mit riesiger Arbeit verbunden. Sie hatte es nämlich übernommen, die Küchen für diesen Abend so gut es ging zu »kaschern«. Sie hat den Fisch ausgesucht, und überwacht, dass nur auf dem richtigen Geschirr serviert wurde. Die Hotels haben sogar eigens neues Geschirr gekauft, es an diesem Abend erstmals benutzt und erst später als Ergänzung in den allgemeinen Bestand gegeben. Manfred Rommel ließ es sich nicht nehmen, auch den Abschiedsabend wie die Begrüßung persönlich mitzufeiern. Seine Reden waren immer ein Hochgenuss, und zwar gerade weil sie keine perfekten Vorträge waren. Er spielte bewusst den Unbeholfenen, und seine abgebrochenen Halbsätze überließen dem Zuhörer die Ergänzung, in der dann oft die Pointe lag. Diese Technik kenne ich aus dem ungarischen Kabarett. Der unbestrittene Meister dieser Art der Conferénce war André Nagy, der zwischen den beiden Weltkriegen ein Kabarett auf der Theresien-Ringstraße in Budapest geleitet hat. Während der Umbaupausen trat er vor den Vorhang und erzählte einen Witz, eine Anekdote oder eine kleine Geschichte. Mein Vater schwärmte von ihm. Ich selbst habe ihn nur noch im Film und aus dem Radio kennengelernt. Wie Rommel verschluckte er oft die Pointe und das Publikum, das sie selbst ergänzen musste, lag unter den Sitzen vor Lachen. Neben Nagy waren Karl Farkas in Wien und hierzulande Dieter Hildebrandt Meister dieser Kunst. Die Pointen von Nagy und Farkas waren oft noch monatelang Stadtgespräch oder gingen als Sprichwörter in den allgemeinen Sprachschatz ein. Rommels Sätze klangen täppisch, und seine Zuhörer haben insgeheim gebetet, dass er mit seinen Gedanken und Sätzen zu einem guten Ende komme. Und wenn ihm das wie fast immer gelang, freuten sich alle mit ihm. Dazu notierte er sich mit einem farbigen Filzstift auf kleinen Zetteln Begebenheiten, Witze und Anekdoten. Er schrieb auch bei meinen Reden mit und fragte mich nach meinen Quellen, nach Ergänzungen usw. Über diesen Sinn für Witzworte, komische und bezeichnende Begebenheiten kamen wir uns näher. Ich versorgte ihn mit jüdischen Witzen, jüdischem Humor und seinen Besonderheiten, und er hat dies alles mit Freude aufgenommen, zum Teil auch in seinen Büchern erwähnt. Seine besondere Leistung lag darin, dass er diese Teile nicht von vornherein in seine Ansprachen einbaute. Man spürte als Zuhörer, wie ihm die spontanen Einfälle kamen. Seine politischen Gegner haben diese Witzworte für eine bewusste Ablenkung gehalten und nicht besonders goutiert. Meinem Budapester Pflasterhumor aber kam diese Art sehr entgegen. Ein Erlebnis ist mir besonders in Erinnerung. Manfred Rommel wurde mit dem Jerusalem-Preis ausgezeichnet. Das muss man sich vorstellen: Der Vater war in Richtung Jerusalem marschiert. In seinem Tross Spezialisten aus dem Reichssicherheitshauptamt, die alle Juden vernichten sollten. Und der Sohn wird zum Ritter Jerusalems erklärt. Ich habe in meiner Ansprache erwähnt, dass außer ihm alle Redner dieser Feierlichkeit etwas mit der Doppelmonarchie zu tun hätten. Teddy Kollek, sein Jerusalemer Amtskollege, soll zwar nach Angabe seiner Biographen in Wien geboren sein. Tatsächlich sei er aber erst als Kleinkind dorthin gekommen und in der Gegend von Budapest geboren worden. Auch Jitzhak Ben-Ari, der ehemalige Botschafter Israels in Bonn und hier als Vizepräsident Sprecher der Israelisch-Deutschen Gesellschaft, war als Erwin Rinden 1924 in Wien geboren, und ich bemühte mich nach meinen bescheidenen Möglichkeiten um den liberalen Geist, der diesen beiden Kraft ihrer Herkunft eigen sei. So hätte ich als Ungar meine Frau aus Wien genommen, damit wir zuhause allein diesen Geist der Doppelmonarchie vertreten könnten. Rommel hat das sehr amüsiert und seine Rede – hatte er überhaupt eine vorbereitet? – auf diese Beobachtung aufgebaut. Man soll sich nicht täuschen. Auch wenn Manfred Rommel linkisch auftrat, sogar den einfältigen Schwaben spielte, in der Sache war er sehr präzise und im Kern ein Humanist. Über die israelisch-palästinensische Auseinandersetzungen war er genau informiert und er hatte ein unbestechliches Urteil. Mit seinem Stellvertreter, dem vorher erwähnten Dr. Rolf Thieringer, hatte er viele Meinungsverschiedenheiten. Sie passten in ihren Ämtern eigentlich überhaupt nicht zusammen, aber das haben sie unter sich ausgemacht und nach außen bis zum Schluss einen harmonischen Eindruck vermittelt. Der Gentleman, der Dr. Rolf Thieringer war, hat erst bei seiner Verabschiedung in Form eines kleinen Seitenhiebes auf diese Differenzen hingewiesen. Der Humanist in Manfred Rommel ist einer größeren Öffentlichkeit erst bekannt geworden, als er nach dem Selbstmord der RAF-Terroristen gegen den wütenden Protest vor allem seiner eigenen Parteifreunde die gemeinsame Beerdigung von Andreas Baader, Gudrun Ensslin und Jan-Carl Raspe auf dem Stuttgarter Dornhaldenfriedhof genehmigte und dazu erklärte, mit dem Tod höre für ihn jede Feindschaft auf. Das bleibt, auch für mich, unvergessen.

Aber ich habe mit dieser Schilderung den Ereignissen weit vorgegriffen. Das Bindeglied zwischen der sich abkapselnden Gemeinde und der nichtjüdischen Öffentlichkeit waren vor allem die Aktivitäten der WIZO. Was ist WIZO? Die Abkürzung steht für »Women International Zionist Organisation«, eine jüdische Frauenorganisation, die in den Zwanzigerjahren des letzten Jahrhunderts gegründet wurde. Sie hat sich seit einigen Jahrzehnten, besonders in Westeuropa und Deutschland, zur Aufgabe gemacht, jüdischen und arabischen Frauen zu helfen, die in bedrängten Verhältnissen in Israel leben. In Deutschland hat sich Elly-Heuss-Knapp, die Frau des ersten Bundespräsidenten besonders dafür eingesetzt, dass erschöpften Frauen ein Genesungsurlaub ermöglicht wurde. In Erinnerung an seine Frau hat sich Theodor Heuss zu seinem 75. Geburtstag gewünscht, man möge statt Geschenken die Mittel für ein entsprechendes Müttergenesungsheim in Israel sammeln. Das ist geschehen, und das Haus in Herzlia trägt bis heute den Namen »Elly-Heuss-Knapp«. Zu dieser Zeit war das einmalig, dass in Israel eine Deutsche mit einer solchen Namensnennung geehrt wurde. Mir fällt als Parallele nur das Axel-Springer-Synagogenzentrum der Ichud Schiwat Zion (Vereinigung der Rückkehrer nach Zion) in Tel Aviv ein. Die deutsche Sektion der WIZO hat es sich zur Aufgabe gemacht, dieses Haus einzurichten und zu unterhalten.

In meinem Anstellungsvertrag war die Verpflichtung meiner Frau zur aktiven Gemeindearbeit festgeschrieben. Ein Rechtsanwalt hat uns einmal erklärt, warum eine solche Verpflichtung ungesetzlich sei. Meine Frau hat das nicht gestört, weil sie sich ohnehin mit voller Kraft in diese Aufgabe gestürzt und ihre ganze Erfahrung aus dem »Bremer Modell« und ihr Wissen als Lehrerin eingebracht hat. An erster Stelle stand die Arbeit für WIZO, die in den vier Jahren vor unserer Stuttgarter Zeit geruht hatte. Zunächst kam es darauf an, Mitstreiter und Mitstreiterinnen zu gewinnen. Da müsste ich jetzt eine lange Liste von Namen nennen. Aus Furcht, doch wichtige Namen zu vergessen, und das wäre mir sehr peinlich, will ich mich auf zwei beschränken. Gerda Strunk war eine herzliche, stets mit lachenden Augen arbeitende Frau. Als Stadträtin in der SPD-Fraktion gab es kaum eine irgendwie wichtige Persönlichkeit in der Stadt, die sie nicht kannte, und zu allen stellte sie Kontakte her, die für uns überaus hilfreich waren. Ein besonderes Albumblatt muss ich aber Hanna Herzberg widmen. Sie war, kurz gesagt, die Lehrerin, Mentorin, Helferin und Vertraute meiner Frau und hat enorm dazu beigetragen, dass die Stuttgarter Sektion der WIZO in ganz Deutschland, ja sogar bei der europäischen Zentrale wohl bekannt war. Ursprünglich stammte sie aus einer traditionellen jüdischen Familie in Nürnberg und kannte die Familie von Arno Fern noch aus dieser Zeit. Als junge Zionistin war sie mit der Jugend-Alijah nach Palästina gekommen und in Israel mit ihrem früheren Mann in der Arbeiterpartei tätig gewesen. Nach ihrer Rückkehr, zunächst nach Frankfurt, dann nach Stuttgart, wurde sie sofort aktiv in der SPD, vor allem aber in der Gewerkschaft ÖTV. Sie war jiddisch gesagt ein »Khalmensch«, ein Mensch der sozialen Gedanken, der Gemeinde oder Gemeinschaft. Obwohl sie nicht aus einer Arbeiterfamilie stammte, hat sie sich ganz der Sache der Sozialdemokratie verschrieben und die Basisarbeit geleistet, ohne die weder die Partei noch die Gewerkschaften ihr späteres Ansehen erworben hätten. Und ohne sie und ihre idealistischen Genossen sind beide Organisationen nicht mehr das, was sie einmal waren. Menschen wie Frau Herzberg waren die Seele der Arbeiterbewegung. Mit Heinz Kluncker, dem langjährigen Vorsitzenden der Gewerkschaft ÖTV, einer Vorgängerin der Gewerkschaft verdi, war sie eng befreundet, und ich habe ihn über sie als aufrichtigen, warmherzigen Mann kennengelernt. Mein Vater pflegte über die ungarischen Arbeiterparteien zu sagen: Wenn sie ein Mitglied wie eine Zitrone ausgepresst haben, und von ihm nichts mehr kommt, dann wird es aufs Abstellgleis geschoben. So ging es auch Frau Herzberg, die in einen Veteranenclub befördert werden sollte. Hanna Herzberg auf der Rentnerbank? Ein unmöglicher Gedanke! Sie stürzte sich stattdessen in die Arbeit für die WIZO und half meiner Frau auch über manche Anfangsschwierigkeiten hinweg. Die Grundidee war, nicht einfach nur Geld für dieses oder jenes Projekt zu »schnorren«, sondern die Menschen mit der Aufgabe vertraut zu machen, um die es jeweils ging. Welche Menschen? Frau Herzberg spannte ihren riesigen Kreis von Bekannten ein, und das ganz praktisch. Ich zum Beispiel durfte nirgends einen Vortrag halten, an einer Diskussion oder Sitzung teilnehmen, ohne dass mir Frau Herzberg den strikten Auftrag erteilte, ihre Flyer im Saal zu verteilen. So wurde WIZO in der Stuttgarter Gesellschaft bekannt – und ich auch ein wenig. Nur leicht ironisch pflegte ich zu sagen, mein Engagement für WIZO habe Dank des Wirkens von Frau Herzberg meinen Glauben an die Gnade, das Glück und an die Wundertaten Gottes gestärkt. Meine Frau ist nicht Auto gefahren, aber Frau Herzberg. Ich bin häufig neben ihr gesessen und habe mir die Augen zugehalten, weil ich es nicht mit ansehen konnte, wie sie die Menschheit gefährdete: » Frau Herzberg, die Ampel ist rot!« – »Ja, für die anderen.« – »Nein, für Sie!« Aber die Straßenbahn ist so gerade noch durchgekommen. Auch unser Hausmeister, den sie manchmal auf Einkaufstour mitgeschleppt hat, berichtete mir ähnliches. Aber es ist ihr nie, wirklich nie etwas passiert. Der Herr schützt doch die Seinigen! Einmal, sie möge mir vergeben, habe ich sie mit meinem losen Mundwerk sehr verärgert. Sie hatte sich ein neues Auto gekauft und berichtete stolz, dass es sich um ein Auto mit Luftkühler, nicht mit Wasserkühler handle. Ich: »Aber Frau Herzberg, bei Ihnen hätte ich einen Steinkühler erwartet.« Franz Steinkühler war damals gerade als Vorsitzender der IG Metall zurückgetreten (worden?), da er in Verdacht geraten war als Aufsichtsratsmitglied von Daimler-Benz Insidergeschäfte gemacht zu haben. Hanna Herzberg hat ein richtiges Management aufgebaut, das auch deshalb so erfolgreich war, weil sich um sie und meine Frau ein Freundeskreis gebildet hat, der jüdische Kultur und jüdisches Wissen an Interessierte weitergab. An sonntäglichen WIZO-Bibeltagen haben wir das christliche wie das jüdische Bibelverständnis vertieft. In Arbeitsgruppen wurden einzelne biblische Themen behandelt. Selbstverständlich übernahmen auch bei diesen Aktivitäten oft Frauen die tragende Rolle. So hat beispielsweise Jetty Fern, die sehr gebildete Frau von Arno Fern, in ihrer emanzipatorischen Art über biblische Persönlichkeiten vorgetragen. Es kamen auch häufig Religionslehrer und Rabbiner aus anderen Gemeinden zu Gast. Den Höhepunkt des Jahres nannten wir »die Zelebrierung«. Fast hätte ich gesagt, es war die ›Heilige Messe‹, denn alle Aktivitäten des Jahres liefen auf den dreitägigen WIZO-Bazar zu. Zur Eröffnungs-Veranstaltung kam viel Prominenz aus Stadt und Land. Oberbürgermeister Rommel hat jedes Jahr die Versteigerung übernommen, und wie er das gemacht hat, war und ist unbeschreiblich. In der von Rommel geschaffenen fröhlichen Atmosphäre kam in den drei Tagen sehr viel Geld zusammen, meist mehr als andere Gruppen in Deutschland im ganzen Jahr einspielten. Neunzehn Jahre lang war meine Frau Präsidentin der hiesigen WIZO und ebenso viele Male hat sie »zelebrieren« lassen.

So lange Frau Herzberg gesund war, hat sie uns alle angetrieben. Nach einem Bazar begann die Aufarbeitung. Nach den Feiertagen wurde im Januar eine Dankeschön-Party für alle Mitwirkenden, Sponsoren und Spender veranstaltet, zu deren Mahlzeit die Speisen selbst gekocht wurden. Im Februar gab es den Bibeltag und im März und April wurden die ersten Briefe losgeschickt für die nächste Veranstaltung. Meine Frau war immer besonders erfinderisch im Auffinden interessanter Möglichkeiten. Prälat Martin Klumpp, damals Pfarrer am Hospitalhof, hat uns auf Schallplatten von Giora Feidman aufmerksam gemacht. Meine Frau hat mühsam ein Konzert mit ihm organisiert, das sehr gut besucht war und für Feidman den Durchbruch seiner Karriere bedeutete. Heute ist er ein Weltstar. Ob er sich daran erinnert, dass er den Start dem Einsatz einer gewissen Noemi Berger verdankt? Das war der Anfang einer Reihe von großartigen Ereignissen: »Dudu Fisher!« – »Wer ist das? Kantor?« Dudu Fisher war bereits so berühmt, dass er für einen Auftritt schon 10 000 Dollar verlangen konnte. Für ein synagogales Konzert eine enorme Summe. Aber Schwierigkeiten haben meine Frau eher angestachelt als behindert, und das Honorar, das der Süddeutsche Rundfunk für Mitschnitt und Senderecht bezahlte, war der Grundstock einer immer noch gewagten Finanzierung. Zum Glück wurde das Konzert ein riesiger Erfolg. In der ersten Reihe saß der Herzog von Württemberg, den ich mit den Worten begrüßte: »Ich bin sehr beeindruckt, dass Sie hier Platz nehmen. Wir haben viel Zeit verloren, denn seit der Eröffnung der Synagoge im Jahre 1859, an der König Wilhelm I. teil nahm, war aus dem Haus Württemberg niemand mehr hier. Deshalb begrüße ich Sie heute mit besonderer Herzlichkeit und spreche den Segensspruch, der Juden vorgeschrieben ist, wenn gekrönte Häupter gesichtet wurden: Gesegnet sei der Herr, der uns die Gnade der Könige schenkt.« In der Stadt hat man noch lange über dieses Konzert gesprochen, und für WIZO blieb eine schöne Summe übrig.

Stadtgespräch wurde auch ein Benefiz-Tennismatch. Es war die Zeit höchster Tennis-Euphorie um Boris Becker und seiner Erfolge in Wimbledon. Lothar Späth spielte bei diesem Match gegen Edzard Reuter, einem treuen Freund unserer Gemeinde. Beide standen auf dem Höhepunkt ihrer Karriere, Späth als Ministerpräsident Baden-Württembergs und Reuter als Vorstandsvorsitzender von Daimler-Benz. Aus Zeitgründen musste das Spiel an einem Samstagnachmittag ausgetragen werden, und so gingen wir zu Fuß, wie es der Schabbat gebietet, hinauf nach Degerloch und zurück. Meine Frau war völlig erschöpft, aber der WIZO hat das Spiel Geld und Ansehen gebracht. Ein großes Wagnis war auch eine Wohltätigkeitsgala. WIZO kaufte dazu eine komplette Ballettvorstellung des Staatstheaters Stuttgart und verkaufte alle Plätze in eigener Regie. Mich kann man ja mit allen Veranstaltungen, in denen es um Musik geht, jagen. Aber da musste ich mitkommen, denn wir trafen viele interessante Leute. Und das finanzielle Wagnis gelang.

Als ich in Pension ging, legte auch meine Frau nach neunzehn Jahren die Präsidentschaft nieder. Viele bestürmten sie, das nicht zu tun. Die Präsidentin der WIZO Frankfurt kam eigens für einige Tage nach Stuttgart, um sie zur Weiterarbeit zu überreden. Als das nichts nützte, hat sie am Ende geschimpft und geunkt, die WIZO Stuttgart würde untergehen. Wir aber haben es so betrachtet, wie es mein Philosophieprofessor Samuel Szemere s.A. im Budapester Rabbinerseminar gelehrt und vorgelebt hat: Wenn die Zeit gekommen ist, darf man ›die Zeit nicht vergewaltigen‹.

WIZO war also auch für mich sehr wichtig, weil über die Organisation zahlreiche Kontakte zu Personen außerhalb der Gemeinde geknüpft werden konnten. Gefreut habe ich mich, als ich für die jüdische Gemeinde in den Rundfunkrat des Süddeutschen Rundfunks entsandt wurde. Den freundlichen Empfang und die anregenden Diskussionen im Bremer Rundfunkrat hatte ich in bester Erinnerung. In Stuttgart aber wehte eine steifere Brise als an der Nordsee. Das hatte mehrere Ursachen. In Bremen war ich sozusagen der erste Jude in diesem Gremium, denn die Gemeinde hatte den ihr zustehenden Sitz vor meiner Zeit praktisch nicht besetzt. Entsprechend neugierig war man auf mich. In Stuttgart dagegen hatte der Geschäftsführer der Gemeinde, Josef Warscher, auch diese Funktion in seiner kühlen, distanzierten Sachlichkeit wahrgenommen. Als sein Nachfolger wurde ich nicht besonders begrüßt, sondern meine Anwesenheit wurde einfach zur Kenntnis genommen. Auch gab es damals in Bremen noch ein ungebrochen positives Verhältnis zu Israel, und alles war ›gut sozialdemokratisch‹. Natürlich wurden auch in Stuttgart meine Wortmeldungen aufmerksam zur Kenntnis genommen, aber häufig gewann ich doch den Eindruck, dass meine Hinweise auf Fehler in der Berichterstattung und unangemessene Vergleiche nicht allzu gerne gehört wurden. So hatte ich einmal mit dem Fernsehdirektor Dr. Hans Heiner Boelte eine Kontroverse, weil eine Sendung über den Frontwechsel Rumäniens im August 1944 den Titel *Stalingrad an der Donau* trug. Ein in verschiedener Hinsicht völlig unangebrachter Vergleich. Ich kann mich nicht beklagen: Man hat mich immer höflich angehört und auch mit mir diskutiert, aber den Diskussionen wurde immer schneller ein Ende gemacht. Anders als in Bremen, gab es im Rundfunkrat eine Polarisierung, die sich in vorbereitenden Treffen eigener ›Kreise‹ konkretisierte. Die CDU-Anhänger stellten die stärkste Kraft im Rat dar. Weniger zu sagen hatte der SPD-Kreis und die sogenannten »Grauen« – das waren Vertreter gesellschaftlicher Gruppen und Verbände, die zwar nicht einer politischen Seite zugerechnet werden wollten, häufig aber doch stramm der CDU-Linie folgten. In der Regel erkannte man sofort, zu welcher Gruppierung ein Mitglied gehörte. Als Vertreter der jüdischen Gemeinde wollte ich nicht festes Mitglied eines Kreises sein. Zu den Grauen bin ich einmal gegangen, aber deren Sache war mir doch zu grau. Mit den Sozialdemokraten habe ich mich gut verstanden. Sie haben meine Haltung respektiert und mich nicht zu ihren Treffen eingeladen. Ich wurde dann in der Regel Gast im CDU-Freundeskreis. Da habe ich allerdings mein blaues Wunder erlebt. Ich hätte mir nie vorstellen können, dass dieser Freundeskreis einem jüdischen Gemeinde-Gremium so unwahrscheinlich ähnlich ist. So ein Postengeschacher wie dort habe ich noch nie erlebt. Ein Meister der Kirchendiplomatie war der evangelische Oberkirchenrat Künzel, der kühl und zielstrebig einen Sitz im Verwaltungsrat für seine Kirche reklamierte und anstandslos erhielt. Dagegen ging der Stuttgarter Oberbürgermeister Schuster mit seinen Ambitionen völlig unter. Streng nach Proporz wurde Nord- und Südbaden, Nord- und Südwürttemberg mit Sitzen bedacht, für die Landeshauptstadt war da kein Platz mehr. Ein Landrat von hier, ein Bürgermeister von dort waren wichtiger als der Vertreter der Landeshauptstadt. Eine Ohrfeige für Dr. Schuster. Mit dem damaligen CDU-Fraktionsvorsitzenden im Landtag, Günther Oettinger, kam in die Sitzung des Freundeskreises die personifizierte Parteilinie. »Ja, Günther, wie hast du dir das gedacht?« – »Ihr müsst Folgendes machen! Ihr müsst so abstimmen!« Die Freunde sollten »Farbe bekennen« und »unsere Politik durchsetzen«. Mein Gott, dachte ich, diese Töne habe ich schon einmal in meinem Leben gehört. Da kam ein zielstrebiger und zielbewusster Politiker, der für Nichtigkeiten, persönliche Animositäten und Gefühle nichts übrig hatte, und nur eine Position, nämlich die der CDU vertrat. Der Vorsitzende des Freundeskreises Winfried Scheuermann gab sofort die Parole aus: »Also, jetzt weiß jeder, wie er abzustimmen hat.« Später wurde dann nach fünfundzwanzig Jahren der verdienstvolle Vorsitzende des Verwaltungsrates Heinz Bühringer ›abgesägt‹. Nicht, weil man sachlich etwas gegen seine Amtsführung gehabt hätte, nein: »Bei dem Gewicht unserer Partei müssen wir diesen Vorsitz auch für uns in Anspruch nehmen«, denn: »wir müssen unsere Partei durchsetzen«. Das hatte ich so in Deutschland noch nie gehört, aber das war die neue Linie. Ich habe mich aus diesen Spielen herausgehalten, weil ich ja ohnehin keine Hausmacht hinter mir hatte. Da man zu mir immer sehr nett, freundlich und liebenswürdig war, habe ich diesen Linientreuen keine Probleme gemacht, und sie mir nicht, aber irritiert bin ich bis heute. Nach der Fusion von Süddeutschem Rundfunk und Südwestfunk zum Südwestrundfunk fiel einmal die Äußerung, der Sender sei kein Betrieb für ›Duseleien‹. Das konnte ich so nicht stehen lassen: »Entschuldigen Sie, dieses Haus ist ein Betrieb, in dem auch Gedanken zur kreativen und künstlerischen Gestaltung eine eminente Bedeutung haben, und zu ihrer journalistischen und schöpferischen Arbeit müssen die Mitarbeiter in einer Atmosphäre der Angstfreiheit, der Sicherheit leben.« Der Einwand wurde rasch abgewimmelt. Ich bin mir nicht sicher, ob er überhaupt verstanden wurde.

Viel wichtiger als diese Gremienkungeleien war mir aber die Gelegenheit der freien Äußerung des freien jüdischen Wortes über den Rundfunk. Nach all der Unterdrückung in meinem früheren Leben, auch durch den Rundfunk, war es für mich bei jeder Anstalt immer wieder eine Art innerer Genugtuung, dass ich mich zu einem jüdischen Thema, über einen Feiertag oder eine biblische Wochenlektüre frei und nach meiner Überzeugung äußern konnte. Es freute mich natürlich, wenn die Rückmeldung kam, dass auch die Zuhörer daran Gefallen hatten. Etwas neidvoll sehe ich auf die christlichen Kirchen, die hauptamtliche Mitarbeiter für diese Verkündigungssendungen abstellen können. Das hat Vor- und Nachteile: Ich habe so viele andere Dinge zu erledigen, aber ich bemühe mich, Woche für Woche immer neue Aspekte auch aus aktuellem Anlass zu besprechen. Leider fällt es nicht schwer, die heutige Welt mit ihrer Gewalt, Brutalität und Grausamkeit mit der biblischen Wirklichkeit zusammenzuführen, und damit der Weisheit der Bibel für das Heute etwas abzugewinnen. In älteren Synagogen stand häufig über dem Toraschrank auf Hebräisch: »Wisse, vor wem du stehst.« Einer meiner Lehrer hat uns gelehrt, dieses Gebot in beide Richtungen zu verstehen: Du sollst nicht nur die Schrift genau kennen, du sollst auch wissen, dass du vor Gott stehst, aber wenn du dich umdrehst und von der Kanzel her zur Gemeinde sprichst, erkenne auch deine Gemeindemitglieder. Das war für mich immer ein Maßstab, um auch nichtjüdischen Hörerinnen und Hörern komplizierte jüdische Zusammenhänge klar verständlich zu machen. Ein rabbinischer Kommentar trägt den schönen Namen »Baer Hetew«, das heißt: »Gut erläutert«. Die Erklärungen sollen nicht überschwänglich, sondern kurz gefasst, aber doch für jedermann verständlich abgefasst werden. Das geschriebene Wort ist für viele Menschen tot. Der Rundfunk ist ein Medium, das auch durch die Stimme und Tonlage wirkt. Man kann die Menschen direkt ansprechen, aber man weiß doch nie genau, zu wem man spricht. Ich stelle mir immer vor, meine Lehrer, meine Meister wären auch meine

Zuhörer. Sie waren mit Lob immer sehr zurückhaltend und das zurecht, nicht nur aus pädagogischen Gründen – denn junge Menschen neigen dazu, sich sehr früh für die Besten zu halten. Würden meine Meister mich für eine Sendung tadeln oder würden sie sagen: »Er macht das nicht schlecht.«?

Meine Erläuterungen sollen auch dazu beitragen, Vorurteile abzubauen, Verständnis zu wecken und die gemeinsamen Brücken wieder freizulegen, die das Christliche im Judentum und das Jüdische im Christentum verbindet. Denn das, was uns 2 000 Jahre voneinander getrennt oder entfernt hat, muss nicht unbedingt immer und ewig so bleiben, weil wir letztendlich doch in der Tiefe gemeinsame Wurzeln haben. Damit plädiere ich nicht für eine billige Gemeinsamkeit. Wir sollten verstehen, dass der Weg, auf dem wir zu gehen haben – Juden, Christen und Moslems – breit genug ist, dass wir nebeneinander Platz haben, aber jeder nach seiner Fasson selig werden kann. Nach jüdischer Auffassung ist jeder Weg, der nach Gottes Erkenntnis, nach von Gott inspirierter Ethik beschritten wird, auch unbedingt ein Weg zum Heil. Wenn wir so gemeinsam, doch nebeneinander gehen, dann ist auch jeder Versuch, im Prinzip oder im Rahmen des Dialogs zu missionieren, strikt abzulehnen. Ein jeder möge bei seinem Weg bleiben, weil es sein Weg ist, der ihm gegeben wurde.

Diese geschilderten Außenkontakte waren mir wichtig, aber der größte Teil meiner Arbeit galt doch der Gemeinde und ihren Mitgliedern. Bis heute stellt die Frage, wer eigentlich Jude ist, ein großes Problem dar. Ordentliche Papiere, die einen Status eindeutig belegen, gab es in der Nachkriegszeit und auch heute bei den Zuwanderern aus der ehemaligen Sowjetunion, wie gesagt, oft nicht. Die turbulentesten Schicksale wurden mir immer wieder zur Entscheidung vorgetragen. Einem dieser Fälle verdanke ich eine der faszinierendsten Freundschaften meines Lebens, vielleicht gerade weil wir, die zu Freunden gewordenen, so gegensätzlich sind. Eines Tages erschienen zwei aufgeweckte, nette Mädchen bei mir und erklärten, sie wollten Jüdinnen werden. Ich wies sie zuerst ab, da wir grundsätzlich nicht missionieren und sie im übrigen mit ihren fünfzehn und sechzehn Jahren auf jeden Fall ihre Volljährigkeit abwarten müssten. Da sagte eines der Mädchen: »Wir haben erfahren, dass unsere Mutter Jüdin ist.« – »Dann sieht die Sache ganz anders aus, denn dann sind Sie nach dem Gesetz schon Jüdinnen. Wer von einer jüdischen Mutter geboren ist, der ist Jude. Können Sie die Jüdischkeit Ihrer Mutter belegen?« – »Das wird schwer sein, weil unsere Mutter dazu keine Papiere hat. Sie wurde zusammen mit unserer verstorbenen Großmutter in der Nazizeit in einem Dorf im Rheinland versteckt gehalten.« Der Dorfpolizist habe sogar gefährliche Akten verschwinden lassen und ihnen neue Papiere ausgestellt. Nach dem Krieg habe die Großmutter sich nie wieder mit dieser Zeit beschäftigen wollen, und auch die Mutter rührte nicht daran. Sie wollten aber mit ihrer Mutter sprechen, und die werde sich bei mir melden. Ihren Namen, den sie mit Kontarsky angaben, sagte mir eingefleischtem Musikanalphabeten nichts, aber meine Frau wusste genau, dass es drei in der Musikwelt hochberühmte Brüder dieses Namens gebe, von denen einer, Bernhard Kontarsky, viel in Stuttgart dirigiere und ein Spezialist für zeitgenössische Musik sei.

Die Mutter kam bald zu mir und in der Tat war sie, Elfriede Kontarsky, die Ehefrau des Dirigenten. Sie kannte noch einen ehemaligen amerikanischen Besatzungssoldaten, der die Geschehnisse im Rheinland bezeugen konnte, und so nahmen wir die beiden Mädchen, Esther und Mira, als Quereinsteiger in unsere Schule auf. Ihre Mutter war von den Ideen Rudolf Steiners sehr beeinflusst und hatte die Mädchen in die Waldorfschule geschickt. Eine Lehrerin hatte dort im Unterricht das Judentum als rückständig, reaktionär und inhuman bezeichnet. Esther war auf die Barrikaden gegangen, hatte die Lehrerin scharf angegriffen, und die Mädchen haben den Schluss gezogen: »Wenn das so ist, möchten wir wieder Jüdinnen werden.« Über die Töchter haben wir also die Eltern kennengelernt. Es entwickelt sich eine Freundschaft, bei der anfangs die Musikbegeisterung meiner Frau meine diesbezügliche Unkenntnis überspielen musste. Elfriede Kontarsky war selbst Geigerin und nannte sich nach ihrer Rückkehr in die jüdische Gemeinde Schulamit. Ihr Mann, ein reizender, gebildeter, vibrierender Intellektueller, hat mich sehr beeindruckt. Er hat unter anderem die Uraufführung von Mauricio Kagels Oper *Die Erschöpfung der Welt* und an der Stuttgarter Oper Bernd Alois Zimmermanns *Die Soldaten* dirigiert. Viele Zuschauer haben unter Protest den Saal verlassen, aber ich habe diese Musik, die auch für mich häufig eine Qual bedeutete, doch ganz angehört, weil Kontarskys Dirigate auch für mich ein großes Erlebnis waren. Abgesehen von der Musik verstanden wir uns auch politisch und in der Beurteilung allgemeiner Dinge großartig, haben bei seinen Besuchen in Stuttgart zusammen gegessen, getrunken und uns Witze erzählt, ich natürlich die übelsten Musikerwitze. Hart traf ihn der von Kohn, Schwartz und Béla Bartók: Kohn und Schwartz kommen in die Hölle. Kohn wird hereingerufen, um bestraft zu werden, und Schwartz muss draußen warten. Er hört Musik, er hält es nicht mehr aus, öffnet die Tür einen Spalt weit und sieht Kohn, eine Frau auf seinem Schoß und er hört Musik. »Was ist denn los? Das soll eine Strafe sein?« Darauf Kohn: »Die Frau ist meine eigene, und die Musik ist von Béla Bartók.« Zum Trost sagte ich ihm: »Derzeit ist Otto Rehhagel der größte Dirigent der Fußballszene, weil Trainer von Werder Bremen, aber du, Bernhard, du bist fast so gut wie Rehhagel.« Leider habe ich nur einmal gehört, wie das Ehepaar zusammen musiziert hat. Das habe ich nie vergessen. Elfriede Kontarsky hat uns sehr gemocht, doch musste ich sie viel zu früh bei ihrem lange währenden Leiden und Sterben begleiten.

Uneinig einig: Die Rabbinerkonferenz

Wenn man von der Deutschen Rabbinerkonferenz spricht, so muss man sich zuerst von der Vorstellung lösen, sie ähnle in irgendeiner Weise der Deutschen Bischofskonferenz der katholischen Kirche. Bischöfe haben eine kirchenrechtlich eindeutig definierte Funktion und ihrer Konferenz ist eine bestimmte Aufgabe innerhalb der festgefügten Hierarchie zugewiesen. Bei uns ist jede Gemeinde autonom, an keine Hierarchie gebunden, und die Autorität des Rabbiners je nach Persönlichkeit, Zeit und Gemeinde sehr unterschiedlich ausgeprägt. Gemeinsam ist aber allen Gemeinden, dass der Rabbiner nicht ihr Vorsteher und Vertreter nach außen ist. Dazu gibt es gewählte Vorsitzende, die sich im Direktorium des Zentralrats der Juden in Deutschland zusammengefunden haben, um gemeinsame Anliegen gegenüber der nichtjüdischen Öffentlichkeit zu vertreten. Die Namen der Präsidenten des Zentralrats – Werner Nachmann, Herbert Lewin, Heinz Galinski, Ignatz Bubis, Paul Spiegel, Charlotte Knobloch und Dieter Graumann – sind daher auch in der Öffentlichkeit bekannt. Die Konferenz der Rabbiner nannte sich ursprünglich auch einfach Vereinigung der Rabbiner oder Rabbinervereinigung. Sie berichtete über ihre Sitzungen an den Zentralrat und rechnete ihre Kosten – vier bis fünf Sitzungen pro Jahr – mit ihm ab. Ihre Beschlüsse waren für keine Gemeinde bindend. Rabbiner höchst unterschiedlicher Richtung tauschten sich aus, und wenn im Einzelfall auch nichts Konkretes dabei herauskam, so fand ich das Gespräch unter Kollegen doch immer nützlich, lehrreich und sinnvoll. Inhaltlich ging es vor allem um Statusfragen. Problematische Fälle von Eheschließungen, Scheidungen, Übertritten wurden besprochen, aber auch die Befürwortung oder Ablehnung von Spenden im Rahmen der religiös gebotenen Wohltätigkeit. Öffentlich bekannt wurde seinerzeit der Fall des von den Nazis zerstörten jüdischen Friedhofs in Altona, auf dessen Boden ein Kaufhaus gebaut werden sollte. Unsere Stellungnahme hat mit zur Lösung beigetragen. Natürlich wurden auch im engeren Sinne religiöse Fragen besprochen, die vertieftes halachisches Wissen voraussetzten. Immer wieder tauchten in diesem Zusammenhang Fragen des Schächtens auf, die sich durch die Kritik von Tierschützern stellten. Vermisst habe ich bei der Deutschen Rabbinerkonferenz einen Brauch, der in der ungarischen Rabbinerversammlung üblich war: Dort stand in jeder Sitzung ein Kapitel theologische Fortbildung auf der Agenda, ganz im Sinne der rabbinischen Gelehrsamkeit. Im Wechsel trugen die einzelnen Mitglieder verschiedene Traktate vor. Es war sozusagen ein fortwährendes Talmudstudium.

Das klingt wohlgeordnet. Das war es aber ganz und gar nicht. Ich habe schon beschrieben, wie wenig homogen die Gemeinden bis heute zusammengesetzt sind. Reste des deutschen, bürgerlich geprägten Judentums und Juden, die aus irgendwelchen Gründen, meist aus Osteuropa stammend, hier hängengeblieben waren, verbanden sich zu Gemeinden, die es gar nicht mehr geben sollte. Es war anfangs meist nur eine Handvoll Personen, die Gemeinden aufbauten, von denen lange nicht feststand, ob sie nur provisorisch, bis zur endgültigen Auswanderung ihrer Mitglieder, oder auf Dauer bestehen sollten. Woher nahmen diese Persönlichkeiten die Kraft zum Neuanfang? Ich denke es war der Wille, den Nazis eben nicht das letzte Wort über die Existenz von Juden in Deutschland zu überlassen. Aber das Leben der Gemeinden blieb fragil, sie waren international nicht akzeptiert, sogar verfemt, und das galt auch für uns Rabbiner. Die Europäische Rabbinerkonferenz wollte uns nicht anerkennen, musste aber doch irgendwie mit uns sprechen. So wurde Hans Isaak Grünewald s.A., der nach seinen Münchener Jahren als Gemeinderabbiner zu seiner Familie nach London gezogen war, beauftragt, die Verbindung zu uns herzustellen. Die Gemeinden hingen fast immer von wenigen starken Persönlichkeiten ab, die, ohne wirklichen Widerpart, nicht selten fast eigenmächtig agierten.

Diese Verhältnisse spiegelten sich auch in den Personen und der jeweiligen Positionen meiner Kollegen wieder. Einfach war sie, wenn die Zusammensetzung der Gemeinde und die Herkunft des Rabbiners zufällig zueinander passten. So wurde zum Beispiel der letzte überlebende Warschauer Rabbiner, David Spiro s.A., in Fürth verehrt wie Gott im Himmel. Er galt weltweit als halachische Autorität. Ebenso geachtet wurden Nathan Zanger s.A. in Amberg und der alte polnisch-orthodoxe Rabbiner Nathan David Liebermann s.A. in Regensburg. In anderen Gemeinden haben die starken Vorsitzenden häufig ihren Rabbiner als Angestellten behandelt, den man hinter seinem Rücken als »Koscherwächter« bezeichnete, weil man ihn zur Einhaltung der Rituale zwar brauchte, um den man sich sonst aber nicht kümmerte. Als ich, damals der jüngste Rabbiner, zur Konferenz kam, saßen da einige ehrwürdige ältere, gelehrte Herren, die das Schicksal nach Deutschland geführt hatte. Sie verkörperten noch den Typus des wissenschaftlich befähigten Rabbiners und besaßen daher Autorität. Selbst sie litten aber unter ihren autoritären, oft eigenmächtigen Vorsitzenden.

Da war natürlich der württembergische Landesrabbiner Fritz Bloch, von dem ich schon berichtet habe, dann Nathan Peter Levinson, ein Berliner. Er hatte noch bei Leo Baeck in Heidelberg studiert, war als Militärrabbiner mit der Besatzungsarmee nach Deutschland zurückgekommen, schied aus dem Militärdienst aus und wurde Landesrabbiner für Baden in Mannheim. Nebenbei versorgte er die Gemeinden in Hamburg und Schleswig-Holstein. Obwohl uns Welten trennten, habe ich in ihm einen immer anständigen, hilfsbereiten Kollegen gefunden, der in der Tat Großes geleistet hat. Seine zweite Frau, Pnina Navè Levinson, Theologin und Religionsphilosophin, habe ich sehr gemocht und hoch geschätzt. Mein Meister, Professor Scheiber, hat sie in den höchsten Tönen gelobt: »Oh, das ist eine viel wissende, kluge Frau. Sie war Schülerin von Professor Schirmann von der Hebräischen Universität, einem eminenten Gelehrten.« Chaim Schirmann emigrierte nach der Machtergreifung der Nazis nach Jerusalem und wurde an der Hebräischen Universität Professor für mittelalterliche hebräische Poesie. Häufig war Frau Levinson furchtbar verärgert über die Ungerechtigkeiten, die ihrem Mann zugestoßen sind, und sie hat das bei der Gemeindeleitung offen kritisiert. Werner Nachmann, der auch seine Heimatgemeinde Karlsruhe fast diktatorisch leitete, hat Levison einmal aus Ärger über eine Äußerung einfach fristlos entlassen. In seiner Rolle als Vorsitzender der Rabbinerkonferenz habe ich meinen badischen Kollegen als Pfand der Kontinuität erlebt, der mit allen Rabbinern, gleich welcher Richtung, gut zusammenarbeiten wollte.

Nicht leicht hatte es auch Hans Isaak Grünewald in München. Vor dem Krieg war er von Beruf Buchhändler, ein frommer Mann, ein gesetzestreuer jüdischer Mensch. Seine Frau stammte aus Hohenlohe, aus Öhringen. Ich habe ihn als ehrwürdigen, korrekten Mann erlebt, der seine Gemeinde beispielhaft geleitet und in ihr keine Unebenheit und keine Streitereien zugelassen hat. Die ostjüdisch dominierte Gemeinde hat aber seine deutsch-pünktliche Arbeitsweise nicht geschätzt und ihn einfach nicht für voll genommen. Zum Schluss wurde er auf wenig schöne Art abserviert. Heute denkt man aber wehmütig an ihn.

Wenn ich noch drei Persönlichkeiten erwähne, dann habe ich schon die Liste derjenigen erschöpft, die über längere Zeit der Konferenz angehörten und ihre Debatten bestimmten. Über Landesrabbiner Emil Davidovicz s.A. habe ich bei meinen Erlebnissen in Dortmund berichtet. Er hat auch die Aufgaben eines Sekretärs der Konferenz beispielhaft gründlich bewältigt. Dann gab es noch Cuno Lehmann, ein Rabbiner aus der klassischen liberalen Schule, der zehn Jahre in Berlin tätig war, und, last but not least, den Landesrabbiner von Hessen Professor Ernst Roth, meinen ehemaligen Talmud-Professor am Rabbinerseminar in Budapest. Ansonsten war in Deutschland ein ständiges Kommen und Gehen von Rabbinern, die ganz oder teilweise, immer aber für nur kurze Zeit in

Deutschland wirkten. Der Zentralrat hat versucht, dem mit der Gewährung von Stipendien für angehende Rabbiner entgegenzuwirken. Die Ausbildung konnte aber nur im Ausland stattfinden, meist in Israel, Amerika oder Großbritannien. Der Nutzen blieb gering, weil die besseren fast immer im Ausland geblieben sind.

Für mich als jungen Rabbiner waren die Treffen mit diesen Herren ein großer Gewinn. So verschieden sie waren und so verschiedene Positionen sie vertraten, so genoss ich die scharfsinnigen und auch witzigen Debatten. Als ich später, 1985, Sprecher der Konferenz wurde, hatten sich die Verhältnisse radikal geändert. Immer stärker wuchs der Druck von außen und das in einer Situation, in der die alten Autoritäten nacheinander altershalber ausschieden und die neuen Mitglieder der Konferenz sich ihre Sachautorität und Ortskenntnisse erst allmählich erwerben konnten. Gegen Ende meiner Amtszeit zeichnete sich ab, dass die Einheit der Konferenz aufgegeben werden sollte. Ich hielt nichts von dieser Lösung, weil sie der jüdischen Gemeinschaft mehr Nachteile als Vorteile bringt. Aber die Entwicklung lief darauf hin. Heute gibt es die »Orthodoxe Rabbinerkonferenz Deutschland« und die »Allgemeine Rabbinerkonferenz«, die mit der »Deutschen Rabbinerkonferenz« zwar ein gemeinsames organisatorisches Dach, sonst aber nicht viel Gemeinsamkeit haben. Die vielen Debatten waren häufig unerfreulich. Deshalb habe ich 2002, nach meiner Pensionierung, die Rolle des Sprechers gerne abgegeben.

Die Rabbinerkonferenz, ich erwähnte es schon, war zwar eine unabhängige Institution, aber doch eng auf den »Zentralrat der Juden in Deutschland« bezogen. So blieb es nicht aus, dass ich auch einige führende Persönlichkeiten dieser höchsten Vertretung der deutschen Juden näher kennenlernen sollte. Paul Spiegel trat am frühesten in mein ›deutsches Leben‹. In meiner Düsseldorfer Zeit war er Mitglied im dortigen Rat und galt als der kommende Mann der Gemeinde. Wir waren etwa gleich alt, aber er war unbekümmerter, spritziger, witziger, sorgenfreier und wirkte daher jünger als ich, der ich mich damals erst in die neuen Verhältnisse hineinfinden musste. Zudem waren meine Eltern gerade nach Deutschland gekommen, und ich war mit den Sorgen um ihre noch ungeklärten finanziellen und sonstigen Verhältnisse belastet. Paul Spiegel arbeitete als Journalist, war aber auch so etwas wie ein persönlicher Referent unseres damaligen Generalsekretärs Hendrik van Dam. Er schwärmte von ihm und erzählte immer wieder, wie großartig van Dam diese oder jene Verhandlung geführt habe und mit welch wichtigen Leuten er zu tun habe. Er vermittelte, dass ich dem Generalsekretär die Sorgen um meine Eltern vortragen konnte. Und in der Tat habe ich in ihm einen Grandseigneur erlebt, durch und durch ein vorzüglicher deutscher Jurist und jüdischer Herr. Paul Spiegel hat wohl geglaubt, nach dem Tode von van Dam im Jahre 1973 eine bedeutende Position im Zentralrat zu bekommen, aber dafür war er doch noch zu jung und gegen Alexander Ginsburg, der bis 1988 Generalsekretär wurde, chancenlos. Er hat sich danach weitgehend zurückgezogen und nach einigen Umwegen erst einmal eine eigene unabhängige Existenz aufgebaut. Als mir die Judenrat-Äußerung im Zusammenhang mit unserem Hungerstreik in der Aachener Synagoge angelastet wurde, hielt sich Paul Spiegel mit einer Verteidigung vornehm zurück. Dennoch hat er, noch während unserer Zeit in Schweden und Bremen, einige Male versucht, uns zurück nach Düsseldorf zu locken, aber für mich war dieses Kapitel abgeschlossen. Wenn wir uns getroffen haben, so hat er meine Frau und mich stets so begrüßt, als wären wir alte Freunde. Unser Verhältnis blieb freundlich, aber immer etwas distanziert, auch nachdem Paul Spiegel Ende der Achtzigerjahre wieder leitende Funktionen auf Landes- und Bundesebene übernommen hatte und im Jahre 2000 zum Präsidenten des Zentralrats gewählt worden war. Inhaltlich waren wir eigentlich immer auf einer Linie. Er war inzwischen politisch reifer geworden, hatte gelernt, seine Zeit abzuwarten, und vor allem auf einen Kreis von Beratern zu hören, den er um sich gebildet hatte. Das war ja nicht allen unseren Vorsitzenden gegeben. Ihm konnte man wegen seiner freundlichen, liebenswürdigen Art und seinem menschenfreundlichen Pragmatismus schwer etwas abschlagen. So bin ich gerne seiner Bitte gefolgt, das Manuskript seines Buches *Was ist koscher?* unter erheblichem Termindruck zu lektorieren. Wenn Paul Spiegel auch nicht spektakulär in Erscheinung trat, so hat er doch wie kein anderer klug, freundlich und dauerhaft in der Wirkung für die jüdische Gemeinschaft in Deutschland gearbeitet. Das lag zum einen an der langen Zeitspanne seiner Tätigkeit vom Ende der Sechzigerjahre bis zu seinem Tode 2006. Ich erinnere daran, wie klug er sich in der Auseinandersetzung um das Holocaust-Mahnmal verhalten und doch bei der Einweihung Tacheles geredet hat. Seine große Leistung besteht meines Erachtens aber darin, dass er mit dem Anwachsen der jüdischen Gemeinschaft ihre Einrichtungen professionalisiert hat. Als wir mit 30 000 Menschen in Deutschland gewurstelt haben, konnte man sich die Haltung von Ignatz Bubis – »Wenn die Leute es machen wollen, sollen sie es machen.« – noch erlauben. Spiegel sorgte für andere Verhältnisse. Dafür nur ein Beispiel: Hätte man vor dreißig Jahren einen Preis für die langweiligste jüdische Zeitung ausgelobt, die *Allgemeine Jüdische Wochenzeitung* hätte ihn mit Abstand gewonnen. Heute kann sie sich (seit 2002 als *Jüdische Allgemeine*) mit ihrem Schweizer Pendant *Tachles* messen lassen und ist nicht viel schlechter als die *Jewish Chronicle* in England. Als Höhepunkt der Tätigkeit Paul Spiegels gilt der Staatsvertrag zwischen der Bundesrepublik Deutschland und dem Zentralrat im Jahre 2003. Der wäre wohl gar nicht denkbar gewesen, wenn zuvor nicht die Strukturen und Einrichtungen innerhalb der jüdischen Gemeinschaft geordnet und auf professionelle Fundamente gestellt worden wären. Diese Entwicklung ist zu guten Teilen dem unaufgeregten, stets freundlichen Drängen Paul Spiegels zu verdanken. Voll Staunen habe ich nach seinem Tode gelesen, mit welcher Anerkennung der Vertreter der Muslime in Deutschland von ihm gesprochen hat, da er sich gegen die einseitige Behandlung von Muslimen gewandt habe. Das sagt doch einiges über den Menschen Paul Spiegel aus, den ich noch höher schätze als seine organisatorisch-politischen Erfolge. Ähnlich sagte auch der damalige Außenminister Frank-Walter Steinmeier, er sei mit Paul Spiegel freundschaftlich verbunden gewesen und hätte mit ihm viele Aspekte erörtern können, die für ihn wichtig und bedeutend waren.

Nichts mit der Person Paul Spiegel zu tun hat ein Ärgernis, das in fast allen seinen Nachrufen nachzulesen ist. Mit ihm sei eine Epoche zu Ende gegangen, denn er sei der letzte, der als Überlebender der Shoah die Leitung des Zentralrats inne gehabt hätte. Warum ist das erwähnenswert? Solche Äußerungen wirken auf mich wie ein inneres Aufatmen: Jetzt haben wir dieses Kapitel (endlich) abgeschlossen. Glaubt man denn, die Kinder und Enkel seien weniger sensibilisiert als die direkten Überlebenden des Holocaust? Ist der Holocaust durch das Ableben der unmittelbaren Opfer weniger wichtig geworden? Als Paul Spiegel zum Nachfolger des verstorbenen Ignatz Bubis gewählt wurde, konnte man häufig lesen, diese Schuhe seien zu groß für Spiegel. Der war aber klug genug, sich diese gar nicht erst anzuziehen, sondern ganz anders zu wirken. Er hatte ein Gespür dafür, dass die Zeit der kämpferischen Art des Ignatz Bubis vorbei war. Schon äußerlich waren die beiden völlig verschieden. Bei Bubis hat immer das Ostjüdische mitgespielt, und seine jüdischen Kenntnisse waren sicher auch größer als die von Paul Spiegel, die über die eines guten klassisch-deutschen Juden nicht hinaus gingen.

Der Holocaust hatte Ignatz Bubis und seine Familie schwer getroffen. Sein Vater war in Treblinka umgekommen, sein Bruder und eine Schwester starben an einem unbekannten Ort. Er selbst hatte als Zwangsarbeiter in Tschenstochau überlebt. Was habe ich an ihm bewundert? Beide vertraten wir unsere Sache immer engagiert, aber ihm gelang es viel besser, auch in den härtesten Auseinandersetzungen sachlich-überlegen, ›cool‹ zu bleiben. Sprang ich bei Provokationen auf und war emotional aufgebracht, so sagte er immer zu mir: »Ruhig bleiben, ohne Emotionen antworten!« Er hat es immer geschafft, einem aggressiven Gegner, selbst wenn der unter der Gürtellinie angriff, den Wind aus den Segeln zu nehmen und ihn zu beeindrucken. Man hat ihm geglaubt; nicht nur wegen seines Alters und persönlichen Schicksals, sondern weil er seine Angriffslust ohne Ansehen der Person einsetzte. Die Frankfurter Oberbürgermeisterin Petra Roth gehörte ganz gewiss nicht zu seinen Gegnern, aber als sie einmal, ihm zugewandt, sagte: »Bei Ihnen in Israel, in Ihrem Lande …« Da ist er regelrecht ausgeflippt. Er hat ihren unbedachten Satz in aller Öffentlichkeit auseinander genommen. Weder Petra Roth noch einer der Zuhörer würde diese Formulierung, die ja eine verbale Ausbürgerung der deutschen Juden beinhaltet, jemals wieder in den Mund nehmen.

Berühmt wurde Ignatz Bubis wider Willen im Zusammenhang mit dem sogenannten »Frankfurter Häuserkampf«. Die Stadt Frankfurt plante Ende der Sechzigerjahre das bürgerliche Westend mit großen Bürohäusern zu bebauen. Um entsprechend große Flächen zu erhalten, kauften Spekulanten, unter ihnen auch Ignatz Bubis, einzelne Villengrundstücke auf und vermieteten die meist herabgewirtschafteten Häuser zur Zwischennutzung an Studenten und andere wenig zahlungskräftige Mieter. Als die Termine zur Räumung näher rückten, erhob sich ein Widerstand der Bewohner, der rasch ideologisiert und militant wurde. Es war der Beginn der Hausbesetzerszene in Deutschland. Führend bei der beteiligten Organisation »Revolutionärer Kampf« waren unter anderem Daniel Cohn-Bendit und Joschka Fischer. Der spätere Außenminister war Mieter in einem Haus, das Ignatz Bubis gehörte. Bubis hat zwar am Ende mit diesen Grundstücken nur Verluste gemacht, aber das Klischee vom jüdischen Spekulanten wirkte. Rainer Werner Fassbinder schrieb 1974 das Theaterstück *Der Müll, die Stadt und der Tod*, das 1985 in Frankfurt uraufgeführt werden sollte. Im jüdischen Spekulanten des Stückes konnte oder sollte Ignatz Bubis, damals Vorsitzender der Frankfurter Gemeinde, zu erkennen sein.

Aufgebrachte Mitglieder der Gemeinde und Sympathisanten protestierten laut, besetzten die Bühne und verhinderten die Aufführung. Dieser Skandal – leider ging es bei der öffentlichen Auseinandersetzung mehr um die verhinderte Aufführung als um die salonfähig gewordene Verbreitung des antisemitischen Klischees – hat Ignatz Bubis in der ganzen Republik bekannt gemacht. Ich habe sehr bewundert, wie er sich auch in diesem Kampf behauptet hat. Aber seine souveräne Art verbarg, wie tief ihn die Angriffe, nicht zu vergessen die Auseinandersetzung um die Friedenspreisrede von Martin Walser in der Paulskirche, doch verletzt haben. Die Kämpfe kosteten ihn mehr Kraft als wir ahnten. Ignatz Bubis war auch in Israel sehr umstritten, weil er, Mitglied in der FDP, die demokratische Struktur Deutschlands immer verteidigt hat. Umso mehr überraschte uns alle bei seinem Tod die testamentarische Verfügung, dass er in Tel Aviv bestattet werden möchte. Als so groß erachtete er die Gefahr, dass sein Grab in Deutschland wie das seines Vorgängers Heinz Galinski geschändet würde?

Heinz Galinski war von 1954 bis 1963, also vor meiner Zeit in Deutschland, der Erste Vorsitzende des Zentralrats gewesen. Er hatte Auschwitz, den Todesmarsch in das KZ Mittelbau-Dora und noch nach Bergen-Belsen überlebt und gehörte fast noch zu den Männern der ersten Stunde, als er mit erst 37 Jahren 1949 den Vorsitz der jüdischen Gemeinde in Berlin übernahm. Ich habe an ihm bewundert, wie entschlossen er die Position der Frontstadt ausgehalten und vertreten hat. Ich erinnere mich immer noch mit einem ziemlich unguten Gefühl, wie ich im August 1968 in Regensburg mit gepacktem Koffer geschlafen habe. Denn was ist, sagte ich mir, wenn die Russen die Grenze der Tschechoslowakei nicht so genau kennen und bis Regensburg marschieren? In Berlin nur ein paar Straßen von den Russen entfernt zu leben und aktiv politisch zu handeln, das hätte ich nicht ausgehalten. Bei Nacht und Nebel wäre ich davongelaufen. Woher kam dieser Mut, die Ausdauer oder ein Vertrauen in die eigene Persönlichkeit, ihre Integrität?

Später hatte sich seine kämpferische Frontstadt-Rhetorik überlebt. Auch während seiner zweiten Amtszeit von 1988 bis zu seinem Tod im Jahre 1992 trat er auf, als ob Berlin der einzige und zentrale Mittelpunkt Deutschlands wäre. Das kam nicht nur bei mir, der ich von der Donaumonarchie geprägt war, auf die Dauer nicht so gut an. Seine pathetischen Deklamationen passten nicht mehr in die Zeit. Einem Mann, auf den noch 1975 ein Paketbomben-Anschlag verübt wurde, konnte man seine Warnungen und Mahnungen nicht verdenken, aber bei aller charismatischen Führungskraft ging sein ständig erhobener Zeigefinger doch auch vielen Gutwilligen zu weit. Böswillige brauchen eine solche Angriffsfläche nicht. Sie schändeten noch sechs Jahre nach seinem Verstummen sein Grab und gaben seinen Warnungen damit recht.

Jeder Institution tut es gut, wenn die Zeit eines schwächeren Vorsitzenden von guten Kräften aus der zweiten Reihe getragen wird. Ein solcher Glücksfall war die Freundschaft zwischen Werner Nachmann, Vorsitzender von 1969 bis 1988, und Alexander Ginsburg, der 1973 als Nachfolger van Dams Generalsekretär wurde und auch bis 1988 dieses Amt innehatte. Werner Nachmann hat in vielerlei Hinsicht während seiner Präsidentschaft seine Ecken und Kanten abgeschliffen und einen guten Stab von Mitarbeitern um sich versammelt, aber ich blieb lieber auf Distanz zu ihm. Dagegen Alexander Ginsburg: ein kleines Männchen, aber in jeder Minute vibrierend, schlagfertig, tüchtig und gebildet sowohl im Jüdischen wie im Weltlichen. Er hat von sich nur erzählt, was unbedingt bekannt sein musste, und seine große Bildung eher verborgen. Ich habe bei der Schilderung meiner Düsseldorfer Zeit davon erzählt und dort auch schon seine Souveränität gepriesen, mit der er politische Quotenangebote ablehnte. Zwar hat er stets politisch gedacht und gehandelt, aber bei ihm hatte alles seinen Sinn und einen Grund. Er war überall dabei, aber nicht aus Misstrauen, sondern weil er überall Bescheid wissen musste. Nach außen bescheiden, wusste er in Hintergrundgesprächen und Verhandlungen gescheit und immer wohl begründet zu argumentieren. Selten habe ich einen solch brillanten Mann erlebt.

Volkskunde oder alte Liebe rostet nicht

Es muss 1985 gewesen sein, als mich eine Gruppe Tübinger Studenten um Hilfe bat. Sie hatten sich im Rahmen eines Seminars um ein KZ-Denkmal gekümmert, wollten dies jetzt öffentlichkeitswirksam einweihen und waren auf den hinhaltenden Widerstand des zuständigen Bürgermeisters gestoßen. Die Studenten und ihr Mentor, Prof. Dr. Utz Jeggle, brachten mir ihre Dokumentationen, Fotos und sonstige Unterlagen, und es war sehr ansehnlich, was sie zusammengetragen hatten.

Am Fuß der Schwäbischen Alb war 1938 in einem Gelände bei Tailfingen-Hailfingen, unweit des Hohenzollern, ein Militärflugplatz angelegt worden, den nach 1942 Kriegsgefangene und Zwangsarbeiter der Organisation Todt zu einem Fliegerhorst ausbauen mussten. Im Herbst 1944 wurde das Arbeitslager zum Außenlager des KZ Natzweiler im Elsaß erklärt und Mitte November mit 600 jüdischen Häftlingen aus dem KZ Stutthof bei Danzig belegt. Unter unmenschlichen Bedingungen mussten die Häftlinge in Steinbrüchen, bei Bauarbeiten und beim Räumen von Blindgängern schuften. Bis zur Räumung des Lagers im Februar 1945 waren in diesen drei Monaten nachweislich schon 267 Häftlinge zu Tode gekommen. Die Zeit in Tailfingen-Hailfingen und die nachfolgenden Verlegungen und Märsche in andere Lager haben nur 147 Juden überlebt. Die französische Besatzung befahl nach Kriegsende die Umbettung der verscharrten Leichen auf den Tailfinger Friedhof und die Errichtung eines großen Holzkreuzes über diesem gemeinsamen Grab. In den nachfolgenden Jahren hatten einige jüdische Angehörige dazu Gedenksteine für ihre Toten aufgestellt, darunter befand sich auch ein Stein für einen ungarischen Juden. Die Tübinger Studenten hatten Dokumente zu diesem Komplex gesammelt, zur Publikation aufbereitet und sich um die Renovierung der verlotterten Grabstätte gekümmert. Sie war damals der einzige Hinweis auf das KZ. Erst später wurde am Ort des Lagers eine Hinweistafel und 2010 ein Mahnmal errichtet.

Ich habe, wie die jungen Leute mich gebeten hatten, den Kontakt mit dem Bürgermeister aufgenommen, denn mit mir konnte er nicht so hinhaltend sprechen wie mit den Studenten. Er vermittelte mir, dass man in seinen Kreisen offensichtlich befürchtete, »linke Spinner von der Universität« wollten mit einer großen Einweihungsfeier die Einwohner des Ortes allesamt als Nazis denunzieren. Nach Rücksprache mit Utz Jeggle habe ich vorgeschlagen, die Einweihung als religiöse Feier zu gestalten. Die Studenten verzichteten auf einen eigenen Redner und vertrauten darauf, dass ich das Nötige sagen würde, damit nicht »Friede, Freude, Eierkuchen« zur Verharmlosung des Geschehenen beitrage. Es ging ihnen ehrlich um die Würde der Ermordeten und darum, dass die Bevölkerung das Gedenken wirklich annimmt. Der Bürgermeister, der den Studenten früher mit Verhinderungs- und Verzögerungsmanövern viel Ärger gemacht hatte, reagierte jetzt auch vernünftig, und die Studenten sahen ein, dass eine Fortführung des Streits mit ihm niemandem und schon gar nicht ihrer Sache nützte. Ich bestand darauf, dass der evangelischer Pfarrer nur Gedenkworte, keine Gebete sprach und keine gottesdienstliche Handlung ausführte und sorgte noch dafür, dass das christliche Kreuz etwas in den Hintergrund gerückt wurde und nicht den Gedenkstein für die ja mehrheitlich jüdischen Opfer dominierte. Am Ende waren alle mit dem Ablauf und der Wirkung dieser Erinnerungs-Arbeit sehr zufrieden.

In einem der Gespräche fragte ich Utz Jeggle: »Entschuldigen Sie, in welcher Fakultät lehren Sie denn?« – »Mein Fach ist Empirische Kulturwissenschaft.« Ich hörte diesen Begriff zum ersten Mal und fragte: »Was meinen Sie damit?« – »Ja, das ist das, was Sie vielleicht als Volkskunde kennen.« Meine spontane Reaktion: »Was heißt hier vielleicht kennen!?« Und ich erzählte ihm von meinen Studien und der Bedeutung der jüdischen Volkskunde. »Ja, gibt es denn so etwas? Professor Daxelmüller aus Freiburg hat immer gesagt, das gebe es nicht.« Wir haben uns noch längere Zeit ausgetauscht, und sofort bat er mich, am Tübinger Ludwig-Uhland-Institut für Empirische Kulturwissenschaft eine Lehrveranstaltung abzuhalten. Kurz darauf erhielt ich die Aufforderung, Diplome, Veröffentlichungen, Lebenslauf usw. einzureichen. Im Herbstsemester fing ich an, und es interessierten sich tatsächlich viele Studenten für mein Thema aus dem Bereich der jüdischen Volkskunde. Das hat alle überrascht, und ich wurde gebeten, diesen Lehrauftrag zu verlängern. Der verlängerte sich nun von Semester zu Semester und so währt diese Arbeit mit Studenten am LUI jetzt schon über zwanzig Jahre.

»Verlorenes Paradies« ist ein Thema, das in der Literatur immer wieder abgehandelt wurde. »Wiedergefundenes Paradies« ist mir als Gegenstand noch nicht begegnet. Das Ludwig-Uhland-Institut ist für mich solch ein Stück wiedergefundenes Paradies geworden. Ich hatte mich, ausgestoßen aus dem Kreis meiner ehemaligen Meister und Gelehrten, in die Ödnis der Wüste gesetzt gefühlt. Die herzliche Aufnahme im Kreis dieses Instituts hat mich enorm beeindruckt und meine Vorurteile verändert. Es war die Erkenntnis, dass es hier eine Menge ehrlicher, anständiger und aufrichtiger Menschen gibt, die leise, bescheiden, aber sehr effektvoll wissenschaftlich tätig sind. An ihrer Spitze Professor Hermann Bausinger, den ich als einen eminenten Gelehrten, bescheiden, aber mit viel Wissen, kennengelernt habe, dessen kreativen Werke wirklich bahnbrechend sind. Er, seine Schüler und Mitarbeiter, ich nenne nur Utz Jeggle, Gottfried Korff, Wolfgang Kaschuba, Christel Köhle-Hezinger, Rudolf Schenda, Martin Scharfe, Herbert und Elke Schwedt, Gustav und Inge Schöck und viele andere, haben der in Deutschland ja wirklich völkisch kontaminierten Volkskunde eine neue, moderne Richtung gewiesen. Der Kontakt mit vielen Studenten, die eigene Werke publiziert haben und ihren eigenen Weg gegangen sind – eine ganze Reihe von ihnen sind wiederum Professorinnen und Professoren geworden – und der beständige Kontakt mit diesen Menschen und dem damit verbundenen lebendigen Austausch von Ideen, Lektüre-Hinweisen und Anregungen, das ist für mich: Glück. Meine Integration im Südwesten Deutschlands kann ich mir ohne das Ludwig-Uhland-Institut nicht vorstellen.

Wegweisend für meine eigene Arbeit wurde das Werk von Utz Jeggle, das ich natürlich bald kennenlernte. Es herrscht ja landläufig die Meinung vor, die Aufklärung und die damit verbundene Emanzipation der Juden, ausgelöst durch die mögliche Ansiedlung in den bürgerlichen Städten am Anfang des 19. Jahrhunderts, sei eine einzige jüdische Erfolgsgeschichte. Utz Jeggle hatte dies schon in seiner Dissertation *Judendörfer in Württemberg* genau untersucht und nachgewiesen, das diese jüdische Lebenswelt durch die Emanzipation aber eher plattgewalzt wurde. Und die, so Jeggle, »Heroen der deutschjüdischen Symbiose« stellten nur eine kleine Elite dar. Die große Mehrheit der jüdischen Landbevölkerung hat die Entwicklung in der Emanzipation kritisch, angstvoll und sehr negativ betrachtet und erlebt. Die Obrigkeit hat sich mit der Elite verbunden und die Mehrheit vernachlässigt. Oder wie es der Kirchenrat Rabbiner Joseph Maier gesagt hat: »Diese ungebildeten, bildungslosen und aberglaubenverfangenen jüdischen Massen wurden außer Acht gelassen.« Dabei waren diese Menschen weder ohne Bildung noch ohne Kultur und auch nicht abergläubisch, sondern verankert in der traditionellen jüdischen Kultur. Das Uhland-Institut gab mir Gelegenheit, gerade über diese Gruppe zu sprechen, über die Gedanken dieser Landjuden, ihr Verständnis der Bibel, Gotteswort und jüdische Lebensform. Utz Jeggle hat die durch die Emanzipation geschaffene Zwangsregulierung durch die Obrigkeit ausführlich beschrieben. Die Obrigkeit bot bürgerliches Leben und nahm dafür alles andere: Das jüdische Bildungs- und Schulwesen und vor allem das klassisch rabbinische Rechtswesen, das ja ein integraler

Bestandteil des Judentums ist. Rabbiner und Juden, so hieß es, seien nicht einmal so gebildet wie der niedrigste Dorfschullehrer. Das war eine ungeheure Behauptung, die vollkommen verkannte, dass es keine jüdische Theologie, und schon gar keine niedrige, gibt. Das Judentum ist eine Form der Adaption der Offenbarung und all dessen, was daraus als Tradition folgte. Das sah die Obrigkeit total einseitig und die Eliten der jüdischen Schichten, die von den gebotenen Aufstiegschancen intuitiv oder bewusst profitieren konnten, gingen auf dieses Tauschgeschäft ein. Der Rest der jüdischen Bevölkerung wurde nicht gefragt. Selbstverständlich gibt es wie in allen Bereichen gesellschaftlichen Zusammenlebens auch zwischen den Religionen Wirkung und Wechselwirkung. Wenn auch Kirche und Synagoge meilenweit voneinander entfernt erbaut wurden, so wirkten im Alltag Christliches und Jüdisches doch aufeinander ein. Diesen Wechselwirkungen nachzuspüren machte ich mir zur Aufgabe, und der Vergleich des katholischen Ungarn oder auch des katholischen Oberschwaben mit dem evangelischen Württemberg war dabei immer wieder erhellend.

Die Neologengemeinden in Ungarn führten – selbstverständlich nach kirchlichem Vorbild – Talare und Birette für ihre Rabbiner ein. Die Talare waren nach katholischem Vorbild Pelerin-Ornate und die Mützen waren wie ihre Vorbilder kuppelförmig, nur dass sie nicht kreuzförmig waren, sondern gemäß dem Davidstern in sechs bis acht Spitzen endeten. In Württemberg haben selbst konservative und orthodoxe Gemeindebeamte Talare getragen, die denen evangelischer Kirchenbediensteter glichen, und noch mein Vorgänger, Rabbiner Dr. Bloch, hat ein Barett wie evangelische Geistliche getragen. Komplizierter ist es, die Wechselwirkung auf der Ebene der Volksfrömmigkeit aufzuspüren. Es gibt hier Züge teils unentdeckter, teils verborgener und teils verdrängter Gemeinsamkeiten. Dabei ist die grundsätzliche Haltung der Mehrheitsreligion zur Minderheit von eminenter Bedeutung.

In der katholischen Kirche Ungarns gab es nur indirekt eine Mission. Die Pracht, Ehre und Würde der Kirche wurde demonstrativ vorgeführt und sollte auch die Juden beeindrucken. Der volle Ton der Orgel, der süße Duft des Weihrauchs sollte alle Sinne ansprechen und auch den Nichtgläubigen faszinieren. Das blieb nicht ohne Wirkung. Dazu kam, dass der Staat mit seiner katholischen Majestät an der Spitze nie einen Zweifel daran ließ, dass Juden nur dann emporkommen können, wenn sie zum katholischen Glauben konvertierten. Das wirkte. Man erzählte sich, dass irgendwo in Galizien aus diesem Grund so viele Juden übergetreten seien, dass der Pfarrer auf Jiddisch hätte predigen müssen. Unterhalb dieses sozialen Drucks zur Konversion blieben die Wechselwirkungen. Man hatte in der katholischen Landbevölkerung keine Hemmungen, Wunderrabbis wie Heilige zu verehren. Geschichten sprachen auch davon, wie sie namhafte Staatsmänner beraten oder gerettet haben sollen. Solche Mythen oder Wanderlegenden waren weit verbreitet. Häufig brachten auch Katholiken Bittzettel an die Grabstätten, wie es bei sogenannten Wunderrabbis üblich ist, oder sie marschierten am Jahrzeittag mit den jüdischen Pilgern mit. Das hat der Kirche nicht geschadet, die offiziell davon keine Kenntnis nahm, diese Praktiken aber stillschweigend duldete. Umgekehrt haben Juden von vielen katholischen Zeremonien gewusst. Man sieht diese Beeinflussung auch daran, dass Elemente der lateinischen Kirchensprache übernommen wurden. »Ora et labora«– »bete und arbeite«, das kannten alle Christen. In Polen, Galizien und Nordostungarn hat man stets gefragt: »No, wann wird heute geort?« – »Wann wird heute gebetet?« In einer Litanei bestätigt die Gemeinde das Gesagte mit der Bitte »Ora pro nobis« – »Bitte für uns«. Das haben die Juden zwar nicht verstanden, aber ich selbst hörte noch die Redensart: »Das ist soviel wert wie ein aprés novis.« Dazu kommen manche liturgische Überlappungen. Zu den katholischen »Rorate-Gottesdiensten« und den jüdischen frühmorgendliche Bußgebeten, »Slichot«, gibt es Parallelen in der jeweils anderen Religion. Das Jahreszeitgedächtnis im Judentum kommt eindeutig aus dem katholischen Milieu.

Judentum und christliche Kirche standen sich im evangelischen Württemberg ganz anders gegenüber. Die Kirche thronte nicht in souveräner Unfehlbarkeit über dem irdischen Tagesgeschehen. Die Frage nach dem gnädigen Gott schloss für evangelische Christen auch die geistliche Sorge für den andersgläubigen Nachbarn mit ein, und diese Sorge verlangte eine aktive Missionsarbeit. Die lehnten Juden selbstverständlich ab, aber sie führte auch dazu, dass evangelische Theologen sich viel intensiver als ihre katholischen Kollegen mit ihrem Alten Testament beschäftigten, sich eher jüdische Kenntnisse erwarben und diese pflegten. Wie kam es aber zu der Obrigkeitsgläubigkeit der württembergischen Juden? Ich vermute, die im Judentum lebendige Achtung der Bildung traf im armen Württemberg auf ein Pendant, das vom pietistischen Arbeitsethos unterfüttert eine Gelehrtenschicht hervorbrachte, in der sich viele Juden wiedererkannten. Ungarische Juden, gleich ob Orthodoxe oder Neologe, haben die Obrigkeit und ihre Umgebung wegen ihrer verbreiteten Unbildung vielleicht nicht gerade verachtet, aber doch geringgeschätzt. Das hat man nicht offen gesagt, aber gedacht, und dieses Gefühl wirkt fast bis zum heutigen Tag. Davon kann in Württemberg keine Rede sein. Die Mühen des »Schmalen Wegs«, den der Fromme gehen muss, nötigte den Juden Achtung und Sympathie ab. Andererseits: Die Anerkennung der Obrigkeit führte bei manchen jüdischen Gemeinden zu dem Wunsch, ähnlich wie die evangelische Kirche anerkannt zu werden. »Wann winkt diese Obrigkeit uns zu?«, war Wunsch und Forderung. Der emanzipierte Jude in Deutschlands Südwesten war Patriot. Samson Raphael Hirsch von der deutschen Neoorthodoxie sagte klar: »Sei zu Hause ein frommer Jude und auf der Straße ein guter Deutscher.« Eine solche Vorstellung war für viele in Ungarn undenkbar. Der aus Frankfurt am Main stammende Moses Sofer, ein berühmter Rabbiner in Pressburg, meinte, er brauche keine Emanzipation, nicht von diesem Land, überhaupt von niemandem. »Man kann mich nicht emanzipieren, denn ich lebe hier in der Verbannung. Wir sind hier keine Bürger und können es nicht sein, denn wir warten auf die Rückkehr nach Jerusalem. Und bis dahin werden wir alles daran setzen, den jetzigen Zustand zu bewahren.« Die ungarischen Liberalen haben diese Haltung akzeptiert, und den Juden ihre eigene Organisation belassen gegen das Versprechen, bei den Parlamentswahlen die ungarischen und nicht die rumänischen, slowakischen und ruthenischen Kandidaten zu wählen. Im evangelischen Deutschland des 19. Jahrhunderts hatte man dafür kein Verständnis. So wie in der evangelischen Kirche alle Rechtsverhältnisse minutiös ausgearbeitet waren, so sollte auch in den jüdischen Gemeinden alles seine kirchenähnliche Ordnung haben.

Bezeichnend für den Unterschied ist die Haltung der Juden gegenüber dem Antijudaismus und Antisemitismus. Für Juden in Ungarn war der Antisemitismus ihrer katholischen Nachbarn aufgrund ihrer Erziehung und gesellschaftlichen Verankerung etwas Natürliches und im Übrigen gut biblisch. »Esau hasst Jakob« ist biblisch begründet, und Esau, das heißt das Volk von Esau/Edom, ist Rom. Kein deutscher Jude hätte gesagt, die evangelische Kirche sei »Edom«. Das ging so weit, dass aus den jüdischen Gebetbüchern in Württemberg die letzte Strophe aus dem Chanukka-Lied, die sich gegen Edom richtet, einfach gestrichen wurde. Denn der württembergische Jude war grundsätzlich und von vornherein loyal zur Obrigkeit.

Diese Loyalität war, wie gesagt, mit einer weitgehenden Selbstaufgabe der eigenen Werte und Traditionen verbunden. Utz Jeggle hat in einem Aufsatz über vier schwäbische Rabbiner, der in den von der Rabbinerkonferenz herausgegebenen *Udim*-Heften erschienen ist, gezeigt, wie diese von der Obrigkeit gebrochen wurden. Um weiter als Rabbiner amtieren zu dürfen, mussten diese vier gelehrten Herren zwei Dienstprüfungen bei einer staatlichen Behörde bestehen. Die Israelitische Oberkirchenbehörde, die dem Innenministerium und später dem Kultministerium unterstand, verlangte ein regelrechtes Staatsexamen. Eine Zumutung für die bewährten Rabbiner und ein beispielloser Affront für die jüdische Gemeinschaft, der überall sonst wütende Proteste ausgelöst hätte. In Württemberg und auch in Franken hat man das ohne großen Aufruhr stillschweigend hingenommen.

Mit diesen Hinweisen wollte ich nur kurz beleuchten, was wissenschaftliche Arbeit zur Geschichte der Juden in Deutschland leisten kann. Das Ludwig-Uhland-Institut ist neben dem Haus für Geschichte in Stuttgart dafür meine wissenschaftliche Heimat geworden. Auch anderswo wird interessante Forschungsarbeit geleistet. Ich denke beispielsweise an die Hochschule für jüdische Studien in Heidelberg oder auch an das Institut für die Geschichte der deutschen Juden in Hamburg, die ebenfalls wichtige Publikationen veröffentlichten. Ein breites Interesse an dieser Arbeit lässt mich hoffnungsvoll in die Zukunft schauen.

Das Glück jenseits des Unglücks

Vor einigen Jahren saß ich nach einem Klassentreffen in Budapest auf dem Balkon einer Bekannten unweit von unserem Haus in der Neu-Leopoldstadt. Ich blickte um mich, sah die gleichen Bäume und roch die Lindenblüten, ich sah die gleichen Häuser und Balkone, die ich vor dreißig Jahren von unserem Balkon aus gesehen hatte. Dreißig Jahre habe ich hier gelebt. In Gedanken lief ich durch die Straßen, zum Fußballplatz, zum Geschäft meines Vaters, zum Café von Tante Blanka, zur Synagoge in der Kazinczygasse, zum Rabbinerseminar, hinunter zum Donauufer. Die ganze Zeit habe ich mich gefragt: »War ich das? Habe ich hier gelebt? War ich wirklich hier? Habe ich das wirklich alles erlebt, oder war das nur ein Traum?« Ich ging durch meine Vergangenheit und kam dabei weit herum in der Stadt, aber ich fühlte nichts von Heimkehr, geschweige denn von Heimweh. Warum das?

Kurz zuvor war ich als Gast einer Delegation des Stuttgarter Stadtrats schon einmal in Budapest gewesen, und der Vorsitzende des dortigen Stadtrates fragte mich nach meinen Erinnerungen an die Stadt. Man konnte damals schon freier sprechen, und ich antwortete: »Wenn ich ehrlich sein darf, so muss ich Ihnen sagen, dass die Faschisten, die Pfeilkreuzler, meine Kindheit zerstört haben, und die Kommunisten meine Jugendzeit.« Das ist – auf eine knappe Formel gebracht – sicher richtig, erklärt aber nicht, warum ich keinerlei Heimatgefühl entwickeln konnte.

Gefühle entstehen in Beziehungen zu Menschen. Ich war nach dem Klassentreffen durch die Straßen meiner alten Gegend gebummelt, in der ich mit allen Kindern, die hier wohnten, gespielt habe. Zwei Namen waren mir noch geläufig. Mit einem Ehepaar, das im Stockwerk über uns lebte, war ich gut bekannt gewesen. Jetzt stand nur noch der Name der Frau am Klingelbrett. Ich habe mich bei ihr nicht gemeldet, denn ihr Mann war es, der mich als Nachbar in Regensburg besucht hatte und sich in Wirklichkeit als Spitzel missbrauchen ließ. Ich hätte es ihr erzählen müssen. Mit dem zweiten Namen verband ich ebenfalls unangenehme Erinnerungen. Der Vater war ein wichtiger kommunistischer Gewerkschaftsboss, und sein Sohn war nur frech und aufgeblasen. In der Straße durfte man nur hinter vorgehaltener Hand darüber murren, dass er mit dem Dienstwagen seines Vaters den Führerschein gemacht und das Auto dann als Privatfahrzeug benutzt hat. Und weiter: Eines Tages war ich allein zu Hause und büffelte für eine wichtige Universitätsprüfung. Es war der Tag einer sogenannten Wahl, und ich wusste, dass man diese Farce mitspielen musste, wenn man keine Schwierigkeiten bekommen wollte. Aber die Wahllokale hatten bis 18 Uhr geöffnet, und so beeilte ich mich nicht. Um 15 Uhr läutete es an der Wohnungsklingel Sturm. An der Türe stand die Frau dieses Gewerkschafters und verlangte sehr vorwurfsvoll, ich solle sofort zur Wahl gehen. »Entschuldigen Sie, aber es ist erst 15 Uhr, also noch Zeit genug.« – »Nein, Genosse, wir wollen das Wahllokal jetzt schon schließen, und Sie fehlen noch.« Vermutlich wollte die Frau mit hundertprozentiger und auch noch vorzeitiger Planerfüllung glänzen.

Warum läuft diese an und für sich ja nicht so wichtige Szene wie ein Film heute noch vor meinem inneren Auge ab? Ich kann mir nur schwer verzeihen, dass ich ihr nicht die Türe vor der Nase zugeschlagen und gesagt habe: »Scheren Sie sich zum Teufel mit Ihrer Wahl und lassen Sie mich in Frieden.« So würde ich vermutlich heute reagieren und hätte es auch damals in einer anderen Situation getan, aber diese Frau trat ganz als die verkörperte Partei- und Staatsmacht auf. Und ich antwortete brav: »Jawohl Genossin, ich bin sofort bei Ihnen.« Ich weiß nicht, warum gerade diese Episode bei mir hängen geblieben ist. Diese und ähnliche Erniedrigungen gab es zuhauf – tagaus, tagein. Sie vergiften ein Leben.

Die Wirkung dieses Gifts konnte ich in den Tagen des Wiedersehens an meinen Klassenkameraden ablesen. Wir hatten in unserer Schulzeit eine offene und herzliche Kameradschaft gepflegt und wir alle freuten uns, dass wir nach so langer Zeit miteinander sprechen und uns über unsere Schicksale austauschen konnten. Ich erfuhr von vielen persönlichen Tragödien. Alle Kameraden waren begabte, fähige, talentierte Menschen, die als Naturwissenschaftler nicht gerade in vorderster Front mit den politischen und gesellschaftlichen Verhältnissen konfrontiert worden waren. Aber alle waren in meinen Augen grau und müde geworden in diesem ihr ganzes Leben andauernden, ausweglosen Kampf ums Dasein. Die mehr oder minder großen Zumutungen, zu denen sie wider besseren Wissens gezwungen waren oder die sie aus nächster Nähe miterlebt hatten, haben sie resignieren lassen. Gegen Ende ihrer Tage lebten sie nicht nur materiell als Rentner sehr armselig. Angst macht unfrei, und die ständige Unfreiheit hat sie zermürbt.

Zum Glück konnte ich diesen Verhältnissen entrinnen und bin Deutscher geworden. Oft werde ich gefragt, warum ausgerechnet deutscher Staatsbürger? Darauf antworte ich gerne mit einer Gegenfrage, deren Antwort häufig verblüfft. »Welche Staaten sind aus der Katastrophe des Zweiten Weltkriegs als freie, demokratische Länder hervorgegangen?« Es waren zwei: Deutschland – ich schließe in dieses Urteil Österreich mit ein – und Israel. Natürlich kann und muss man vieles an den Verhältnissen in beiden Ländern kritisieren. Aber es ist ein Zeichen der funktionierenden Demokratie, dass diese Kritik in beiden Ländern ständig geübt wird. Israel ist für mich das einzige Land, in dem ein Jude ohne Vorbehalt zu Hause sein kann. Auch für mich ist Israel ein Sicherheitspfand dafür, dass wir Juden nicht untergehen. Solange die Existenz Israels von seiner Nachbarschaft prinzipiell in Frage gestellt wird, verteidige ich diesen Staat offensiv, vor allem, wenn, wie es häufig geschieht, dabei aus Tätern Opfer und aus Opfern Täter gemacht werden und damit die Geschichte retuschiert wird.

Warum lebe ich nicht in Israel? »Nächstes Jahr in Jerusalem« war doch auch mein Credo? Das hatte zunächst ganz pragmatische Gründe. Ich blieb 1968 fürs erste in Deutschland, weil ich von hier aus die Ausreise meiner Eltern aus Ungarn besser bewerkstelligen konnte. Als dies dann endlich gelang, konnten sie hier Versorgungs- und Rentenansprüche geltend machen; auch wollten wir uns nicht schon wieder trennen. Zudem gründete ich zur selben Zeit eine eigene Familie und durfte sie nicht der Unsicherheit eines völligen Neuanfangs in Israel aussetzen, und man brauchte mich in den deutschen jüdischen Gemeinden als Lehrer und Rabbiner. Auf Dauer war aber entscheidend, dass ich die feste Überzeugung gewann, die deutsche Gesellschaft habe die richtigen Lehren aus ihrer Vergangenheit gezogen. In Ungarn dagegen wird die Schuld bis heute verdrängt. Niemand kam und kommt auf die Idee, für das geraubte Vermögen eine wie auch immer unvollkommene ›Wiedergutmachung‹ zu leisten. Faschistische und antisemitische Ideen dürfen dort heute wieder offen vorgetragen werden und finden sehr große Zustimmung. Werden in Deutschland antisemitische Tendenzen manifest, so werden sie bekämpft. Die Erinnerung an das im Nationalsozialismus untergegangene Judentum wird nicht nur an einigen zentralen, sondern auch an vielen lokalen Gedenkstätten gepflegt. Die Verankerung des Nationalsozialismus in der deutschen Gesellschaft wird nicht verschwiegen. Langsam zwar, aber immerhin, hat die Justiz seit dem Auschwitz-Prozess die Verbrechen verfolgt und – wie unvollkommen auch immer – geahndet. Deutsche Historiker haben die Ursachen und Erscheinungsformen des Nationalsozialismus untersucht. Viele lokale Initiativen erforschen die Vergangenheit auf regionaler Ebene. Vereinzelt stellen sich jetzt auch Firmen und Berufsverbände ihrer braunen Vergangenheit. Schulen und Universitäten geben das Wissen an die nächste Generation weiter, und auch in der Publizistik wird im Großen und Ganzen angemessen über den Holocaust und den Nationalsozialismus berichtet. Gelitten habe ich darunter, wie eine lange vorherrschende linksliberale Stimmung die Gefahren des totalitären Kommunismus völlig unterschätzt und verharmlost hat. Häufig bin ich angeeckt, wenn ich aus der Erfahrung meiner ersten dreißig Jahre offensiv die Wehrhaftigkeit unserer Demokratie gegen die Verharmlosung dieser Spielart des Totalitarismus eingefordert habe. Aber nichts und niemand hat mich daran gehindert, dagegen meine Stimme zu erheben.

Im Nachsinnen über jenen Nachmittag auf dem Budapester Balkon wird mir klar, mit dem Unglück der Vergangenheit, mit Ungarn kann ich nicht ›fertig‹ werden. Es ist tief im Unterbewusstsein verankert und bricht immer wieder auch in völlig unerwarteten Zusammenhängen auf. Ob meine Kinder deshalb nie Ungarisch gelernt haben, aber selbstverständlich Hebräisch sprechen? Doch meine Frau und ich, meine Kinder und Enkel können im Frieden und in der Freiheit Westeuropas unser Judentum in immer größer werdenden Gemeinden leben. Keiner flüstert mehr: »Sag' niemand, dass du ein Jude bist.« Das darf ich nach den Erfahrungen meiner Vergangenheit nicht gering schätzen. Das ist mein Glück jenseits des Unglücks.

Dank

Die katholische Akademie in Stuttgart-Hohenheim veranstaltete vor einigen Jahren eine Tagung zum Holocaust in Ungarn. Bei dieser Gelegenheit habe ich aus meiner Kinderzeit unter dem »Gelben Stern« und von der Ermordung der Budapester Juden berichtet. In einer Kaffeepause kam Frau Kloos vom Südwestrundfunk auf mich zu und fragte: »Herr Berger, wo ist das gedruckt?« Meine Frau antwortete: »Leider nirgends!« Das war die Geburtsstunde dieses Buches.

In unzähligen stundenlangen Interviewsitzungen entlockte mir die Redakteurin meine Lebensgeschichte. Als nach einigen Zwischenstufen das Manuskript fertig vor mir lag, staunte ich über mein bisheriges Leben. Aber ebenso wie das Aufgeschriebene bei weitem nicht alles Erlebte festhalten kann, so fehlen auch viele Namen von Freunden, Kollegen, Weggefährten und Mitgliedern der verschiedenen jüdischen Gemeinden, die für mein Leben bedeutsam waren und mir viel Gutes erwiesen haben. Ihnen allen danke ich sehr. Wenn ich keine Namen nenne, dann nur deshalb, damit ich niemand vergesse.

Einige Namen aber müssen sein: Ich danke dem Präsidium des Zentralrats der Juden in Deutschland, insbesondere dem Präsidenten Dr. Dieter Graumann und dem Generalsekretär Stephan Kramer. Ein weiteres Dankeschön geht an das Ehepaar Lisbeth und Karl-Hermann Blickle und an Meinhard Tenné, die Gündungsstifter vom Stuttgarter Lehrhaus - Stiftung für interreligiösen Dialog. Ohne ihre großzügigen Zuschüsse hätte das Buch nicht in so ansprechender Form erscheinen können. Ich danke Herrn Jörg Vins und dem Südwestrundfunk für die beiliegende CD und dem Schriftsteller György Dalos für seine Unterstützung und Freundschaft. Frau Heidi-Barbara Kloos und Herrn Dr. Gunter Berg gilt mein besonderer Dank. Ohne die Hartnäckigkeit und Professionalität der Fachfrau und der Unterstützung ihres Mannes, wären meine Erinnerungen wohl nie in diesem Umfang aufgeschrieben worden.

Vor allen aber danke ich meiner Frau Noemi, die mich stets in allem, so auch bei diesem Projekt, getragen und ertragen hat.

im Monat Cheschwan 5773
im Oktober 2012 JOEL BERGER

Glossar

Aschkenasim: (Plural von Aschkenasi). Die Bezeichnung taucht in der mittelalterlichen rabbinischen Literatur für Deutschland auf. Es ist heute die Bezeichnung für ca. 85% der Juden weltweit, die sich als Nachfahren der Juden verstehen, die aus Deutschland und Mitteleuropa stammen und sich in Gesetzen, Brauchtum, Liturgie und Sprache (Volkssprache war Jiddisch) von den Sephardim unterscheiden.

ÁVH: Die Államvédelmi Hatósag war die nach dem Muster des KGB gebildete politische Polizei in Ungarn von 1948 bis 1957

Bar-Mizwa: (dt. Sohn der Pflicht), für Mädchen Bat-Mitzwa, bedeutet nach jüdischem Recht den Zeitpunkt, ab dem der Junge für die Beachtung und Einhaltung der Gebote verantwortlich ist. Seit dem 14. Jahrhundert hat sich die Tradition entwickelt, dass die Jugendlichen auf diesen Tag hin lernen, den nicht vokalisierten Tora-Abschnitt und die Haftara, die Lesung aus den Prophetenbüchern, vorzutragen. Dieser »erste Tora-Aufruf« wird feierlich begangen und mit ihm ist der Junge (oder das Mädchen) vollgültig in die Gemeinde aufgenommen.

Brigade Fegelein: Hermann Fegelein (1906-1945) war von 1941/42 Kommandeur der SS-Kavallerie-Brigade, die direkt Heinrich Himmler unterstellt in Polen und der Sowjetunion (Pripjet-Sümpfe) bei »Säuberungsaktionen« über 13 000 Menschen, meist Juden, ermordete. Fegelein heiratete 1944 die Schwester Eva Brauns und kam so in die engste Umgebung Hitlers. Wenige Tage vor Kriegsende entfernte er sich vom Bunker, wurde betrunken in Zivil mit einer großen Menge Bargeld aufgegriffen und als Deserteur erschossen.

Chassidismus: (hebräisch Chasside, der Fromme) bezeichnet verschiedene, von einander unabhängige Bewegungen im Judentum. Er ist als religiös-mystische Bewegung Mitte des 18. Jahrhunderts in der Ukraine entstanden und hat sich vor allem in Osteuropa verbreitet. Heutige Zentren in Jerusalem, New York und London.

Claims Conference: Die Conference on Jewish Material Claims against Germany ist ein Zusammenschluss jüdischer Organisationen, die seit 1951 Entschädigungsansprüche jüdischer Opfer (außerhalb Israels) des Nationalsozialismus und des Holocaust vertritt.

DP: Displaced Persons (d.h. Zivilpersonen, die nicht am Aufenthaltsort beheimatet sind und nicht ohne alliierte Hilfe nach Hause oder in ein anderes Land kommen können). Das waren nach 1945 über 6,5 Millionen Personen, vor allem ehemals ins Deutsche Reich verschleppte Zwangsarbeiter.

Endlösung: Euphemistischer Begriff für die Ermordung aller Juden im deutschen Herrschaftsbereich, der so ab Juli 1941 verwendet wurde.

Geniza (oder Genisa): (Persisch gandsch, Schatz). Ein oft vermauerter Hohlraum zur Aufbewahrung verbrauchter Schriften. Texte, die den Gottesnamen enthalten, durften nicht vernichtet werden und wurden deshalb verschlossen abgelegt. Oft enthalten die Genizioth auch profanes Schriftgut. In ihnen sind damit wichtige Quellen für die jüdische Liturgie und Geschichte aufbewahrt worden.

Halacha: Die Halacha (hebräisch für gehen, wandeln) ist der Name des rechtlichen Teils der Überlieferung und beschreibt den Lebensinhalt und die redliche und angemessene Lebensführung, ohne eine Trennung von Säkularem und Religiösem zu kennen.

Honvéd-Armee: Honvéd (ungarisch Vaterlandsverteidiger) war ursprünglich der Name der königlich-ungarischen Landwehr, die aber reguläre Kampftruppen darstellten. Nach dem Ersten Weltkrieg unterstand eine kleine Freiwilligen-Armee der alliierten Kontrolle. Mit der Einführung der Wehrpflicht 1938 mussten Offiziere mit einem jüdischen Elternteil ausscheiden, jüdische Soldaten, Angehörige nationaler Minderheiten und politisch Unzuverlässige mussten in unbewaffneten Arbeitsbataillonen Dienst tun. Sie waren der Armee unterstellt und wurden unter meist unmenschlichen Bedingungen ohne Rücksicht auf Verluste zu Zwangsarbeiten und lebensgefährlichen Arbeiten (Minenräumen u.a.) eingesetzt.

Jahrzeittag: Gedenken an die verstorbenen nächsten Angehörigen und Freunde, bei dem das Kaddish (Heiligungsgebet) gesprochen wird. Er wird vor allem am ersten Jahrestag begangen.

Jiddisch: Eine aus dem Mittelhochdeutschen hervorgegangene westgermanische Sprache mit hebräischen, aramäischen, romanischen, slawischen und anderen Sprachelementen. Es war (neben hebräisch und aramäisch) eine der drei Sprachen der aschkenasischen Juden, verbreitet vor allem in Osteuropa und mit Auswanderungen auch nach Amerika, Westeuropa und Israel gelangt. Mit ca. 11 Millionen Sprechern war Jiddisch nach Englisch und Deutsch die drittgrößte germanische Sprache. Zwischen 1880 und 1940 sind ca. 30 000 Titel auf Jiddisch erschienen. Der Holocaust hat diese Sprache nahezu vernichtet.

JOINT: American Jewish Joint Distribution Committee ist eine seit 1914 bestehende Hilfsorganisation US-amerikanischer Juden für die Glaubensgenossen, vor allem in Europa. Nach dem Zweiten Weltkrieg zur Zentralorganisation aller jüdischer Wohlfahrtsverbände ausgebaut.

Jom Kippur: Ist nach Rosch Ha-Schana (Neujahrstag) der zehnte Tag der Umkehr und der höchste Feiertag (mit strengem Fastengebot). Bis zu ihm soll man sich mit seinen Feinden aussöhnen und seine Sünden bekennen und nach Möglichkeit wiedergutmachen. Denn an Jom Kippur wird das Schicksal des Einzelnen, des »Mittelmäßigen« endgültig besiegelt, am Ende des Feiertags werden die Tore des himmlischen Gerichts endgültig geschlossen.

Judenrat: Der Begriff wurde von SS und Gestapo geschaffen für die von ihnen zwangsweise eingesetzten jüdischen »Selbstverwaltungen« in den besetzten Gebieten. Trotz Widerstrebens wurden sie oft gezwungenermaßen Erfüllungsgehilfen des Holocaust.

Jugend-Alijah: Alija (hebräisch für Aufsteigen, Hinaufziehen) bezeichnet im antiken Judentum eine Wallfahrt zum Jerusalemer Tempel. In der Neuzeit bezeichnet man damit die (unterschiedlich periodisierten) Wellen von Rückkehrern nach Palästina/Israel. Die Jugend-Alijah ist eine 1933 gegründete Organisation, die möglichst viele Kinder und Jugendliche vor allem nach Palästina in Sicherheit bringen wollte.

Kippa: Kleine Kopfbedeckung, die seit dem 16./17. Jahrhundert üblich wurde. Orthodoxe Juden tragen sie im Alltag, andere nur beim Gebet oder an Gebetsorten (Synagoge, Friedhof). Sinn der Kippa ist die Ehrfurcht, das Bewusstsein, dass es etwas ›über‹ einem Menschen gibt, etwas Höheres.

Koscher: Im Judentum geht es darum, alles Leben und Agieren im Sinne Gottes zu vollziehen, also zu heiligen. Dazu verhelfen die Ge- und Verbote, und dazu gehören die Speisegebote. Koschere, reine Nahrung soll auch die spirituelle Reinheit von Körper, Geist und Seele ermöglichen. Neben anderen Regeln müssen milchige und fleischige Speisen strikt getrennt werden. Religiöse Haushalte benutzen dafür getrenntes Geschirr.

Krimkrieg: Im Krimkrieg von 1853 bis 1856 versuchte Russland, die Schwäche des Osmanischen Reiches auszunutzen und einen eigenen Zugang zum Balkan und vor allem dem Mittelmeer zu gewinnen. Dazu förderte es panslawische Bewegungen. Österreich trat zwar dem Kriegsbündnis mit Frankreich, Großbritannien und Sardinien nicht bei, band aber russische Truppen durch umfangreiche Mobilisierungen an der Grenze zu Russland, die das Land finanziell an den Rand des Ruins trieben. Die politische und militärische Schwächung Österreichs war die Folge.

Matzen: Auch ungesäuertes Brot genannt. Dünne Fladen, die aus Wasser und einer der fünf Getreidearten (Weizen, Roggen, Gerste, Hafer, Dinkel) ohne Treibmittel hergestellt und während des Pessachfestes gegessen werden.

Meschugge: Lehnwort, das im 19. Jahrhundert aus dem Jiddischen meschuggo (verrückt) übernommen wurde. Das jiddische Wort ist seinerseits aus dem gleichbedeutenden hebräischen maschugga hervorgegangen.

Nürnberger Rassengesetze: Gesetze, die für die Öffentlichkeit überraschend während des Nürnberger Reichsparteitags (10.–16. September 1935) vom Reichstag angenommen wurden. Das ›Gesetz zum Schutz des deutschen Bluts und der deutschen Ehre‹ verbot Ehen und außerehelichen Geschlechtsverkehr zwischen Juden und Nichtjuden, die Beschäftigung von unter 45-jährigen Dienstmädchen in jüdischen Haushalten sowie das Hissen der Reichs- und Nationalflaggen und das Verwenden der Reichsfarben für Juden. Später wurde das Eheverbot noch auf Sinti und Roma, Farbige und deren Abkömmlinge ausgeweitet. Im ›Reichsbürgergesetz‹ wurde die Staatsangehörigkeit auf Nichtjuden beschränkt. Der Antisemitismus wurde mit diesen Gesetzen Staatsrecht und die Diskriminierung und Schutzlosigkeit der Juden damit verwaltungsmäßig durchführbar.

Organisation Todt: Die Organisation Todt entstand 1938, als Hitler Fritz Todt mit den Bauarbeiten für den Westwall beauftragte. Mit dem Zweiten Weltkrieg wurde sie zu einer militärisch gegliederten Bauorganisation umgebaut, in der ab 1943 auch Zwangsarbeiter und Kriegsgefangene unter zunehmend unerträglichen Bedingungen schuften mussten. Ende 1944 verfügte die Organisation über etwa 1 360 000 Arbeitskräfte, darunter nur rund 60 000 Deutsche.

Pessach: Der Feiertag erinnert an den Auszug aus Ägypten und wird vor allem am → Sederabend gefeiert.

RAF-Terroristen: Die Rote Armee Fraktion war eine linksextremistische, terroristische Vereinigung, die zwischen den 1970er und 1990er Jahren verantwortlich war für 34 Morde, Entführungen, Banküberfälle und Sprengstoffattentate. Am 13. Oktober 1977 wurde die Lufthansa-Maschine Landshut entführt, um die in Stammheim gefangenen Andreas Baader, Gudrun Ensslin und Jan-Carl Raspe freizupressen. Nachdem eine deutsche Elite-Einheit die Entführung in Magdischu gewaltsam beendet hatte verübten die drei Genannten noch in derselben Nacht Selbstmord.

Rote Hilfe: Eine national arbeitende, international vernetzte KP-nahe Organisation zur juristischen, politischen und sozialen Unterstützung politischer Gefangener und ihrer Angehöriger, die z.T. auch illegal-konspirativ arbeiten musste.

Schabbat: Der Schabbat (oder Sabbat) spielt im Judentum die zentrale Rolle, wird er als Ruhetag sogar in den zehn Geboten vorgeschrieben (Ex. 20, 8–11). Er beginnt mit dem Sonnenuntergang am Freitag und endet mit dem Sonnenuntergang am Samstag. Orthodoxe Juden verstehen unter dem Ruhegebot jede Einwirkung auf die physikalische Welt. Indem ein Jude die Schöpfung einen Tag lang ganz sich selbst überlässt, erkennt er die Vollkommenheit der göttlichen Schöpfung an.

Schmaler Weg: Am Schluss der Bergpredigt nach Matthäus 7, 13–14: Der breite Weg, der zur Verdammnis führt und der schmale Weg, der zur Erlösung führt. Im Pietismus beliebtes Bildmotiv.

Sederabend: (Seder: hebräisch Ordnung) Vorabend des Pessachfestes, an dem im Kreise der Familie (oder der Gemeinde) des Auszugs aus Ägypten gedacht wird. Dies geschieht mit einem gemeinsamen festlichen Mahl, das gemäß einer festgelegten Ordnung mit der Lesung aus dem Haggada-Büchlein und Gesang begangen wird. Die Haggada ist ein kleines Buch, in dem die Texte und die übrigen Anweisungen für den Ablauf des Seder stehen, und das jeder Teilnehmer vor sich hat.

Sephardim: Juden, die sich als Abkömmlinge der 1492 und 1513 aus der Iberischen Halbinsel Vertriebenen verstehen. Zum größten Teil siedelten sie im Osmanischen Reich (Bosnien) und im Maghreb. Ein kleiner Teil kam in die Seehandelsstädte der Nordsee (Amsterdam, Hamburg), aber auch nach Frankreich, Italien, Amerika, Afrika und Indien. Die größte Gemeinde lebte bis zum Holocaust in Thessaloniki. Ihre Volkssprache war das Ladino (Jüdisch-Kastilianisch).

Sieben Gemeinden: Ehemals jüdische Gemeinden im heutigen Nord- und Mittelburgenland, die nach 1670 unter der Esterházyschen Herrschaft im damaligen Ungarn entstanden sind: Eisenstadt, Mattersdorf, Kobersdorf, Lackenbach, Frauenkirchen, Kittsee, Deutschkreutz. Alle fielen dem Nationalsozialismus zum Opfer.

Status-quo-ante-Gemeinden: Ein Kongress 1868 führte zur Spaltung des ungarischen Judentums. Die sogenannten Kongressgemeinden gingen Kooperationen mit dem Staat ein und waren für Reformen offener. Die autonom-orthodoxen Austrittsgemeinden verließen diese Verbindung. Eine dritte Gruppe wollte sich keiner dieser Richtungen anschließen und versuchte, am früheren Status (status quo ante) festzuhalten.

Talmud: Der Talmud (hebräisch für Lernen) besteht aus zwei Teilen: Der Mischnah (Lehre durch Wiederholung) enthält die Lehren Gottes, die Moses mündlich erteilt hatte und die lange Zeit ebenso tradiert wurden. Die Gemara (Lehre, Wissenschaft) enthält Lehren und Analysen zur Mischnah, zunächst nur die aramäischen, dann aber auch die großer Weisen bis zum 5. Jahrhundert. Ausgehend von juristischen Fragestellungen werden Beziehungen zu allen anderen Wissensgebieten hergestellt und diese auch mit Erzählungen, Rätseln u.a. angereichert.

Tante Jolesch: Titel einer Anekdotensammlung aus dem jüdischen Leben der Zwischenkriegszeit im Gebiet der ehemaligen österreichisch-ungarischen Monarchie, 1975 von Friedrich Torberg mit dem Untertitel ›oder der Untergang des Abendlandes‹ mit großem Erfolg veröffentlicht.

Tora: Das Wort für Lehre. Es werden darunter die fünf Bücher Moses verstanden. Als Tora werden auch die Schriftrollen bezeichnet, auf denen diese Texte sorgfältig und handschriftlich aufbewahrt werden.

Va'adah: Zionistische Selbstverteidigungsorganisation, die u.a. durch verzweifelte Verhandlungen mit Adolf Eichmann und Kurt A. Becher die Deportation der ungarischen Juden verhindern wollte.

WIZO: Women's International Zionist Organization ist eine 1920 gegründete überparteiliche Frauenorganisation, die in Israel ca. 800 Institutionen unterhält, in denen Frauen, Kinder und alte Menschen unterstützt werden.

Zionismus: Die Bewegung, die unter dem Eindruck des zunehmenden Antisemitismus in der Diaspora auf einen jüdischen Nationalstaat in Palästina hinarbeitete. Durch Theodor Herzl wurden verschiedene Richtungen 1897 auf ein Baseler Programm verpflichtet. Sie wurde in der Folge stark von der Arbeiterbewegung beeinflusst und erfasste vor allem Jugendliche. Der Zionismus ist die staatstragende Idee des 1948 gegründeten Staates Israel.

Literatur

Arendt, Hannah: Eichmann in Jerusalem. Ein Bericht von der Banalität des Bösen. München 1986

Brenner, Michael: Kleine jüdische Geschichte. München 2008

Brenner, Michael: Nach dem Holocaust. Juden in Deutschland 1945–1950. München 1995

Dalos, György: Ungarn. Vom Roten Stern zur Stephanskrone. Erweiterte Neuauflage, Frankfurt/M. 1997

Dalos, György: Ungarn in der Nußschale. Geschichte meines Landes. München 2004

Dalos, György: Der Vorhang geht auf. Das Ende der Diktaturen in Osteuropa. München 2009

Dalos, György: 1956. Der Aufstand in Ungarn. München 2006

Eörsi, István: Erinnerung an die schönen alten Zeiten. Reinbek bei Hamburg 2009

Eörsi, István: Der rätselhafte Charme der Freiheit. Frankfurt/M. 2003

Eörsi, István: Im geschlossenen Raum. Frankfurt/M. 2006

Gann, Christoph: Raoul Wallenberg. München 1999

Gerlach, Christian und Aly, Götz: Das letzte Kapitel. Der Mord an den ungarischen Juden. Stuttgart 2002

Guez, Olivier: Heimkehr der Unerwünschten. Eine Geschichte der Juden in Deutschland nach 1945. München 2011

Heller, Ágnes: Der Affe auf dem Fahrrad. Eine Lebensgeschichte. Berlin 1999

Jeggle, Utz: Judendörfer in Württemberg. Tübingen 1969

Kertész, Imre: Dossier K. Eine Ermittlung. Reinbek bei Hamburg 2006

Kipphardt, Heinar: Joel Brand und andere Theaterstücke. Reinbek bei Hamburg 1988

Klimó, Árpád von: Ungarn seit 1945. Göttingen 2006

Lehmann, Hermann: Wanderer in drei Kontinenten. Bremen 1990

Lendvai, Paul: Die Ungarn. Eine tausendjährige Geschichte. München 2001

Lukács, Georg: Gelebtes Denken. Eine Autobiographie im Dialog. Frankfurt/M. 1981
Mayer, Günter (Hrsg.): Das Judentum. Stuttgart 1994
Olsvanger, Immanuel: Rejte Pomeranzen. Ostjüdische Schwänke und Erzählungen. Berlin 1996
Rainer, János M.: Imre Nagy. Vom Parteisoldaten zum Märtyrer des ungarischen Volksaufstands. Paderborn 2006
Rölz, Josef und Kelting, Peter-Jakob: Zug um Zug. Budapest 1944. Schauspiel Staatstheater Stuttgart 2003
Rosenthal, Gilbert S. und Homolka, Walter: Das Judentum hat viele Gesichter. Die religiösen Strömungen der Gegenwart. Aktualisierte Neuausgabe. Bergisch Gladbach 2006
Rothschild, Thomas (Hrsg.): »Erzähle, daß Du Dein Recht erweist«. Ein Lesebuch zur jüdischen Geschichte. Frankfurt/M. 1992
Safrian, Hans: Eichmann und seine Gehilfen. Frankfurt/M. 1995
Sauer, Paul und Hosseinzadeh, Sonja: Jüdisches Leben im Wandel der Zeit. 170 Jahre Israelitische Religionsgemeinschaft. 50 Jahre neue Synagoge in Stuttgart. Gerlingen 2002
Schoeps, Julius H. und Schlör, Joachim (Hrsg.): Bilder der Judenfeindschaft. Antisemitismus. Vorurteile und Mythen. München 1995
Shields, Duncan: Die Brüder Rajk. Ein europäisches Familiendrama. Wien 2008
Spiegel, Paul: Was ist koscher? Jüdischer Glaube – jüdisches Leben. München 2003

Personenregister